隋書經籍志校注

（二）

曾貽芬　校注

商務印書館
創于1897　The Commercial Press

子部

儒　家

《晏子春秋》七卷。齊大夫晏嬰撰。

晏嬰（？—前500）：字平仲（《史記索隱》稱謚平，字仲），萊夷維（今山東高密）人。事齊靈公、莊公、景公，以節儉力行重於齊。《史記》卷六二有傳。劉向《七略别録》曰："《晏子》蓋短，其書六篇皆忠諫其君，文章可觀，義理可法，皆合六經之義。""又有復重，文辭頗異……列爲一篇。""又有頗不合經術，似非晏子言，疑後世辨士所爲者，……復以爲一篇。"《漢志》"諸子略"著録《晏子》八篇，下有班固注："名嬰，謚平仲，相齊景公，孔子稱善於人交，有《列傳》。"兩《唐志》著録晏嬰《晏子春秋》七卷，《宋志》著録《晏子春秋》十二卷。《崇文總目》著録《晏子春秋》十二卷，稱"《晏子》八篇，今亡。此書蓋後人采嬰行事爲之"。《四庫全書總目》卷五七"傳記"著録《晏子春秋》八卷，稱"舊本題齊晏嬰撰"。又案曰，《晏子》書由後人摭其軼事爲之。雖無傳記之名，實傳記之祖也。清孫星衍則認爲《晏子》非僞書，疑出於齊之《春秋》，成於戰國以後。見《晏子春秋平津館刻本序》。1972年山東臨沂銀雀山1號漢墓出土《晏子春秋》簡本、1977年安徽阜陽雙古堆漢墓出土《晏子》殘文，證明此書最早可能成於戰國時期，經漢劉向編定，流傳至今。有四卷本、七卷本、八卷本。現存最早的本子爲明刻本，通行本爲《四庫本》、《四部叢刊》本、《叢書集成》本。研究此書之作，有清蘇輿《晏子春秋集校》、民國劉師培《晏子春秋斠補》等。

《**曾子**》**二卷**。《目》一卷。魯國曾參撰。

曾參（前 505—前 435）：字子輿，南武城（今山東費縣西南）人。孔子弟子。《史記》卷六七有傳。王應麟稱此書，與弟子“論述立身孝行之要，天地萬物之理”。見《玉海》卷五三。《漢志》著録《曾子》十八篇，兩《唐志》著録曾參《曾子》二卷。《郡齋讀書志》卷一〇著録《曾子》二卷，稱所著録之書，“凡十篇，蓋唐本也，視《漢》亡八篇，視《隋》亡《目》一篇。考其書已見於《大戴禮》，世人久不讀之，文字謬誤爲甚”。《四庫全書總目》卷九二著録《曾子》一卷，宋汪晫編。提要稱汪晫未見宋尚存之唐本《曾子》，故輯爲此書，凡爲十二篇。此書雖内容雜亂，爲例不純，但漢本、唐本已亡，其先賢之佚文緒論，頗可藉以考見，故亦有一定價值。《大戴禮》現存最早的本子爲元刻本，汪晫《曾思二子全書》最早刻本爲明隆慶本。通行本爲《四庫》本。研究此書之作，有清阮元《曾子注釋》四卷《叙録》一卷、魏源《曾子章句》一卷等。

《**子思子**》**七卷**。魯穆公師孔伋撰。

孔伋（前 483—前 402）：伋（jí），字子思，魯國曲阜（今山東曲阜）人，孔子孫。年六十二卒，作《中庸》。《史記》卷四七有傳。《漢志》著録《子思》二十三篇，《舊唐志》著録《子思子》八卷，《新唐志》、《宋志》、《郡齋讀書志》皆著録《子思子》七卷。宋汪晫未見其本，故别作《子思子》一卷。《子思子》七卷本後亡佚。《四庫全書總目》卷九二著録汪晫編《子思子》一卷，提要稱其凡九篇，輕改舊文，編次踳駁，然多先賢格言，故不得廢焉。清有黄以周、馮雲鵷、洪頤煊、顧觀光輯本。現通行本爲《四庫》本。

《公孫尼子》一卷。尼，似孔子弟子。

公孫尼（生卒年不詳）：班固以爲其爲七十子弟子之一。見《漢志》。其他事迹不詳。《論衡·本性》稱公孫尼子亦論情性，言性有善有惡。《隋書·音樂志》引沈約語："《樂記》取《公孫尼子》。"此書當有以上内容。《漢志》著録《公孫尼子》二十八篇，兩《唐志》著録《公孫尼子》一卷，《新唐志》不署公孫尼名。《宋志》無載，亡佚。清馬國翰有輯本。

《孟子》十四卷。齊卿孟軻撰，趙岐注。

孟軻（前372？—前289）：騶（今山東鄒城東南）人，受業孔子門人。天下務於合縱連横，以攻伐爲上，而孟軻乃述唐虞三代之德，不被任用，退而與萬章之徒序《詩》、《書》，述仲尼之意，作《孟子》七篇。《史記》卷四七有傳。趙岐：見本志史部"雜傳類"。《漢志》著録《孟子》十一篇；兩《唐志》著録孟軻撰《孟子》十四卷，趙岐注；《宋志》著録《孟子》十四卷。袁本《郡齋讀書志》卷一〇著録《孟子》十四卷，稱"按此書韓愈以爲弟子所會集，非軻自作。今考於軻之書，則知愈之言非妄發也"。《直齋書録解題》卷三"語孟類"著録《孟子》十四卷、趙岐《孟子章句》十四卷、孫奭《孟子音義》二卷及《孟子正義》十四卷，實際將《孟子》納入經類，成爲十三經之一。《四庫全書總目》卷三五"四書類"著録《孟子正義》十四卷，提要曰："漢趙岐注，其疏則舊本題宋孫奭撰。"又曰："其疏雖稱孫奭作，而《朱子語録》則謂邵武士人假託，蔡季通識其人……其不出孫奭手，確然可信。"研究《孟子》著作有宋朱熹《孟子集注》、清焦循《孟子正義》、近人楊伯峻《孟子譯注》。現存最早的本子爲宋刻元修本、元岳氏本，皆附孫奭疏，通行本有《十三經》本、《四庫》本等。

《孟子》七卷。鄭玄注。

鄭玄：見本志經部“易類”。《後漢書》卷三五《鄭玄傳》開列鄭玄所注諸書，無《孟子》注。兩《唐志》著録鄭玄注《孟子》七卷，《宋志》無載，亡佚。清馬國翰、王仁俊有輯本。

《孟子》七卷。劉熙注。梁有《孟子》九卷，綦毋邃撰，亡。

劉熙：見本志經部“禮類”。兩《唐志》著録劉熙注《孟子》七卷，《宋志》無載，亡佚。清王謨、宋翔鳳、馬國翰、黄奭、王仁俊及民國葉德輝有輯本。綦毋邃：見本志史部“雜傳類”。兩《唐志》著録綦毋邃注《孟子》七卷，《宋志》無載，亡佚。清馬國翰有輯本。

《孫卿子》十二卷。楚蘭陵令荀况撰。梁有《王孫子》一卷，亡。

荀况（前313—前238）：或稱荀卿，趙（包括今山西、河南部分地區）人。五十歲游學於齊，三爲祭酒，後因被讒，往楚，春申君以爲蘭陵令。推儒、墨道德之行事興壞，序列著數萬言而卒。《史記》卷七四有傳。唐楊倞曰荀書“亦所以羽翼六經，增光孔氏，非徒諸子之言也”（楊倞《注〈荀子〉序》）。《漢志》著録《孫卿子》三十三篇，《舊唐志》著録荀况《孫卿子》十二卷，《新唐志》著録荀况《荀卿子》十二卷、楊倞注《荀子》二十卷。《直齋書録解題》卷九著録荀况《荀子》二十卷，稱“至楊倞始改爲荀卿”。又著録楊倞《荀子注》二十卷。《四庫全書總目》卷九一著録《荀子》二十卷，提要稱其書“最爲口實者莫過於《非十二子》及《性惡》兩篇”。《荀子》研究著作有清王念孫《荀子雜志》八卷《補遺》一卷、俞樾《荀子平議》四卷、王先謙《荀子集解》二十卷、日本信州久保愛《荀子增注》二十卷《補遺》一卷等。現存最早《荀子》楊倞注本有宋刻本，通行本有《四庫》本、《四部叢刊》本等。《王孫子》：不署撰者。《漢志》著録《王孫子》一篇，班固注曰，“一曰《巧心》”。兩《唐志》無載，亡佚。清王仁俊、馬國翰有輯本。

《董子》一卷。戰國時，董無心撰。

董無心（生卒年不詳）：戰國時人。《漢志》著録《董子》一篇，班固注：“名無心，難墨子。”《論衡·福虚》“儒家之道董無心，墨家之徒纏子，相見講道”。《舊唐志》著録董無心《董子》二卷，《新唐志》、《宋志》、《郡齋讀書志》、明《世善堂書目》著録董無心《董子》一卷，後無載，亡佚。清馬國翰有輯本。

《魯連子》五卷。《録》一卷。魯連，齊人，不仕，稱爲先生。

魯連（前305？—前245？）：或作魯仲連，齊（今山東境内）人。司馬遷曰：“魯連其指意雖不合大義，然餘多其在布衣之位，蕩然肆意，不詘於諸侯，談説於當世，折將相之權。”《史記》卷八三有傳。《漢志》著録《魯仲連子》十四篇，《舊唐志》著録魯仲連《魯連子》五卷，《新唐志》著録魯仲連《魯連子》一卷，《宋志》著録《魯連子》五卷，後亡佚。清馬國翰、洪頤煊有輯本。

《新語》二卷。陸賈撰。

陸賈：見本志史部“雜史類”。《史記》卷九七載，陸賈粗述存亡之徵，凡著十二篇。每奏一篇，高帝未嘗不稱善，號其書曰“新語”。司馬遷曰：“余讀陸生《新語》書十二篇，固當世之辯士。”《漢志》著録《陸賈》二十三篇，兩《唐志》、《宋志》“雜家類”著録陸賈《新語》二卷。《郡齋讀書志》、《直齋書録解題》無載。《四庫全書總目》卷九一著録《新語》二卷，提要稱舊本題漢陸賈撰。但考其内容以爲，“時代尤相抵牾，其殆後人依託，非賈原本”，並稱其作僞猶在唐代之前。現存最早的本子爲明刻本，通行本有《四庫》本、《四部叢刊》本、《四部備要》本等。

《賈子》十卷。《録》一卷。漢梁太傅賈誼撰。

賈誼（前 200—前 168）：洛陽（今河南洛陽）人。年十八，以能誦《詩》、屬《書》聞於郡中，文帝召以爲博士，一年中即升至太中大夫。因遭詆毁，文帝漸疏遠之，爲梁懷王太傅。懷王墜馬而死，賈誼自傷爲傅無狀，憂傷歲餘而亡。《史記》卷八四、《漢書》卷四八有傳。班固引劉向語："賈誼言三代與秦治亂之意，其論甚美，通達國體。雖古之伊、管未能過也。"《漢志》著録《賈誼》五十八篇，《舊唐志》著録賈誼《賈子》九卷，《新唐志》、《宋志》"雜家類"著録賈誼《新書》十卷。《直齋書録解題》卷九著録《賈子》十一卷，並稱此書除《過秦論》與《弔湘賦》，餘皆録《漢書》語，其非《漢書》所有者，决非誼本書。《四庫全書總目》卷九一著録賈誼《新書》十卷，提要認爲此書不全真，也不全僞。現存最早的本子爲明弘治刻本，通行本有《四庫》本、《四部叢刊》本、《四部備要》本、《叢書集成》本等。

《鹽鐵論》十卷。漢廬江府丞桓寬撰。

廬江府丞：漢行政建制爲郡，疑"府"爲"郡"之誤。桓寬：字次公，汝南（包括今河南、安徽部分地區）人。《漢書》卷六六之贊曰，其"治《公羊春秋》，舉爲郎，博通善屬文，推衍鹽鐵之議，增廣條目，極其論難，著數萬言，成一家之法焉"。《漢志》著録桓寬《鹽鐵論》六十篇，顔師古注曰："孝昭帝時，丞相與諸賢良文學論鹽鐵事，寬撰次之。"兩《唐志》、《宋志》"雜家類"著録桓寬《鹽鐵論》十卷。《四庫全書總目》卷九一著録桓寬《鹽鐵論》十二卷，提要稱《鹽鐵論》著書之大旨所論皆食貨之事，而言皆述先王、稱六經，故諸史皆列之儒家。明張之象有《鹽鐵論注》十二卷。現存最早的本子爲明初刻本，通行本有《四庫》

本、《四部叢刊》本、《四部備要》本、《諸子集成》本等。

《新序》三十卷。《録》一卷。劉向撰。

劉向：見本志經部“尚書類”。《漢書》卷三六載，劉向“采傳記行事，著《新序》、《説苑》，凡五十篇，奏之”。《漢志》著録《劉向所序》六十七篇，班固注曰：“《新序》、《説苑》、《世説》、《列女傳頌圖》也。”兩《唐志》著録劉向《新序》三十卷，《宋志》“雜家類”、《崇文總目》、《郡齋讀書志》卷一〇、《直齋書録解題》卷九著録劉向《新序》十卷。《直齋》稱此書“撰舜禹以來迄于周，嘉言善行，往往在焉，其書最爲近古”。《四庫全書總目》卷九一著録《新序》十卷，提要言此本“《雜事》五卷、《刺奢》一卷、《節士》二卷、《善謀》二卷，即曾子固校定宋初殘闕之本”。現存最早的本子爲宋刻本，通行本有《四庫》本、《四部叢刊》本、《叢書集成》本等。

《説苑》二十卷。劉向撰。

《舊唐志》著録劉向《説苑》三十卷，《新唐志》、《宋志》“雜家類”著録劉向《説苑》二十卷，《崇文總目》著録《説苑》五卷，稱此爲劉向“采百家之言，掇其正辭美義，可勸戒者，以類相從，爲《説苑》二十篇，今存者五卷”。《郡齋讀書志》卷一〇著録《説苑》二十卷，稱“曾子固校書，自謂得十五篇於士大夫家，與崇文舊書五篇合爲二十篇，又叙之”。《四庫全書總目》卷九一著録劉向《説苑》二十卷。現存最早的本子爲宋刻本，通行本有《四庫》本、《四部叢刊》本、《四部備要》本、《叢書集成》本等。

《揚子法言》十五卷，《解》一卷。揚雄撰，李軌注。梁有《揚子法言》六卷，侯苞注，亡。

揚雄：見本志經部“論語類”。李軌：見本志經部“易類”。《漢書》卷八七下載：“故人時有問雄者，常用法應之，撰以爲十三卷，象《論語》，號曰《法言》。《法言》文多不著，獨著其目。”揚雄死後四十餘年，《法言》盛行。《漢志》著録《揚雄所序》三十八篇，班固注曰：“《太玄》十九，《法言》十三，《樂》四，《箴》二。”《舊唐志》著録《揚子法言》十三卷，李軌注；《新唐志》著録李軌注《法言》三卷（“三”前脱“十”）。《直齋書録解題》卷九著録《法言注》十三卷、《音義》一卷，稱此本歷景祐、嘉祐、治平三降詔，更監學、館閣兩制校定，然後頒行。《四庫全書總目》卷九一著録司馬光《法言集註》十卷，此乃司馬光采李軌、柳宗元、宋咸、吴祕四家之説以注此書。現存《揚子法言》十三卷，揚雄撰，李軌注。《音義》一卷。其最早的本子爲宋刻元遞修本，通行本有《四部叢刊》本、《四部備要》本、《諸子集成》本等。侯苞：見本志經部“詩類”。《漢書》卷八七下載，侯苞常從雄居，受其《太玄》、《法言》。兩《唐志》著録《揚子法言》六卷，疑即此書。《宋志》無載，亡佚。

《揚子法言》十三卷。宋衷注。

宋衷：見本志經部“易類”。《日本國見在書目録》著録揚雄《法言》十三卷，兩《唐志》著録宋衷注《法言》十卷，《宋志》著録《揚子法言》十三卷。《四庫全書總目》卷九一有載：“考以自漢以來，有侯苞注六卷，宋衷注十三卷……”後無載，亡佚。

《揚子太玄經》九卷。宋衷注。梁有《揚子太玄經》九卷，揚雄自作章句，亡。

《漢書》卷八七下之贊稱揚雄“實好古樂道，其意欲求文章成名於後世，以爲經莫大於《易》，故作《太玄》……用心於内，不求於外，於時人忽之。唯劉歆、范逡敬焉，而桓譚以爲絶倫”。陸績曰："章陵宋仲子爲《太玄》作解詁，失其指歸，休咎之占，靡所取定，雖得文間義説，大體乖矣。"見《全三國文》卷六八。《日本國見在書目録》著録《揚子太玄經》十二卷，宋衷注；《新唐志》著録宋仲孚注《太玄經》十二卷；《宋志》無載，亡佚。清王仁俊有輯本。《四庫全書總目》卷一〇八著録晉范望注《太玄經》十卷。揚雄自作章句：《漢書》卷八七下顔師古注曰："《玄》中文雖有章句，其旨深妙，尚不盡存，故解剥離散也。"范望曰："本經三卷，雖有章句，辭尚婉妙，並宜訓解。"見范望《注〈太玄經〉序》。

《揚子太玄經》十卷。陸績、宋衷注。

陸績（188—219）：字公紀，吴郡吴（今江蘇蘇州）人。博學多識，星曆算數無不該覽。雖有軍事，著述不廢，作《渾天圖》，注《易》、釋《玄》，皆傳於世。《後漢書》卷三一、《三國志》卷五七有傳。兩《唐志》著録陸績注《揚子太玄經》十二卷；《宋志》著録《玄測》一卷，漢宋衷解，吴陸績釋之（《玄測》乃《太玄經》之一篇）。今亡佚。

《揚子太玄經》十卷。蔡文邵注。梁有《揚子太玄經》十四卷，虞翻注；《揚子太玄經》十三卷，陸凱注；《揚子太玄經》七卷，王肅注，亡。

蔡文邵：生平事迹不詳。《舊唐志》著録《揚子太玄經》十卷，蔡文邵注；《新唐志》著録蔡文邵注《太玄經》十卷；《崇文總目》著録《太玄經》十卷，揚雄撰，蔡文邵注；《宋志》、《郡齋讀書志》、《直齋書録解題》均無載，亡佚。虞翻：見本志經部"易類"。《三國志》卷五七裴注引《虞翻别傳》稱，虞翻"以宋氏解《玄》頗有繆錯，更爲立法，並著《明楊》、《釋宋》，以理其滯"。兩《唐志》著録虞翻注《揚子太玄經》十四卷，《宋志》無載，亡佚。陸凱：見本志史部“雜傳類”。《三國志》卷六一載，陸凱“好《太玄》，論演其意，以筮輒驗”。此書兩《唐志》無載，亡佚。王肅：見本志經部“易類”。《三國志》卷一三載，王肅年十八，從宋衷讀《太玄》，而更爲之解。此書兩《唐志》無載，亡佚。

《桓子新論》十七卷。後漢六安丞桓譚撰。

桓譚（？ 前23—56）：字君山，沛國相（今安徽濉溪）人。博學多通，遍習五經，皆訓詁大義，不爲章句，數從劉歆、揚雄辨析疑異。漢光武帝即位，拜議郎給事中，因極言讖非經，險被誅。出爲六安郡丞，道病卒，時年七十餘。桓譚著書言當世行事二十九篇，號曰《新論》。《後漢書》卷二八上有傳。《論衡·超奇篇》曰：“譚君山作《新論》，論世間事，辨照然否，虛妄之言，僞飾之辭，莫不證定。彼子長、子雲説論之徒，君山爲甲。”兩《唐志》著録桓譚《新論》十七卷，《宋志》無載，亡佚。《説郛》存一卷，清孫馮翼與一脱名者各輯一卷。

《潛夫論》十卷。後漢處士王符撰。梁有王逸《正部論》八卷，後漢侍中王逸撰；《後序》十二卷，後漢司隸校尉應奉撰；《周生子要論》一卷、《録》一卷，魏侍中周生烈撰。亡。

王符（85？—163？）：字節信，安定臨涇（今甘肅鎮原）人。少好學，有節操，耿介不同於俗，不得升進。隱居著書三十餘篇，以譏當時失得，不欲章顯其名，故號曰《潛夫論》。《後漢書》卷四九有傳。兩《唐志》、《宋志》著録王符《潛夫論》十卷，《四庫全書總目》卷九一著録《潛夫論》十卷，後漢王符撰。提要稱今本凡三十五篇，合《叙録》爲三十六篇，蓋猶舊本。又稱“所録入本傳之五篇，其字句與今本多有不同”。現存最早的本子爲明萬曆程榮刻《漢魏叢書》本，通行本有《四庫》本、《四部叢刊》

本。又,《四部備要》本、《叢書集成》本、《諸子集成》本，爲清汪繼培箋本。王逸（生卒年不詳）：字叔師，南郡宜城（今湖北宜城）人。順帝時，爲侍中，著《楚辭章句》行於世。其賦、書論及雜文凡二十一篇。《後漢書》八〇上有傳。兩《唐書》不載此書，亡佚。清馬國翰有輯本。應奉（生卒年不詳）：字世叔，汝南南頓（今河南項城）人。少聰明，凡所經履，莫不暗記。著《漢書後序》，多所述載。延熹中，拜從事郎中，後薦爲司隸校尉。黨錮起，以疾自退。《後漢書》卷四八有傳。此書兩《唐志》無載，亡佚。周生烈（生卒年不詳）：《三國志》卷一三載，魏初徵士敦煌周生烈，亦歷注經傳，頗傳於世。《經典釋文叙録》載周生烈注《左傳》、《論語》。《宋書》卷九八載，元嘉十四年（437），河西王茂虔表獻方物，並獻《周生子》十三卷。兩《唐志》著録《周生烈子》五卷,《宋志》無載，亡佚。清馬國翰、王仁俊輯《周生子要論》各一卷，王謨輯《周生烈子》一卷。

《申鑒》五卷。荀悦撰。

荀悦：見本志史部“古史類”。《後漢書》卷六二載，荀悦志在諍言進諫，而謀無所用，乃作《申鑒》五篇。兩《唐志》著録此書,《宋志》無載,《直齋書録解題》卷九有載,《四庫全書總目》卷九一著録《申鑒》五卷。明黄省曾注《申鑒》五卷。現存最早的本子爲明正德刻本，通行本有《四庫》本、《四部備要》本、《諸子集成》本等。

《魏子》三卷。後漢會稽人魏朗撰。梁有《文檢》六卷，似後漢末人作，亡。

魏朗（？—169）：字少英，會稽上虞（今浙江紹興）人。進太學受五經，初辟司徒府，再遷彭城令，後爲尚書，又出爲河内太守。被黨議，免職歸家。著書數篇，號《魏子》。《後漢書》卷六七有傳。兩《唐志》著録此書，《舊唐志》作魏朗注（疑有誤）。《宋志》無載，亡佚。馬國翰有輯本。《文檢》：《宋書》卷九八載，元嘉十四年（437），河西王茂虔獻《文檢》六卷。兩《唐志》無載，亡佚。

《牟子》二卷。後漢太尉牟融撰。

牟融（？—79）：字子優，北海安丘（今山東安丘西南）人。博學，以《大夏侯尚書》授徒。永平八年（65），爲大鴻臚，十一年（68）爲大司農。章帝即位，爲太尉。建初四年（79）卒。《後漢書》卷二六有傳。《弘明集》有牟融《牟子理惑論》三十七篇，洪頤煊以爲此即《隋志》所載之《牟子》，然其自序中提及"靈帝崩後，天下擾亂"。而牟融死於章帝建初四年，則相距已百餘年，《牟子》非牟融作。見《校刊〈牟子〉序》。《日本國見在書目録》著録《牟子》二卷，後漢太尉牟融撰；兩《唐志》著録牟融《牟子》二卷；《宋志》、《四庫全書總目》無載，《子書百家》、《平津館叢書》收《牟子》一卷。

《典論》五卷。魏文帝撰。

魏文帝：見本志史部"雜傳類"。《三國志》卷二裴注引胡冲《吴曆》曰："帝以素書所著《典論》及詩賦餉孫權，又以紙寫一通與張昭。"本志經部"小學類"著録《一字石經典論》。兩《唐志》著録魏文帝《典論》五卷，《宋志》無載，亡佚。清黄奭、王仁俊有輯本。

《徐氏中論》六卷。魏太子文學徐幹撰，梁《目》一卷。

徐幹（170—217）：字偉長，北海劇縣（今山東濰坊寒亭區）人。爲司空軍謀祭酒掾屬、五官將文學。輕官忽禄，不耽世榮。見《三國志》卷二一。兩《唐志》著録此書，《宋志》"雜家類”著録徐幹《中論》十卷,《郡齋讀書志》卷一〇、《直齋書録解題》卷九著録徐幹《中論》二卷，並稱有二十篇。晁公武引李獻民説，别本有《有復三年》、《制役》二篇。《四庫全書總目》卷九一著録徐幹《中論》二卷，提要言,《有復三年》、《制役》二篇不復見矣。此書現存最早的本子爲明弘治刻本，通行本有《四庫》本、《四部叢刊》本、《叢書集成》本。

《王子正論》十卷。王肅撰。梁有《去伐論集》三卷，王粲撰，亡。

《新唐志》著録王肅《政論》十卷,《宋志》無載，亡佚。清馬國翰有輯本。王粲：見本志史部“雜史類”。兩《唐志》著録王粲《去伐論集》三卷,《宋志》無載，亡佚。清馬國翰有輯本。

《杜氏體論》四卷。魏幽州刺史杜恕撰。梁有《新書》五卷，王基撰;《周子》九卷，吴中書郎周昭撰。亡。

杜恕（？—252）：字務伯，京兆杜陵（今陝西西安東南）人。太和中，爲散騎黄門侍郎。每政有失得，常引綱維以正言。在朝廷，因不得當世之和，故多放外任。出爲幽州刺史，遭彈劾，徙章武，遂著《體論》八篇。嘉平四年（252）卒。裴注引《新書》，解釋此書爲何稱《體論》。《三國志》卷六一有傳。兩《唐志》著録此書,《宋志》無載，亡佚。清馬國翰有輯本。王基：見本志經部“詩類”。《三國志》卷二七載，王基著《時要論》，以切世事。疑即此書。兩《唐志》無載，亡佚。清馬國翰有輯本。周昭（？—261）：字恭遠，潁川（今河南禹州）人。與韋昭、薛瑩、華覈並述《吴書》，後爲中書郎。坐事下獄，伏法。見《三國志》卷五二。兩《唐志》無載，亡佚。清馬國翰有輯本。

《顧子新語》十二卷。吴太常顧譚撰。《通語》十卷，晉尚書左丞殷興撰；《典語》十卷、《典語别》二卷，並吴中夏督陸景撰。亡。

顧譚（205—246）：字子默，吴郡吴（今江蘇蘇州）人。太子孫登四友之一，從中庶子轉輔正都尉，後加奉車都尉。因被全琮父子所搆，坐徙交州，幽而發憤，著《新言》二十篇。《三國志》卷五二有傳。《舊唐志》著録顧譚《顧子新語》五卷，《新唐志》著録顧譚《顧子新論》五卷，《宋志》無載，亡佚。清馬國翰、王仁俊輯《顧子新言》各一卷。殷興：或作殷基，見本志經部"春秋類"。《三國志》卷五二裴注引《文士傳》曰："（殷）禮子基，無難督，以才學知名，著《通語》數十篇。"兩《唐志》著録文禮《通語》十卷，殷興續。《宋志》無載，亡佚。清馬國翰輯殷基《通語》一卷。陸景（250—280）：字士仁，吴郡吴（今江蘇蘇州）人。任騎都尉，封毗陵侯，拜偏將軍、中夏督，著書數十篇。天紀四年（280）遇害，時年三十一。見《三國志》卷五八。兩《唐志》著録陸景《典訓》十卷，《宋志》無載，亡佚。清嚴可均、馬國翰各輯《典語》一卷。

《譙子法訓》八卷。譙周撰。梁有《譙子五教志》五卷，亡。

譙周：見本志經部"論語類"。《三國志》卷四二載，譙周撰定《法訓》、《五經論》、《古史考》之屬百餘篇。兩《唐志》著録此書，《宋志》無載，亡佚。《説郛》存一卷，清馬國翰、黄奭、王仁俊有輯本。《譙子五教志》：《舊唐志》著録《譙子五教》五卷，《新唐志》著録譙周《五教》五卷，《宋志》無載，亡佚。

《袁子正論》十九卷。袁準撰。梁又有《袁子正書》二十五卷，袁準撰；《孫氏成敗志》三卷，孫毓撰；《古今通論》二卷，王嬰撰；《蔡氏化清經》十卷，松滋令蔡洪撰；《通經》二卷，晉丞相從事中郎王長文撰。亡。

袁準：見本志經部“禮類”。《三國志》卷一一裴注引《袁氏世紀》稱，袁準著書十餘萬言，論治世之務，爲《易》、《周官》、《詩》傳，及論五經滯義，聖人之微言，以傳於世。兩《唐志》著録袁準《袁子正論》二十卷，《宋志》無載，亡佚。清馬國翰、王仁俊有輯本。《袁子正書》：兩《唐志》著録此書，《宋志》無載，亡佚。清馬國翰、王仁俊有輯本。孫毓：見本志經部“詩類”。兩《唐志》著録此書，《宋志》無載，亡佚。清馬國翰、王仁俊有輯本。王嬰：生平事迹不詳。兩《唐志》著録王嬰《古今通論》三卷，《宋志》無載，亡佚。清馬國翰、王仁俊有輯本。蔡洪（生卒年不詳）：字叔開，吴郡（今江蘇境内）人。初仕吴，入晉，爲本州從事，舉秀才，官至松滋令。見《世説新語》卷二注。本志集部尚有其一部著述。兩《唐志》著録此書，《宋志》無載，亡佚。清馬國翰、王仁俊有輯本。王長文（生卒年不詳）：字德叡，廣漢郪（今四川三台南）人。少以才學知名，州府辟命皆不就。著書四卷，名爲《通玄經》，有《文言》、《卦象》，可用卜筮，時人比之以揚雄《太玄》。後由丞相司馬肜引爲從事中郎，終於洛。《晉書》卷八二及《華陽國志》卷一一有傳。兩《唐志》不載此書，亡佚。

《新論》十卷。晉散騎常侍夏侯湛撰。梁有《楊子物理論》十六卷，《楊子大元經》十四卷，並晉徵士楊泉撰；《新論》十卷，晉金紫光禄大夫華譚撰；《梅子新論》一卷。亡。

夏侯湛（243—291）：字孝若，譙國譙（今安徽亳州）人。泰始中，拜郎中，後出爲野王令，除中書侍郎。惠帝即位，爲散騎常侍。元康中卒，時年四十九。著論三十餘篇，别爲一家之言。《晉書》卷五五有傳。本志集部尚有其一部著述。兩《唐志》著録此書，《宋志》無載，亡佚。清馬國翰、王仁俊各輯《夏侯子新論》一卷。楊泉（生卒年不詳）：字德淵，吴處士。入晉，徵爲侍中，不就。有《太玄經》四卷、《物理論》十六卷、集二卷。見《全三國文》卷七五。兩《唐志》著録楊泉《物理論》十六卷，《宋志》無載，亡佚。清有黄奭、王仁俊輯本及孫星衍集校、錢保塘重校本。《楊子大元經》：兩《唐志》著録楊泉《太元經》十四卷，劉緝注；《宋志》無載，亡佚。清馬國翰有輯本。華譚：字令思，廣陵（今江蘇揚州）人。太康中，武帝親策之，時九州秀孝無逮譚者。華譚博學多通，著書三十卷，名曰《辨道》。大興中，轉祕書監，又加散騎常侍，病重，不能入省，坐免。卒於家，贈光禄大夫，金章紫綬，謚曰胡。《晉書》卷五二有傳。本志集部尚有其一部著述。兩《唐志》著録華譚《新論》十卷，《宋志》無載，亡佚。清馬國翰、王仁俊各輯《華氏新論》一卷。梅子：不知名何。嚴可均以爲即梅陶，字叔真，王敦諮議參軍，又爲尚書，有《新論》一卷。見《全晉文》卷一二八。其説證據不足，待考。兩《唐志》不載此書，亡佚。清馬國翰輯有《梅子新論》一卷。

《志林新書》三十卷。虞喜撰。梁有《廣林》二十四卷，又《後林》十卷，虞喜撰；《干子》十八卷，干寶撰；《閎論》二卷，晉江州從事蔡韶撰；《顧子》十卷，晉揚州主簿顧夷撰。亡。

虞喜：見本志經部“禮類”。《晉書》卷九一載，虞喜爲《志林》三十篇。兩《唐志》著録虞喜《志林新書》二十卷、《後林新書》十卷，《宋志》無載，亡佚。兩《唐志》不載《廣林》、《後林》，亡佚。《説郛》存《虞喜志林》一卷，清馬國翰、王仁俊各輯《志林新書》一卷。干寶：見本志經部“易類”。兩《唐志》著録干寶《正言》十卷、《立言》十卷，《宋志》無載，亡佚。清馬國翰、王仁俊各輯《干子》一卷。蔡韶：生平事迹不詳。兩《唐志》著録蔡韶《閎論》二卷，《宋志》無載，亡佚。顧夷：見本志經部“易類”。兩《唐志》著録顧夷《顧子義訓》十卷，《宋志》無載，亡佚。清馬國翰有輯本。

《要覽》十卷。晉郡儒林祭酒吕竦撰。

吕竦：生平事迹不詳。兩《唐志》著録吕竦《要覽》五卷，《宋志》無載，亡佚。

《正覽》六卷。梁太子詹事周捨撰。梁有《三統五德論》二卷，曹思文撰，亡。

周捨：見本志經部“禮類”。兩《唐志》著録此書，《宋志》無載，亡佚。曹思文：見本志經部“孝經類”。兩《唐志》不載此書，亡佚。

《諸葛武侯集誡》二卷。

諸葛武侯：即諸葛亮，見本志史部“正史類”。《三國志》卷三五裴注引《魏氏春秋》曰，亮作八務、七戒、六恐、五懼，皆有條章，以訓厲臣子。《晉書》卷八七載，凉武昭王寫諸葛亮訓誡以勖諸子。本志集部“總集類”著録《諸葛武侯誡》一卷、《女誡》一卷。兩《唐志》著録諸葛亮《集誡》二卷，《宋志》無載，亡佚。

《衆賢誡》十三卷。

不署撰者。本志集部“總集類”著録《衆賢誡集》十卷，兩《唐志》“總集類”著録《衆賢誡集》十五卷，《宋志》無載，亡佚。

《女篇》一卷。

不署撰者。兩《唐志》無載，亡佚。

《女鑒》一卷。

不署撰者。本志集部“總集類”著録《女鑒》一卷，並稱梁有《女訓》十六卷。兩《唐志》無載，亡佚。

《婦人訓誡集》十一卷。

不署撰者。本志集部“總集類”著録《婦人訓誡集》十一卷，并《録》。梁十卷。宋司空徐湛之撰。《舊唐志》“總集類”著録徐湛之《婦人訓誡集》十卷，《新唐志》“雜傳記類”著録徐湛之《婦人訓誡集》十卷，《宋志》無載，亡佚。

《娣姒訓》一卷。

不署撰者。本志集部“總集類”著録《娣姒訓》一卷，馮少胄撰。《晉書》卷三五有《馮紞傳》，其字少胄，然未載其撰《娣姒訓》。兩《唐志》不載是書，亡佚。

《曹大家女誡》一卷。

曹大家：即班昭，見本志史部“正史類序”。《後漢書》卷八四載，班昭作《女誡》七篇，有助内訓。本志集部“總集類”著録《女誡》一卷，曹大家撰。《舊唐志》“儒家類”著録曹大家《女誡》一卷，《新唐志》“雜傳類”著録曹大家《女誡》一卷，《宋志》“傳記類”著録班昭《女戒》一卷。《後漢書》卷八四收録《女誡》内容，另《説郛》存《女誡》一卷。

《貞順志》一卷。

不署撰者。本志集部“總集類”著録《貞順志》一卷，兩《唐志》無載，亡佚。

右六十二部，五百三十卷。通計亡書，合六十七部，六百九卷。

六十二部：實際爲四十四部。六十七部：經統計亡書爲三十三部，故實際爲七十七部。

儒者，所以助人君明教化者也。聖人之教，非家至而户説[1]，故有儒者宣而明之。其大抵本於仁義及五常之道[2]，黄帝、堯、舜、禹、湯、文、武，咸由此則。《周官》，太宰以九兩繫邦國之人[3]，其四曰儒，是也。其後陵夷衰亂，儒道廢闕。仲尼祖述前代，修正六經，三千之徒，並受其義。至于戰國，孟軻、子思、荀卿之流，宗而師之，各有著述，發明其指。所謂中庸之教[4]，百王不易者也。俗儒爲之，不顧其本，苟欲譁衆，多設問難[5]，便辭巧説[6]，亂其大體，致令學者難曉，故曰“博而寡要”。

[1] 家至而户説：挨家挨户宣傳告諭，使得家喻户曉。

[2] 五常：有多種説法，一説同五教，即父義、母慈、兄友、弟恭、子孝；二説即五倫，君臣、父子、兄弟、夫婦、朋友之間的五種關係；三説即仁、義、禮、智、信。此應取一説。

[3] 以九兩繫邦國之人：見《周禮·天官·太宰》。兩，猶耦也，所以協耦萬民。九兩，諸侯統治百姓的九件事。一曰牧，以地得民；二曰長，以貴得民；三曰師，以賢得民；四曰儒，以道得民；五曰宗，以族得民；六曰主，以利得民；七曰吏，以治得民；八曰友，以任得民；九曰藪，以富得民。

[4] 中庸：不偏爲中，不變爲庸。儒家以中庸爲最高道德標準。

[5] 問難：詰問駁辯。

[6] 便辭：牽强附會，巧爲立説。

道　家

《鬻子》一卷。周文王師鬻熊撰。

鬻子：季連之苗裔，爲周師，文王以下問焉。周時封爲楚祖。見《史記》卷四〇、《漢志》。《漢志》“道家”著録《鬻子》二十二篇，班固注曰：“名熊，爲周師，自文王以下問焉，周時封爲楚祖。”又，“小説家”著録《鬻子説》十九篇，班注曰：“後世所加。”《舊唐志》“小説類”著録鬻熊《鬻子》一卷；《新唐志》“神仙類”著録鬻熊《鬻子》一卷，又著録逄行珪注《鬻子》一卷；《宋志》“雜家”著録《鬻熊子》一卷。《崇文總目》著録《鬻子》一卷，稱《漢志》二十二篇，八篇亡，特存此十四篇。《直齋書録解題》卷九著録《鬻子》一卷，稱《漢志》曰書凡二十二篇，今書十五篇。陸佃所校。又著録《鬻子注》一卷，稱唐鄭縣尉逢（逄）行珪撰。止十四篇，蓋中間以二章合而爲一，故視陸本又少一篇。高似孫《子略》稱，永徽中，逄行珪爲此書作序，凡十篇。予家所傳，乃篇十有二。《四庫全書總目》卷一一七著録《鬻子》一卷，提要稱今本源於《漢志》“小説家”之《鬻子説》，疑其爲唐以來好事之流仿賈誼所引，撰爲贋本。因流傳已久，存備一家。現存最早唐逄行珪注《鬻子》二卷的本子，爲明正德十年（1515）内府刻《道藏》嘉靖三年（1524）重修本，通行本有《四庫》本、《子彙》本、《墨海金壺》本等。

《老子道德經》二卷。周柱下史李耳撰。漢文帝時，河上公注。梁有戰國時河上丈人注《老子經》二卷，漢長陵三老毋丘望之注《老子》二卷，漢徵士嚴遵注《老子》二卷，虞翻注《老子》二卷，亡。

李耳（生卒年不詳）：字伯陽，又稱老子，謚聃，楚苦縣（今河南鹿邑）人。周守藏室之史。孔子適周，問禮於老子。修道德，其學以自隱無名爲務。見周衰，出走至關，爲關令尹喜著書上下篇，言道德之義五千餘言。《史記》卷六三有傳。又載，老萊子亦楚人也，著書十五篇，言道家之用，與孔子同時。司馬遷疑老萊子與老子爲一人。1973 年湖南長沙馬王堆 3 號漢墓出土帛書《老子》甲、乙本，《德經》在前，《道經》在後，與傳世本《老子》在文句上有不少差異，除一些明顯脱誤外，往往勝於今本。河上公：或稱河上丈人。《史記》卷八〇載，河上丈人通《老子》，再傳蓋公，蓋公乃曹參之師。《經典釋文叙録》言河上公作《老子章句》四篇，以授文帝。而晁公武則曰，當從司馬遷。即《老子》爲漢河上丈人作。見《郡齋讀書志》卷一一。唐劉知幾稱《老子》無河上公注。見《新唐書》卷一三二。《舊唐志》著録老子《老子》二卷、河上公注《老子》二卷；《新唐志》著録李耳《老子道德經》二卷、河上公注《老子道德經》二卷。《宋志》著録河上公《老子道德經注》一卷；《崇文總目》著録《老子道德經》二卷，李耳撰，河上公注。《四庫全書總目》卷一四六著録《老子注》二卷，提要稱，舊題河上公撰，然“詳其詞旨，不類漢人，殆道流之所依託歟”。現存最早《老子道德經》二卷，題漢河上公章句，爲宋建安虞氏家塾本。通行本有《四庫》本、《四部叢刊》本等。毌丘望之：即安丘望之，《後漢書》卷一九注引嵇康《聖賢高士傳》：“安丘望之字仲都，京兆長陵（今陝西咸陽東）人。少持《老子經》，恬静不求進宦，號曰安丘丈人。”《經典釋文叙録》載毌丘望之《老子》章句二卷，稱其字仲都，京兆人，漢長陵三老。兩《唐志》著録安丘望之《老子章句》二卷，《宋志》無載，亡佚。嚴遵：《漢書》卷七二載，蜀有嚴君平，卜筮於成都，才日閲數人，得百錢足自養，則閉肆下簾而授《老子》，博覽無不通，依老子、莊周之指著書十餘萬言。《經典釋文叙録》載《老子》嚴遵注二卷，稱其字君平，蜀都人，漢徵士。兩《唐志》無載，亡佚。《經典釋文叙録》載《老子》虞翻注二卷，兩《唐志》無載，亡佚。

《老子道德經》二卷。王弼注。梁有《老子道德經》二卷，張嗣注；《老子道德經》二卷，蜀才注。亡。

王弼：見本志經部“易類”。《三國志》卷二八載，王弼好論儒道，辭才逸辯，注《易》及《老子》。《經典釋文叙録》載王弼注《老子》二卷，《日本國見在書目録》著録王弼注《老子》一卷，《舊唐志》著録王弼注《玄言新記道德》二卷，《新唐志》著録王弼注《新記玄言道德》二卷及王肅注《玄言新記道德》二卷，《宋志》著録王弼《老子注》二卷，《崇文總目》著録王弼注《老子》一卷。《四庫全書總目》卷一四六著録王弼《老子注》二卷，提要言此本從明萬曆中華亭張之象刻三經晉注中録出，後有晁説之跋及熊克重刻跋，稱此近世稀有，蓋久而後得之。此書在宋時，已希逢善本。今通行本爲《四庫》本、《四部備要》本、《叢書集成》本等。張嗣：生平事迹不詳。《經典釋文叙録》載《老子》張嗣注二卷，兩《唐志》無載，亡佚。蜀才：見本志經部“易類”。《經典釋文叙録》載《老子》蜀才注二卷，兩《唐志》著録蜀才注《老子》二卷，《宋志》無載，亡佚。

《老子道德經》二卷。鍾會注。梁有《老子道德經》二卷，晉太傅羊祜解釋；《老子經》二卷，東晉江州刺史王尚述注；《老子》二卷，晉郎中程韶集解；《老子》二卷，邯鄲氏注；《老子》二卷，常氏傳；《老子》二卷，孟氏注；《老子》二卷，盈氏注。亡。

鍾會：見本志經部“易類”。《經典釋文敘録》載鍾會注《老子》二卷，兩《唐志》著録鍾會注《老子》二卷，《宋志》無載，亡佚。清王仁俊有輯本。羊祜（221—278）：字叔子，泰山南城（今山東泰安）人。仕魏爲祕書監，封鉅平子。晉武帝受禪，爲尚書右僕射、衛將軍。咸寧初，除征南大將軍，開府儀同三司。病重，舉杜預自代，不久卒，時年五十八，謚曰成。所著文章及爲《老子》傳，並行於世。《晉書》卷三四有傳。本志集部尚有其著述一部。《經典釋文敘録》載《老子》羊祜《解釋》四卷，兩《唐志》著録羊祜注《老子》二卷、羊祜《老子解釋》四卷，《宋志》無載，亡佚。《經典釋文敘録》載《老子》王尚述二卷，稱其字君曾，琅邪（今山東諸城周邊）人，東晉江州刺史，封杜忠侯。兩《唐志》著録王尚注《老子》二卷，《宋志》無載，亡佚。《經典釋文敘録》載《老子》程韶集解二卷，稱程韶鉅鹿（今河北境内）人，東晉郎中，關内侯。兩《唐志》著録程韶集注《老子》二卷，《宋志》無載，亡佚。邯鄲氏：不詳何人。《經典釋文敘録》載《老子》邯鄲氏注二卷，兩《唐志》無載，亡佚。常氏：不詳何人。《經典釋文敘録》載《老子》常氏注二卷，兩《唐志》無載，亡佚。孟氏：或曰即孟康，見本志史部“正史類”。《經典釋文敘録》載《老子》孟子注二卷，兩《唐志》無載，亡佚。盈氏：不詳何人。本志經部“論語類”載梁有盈氏注《論語》十卷，兩盈氏或爲一人。《經典釋文敘録》載《老子》盈氏注二卷，兩《唐志》無載，亡佚。

《老子道德經》二卷、《音》一卷。晉尚書郎孫登撰。

孫登（生卒年不詳）：太原中都（今山西平遥）人。少善名理，注《老子》，行於世。仕至尚書郎，早卒。見《晉書》卷五六。《經典釋文敘録》載《老子》孫登集注二卷，稱其字仲山。兩《唐志》著録孫登注《老子》二卷，《宋志》無載，亡佚。

《老子道德經》二卷。劉仲融注。梁有《老子道德經》二卷，巨生解；《老子道德經》二卷，晉西中郎將袁真注；《老子道德經》二卷，張憑注；《老子道德經》二卷，釋惠琳注；《老子道德經》二卷，釋惠嚴注；《老子道德經》二卷，王玄載注。亡。

劉仲融：生平事迹不詳。《新唐志》著録劉仲融注《老子》二卷，《宋志》無載，亡佚。巨生：不詳何人。《經典釋文叙録》載《老子》巨生内解二卷，兩《唐志》無載，亡佚。袁真（？—370）：字彦仁，陳郡陽夏（今河南太康）人。太和四年（369）冬，爲豫州刺史，以壽陽叛，五年（370）二月死。見《晉書》卷八。《經典釋文叙録》載《老子》袁真注二卷，兩《唐志》著録袁真注《老子》二卷，《宋志》無載，亡佚。張憑：見本志經部“論語類”。《經典釋文叙録》載《老子》張憑注二卷，兩《唐志》著録張憑注《老子》二卷，《宋志》無載，亡佚。釋惠琳：見本志經部“孝經類”。《經典釋文叙録》載《老子》釋慧琳注二卷，《新唐志》著録僧惠琳注《老子》二卷，《宋志》無載，亡佚。釋惠嚴（363—443）：俗姓范，豫州（今河南境内）人。博曉詩書，十六歲出家，又精鍊佛理。得宋高祖知重，與文帝情好尤密。著《無生滅論》及《老子略注》等。元嘉二十年（443）卒於東安寺，年八十一。見《高僧傳》卷七。《經典釋文叙録》載《老子》釋慧嚴注二卷，稱其爲陳留人。兩《唐志》著録惠嚴注《老子》二卷，《宋志》無載，亡佚。王玄載：見本志經部“孝經類”。《經典釋文叙録》載《老子》王玄載注二卷，兩《唐志》無載，亡佚。

《老子道德經》二卷。盧景裕撰。

盧景裕：見本志經部“易類”有《周易》一帙十卷，盧氏注。《魏書》卷八四載，盧景裕注《周易》、《尚書》、《孝經》、《論語》、《禮記》、《老子》。《新唐志》著録盧景裕、梁曠等注《老子》二卷，《宋志》無載，亡佚。

《老子音》一卷。李軌撰。梁有《老子音》一卷，晉散騎常侍戴逵撰，亡。

《新唐志》著録李軌《老子音》一卷，《宋志》無載，亡佚。戴逵：見本志經部“論語類”。《經典釋文叙録》載戴逵《老子音》一卷，兩《唐志》無載，亡佚。

《老子》四卷。梁曠撰。

梁曠：《北史》卷三六載，安定梁曠等十二人，並應其選。其他事迹不詳。本志子部尚有其一部著述。《舊唐志》著録梁曠《老子道德經品》四卷，《新唐志》著録梁曠《道德經品》四卷，《宋志》無載，亡佚。

《老子指歸》十一卷。嚴遵注。

《華陽國志》卷一〇上載，嚴遵授《老》、《莊》，著《指歸》，爲道書之宗。《經典釋文叙録》載嚴遵《老子指歸》十四卷，《舊唐志》著録《老子指歸》十四卷，嚴遵志；《新唐志》著録嚴遵《老子指歸》十四卷。兩《唐志》又有馮廓《老子指歸》十三卷。《宋志》著録嚴遵《老子指歸》十三卷。《郡齋讀書志》卷一一著録《老子指歸》十三卷，漢嚴遵撰，谷神子注。稱谷神子疑即馮廓。今道藏本《老子指歸》題唐鄭還古注，余嘉錫以爲其即谷神子。《四庫全書總目》卷一四六著録《道德指歸論》六卷，提要稱舊題漢嚴遵撰，此本爲明胡震亨刻。嚴遵書散佚，好事者摭吴澄《道德經註跋》中語，贋託而成，因其言不悖其理，故仍著於録，備道家一説。今存本有《祕册彙函》本、《津逮祕書》本、《四庫》本。

《老子指趣》三卷。毋丘望之撰。

《舊唐志》著録安丘望之《老子道德經指趣》四卷，《新唐志》

著録安丘望之《道德經指趣》三卷,《宋志》無載，亡佚。

《老子義綱》一卷。顧歡撰。梁有《老子道德論》二卷，何晏撰;《老子序决》一卷，葛仙公撰;《老子雜論》一卷，何、王等注;《老子私記》十卷，梁簡文帝撰;《老子玄示》一卷，韓壯撰;《老子玄譜》一卷，晉柴桑令劉遺民撰;《老子玄機》三卷，宗塞撰;《老子幽易》五卷，又《老子志》一卷，山琮撰。亡。

顧歡：見本志經部“尚書類”。《南齊書》卷五四載，顧歡删撰《老氏》，獻《治綱》一卷。《舊唐志》著録不署名之《老子義疏理綱》一卷,《新唐志》著録顧歡《義疏治綱》一卷，疑即此書。《宋志》無載，亡佚。何晏：見本志經部“孝經類”。《三國志》卷九載，何晏好老莊言，作《道德論》。《舊唐志》著録何晏《老子道德論》二卷,《新唐志》著録何晏《道德問》二卷,《宋志》無載，亡佚。葛仙公（生卒年不詳）：丹陽句容（今江蘇句容）人，葛洪從祖，吴時學道得仙，號曰葛仙公。見《晉書》卷七二。兩《唐志》著録葛洪《老子道德經序訣》二卷,《宋志》無載，亡佚。何王：指何晏、王弼。《世説新語·文學》載，何晏注《老子》始成，訪王弼，見其注《老子》。此書兩《唐志》無載。《郡齋讀書志》卷一一著録《老子略論》一卷，魏王弼撰，凡有十八章。今亡。梁簡文帝：見本志經部“詩類”。《梁書》卷四載，簡文帝博綜儒書，善言玄理，著有《老子義》二十卷等。兩《唐志》著録梁簡文帝《老子私記》十卷,《宋志》無載，亡佚。韓壯：生平事迹不詳。《舊唐志》著録韓莊《老子玄旨》八卷,《新唐志》著録韓莊《玄旨》八卷,《宋志》無載，亡佚。劉遺民：《宋書》卷九三載，周續之、陶淵明、劉遺民爲“尋陽三隱”。《全晉文》卷一四二載，劉遺民即劉程之，字仲思，彭城（今江蘇徐州）人。初爲參軍，又爲柴桑令，去職，不應徵命，號曰遺民。

有《玄譜》一卷，集五卷。《經典釋文叙録》載劉遺民《玄譜》一卷，《舊唐志》著録劉道人《老子玄譜》一卷。《新唐志》著録劉遺民《玄譜》一卷，“神仙類”又著録劉道人《老子玄譜》一卷，《宋志》無載，亡佚。宗塞：生平事迹不詳。此書兩《唐志》無載，亡佚。山琮：生平事迹不詳。此書兩《唐志》無載，亡佚。

《老子義疏》一卷。顧歡撰。梁有《老子義疏》一卷，釋慧觀撰，亡。

《經典釋文叙録》載顧懽《堂誥》四卷，並稱一作《老子義疏》。《舊唐志》著録顧歡《老子道德經義疏》四卷，《新唐志》著録顧歡《道德經義疏》四卷，《宋志》無載，亡佚。釋慧觀（生卒年不詳）：俗姓崔，清河（今河北境内）人。善妙佛理，探究《老》、《莊》。宋元嘉中卒，享年七十一。見《高僧傳》卷七。兩《唐志》不載此書，亡佚。

《老子義疏》五卷。孟智周私記。

孟智周：生平事迹不詳。《舊唐志》著録孟智周《老子義疏》四卷，《新唐志》著録孟智周《義疏》四卷，《宋志》無載，亡佚。

《老子義疏》四卷。韋處玄撰。

韋處玄：生平事迹不詳。此書兩《唐志》無載，亡佚。

《老子講疏》六卷。梁武帝撰。

梁武帝：見本志經部“易類”。《梁書》卷三八載，大同六年（540），朱异啓於儀賢堂奉述高祖《老子義》，敕許之。《日本國見在書目録》著録《老子義疏》八卷，梁武帝撰。《舊唐志》著録《老子講疏》六卷，梁武帝撰，又有《老子講疏》四卷，不題撰者。《新唐志》著録梁武帝《老子講疏》四卷，又《講疏》六卷。

《宋志》無載，亡佚。

《老子義疏》九卷。戴詵撰。

戴詵（shēn）：生平事迹不詳。《新唐志》著録戴詵《義疏》六卷，《宋志》無載，亡佚。

《老子節解》二卷。

不署撰者。《經典釋文叙録》載《老子節解》二卷，並稱不詳作者，或云老子所作，一云河上公作。兩《唐志》著録《老子節解》二卷，《宋志》無載，亡佚。

《老子章門》一卷。

不署撰者。兩《唐志》著録《老子章門》一卷，《宋志》無載，亡佚。

《文子》十二卷。文子，老子弟子。《七略》有九篇，梁《七録》十卷，亡。

文子（生卒年不詳）：老子弟子，與孔子同時。《漢志》著録《文子》九篇，班固注曰："稱周平王問，似依託者也。"兩《唐志》著録《文子》十二卷，《宋志》著録李暹、朱弁（或作玄）、墨布子（或作默希子）各有《文子注》十二卷。《四庫全書總目》卷一四六著録《文子》二卷，提要曰，因《史記·貨殖列傳》有范蠡師計然語，裴駰《集解》有計然姓辛字文子語，北魏李暹即以計然爲文子。《四庫簡明目録》卷一四稱，文子不知其名字，《漢志》只稱老聃弟子而已，或曰計然，誤也。柳宗元《辨文子》稱，其旨意皆本老子，然考其書，蓋駁書也。明宋濂、胡應麟皆認爲此書爲僞書，但稱其爲唐徐靈符所作，則欠深考。1973年，河北定縣（今定州）八角廊村40號漢墓出土認定爲《文子》

内容的二百七十七枚竹簡，約有2790字，專家認爲此竹簡《文子》原係全書，只因朽壞殘損，僅存比較連續的一小部分，但也能反映出其與今傳本存在很大差異。《文子》今通行本有《四庫》本、《墨海金壺》本等。

《鶡冠子》三卷。楚之隱人。

《漢志》"道家"著録《鶡冠子》一篇，班固注曰："楚人，居深山，以鶡爲冠。"又，"兵權謀家"有注曰，"省《鶡冠子》"。兩《唐志》著録《鶡冠子》三卷。柳宗元《辨鶡冠子》曰其"盡鄙淺言也"，"吾意好事者僞爲其書，反用《鵩賦》以飾之，非（賈）誼有所取之，决也"。《崇文總目》稱"今書十五篇，述三才變通，古今治亂之道。唐世嘗辨此書後出，非古所謂《鶡冠子》者"。晁公武、陳振孫皆以爲柳宗元所言有理。見《郡齋讀書志》卷一一、《直齋書録解題》卷九。《四庫全書總目》卷一一七著録《鶡冠子》三卷，提要稱，此書爲十九篇，北宋陸佃解。以劉勰、韓愈頗贊此書，而柳宗元僅憑其言鄙淺，即斷其僞，認爲證據似不充分。此書現存最早的本子爲明《正統道藏》本，通行本有《四庫》本、《四部叢刊》本、《四部備要》本等。

《列子》八卷。鄭之隱人列禦寇撰，東晉光禄勳張湛注。

列禦寇（生卒年不詳）：鄭之隱人。其他事迹不詳。《漢志》著録《列子》八篇，班固注曰，名圄寇，先莊子，莊子稱之。今傳本卷首有劉向校上奏，稱列禦寇與鄭穆公同時。張湛（生卒年不詳）：字處度，高平（今山東濟寧西南）人。官至中書侍郎、光禄勳。見《宋書》卷九二、《世説新語》卷二三。兩《唐志》著録列禦寇撰、張湛注《列子》八卷，《宋志》著録張湛注《列子》八卷，袁本《郡齋讀書志》卷一一著録《列子冲虚至德真經》八卷。《四庫全書總目》卷一四六著録《列子》八卷，提要稱舊題周列禦寇撰。據柳宗元《辨列子》語及高似孫《子略》、宋濂所辨，認爲此書非列禦寇自著。其注除張湛外，又有唐殷敬順《釋文》二卷，二者散附此本各句下，已難辨孰張孰殷。《列子》或稱《冲虚至德真經》，傳本衆多，卷數亦不盡相同。現存最早的本子爲宋刻宋元遞修本，通行本有《四庫》本、《四部叢刊》本、《四部備要》本、《諸子集成》本等。

《莊子》二十卷。梁漆園吏莊周撰，晉散騎常侍向秀注。本二十卷，今闕。梁有《莊子》十卷，東晉議郎崔譔注，亡。

莊子（前369？—前286？）：名周，字子休，蒙（今河南商丘東北）人。與梁惠王、齊宣王同時，曾爲漆園小吏。其學無所不闚，然其要本旨歸於老子之言。著書十餘萬言，多爲寓言。《史記》卷六三有傳。其事迹又見《經典釋文叙録》。向秀：字子期，河内懷（今河南武陟西南）人。雅好老、莊之學，爲《莊子》内外篇作解，發明奇趣，振起玄風。爲散騎侍郎，轉爲黄門侍郎，散騎常侍，然在朝不任職。《晉書》卷四九有傳。本志集部尚有其一部著述。本二十卷：因已著録二十卷，此稱“本二十卷”，疑有誤。《莊子》或分内篇、外篇、雜篇。《漢志》著録《莊子》五十二篇。1977年，安徽阜陽雙古堆1號漢墓出土殘簡爲《莊子》雜篇内容；1988年，湖北江陵張家山136號漢墓出土竹簡爲《莊子·盜蹠》部分内容。《莊子》在流傳中又名《南華真經》，其有明《正統道藏》本。《經典釋文叙録》載，《莊子》向秀注二十卷二十六篇，又稱一作二十七篇，一作二十八篇，並無雜篇。兩《唐志》著録向秀注《莊子》二十卷，《宋志》無載，亡佚。崔譔（zhuǎn）：生平事迹不詳。《世説新語·文學》注引《向秀别傳》提及“（秀）唯好《莊子》，聊應崔譔所注，以備遺忘”。《經典釋文叙録》載，《莊子》崔譔注十卷二十七篇，兩《唐志》著録崔譔注《莊子》十卷，《宋志》無載，亡佚。

《莊子》十六卷。司馬彪注。本二十一卷，今闕。

司馬彪：見本志史部“正史類”。《晉書》卷八二載，司馬彪注《莊子》，作《九州春秋》。《經典釋文叙録》載，司馬彪注《莊子》二十一卷五十二篇；《日本國見在書目録》著録《莊子》二十一卷，梁漆園吏莊周撰，後漢司馬彪注；兩《唐志》著録司馬彪注《莊子》二十一卷。《宋志》無載，亡佚。清孫馮翼、茆泮林、黄奭、王仁俊有輯本。

《莊子》三十卷、《目》一卷。晉太傅主簿郭象注。梁《七録》三十三卷。

郭象：見本志經部“論語類”。《晉書》卷五〇載，郭象爲人行薄，以向秀義不傳於世，遂竊以爲己注，乃自注《秋水》、《至樂》二篇，又易《馬蹄》一篇，其餘衆篇或點定文句而已。《世説新語·文學》注引《文士傳》曰：“象作《莊子注》，最有清辭遒旨。”《經典釋文叙録》稱，唯郭象所注，特會莊生之旨，故爲世所貴。又曰，郭象注三十三卷，《内篇》七，《外篇》十五，《雜篇》十一。兩《唐志》、《宋志》著録郭象注《莊子》十卷，《四庫全書總目》卷一四六著録郭象注《莊子》十卷。此書現存最早的本子爲宋刻《南華真經》十卷，通行本有《四庫》本《莊子注》十卷、《四部叢刊》本《南華真經》十卷，附陸德明《音義》。

《集注莊子》六卷。梁有《莊子》三十卷，晉丞相參軍李頤注；《莊子》十八卷，孟氏注，《録》一卷。亡。

李頤（生卒年不詳）：字景真，潁川襄城（今河南襄城）人。晉丞相參軍，自號玄道子。見《經典釋文叙録》。《叙録》載《莊子》李頤集解三十卷，三十篇，一作三十五篇，爲《音》一篇。兩《唐志》著録李頤《莊子集解》二十卷，《宋志》無載，亡佚。孟氏：不詳何人。《經典釋文叙録》載，《莊子》孟氏注十八卷，五十二篇。兩《唐志》無載，亡佚。

《莊子音》一卷。李軌撰。

《經典釋文叙録》載，《莊子》李軌音一卷，兩《唐志》無載，亡佚。

《莊子音》三卷。徐邈撰。

《莊子集音》三卷。徐邈撰。

徐邈：見本志經部"易類"。《經典釋文叙録》載《莊子》徐邈音三卷，兩《唐志》無載，亡佚。《莊子集音》：兩《唐志》無載，亡佚。

《莊子注音》一卷。司馬彪等撰。

《經典釋文叙録》稱，司馬彪爲《莊子音》三卷，《新唐志》著録司馬彪《莊子注音》一卷，《宋志》無載，亡佚。

《莊子音》三卷。郭象撰。梁有向秀《莊子音》一卷。

《經典釋文叙録》載，郭象爲《莊子音》三卷，向秀爲《莊子音》一卷，兩《唐志》無載二書，亡佚。

《莊子外篇雜音》一卷。

不署撰者。兩《唐志》無載，亡佚。

《莊子内篇音義》一卷。

不署撰者。兩《唐志》無載，亡佚。

《莊子講疏》十卷。梁簡文帝撰。本二十卷，今闕。

《梁書》卷四載，簡文帝著有《莊子義》二十卷。兩《唐志》著録梁簡文帝《莊子講疏》三十卷，《宋志》無載，亡佚。

《莊子講疏》二卷。張譏撰，亡。

張譏：見本志經部“易類”。《陳書》卷三三載，張譏撰有《莊子内篇義》十二卷，《外篇義》二十卷，《雜篇義》十卷。兩《唐志》無載，亡佚。

《莊子講疏》八卷。

不署撰者。兩《唐志》著録《莊子疏》七卷，《宋志》無載，亡佚。

《莊子文句義》二十八卷。本三十卷，今闕。梁有《莊子義疏》十卷，又《莊子義疏》三卷，宋處士王叔之撰。亡。

不署撰者。兩《唐志》著録陸德明《莊子文句義》，疑即此書。王叔之：字穆仲，琅邪（今山東諸城周邊）人。晉宋間處士。見《全宋文》卷五七。本志集部尚有其一部著述。《經典釋文叙録》載《莊子》王叔之《義疏》三卷，並稱王叔之字穆□（《四部叢刊》本“穆”下缺一字），琅邪人，宋處士，亦作注。兩《唐志》著録王穆（疑後脱一字）《莊子疏》十卷、《音》一卷，《宋志》無載，亡佚。

《莊子内篇講疏》八卷。周弘正撰。

周弘正：見本志經部“易類”。《陳書》卷二四載，周弘正著《莊子疏》八卷、《老子疏》五卷，並行於世。兩《唐志》無載，亡佚。

《莊子義疏》八卷。戴詵撰。

此書兩《唐志》無載，亡佚。

《南華論》二十五卷。梁曠撰，本三十卷。

《舊唐志》“道家類”、《新唐志》“神仙類”著録梁曠《南華仙人莊子論》三十卷，《宋志》無載，亡佚。

《南華論音》三卷。

不署撰者。兩《唐志》無載，亡佚。

《莊成子》十二卷。梁有《蹇子》一卷，今亡。

不署撰者。兩《唐志》無載，亡佚。《蹇子》：不署撰者。兩《唐志》無載，亡佚。

《玄言新記明莊部》二卷。梁澡撰。

梁澡：生平事迹不詳。此書兩《唐志》無載，亡佚。

《守白論》一卷。

不署撰者。姚振宗以爲此書即屬“名家類”之《公孫龍子》，然證據不足，姑備一説。

《任子道論》十卷。魏河東太守任嘏撰。梁有《渾輿經》一卷，魏安成令桓威撰，亡。

任嘏（生卒年不詳）：嘏（jiā），字昭先，樂安博昌（今山東博興南）人。三年中誦五經，皆究其義。文帝時爲黄門侍郎，後累遷東郡、趙郡、河東郡太守。著書三十八篇，凡四萬餘言。見《三國志》卷二七裴注。兩《唐志》著録任嘏《任子道論》十卷，《宋志》無載，亡佚。清馬國翰有輯本。桓威（生卒年不詳）：下邳（今江蘇邳州）人，十八歲著《渾輿經》，官至安成令。見《三國志》卷二一。兩《唐志》著録姖威《渾輿經》一卷，姚振宗以爲宋本《隋志》避諱，以訛傳訛，致“桓”誤爲“姖”。《宋志》無載，亡佚。清馬國翰有輯本，《全三國文》卷三五有輯文。

《唐子》十卷。吴唐滂撰。梁有《蘇子》七卷，晉北中郎參軍蘇彦撰；《宣子》二卷，晉宜城令宣舒撰；《陸子》十卷，陸雲撰。亡。

唐滂（生卒年不詳）：字惠潤，丹陽（今江蘇丹陽）人。見馬國翰《玉函山房輯本序》。兩《唐志》著録唐滂《唐子》十卷，《宋志》無載，亡佚。清馬國翰有輯本。蘇彦：生平事迹不詳。兩《唐志》著録蘇彦《蘇子》七卷，《宋志》無載，亡佚。清馬國翰有輯本，《全晉文》卷一三八有輯文。宣舒：或作宣聘，字幼驥，陳郡（今河南境内）人，晉宜城令，作《通知來藏往論》。見《經典釋文叙録》。兩《唐志》著録宣聘《宣子》二卷，《宋志》無載，亡佚。陸雲（262—303）：字士龍，吴郡（今江蘇蘇州）人。少與兄陸機齊名，號曰“二陸”。爲尚書郎、太子中舍人、中書侍郎。成都王司馬穎表爲清河内史。陸機兵敗，穎並殺陸雲，時年四十二。所著文章若干篇，又撰《新書》十篇，並行於世。《晉書》卷五四有傳。本志集部尚有其一部著述。兩《唐志》著録陸雲《陸子》十卷，《宋志》無載，亡佚。清馬國翰、王仁俊有輯本。

《杜氏幽求新書》二十卷。杜夷撰。

杜夷（258—323）：字行齊，廬江灊（今安徽霍山）人。博覽經籍百家之書，算曆圖緯靡不畢究。閉門授徒，累辭徵辟。元帝爲丞相以爲儒林祭酒，又除國子祭酒。太寧元年（323）卒，年六十六。贈大鴻臚，謚曰貞子。著《幽求子》二十篇，行於世。《晉書》卷九一有傳。《文心雕龍·諸子》將杜夷書與陸賈、賈誼、揚雄等人的書並論。《日本國見在書目録》著録《幽求子》二十卷，杜夷撰；《舊唐志》“道家類”、《新唐志》“神仙類”著録杜夷《幽求子》三十卷。《宋志》無載，亡佚。清王仁俊有輯本。

《抱朴子内篇》二十一卷、《音》一卷。葛洪撰。梁有《顧道士新書論經》三卷，晉方士顧谷撰，亡。

葛洪：見本志經部“禮類”。《晉書》卷七二載，葛洪自號抱朴子，並以此名其書。此書序稱：“故予所著子言黄白之事，名曰《内篇》，其餘駁難通釋，名曰《外篇》，大凡内外一百一十六篇。”兩《唐志》著録葛洪《抱朴子》二十卷，《宋志》“雜家類”著録葛洪《抱朴子》二十卷。《四庫全書總目》卷一四六著録《抱朴子内外篇》八卷，提要稱《内篇》論神仙吐納符録尅治之術，純爲道家之言。《抱朴子》有多種卷數本流傳，現存最早的本子爲明《正統道藏》本，通行本有《四庫》本、《四部叢刊》本、《諸子集成》本等。另，清王仁俊輯《抱朴子》一卷，《全晉文》卷一一六、一一七輯《抱朴子》佚文數條。顧谷：生平事迹不詳。《舊唐志》著録顧谷《顧道士論》二卷，《新唐志》著録顧谷《顧道士論》三卷，《宋志》無載，亡佚。

《孫子》十二卷。孫綽撰。

孫綽：見本志經部“論語類”。兩《唐志》著録孫綽《孫子》十二卷，《宋志》“雜家類”著録孫綽《孫綽子》十卷。《直齋書録解題》卷一〇著録《孫子》十卷，稱“恐依託”。後亡佚。清馬國翰、王仁俊有輯本，《全晉文》卷六二有輯文。

《符子》二十卷。東晉員外郎符朗撰。梁有《賀子述言》十卷，宋太學博士賀道養撰；《少子》五卷，齊司徒左長史張融撰；梁有《養生論》三卷，嵇康撰；《攝生論》二卷，晉河内太守阮侃撰；《無宗論》四卷，《聖人無情論》六卷。亡。

符朗（生卒年不詳）：又作苻朗，字元達，鄴（今河北臨漳）人。苻堅從兄子。拜鎮東將軍、青州刺史，封安樂男。降晉數年後，因王國寶誣陷而被殺。著《苻子》數十篇，行於世，亦老、莊之流也。《晉書》卷一一四有傳。《日本國見在書目録》著録《苻子》六卷，苻朗撰。兩《唐志》著録苻朗《苻子》三十卷，《宋志》無載，亡佚。清馬國翰、王仁俊有輯本，《全晉文》卷一五二有輯文。賀道養：見本志經部“春秋類”。兩《唐志》著録賀道養《賀子》十卷，《宋志》無載。亡佚。張融（444—497）：字思光，吴郡吴（今江蘇蘇州）人。仕宋，爲中書郎。入齊，累遷黄門郎、中書子、司徒左長史。建武四年（497），病卒，年五十四。張融玄義無師法，而神解過人，黑白談論，鮮能抗拒。自名集爲《玉海》，行於世。《南齊書》卷四一、《南史》卷三二有傳。本志集部尚有其一部著述。又《弘明集》卷一一曰：“張融乃著通源之論，其名《少子》。”兩《唐志》無載，亡佚。清馬國翰有輯本，《全齊文》卷一五有輯文。嵇康：見本志經部“春秋類”。《晉書》卷四九載，嵇康以爲神仙禀之自然，非積學所得，至於導養得理，則安期、彭祖之倫可及，乃著《養生論》。兩《唐志》無載，亡佚。《全三國文》卷四八有輯文。阮侃（生卒年不詳）：字德如，尉氏（今河南尉氏）人。有俊才，與嵇康爲友，官至河内太守。見《世説新語・賢媛》。兩《唐志》無載，亡佚。《無宗論》、《聖人無情論》皆不署撰者，兩《唐志》皆不載，亡佚。

《夷夏論》一卷。顧歡撰。梁二卷。梁又有《談衆》三卷，亡。

《南齊書》卷五四本傳載，佛道兩家，立教既異，學者互相非毁，顧歡著《夷夏論》。傳中收録此論部分内容，篇後史臣論曰“顧歡論夷夏，優老而劣釋”。兩《唐志》著録顧歡《夷夏論》二卷，《宋志》無載，亡佚。《全齊文》卷二二有輯文。《談衆》不署撰者，兩《唐志》無載，亡佚。

《簡文談疏》六卷。晉簡文帝撰。

晉簡文帝（320—372）：司馬昱，字道萬，河内温（今河南温縣）人。清虚寡欲，尤善玄言。咸安元年（371）即皇帝位，二年（372）秋，崩，年五十三，廟號太宗。《晉書》卷九有傳。此書兩《唐志》無載，亡佚。

《無名子》一卷。張太衡撰。

張太衡：生平事迹不詳。《舊唐志》"道家類"、《新唐志》"神仙類"著録張太衡《無名子》一卷，《宋志》無載，亡佚。

《玄子》五卷。

不署撰者。《北齊書》卷二九、《北史》卷三三載，李公緒撰《玄子》五卷。疑即此書。兩《唐志》不載此書，亡佚。

《游玄桂林》二十一卷、《目》一卷。張譏撰。

本志經部"論語類"著録張譏《游玄桂林》九卷。此爲重出。

《廣成子》十三卷。商洛公撰，張太衡注。疑近人作。

商洛公：生平事迹不詳。《舊唐志》著録商洛公《廣成子》十二卷；《新唐志》著録商洛公《廣成子》十二卷，張太衡注。《宋志》無載，亡佚。

右七十八部，合五百二十五卷。

七十八部：實際五十六部，又有四十八部亡書。

道者，蓋爲萬物之奥，聖人之至賾也[1]。《易》曰："一陰一陽之謂道。"又曰："仁者見之謂之仁，智者見之謂之智，百姓日用而不知[2]。"夫陰陽者，天地之謂也。天地變化，萬物蠢生[3]，則有經營之迹。至於道者，精微淳粹，而莫知其體，處陰與陰爲一，在陽與陽不二。仁者資道以成仁，道非仁之謂也；智者資道以爲智，道非智之謂也；百姓資道而日用，而不知其用也。聖人體道成性，清虚自守，爲而不恃[4]，長而不宰[5]，故能不勞聰明而人自化[6]，不假修營而功自成[7]。其玄德深遠[8]，言象不測[9]。先王懼人之惑，置于方外[10]，六經之義，是所罕言。《周官》九兩，其三曰師[11]，蓋近之矣。然自黄帝以下，聖哲之士，所言道者，傳之其人，世無師説。漢時，曹參始薦蓋公能言黄、老[12]，文帝宗之[13]。自是相傳，道學衆矣。下士爲之[14]，不推其本，苟以異俗爲高，狂狷爲尚[15]，迂誕譎怪而失其真[16]。

[1] 賾（zé）：精微、深奥。

[2] 此段見《易・繫辭上》第五章，言陰陽對立轉化稱爲道，仁者以道爲仁，智者以道爲智，百姓平時用道而不知道。

[3] 蠢生：蠢，蟲蠕動狀。萬物像蟲蠕動般地萌動生長。

[4] 恃：依賴、憑藉。

[5] 長而不宰：位高而不主宰。

[6] 聰明：明智、聰察。

[7] 修營：治理、營求。

[8] 玄德：指自然無爲的素質。即“爲而不恃，長而不宰”。

[9] 象：形狀、象貌。

[10] 方外：世俗之外。

[11] 其三曰師：九兩之第三曰師，其以賢德民。謂諸侯以下立教學之官爲師氏，以有三德、三行，使學子歸之。

[12] 曹參（？—前190）：沛（今江蘇沛縣）人。秦末爲沛縣獄吏。後佐劉邦滅項羽，建立漢王朝，封平陽侯。惠帝時，繼蕭何爲相，不改蕭規，以無爲爲治。《史記》卷五四、《漢書》卷

三九有傳。蓋公，膠西（今山東膠州周邊）人。善黄老，以治道貴清静而民自定建言曹參，被其采納，有政績。見《史記》卷五四。

[13] 文帝（前 202—前 157）：劉恒，漢高祖之子。高祖平代，立爲代王。周勃、陳平等平諸吕亂，迎立爲帝。在位二十三年，主張清静無爲，與民休息，經濟發展，政治穩定。《史記》卷一〇、《漢書》卷四有傳。

[14] 下士：最差一等的人。老子曰"下士聞道大笑之"。

[15] 狂狷（juàn）：激進與拘謹保守。泛指偏激。

[16] 迂誕：荒唐至出於事理之外。譎（jué）怪，奇異怪誕。

法　家

《管子》十九卷。齊相管夷吾撰。

管夷吾（前 723？—前 645）：《史記》稱管仲夷吾，韋昭曰，夷吾姬姓之後，管嚴之子敬仲也。劉向稱其名夷吾，號仲父，潁上（今屬安徽）人。管仲事齊公子糾，小白立爲桓公，管仲被囚。鮑叔牙向桓公薦管仲，被采納。桓公以霸，九合諸侯，一匡天下，得益於管仲。《史記》卷六二有傳。太史公曰，吾讀管氏《牧民》、《山高》、《乘馬》、《輕重》、《九府》。劉向稱《管子》定著八十六篇。《漢志》“道家”著録《管子》八十六篇，班固注曰，名夷吾，相齊桓公，九合諸侯，不以兵車也。“兵權謀家”有注曰，“省《管子》”。《日本見在在書目録》著録《管子》二十一卷，齊相管夷吾撰；《舊唐志》著録管夷吾《管子》十八卷；《新唐志》著録管仲《管子》十九卷，尹知章注《管子》三十卷；《宋志》著録齊管夷吾《管子》二十四卷，尹知章注《管子》十九卷。《直齋書録解題》卷一〇著録《管子》二十四卷，唐房玄齡注。衢本《郡齋讀書志》卷一一著録《管子》二十四卷，引杜佑《指略序》語：“唐房玄齡注，其書載管仲將没，對桓公之語，疑後人續之。而注頗淺陋，恐非玄齡，或云尹知章也。”《四庫全書總目》卷一〇一著録《管子》二十四卷，提要稱劉恕《通鑒外紀》引傅玄語：“管仲之書過半便是後之好事者所加，乃説管仲死後事，《輕重篇》尤爲鄙俗。”《葉水心集》亦曰，《管子》非一人之筆，亦非一時之書。劉向所校本八十六篇，今亡十篇。研究《管子》之作有明劉績《管子補注》，清俞樾《管子平議》、戴望《管子校正》，近人郭沫若《管子集校》等。現存最早的宋刻本題唐房玄齡注《管子》二十四卷。通行本題房玄齡注者有《四庫》本、《四部叢刊》本，題房玄齡注、劉績補注者有《四部備要》本，題尹知章注、戴望校正者有《諸子集成》本。

《商君書》五卷。秦相衛鞅撰。梁有《申子》三卷，韓相申不害撰，亡。

衛鞅（前395？—前338）：衛之庶出公子，名鞅，姓公孫氏，其祖本姬姓。好刑名之學，事魏相公叔座，爲中庶子。西入秦，孝公以爲左庶長，定變法之令，秦富强。封鞅於商，號爲商君。秦惠王即位，以謀反攻鞅，車裂商君以徇。《史記》卷六八有傳。《漢志》著録《商君》二十九篇，班固注曰：“名鞅，姬姓，衛後也，相秦孝公。有列傳。”又，“兵權謀家”有《公孫鞅》二十七篇。《日本見在書目録》著録《商君書》三卷，秦相衛鞅撰；《舊唐志》著録商鞅《商子》五卷；《新唐志》著録商鞅《商君書》五卷，注曰或作《商子》；《宋志》著録衛公孫鞅《商子》五卷。《郡齋讀書志》卷一一著録《商子》五卷，稱此書本二十九篇，今亡者三篇。《四庫全書總目》卷一〇一著録《商子》五卷，提要稱此書目凡二十有六，似即晁氏之本，然其中第十六篇、第二十一篇，又皆有録無書，則並非宋本之舊。《古今僞書考》引周氏《涉筆》，“商鞅書亦多附會後事，似取他辭，非本所論著也。其精確要切處，《史記》列傳包括已盡，凡《史記》所不載，往往爲書者所附會”。研究《商君書》之作有明楊慎評《商子》二卷，清俞樾《商子平議》一卷。此書現存最早的本子爲明天一閣本、《漢魏叢書》本，通行本有《四庫》本、《四部叢刊》本、《叢書集成》本等。申不害：京（今河南滎陽東南）人，故鄭之賤臣。韓昭侯用爲相，十五年國治兵强，無侵韓者。其學本於黄老而主刑名，著書二篇，號曰《申子》。《史記》卷六三有傳。劉向《别録》曰："今民間所有上下篇，中書六篇，皆合二篇，已備，過太史公所記。"《漢志》著録《申子》六篇，兩《唐志》著録申不害《申子》三卷，《宋志》無載，亡佚。清馬國翰、王仁俊有輯本。

《慎子》十卷。戰國時處士慎到撰。

慎到（前390？—前315）：趙（今河北、山西部分地區）人。學黄老道德之術，因發明序其指意，著十二論。《史記集解》引徐廣曰："今《慎子》，劉向所定，有四十一篇。"見《史記》卷七四。《漢志》著録《慎子》四十二篇，班固注曰："名，先申、韓，申、韓稱之。"兩《唐志》著録慎到《慎子》十卷，滕輔注，《宋志》著録慎到《慎子》一卷。《直齋書録解題》卷一〇著録《慎子》一卷，稱"今麻沙刻本纔五篇，固非全書也"。《四庫全書總目》卷一一七著録《慎子》一卷，提要稱此書雖亦分五篇，而文多删削，又非陳振孫之所見，蓋明人捃拾殘剩，重爲編次。此書現存最早的本子爲明萬曆慎氏耕芝館刻本，通行本有《四庫》本、《叢書集成》本、《四部備要》本等。

《韓子》二十卷、《目》一卷。韓非撰。梁有《朝氏新書》三卷，漢御史大夫鼂錯撰，亡。

韓非（前280—前233）：韓之諸公子，喜刑名法術之學，而其歸本於黄老。善著書，作《孤憤》、《五蠹》、《説林》、《説難》等，十餘萬言。使秦，遭李斯忌，被毁，終死於秦。《史記》卷六三有傳。《漢志》著録《韓子》五十五篇，《日本見在書目録》著録《韓子十政論》五卷，兩《唐志》、《宋志》著録韓非《韓子》二十卷。《四庫全書總目》卷一〇一著録《韓子》二十卷，提要稱韓非所著書，本各自爲篇，死後，其徒收拾編次，以成一帙，名爲非撰，實非其所手定。研究《韓子》之作有宋謝希深注《韓非子》，清俞樾《韓非子平議》、王先慎《韓非子集解》等。此書現存最早的本子爲清初錢曾影抄宋本，通行本有《四庫》本、《四部叢刊》本、《四部備要》本等。鼂錯（前200—前154）：又作晁錯、朝錯，潁川（今河南禹州）人。從張恢先學申、商刑名之學。以文學爲太常掌故，太常遣其從伏生受《尚書》。後爲太子舍人、門大夫、家令，得幸於太子。景帝即位，寵幸傾九卿，爲御史大夫。主張削藩，遭諸侯反對，吴楚七國反，鼂錯被誅。《史記》卷一〇一、《漢書》卷四九有傳。《漢志》著録《鼂錯》三十一篇，《舊唐志》著録晁錯《晁氏新書》三卷，《新唐志》著録晁錯《晁氏新書》七卷，《宋志》無載，亡佚。清馬國翰有輯本。

《正論》六卷。漢大尚書崔寔撰。梁有《法論》十卷，劉邵撰；《政論》五卷，魏侍中劉廙撰；《阮子政論》五卷，魏清河太守阮武撰。亡。

崔寔（103？—170？）：字子真，一名台，字元始，涿郡安平（今河北安平）人。桓帝初，除爲郎，明於政體，論當世便事數十條，名曰《政論》，指切時要，言辯而確，當世稱之。拜議郎，與諸儒博士共雜定五經。梁冀被誅，遭禁錮數年。後召拜尚書，以世方阻亂，稱疾不視事。所著碑、論、詞、表等凡十五篇。《後漢書》卷五二有傳。《舊唐志》著録崔寔《崔氏政論》五卷，《新唐志》著録崔寔《崔氏政論》六卷，《宋志》無載，清馬國翰、王仁俊有輯本，《全後漢文》有輯文。劉邵：又作劉劭，見本志經部“孝經類”。《三國志》卷二一載，劉劭撰述《法論》、《人物志》之類百餘篇。《舊唐志》著録劉邵《劉氏法言》十卷，《新唐志》著録劉邵《劉氏法論》十卷，《宋志》無載，亡佚。劉廙（180—221）：廙（yì），字恭嗣，南陽安衆（今河南南陽）人。魏國初建，爲黄門侍郎，著書數十篇，及與丁儀共論刑禮，皆傳於世。文帝即位，爲侍中，賜爵關内侯。黄初二年（221），卒。《三國志》卷二一有傳。《舊唐志》著録劉廙《劉氏正論》五卷，《新唐志》著録劉廙《劉氏政論》五卷，《宋志》無載，亡佚。清馬國翰、嚴可均、王仁俊有輯本。阮武：字文業，陳留尉氏（河南尉氏）人。拓落大才，官至清河太守。著書十八篇，謂之《阮子》，終於家。見《三國志》卷一六、《世説新語·賞譽》注。《舊唐志》著録阮武《阮子正論》五卷，《新唐志》著録阮武《阮子政論》五卷，《宋志》無載，亡佚。清馬國翰有輯本，《全三國文》卷四四有輯文。

《世要論》十二卷。魏大司農桓範撰。梁有二十卷。又有《陳子要言》十四卷，吴豫章太守陳融撰；《蔡司徒難論》五卷，晋三公令史黄命撰。亡。

桓範（？—249）：字元則。建安末，入丞相府。延康中，爲羽林左監。以有文學，與王象等典集《皇覽》。正始中，拜大司農。嘗抄撮《漢書》中諸雜事，自以竟斟酌之，名曰《世要論》。見《三國志》卷九注。《舊唐志》著録桓範《桓氏代要論》十卷，《新唐志》著録桓範《桓氏世要論》十二卷，《宋志》無載，亡佚。清馬國翰、嚴可均、王仁俊有輯本。陳融：陳國（今河南境内）人。見《三國志》卷五七。兩《唐志》著録陳融《陳子要言》十四卷，《宋志》無載，亡佚。清馬國翰、王仁俊有輯本。黄命：生平事迹不詳。兩《唐志》不載其書，亡佚。

右六部，合七十二卷。

另有亡書七部。

法者，人君所以禁淫慝[1]，齊不軌，而輔於治者也。《易》著“先王明罰飭法”[2]，《書》美“明于五刑[3]，以弼五教[4]”。《周官·司寇》“掌建國之三典[5]，以佐王刑邦國，詰四方[6]”；《司刑》“以五刑之法，麗萬民之罪[7]”，是也。刻者爲之[8]，則杜哀矜[9]，絶仁愛，欲以威劫爲化[10]，殘忍爲治，乃至傷恩害親。

[1] 淫慝（tè）：邪惡不正。

[2] 此句見《易·噬嗑》，“雷電，噬嗑。先王以明罰勅法”。飭，告誡。先王因此明察刑罰，修正法律。

[3] 五刑：此當指古代墨、劓（yì）、剕（fèi）、宫、大辟五刑。

[4] 弼：輔助。五教，父義、母慈、兄友、弟恭、子孝。此段見《尚書·大禹謨》，闡明五刑，輔助五教。

[5] 三典：輕典、中典、重典。刑新國以輕典，刑平國以中典，刑亂國以重典。

[6] 詰：謹也。此段見《周禮·秋官·大司寇》。

[7] 麗：通罹，遭遇。此句見《周禮·秋官·司刑》，其作“掌五刑之法，以麗萬民之罪”。

[8] 刻者：苛刻之人。

[9] 杜：杜絶。哀矜，哀憐。

[10] 威劫：威逼、脅迫。化，改變。

名　家

《鄧析子》一卷。析，鄭大夫。

鄧析（前545—前501）：鄭（河南境内）人。好刑名，操兩可之説，設無窮之辭。數難子産之治，改鄭所鑄舊制，不受君命而私造刑法書之於竹簡。定公九年（前501），鄭駟歂用竹刑殺之。見《春秋左氏傳·定公九年》、劉向《鄧析子書録》。《漢志》著録《鄧析》二篇，班固注曰，鄭人，與子産並時。《日本國見在書目録》著録《鄧析子》一卷，鄭大夫鄧析撰。兩《唐志》著録鄧析《鄧析子》一卷，《宋志》著録《鄧析子》二卷。《郡齋讀書志》卷一一著録《鄧析子》二卷，稱此書"其間勦取他書，頗駁不倫，豈後人附益之歟"。《四庫全書總目》卷一〇一著録《鄧析子》二卷，提要以爲此書"或篇章殘缺，後人摭《莊子》以足之歟"。此書現存最早的本子爲明刻本，通行本有《四庫》本、《四部叢刊》本、《四部備要》本等。

《尹文子》二卷。尹文，周之處士，游齊稷下。

尹文（前360—前280）：出於周之尹氏。齊宣王時居稷下，與宋鈃、彭蒙、田駢同學於公孫龍。公孫龍稱之，著書一篇。見《尹文子序》。《漢志》著録《尹文子》一篇，班固注曰，説齊宣王，先公孫龍。《舊唐志》著録尹文子《尹文子》二卷，《新唐志》著録《尹文子》一卷。《四庫全書總目》卷一一七著録《尹文子》

一卷，提要稱，其言出入於黄老、申韓之間，周氏《涉筆》謂其道以至名，自名以至法，蓋得其真。並指出今傳《尹文子》内容矛盾，《尹文子序》的作者亦非仲長統。近人馬叙倫、顧實則明確指出《尹文子》詞説不類戰國時文，其爲魏晉間人所依託。見《漢書藝文志講疏》。此書現存最早本子爲明正統十年（1445）内府刻《道藏》本，通行本有《四庫》本、《四部叢刊》本、《四部備要》本、《諸子集成》本等。

《士操》一卷。魏文帝撰。梁有《刑聲論》一卷，亡。

姚振宗以爲，魏武帝諱操，其子文帝豈能以"操"名書，此必《士品》之誤。本志史部"雜傳類"著録《海内士品》，可參見。兩《唐志》"名家類"著録魏文帝《士操》，"雜傳類"著録魏文帝《海内士品録》二卷，疑即此書，此著録應爲重出。《刑聲論》：不署撰者，兩《唐志》無載，亡佚。

《人物志》三卷。劉邵撰。梁有《士緯新書》十卷，姚信撰，又《姚氏新書》二卷，與《士緯》相似；《九州人士論》一卷，魏司空盧毓撰；《通古人論》一卷。亡。

《三國志》卷二一載，劉劭撰《人物志》；《魏書》卷五二載，劉昞注《人物志》，行於世。兩《唐志》著録劉邵《人物志》三卷，又有劉邵《人物志》三卷，劉炳（疑"昞"之誤）注；《宋志》著録劉邵《人物志》二卷。《四庫全書總目》卷一一七著録《人物志》三卷，劉邵撰，劉昞注。提要稱此書主於論辨人才，以外見之符，驗内藏之器，分别流品，研析疑似。昞注不涉訓詁，惟疏通大義。此書現存最早的本子爲明隆慶六年（1572）刻本，通行本有《四庫》本、《四部叢刊》本、《四部備要》本等。姚信：見本志經部"易類"。兩《唐志》著録姚信《士緯》十卷，《宋志》無載，亡佚。清馬國翰有輯本。《姚氏新書》：疑亦姚信所作。兩

《唐志》無載，亡佚。盧毓（？—257）：字子家，涿郡涿（今河北涿州）人，盧植幼子。魏國初建，爲吏部郎中。青龍二年（234），入爲侍中，爲吏部尚書，賜爵關内侯。後轉僕射，加光禄大夫。正元三年（256），因疾病遜位，遷爲司空，進爵封容城侯。甘露二年（257），卒，謚爲成侯。《三國志》卷二二有傳。兩《唐志》著録盧毓《九州人士論》一卷，《宋志》無載，亡佚。《通古人論》：不署撰者。兩《唐志》無載，亡佚。

右四部，合七卷。

另有亡書五部。

名者，所以正百物，叙尊卑，列貴賤，各控名而責實，無相僭濫者也[1]。《春秋傳》曰："古者名位不同，節文異數[2]。"孔子曰："名不正則言不順，言不順則事不成[3]。"《周官・宗伯》"以九儀之命，正邦國之位[4]"，"辨其名物之類[5]"，是也。拘者爲之，則苛察繳繞[6]，滯於析辭而失大體。

[1] 僭濫：越分之事氾濫。

[2] 此段見《春秋左氏傳・莊公十八年》。其文作"王命諸侯，名位不同，禮亦異數，不以禮假人"。即名號地位不同，禮儀亦有不同等級。

[3] 此段見《論語・子路》。

[4] 此段見《周禮・大宗伯》。九儀，周代對九種命官的授命儀式。

[5] 此句見《周禮・小宗伯》。其文作"辨其物，而頒之於五官"。

[6] 繳繞：糾纏煩瑣。

墨　家

《墨子》十五卷、《目》一卷。宋大夫墨翟撰。

墨翟（前476？—前390？）：魯（今山東境内）人，在孔子後。劉向曰，墨子在七十子後。宋大夫，作書七十一篇。見《史記》卷七四、《吕氏春秋·當染》高誘注。《史記》卷一三〇司馬談論六家之要指曰："墨者，儉而難遵，是以其事不可偏循；然其彊本節用，不可廢也。"《韓非子·顯學》稱"顯學，儒墨也"。《漢志》著録《墨子》七十一篇，兩《唐志》、《宋志》著録墨翟《墨子》十五卷。《直齋書録解題》卷一〇著録《墨子》三卷，稱《館閣書目》有十五卷六十一篇，多訛誤，不相聯屬。又二本，止存十三篇，當是此本。宋濂《諸子辨》所辨《墨子》亦三卷十三篇。畢沅《墨子校注序》曰："《墨子》七十一篇，隋以來爲十五卷、《目》一卷，宋亡八篇，爲六十三篇，後又亡十篇，爲五十三篇，即今本也。"《四庫全書總目》卷一一七著録《墨子》十五卷，提要稱，其書中多稱子墨子，則門人之言，非所自著。研究《墨子》之作不多，以孫詒讓《墨子閒詁》爲上。1957年，河南信陽長臺關1號楚墓出土竹簡，一部分内容與《墨子》佚文、佚篇有關，但是否屬《墨子》，尚有争論。此書現存最早的本子爲明正統十年（1445）刻《道藏》萬曆二十六年（1598）印本，通行本有《四庫》本、《四部叢刊》本等爲十五卷，《四部備要》本、《叢書集成》本等爲十六卷，有畢沅校注。

《隨巢子》一卷。巢，似墨翟弟子。

《漢志》著録《隋巢子》六篇，班固注曰，墨翟弟子。《新唐志》著録《隋巢子》一卷，《宋志》無載，亡佚。明歸有光及清馬國翰、王仁俊各輯《隋巢子》一卷。

《胡非子》一卷。非，似墨翟弟子。梁有《田俅子》一卷，亡。

《漢志》著録《胡非子》三篇，班固注曰，墨翟弟子。兩《唐志》著録《胡非子》一卷，《宋志》無載，亡佚。明歸有光、清馬國翰有輯本。《田俅子》：《漢志》著録《田俅子》三篇，班固注曰，先韓子。兩《唐志》無載，亡佚。清馬國翰、王仁俊有輯本。

右三部，合一十七卷。

另有亡書一部。

墨者，强本節用之術也[1]。上述堯、舜、夏禹之行，茅茨不翦[2]，糲粱之食[3]，桐棺三寸[4]，貴儉兼愛，嚴父上德[5]，以孝示天下，右鬼神而非命[6]。《漢書》以爲本出清廟之守[7]。然則《周官·宗伯》“掌建邦之天神地祇人鬼”[8]，《肆師》“掌立國祀”[9]，及“兆中廟中之禁令”[10]，是其職也。愚者爲之，則守於節儉，不達時變，推心兼愛，而混於親疏也。

[1] 强本節用：本，一般是指農業。强本，加强農業。節用，節約開支。

[2] 茅茨（cí）：茅草屋頂，進而指茅草屋。

[3] 糲（lì）粱：粗米和穀子。

[4] 桐棺：桐木所製棺木。

[5] 嚴父上德：尊敬父親，以德爲重。

[6] 右鬼神：尊尚鬼神。非命，不相信天命，認爲人生富貴貧賤非命所定。

[7] 清廟：即宗廟。

[8] 此句見《周禮・大宗伯》，其文作“掌建邦之天神地祇人鬼之禮”。地祇（qí），地神。

[9] 此句見《周禮・肆師》，其文作“掌立國祀之禮，佐大宗伯”。

[10] 此句亦見《周禮・肆師》，“掌兆中廟中之禁令”，不得使人干犯神位。

縱横家

《鬼谷子》三卷。皇甫謐注。鬼谷子，周世隱於鬼谷。梁有《補闕子》十卷、《湘東鴻烈》十卷，並元帝撰，亡。

鬼谷子（生卒年不詳）：《史記》卷六九載，蘇秦習之於鬼谷先生。《集解》引徐廣曰："潁川陽城有鬼谷，蓋是其人所居，因爲號。"《索隱》稱樂壹注《鬼谷子》書云"蘇秦欲神祕其道，故假名鬼谷"。《漢志》無載《鬼谷子》，而有《蘇子》三十一篇。兩《唐志》著録蘇秦《鬼谷子》二卷、尹知章注《鬼谷子》三卷，無載皇甫謐注《鬼谷子》。《宋志》著録《鬼谷子》三卷。《郡齋讀書志》卷一一著録《鬼谷子》三卷，稱鬼谷長於養性治身，蘇秦、張儀師之。《直齋書録解題》卷一〇著録《鬼谷子》三卷，稱《隋志》有皇甫謐、樂壹二家注，今本稱陶弘景注。《四部正譌》曰："《鬼谷子》，《漢志》絶無其書，文體亦不類戰國。晉皇甫謐序傳之。案《漢志》'縱横家'有《蘇秦》三十一篇，《張儀》十篇，《隋經籍志》已亡。蓋東漢人本二書之言，會萃附益爲此；或即謐手所成而託名鬼谷，若子虛、亡是云耳。"《四庫全書總目》卷一一七著録《鬼谷子》一卷，提要稱此書爲魏晉以來書，固無疑耳。此書現存最早的本子爲清乾隆五十四年（1789）秦氏刻本，通行本有一卷之《四庫》本，三卷之《四部叢刊》本、《四部備要》本等。梁元帝：見本志史部"正史類"。《梁書》卷五載，梁元帝撰《補闕子》十卷。《金樓子》卷五著録《補闕子》一帙十卷，金樓爲序，付鮑泉東里撰。《漢志》有《闕子》一篇，梁時已亡，故元帝補之。兩《唐志》著録梁元帝《補闕子》十卷，《宋志》無載，亡佚。《湘東鴻烈》：兩《唐志》無載，亡佚。

《鬼谷子》三卷。樂一注。

樂一：又作樂壹、樂臺，生平事迹不詳。兩《唐志》著録《鬼谷子》三卷，樂臺注（《舊唐志》"注"誤作"撰"）。《玉海》卷五三《諸子》載，《唐志》"縱横家"《鬼谷子》二卷，又樂壹注三卷。《宋志》不載此書，亡佚。

右二部，合六卷。

從横者，所以明辯説，善辭令，以通上下之志者也。《漢書》以爲本出行人之官[1]，受命出疆，臨事而制。故曰："誦《詩》三百，使于四方，不能專對，雖多亦奚以爲[2]？"《周官·掌交》"以節與幣[3]，巡邦國之諸侯及萬姓之聚，導王之德意志慮[4]，使辟行之[5]，而和諸侯之好，達萬民之説。諭以九税之利[6]，九儀之親[7]，九牧之維[8]，九禁之難[9]，九戎之威[10]"，是也。佞人爲之[11]，則便辭利口，傾危變詐，至於賊害忠信，覆邦亂家。

[1] 行人：古官名，掌朝覲聘問。《周禮·秋官》載有大行人、小行人之職。

[2] 此段見《論語·子路》，其文作"誦《詩》三百，授之以政，不達；使于四方，不能專對；雖多，亦奚以爲"。熟讀《詩經》三百篇，出使外國，不能獨立談判、應酬，雖然書讀得多，但又有什麽用處？

[3] 節：符節，古代使臣執以示信之物。

[4] 導：導引。慮，心思、意念。

[5] 此句今本《周禮》作“使咸知王之好惡，辟行之”，使皆知王之所好者而行之，知王所惡者辟而不爲。

[6] 九税：所税民九職。九職即九種職務，一曰三農，二曰苗圃，三曰虞衡，四曰藪牧，五曰百工，六曰商賈，七曰嬪婦，八曰臣妾，九曰閒民。見《周禮・大宰》。

[7] 九儀之親：今本《周禮》作“九禮之親”，九禮，九儀之禮，其專據諸侯國。親，指朝聘。

[8] 九牧：九州之官。維，則指“建牧立盟，以維邦國”。

[9] 九禁之難：大司馬設九法，使邦國有所畏難。九法指周天子治理諸侯國的九項措施。見《周禮・大司馬》。

[10] 九戎之威：大司馬設九伐，有所威刑。九伐指制裁諸侯違犯王命行爲的九種辦法。

[11] 佞（nìng）人：巧言善辯、阿諛奉承的人。

雜　家

《尉繚子》五卷。梁并《録》六卷。尉繚，梁惠王時人。

尉繚（生卒年不詳）：此稱尉繚爲梁惠王時人，而《史記》卷六載，秦始皇十年“大梁人尉繚來”。梁惠王末年距始皇十年大致有近九十年，兩處所載尉繚能否爲同一人？《漢志》“雜家”著録《尉繚》二十九篇，班固注曰，“六國時”。顔師古注曰：“尉，姓也；繚，名也。……劉向《别録》云，繚爲商君學。”“兵形勢家”著録《尉繚》三十一篇。兩《唐志》“雜家類”著録《尉繚子》六卷，《宋志》、《直齋書録解題》“兵家類”著録《尉繚子》五卷。《四庫全書總目》卷九九“兵書類”著録《尉繚子》五卷，提要稱胡應麟謂兵家之《尉繚》，即今所傳，而雜家之《尉繚》，並非此書。今雜家亡，而兵家獨傳。1972 年 4 月，山東臨沂銀雀山 1 號漢墓出土竹簡，有六篇文字與今本《尉繚子》相合，可以認定《尉繚子》不是僞書，只是作者時代尚有争論。研究此書者有宋施子美講義《尉繚子》、明劉寅《尉繚子直解》。此書現存最早本子爲明刻本，通行本有五卷之《四庫》本、《叢書集成》本等，又有二卷之《子書百家》本等。

《尸子》二十卷。**《目》一卷**。梁十九卷。秦相衛鞅上客尸佼撰。其九篇亡，魏黄初中續。

尸佼（生卒年不詳）：晉人，秦相衛鞅門客。商鞅謀事畫計，立法理民，都與佼商議決定。商鞅被刑，尸佼恐受株連，逃亡入蜀。自造《尸子》二十篇，凡六萬餘言。見《史記》卷七四之《集解》所引劉向《别録》。《漢志》著録《尸子》二十篇，班固注曰："名佼，魯人，秦相商君師之。鞅死，佼逃入蜀。"兩《唐志》著録《尸子》二十卷，《宋志》"儒家"著録尸佼《尸子》一卷，《四庫全書總目》不載，亡佚。清章宗源、惠棟、孫星衍、汪繼培、任兆麟有輯本。

《吕氏春秋》二十六卷。秦相吕不韋撰，高誘注。

吕不韋（？—前235）：陽翟大商人。秦昭襄王時，在邯鄲結識於此爲趙人質的秦安國君之子子楚，以奇物好玩西游秦，獻給華陽夫人。夫人進言安國君，立子楚爲嗣。安國君立爲王，子楚爲太子。子楚立爲秦莊襄王，吕不韋爲丞相，封文信侯。莊襄王崩，太子政立爲王，尊吕不韋爲丞相，號稱仲父。始皇十年，免相國吕不韋，歲餘令其徙蜀。吕不韋飲鴆而死。吕不韋使其客人人著所聞，集論以爲八覽、六論、十二紀，二十餘萬言，以爲備天地萬物古今之事，號曰《吕氏春秋》。《史記》卷八五有傳。《吕氏春秋》"所尚，以道德爲標的，以無爲爲綱紀，以忠義爲品式，以公方爲檢格，與孟軻、荀卿、揚雄相表裏也"（高誘《注吕覽序》）。《漢志》著録《吕氏春秋》二十六篇，班固注曰："秦相吕不韋輯智略士作。"《舊唐志》著録吕不韋《吕氏春秋》二十六卷，《新唐志》著録吕不韋《吕氏春秋》二十六卷，高誘注。《直齋書録解題》卷一〇著録《吕氏春秋》二十六卷，稱十二紀者，即今《禮記》之《月令》也。《四庫全書總目》卷一一七著録《吕氏春秋》二十六卷，提要稱此書實其賓客之所集也。吕不韋固爲小人，而是書較諸子之言，獨爲醇正，其持論頗爲不苟。論者鄙其爲人，不甚重其書，非公論也。高誘：見本志史部"雜史類"。"自漢以來，注者惟高誘一家，訓詁簡質，於證顛舛之處。"見《四庫全書總目》卷一一七。歷代研究《吕氏春秋》者，有梁玉繩《吕子校補》、陳昌齊《吕氏春秋正誤》。此書現存最早的本子爲元至正嘉興路儒學刻本，通行本有《四庫》本、《四部叢刊》本、《諸子集成》本等。

《淮南子》二十一卷。漢淮南王劉安撰，許慎注。

《淮南子》二十一卷。高誘注。

劉安（？—前122）：漢高祖之子淮南厲王之子，孝文十六年（前163）封爲淮南王。爲人好書，招致賓客方術之士數千人，作爲《内書》二十一篇，《外書》甚衆，又有《中篇》八卷，言神仙黄白之術，亦二十餘萬言。武帝元狩元年（前122），淮南王謀反，後自殺。《史記》卷一一八、《漢書》卷四四有傳。許慎：見本志經部“論語類”。高誘：見本書卷三三“雜史類”。《史通·自叙》曰《淮南子》“其書牢籠天下，博極古今，上自太公，下至商鞅。其錯綜經緯，自謂兼於數家，無遺力矣”。高誘曰此書“旨近老子，淡泊無爲，蹈虚守静，出入經道，言其大也”。“然其大較歸之於道，號曰鴻烈。鴻，大也；烈，明也。以爲大明道之言也。”《漢志》著録《淮南内》二十一篇，《淮南外》三十三篇，顔師古注曰：“《内篇》論道，《外篇》雜説。”《舊唐志》著録《淮南商詁》（疑“商”爲“間”之誤）二十一卷，劉安撰；《淮南子注解》二十一卷，高誘撰；《淮南鴻烈音》二卷，高誘撰。《新唐志》著録許慎注《淮南子》二十一卷，注曰淮南王劉安；高誘注《淮南子》二十一卷，又《淮南鴻烈音》二卷。《宋志》著録《淮南子鴻烈解》二十一卷，淮南王劉安撰；許慎注《淮南子》二十一卷，高誘注《淮南子》十三卷。洪邁曰《淮南子》“今所存者二十一卷，蓋《内篇》也”。見《容齋續筆》卷七。《玉海》卷五五言及《淮南子》稱，《隋志》二十一卷，許慎、高誘注，《唐志》、《中興書目》同，蘇頌去其重複，共得高注十三篇、許注十八篇。《四庫全書總目》卷一一七著録《淮南子》二十一卷，提要稱，確有許慎、高誘二家注，後許注散佚，今存爲高誘注，然其間亦零落存有許注。現流傳之《淮南子》有二十一卷本、二十八卷本，多署許慎、高誘注。研究《淮南子》者有清俞樾《淮南内篇平議》、陳昌齊《淮南子正誤》以及民國劉文典《淮南鴻烈集解》等。此書現存最早的本子爲明嘉靖九年（1530）刻本，通行本有《四庫》本、《四部叢刊》本、《道藏》本、《叢書集成》本等。許慎《淮南子注》亡，清孫馮翼、蔣曰豫、黄奭及民國葉德輝有輯本。

《論衡》二十九卷。後漢徵士王充撰。梁有《洞序》九卷、《録》一卷，應奉撰，亡。

王充（27—97？）：字仲任，會稽上虞（今浙江上虞）人。受業太學，從師班彪。好博覽而不守章句，著《論衡》八十五篇，二十餘萬言，釋物類同異，正時俗嫌疑。辟爲從事，轉治中，自免還家。又造《養性書》十六篇。永元中卒於家，年七十餘。《後漢書》卷四九有傳。兩《唐志》、《宋志》著録王充《論衡》三十卷。《四庫全書總目》卷一二〇著録王充《論衡》三十卷，提要稱，此書凡八十五篇，而第四十四《招致篇》有録無書，實八十四篇。“至於奮起筆端，與聖賢相軋，可謂悖矣。”又曰：“然大抵訂僞砭俗，中理者多，亦殊有裨風教。”研究《論衡》者有清俞樾《讀論衡》、近人孫人和《論衡舉正》等。此書現存最早的本子爲宋乾道三年（1167）紹興府刻宋元明遞修本，通行本有《四庫》本、《四部叢刊》本、《四部備要》本、《叢書集成》本等。《洞序》：《後漢書》卷四八載，應奉著《漢書後序》，多所述載。李賢注引《袁山松書》曰：“奉又刪《史記》、《漢書》及《漢紀》三百六十餘年，自漢興至其時，凡十七卷，名曰《漢事》。”兩《唐志》不載此書，亡佚。

《風俗通義》三十一卷。《録》一卷。應劭撰。梁有三十卷。

應劭：見本志史部“正史類”。《後漢書》卷四八載，應劭“撰《風俗通》，以辨物類名號，釋時俗嫌疑”。《風俗通義序》曰：“《風俗通義》言通於流俗之過謬，而事該之於義理也。”《日本國見在書目録》著録《風俗通》三十二卷，應劭撰；兩《唐志》著録應劭《風俗通義》三十卷；《宋志》著録應劭《風俗通義》十卷。《四庫全書總目》卷一二〇著録《風俗通義》十卷、《附録》一卷，提要稱，其書因事立論，文辭清辨，可資博洽。舊本屢經傳刻，失於校讎，頗有訛誤。其《姓氏篇》宋以後佚，然《永樂大典》“通”字韻中尚載《姓氏篇》，采爲一篇，附於卷末。此書現存最早的本子爲元大德九年（1305）無錫州學刻本，通行本有《四庫》本、《四部叢刊》本、《四部備要》本等。另外，清王仁俊、錢大昕、顧懷三、嚴可均有輯本。

《仲長子昌言》十二卷。《録》一卷。漢尚書郎仲長統撰。

仲長統（？—220）：字公理，山陽（今河南修武）人。漢末爲尚書郎，延康元年（220）卒，年四十餘。每論説古今時俗行事，發憤歎息，輒以爲論，名曰《昌言》，凡二十四篇，詞佳可觀省。見《三國志》卷二一。《舊唐志》“雜家類”、《新唐志》“儒家類”著録仲長統《仲長子昌言》十卷，《宋志》著録仲長統《昌言》二卷。《崇文總目》著録仲長統《仲長子昌言》二卷，稱“今所存十五篇，分爲二卷，餘皆亡”。《四庫全書總目》無載，亡佚。清馬國翰、王仁俊、嚴可均有輯本。

《蔣子萬機論》八卷。蔣濟撰。梁有《篤論》四卷，杜恕撰；《芻蕘論》五卷，鍾會撰；梁有《諸葛子》五卷，吴太傅諸葛恪撰。亡。

蔣濟：見本志經部“禮類”。《三國志》卷一四載，文帝即王位，蔣濟上《萬機論》，帝善之。其書雜論立政用人兵家之説，及考論前賢故事雜問。見《玉海》卷六二。《舊唐志》著録蔣濟《萬機論》八卷，《新唐志》、《宋志》著録蔣濟《萬機論》十卷。《直齋書録解題》卷一〇著録蔣濟《萬機論》二卷，稱《館閣書目》十卷五十五篇。今惟十五篇，恐非全書也。《四庫全書總目》無載，亡佚。清馬國翰、王仁俊、嚴可均有輯本。《篤論》：《三國志》卷一六載，杜恕在章武著《體論》八篇，又著《興性論》一篇。前"儒家類"著録杜恕《杜氏體論》四卷，兩《唐志》著録杜恕《篤論》四卷，《宋志》無載，亡佚。清馬國翰、嚴可均有輯本。《芻蕘論》：兩《唐志》著録鍾會《芻蕘論》五卷，《宋志》無載，亡佚。清王仁俊有輯本、嚴可均有輯文。諸葛恪（203—253）：字元遜，琅邪陽都（今山東沂南）人。弱冠拜騎都尉，以功拜威北將軍，封都鄉侯，遷大將軍。孫權病危，召諸葛恪等，屬以後事。孫亮即位，更拜太傅。建興二年（253），孫峻與孫亮謀，誅諸葛恪。《三國志》卷六四有傳。兩《唐志》不載此書，亡佚。清馬國翰、王仁俊有輯本，嚴可均有輯文。

《傅子》百二十卷。晉司隸校尉傅玄撰。《默記》三卷，吴大鴻臚張儼撰。《裴氏新言》五卷，吴大鴻臚裴玄撰。梁有《新義》十八卷，吴太子中庶子劉廞撰；《析言論》二十卷，晉議郎張顯撰；《桑丘先生書》二卷，晉征南軍師楊偉撰。亡。

傅玄（217—278）：字休奕，北地泥陽（今陝西銅川）人。博學善屬文，通鍾律。魏時舉秀才，除郎中。武帝受禪，以散騎常侍進爵爲子，加駙馬都尉。泰始五年（269）遷太僕，轉司隸校尉，坐免官。年六十二卒，謚曰剛。傅玄撰論經國九流及三史故事，評斷得失，各爲區例，名爲《傅子》，爲内、外、中篇，凡有四部、六録，合百四十首，數十萬言，並文集百餘卷行於世。《晉書》卷四七有傳。本志集部尚有其二部著述。兩《唐志》著録傅玄《傅子》一百二十卷,《宋志》著録傅玄《傅子》五卷。《玉海》卷五三載,《傅子》五卷，今存二十三篇，餘皆闕。《四庫全書總目》卷九一著録《傅子》一卷，提要稱此書久佚，而《永樂大典》中散見頗多，且所標篇目具在，即采掇裒次，得文義完備者十二篇，並將《永樂大典》未載而見於他書所徵引者，搜集得四十餘條，别爲附録，繫之於後。此書除《四庫》本外，尚有清錢熙祚、傅以禮、嚴可均、錢保塘、王仁俊及民國葉德輝、張鵬一之輯本。張儼（？—266）：字子節，吴郡吴縣（今江蘇蘇州）人。以博聞多識拜大鴻臚。寶鼎元年（266）正月，使晉弔祭文帝，途中病死。作《默記》。見《三國志》卷四八及卷三五裴注。兩《唐志》著録張儼《默記》三卷,《宋志》無載，亡佚。清馬國翰、王仁俊有輯本,《全三國文》卷七三有輯文。裴玄：字彦黄，下邳（今江蘇邳州）人。有學行，官至中大夫。見《三國志》卷五三。兩《唐志》著録裴玄《新言》五卷,《宋志》無載，亡佚。清馬國翰、王仁俊有輯本。案：疑《默記》、《新言》本爲正文，誤入注中。劉廞（xīn）：生平事迹不詳。兩《唐志》著録劉廞《新義》十八卷,《宋志》無載，亡佚。清馬國翰有輯本,《全三國文》卷七三有輯文。張顯：見本志史部“雜傳類”。兩《唐志》著録張儼《誓論》三十卷（疑張顯《析言論》二十卷之誤）,《宋志》無載，亡佚。清馬國翰、王仁俊有輯本。楊偉：字世英，馮翊（今陝西大荔）人。仕魏，爲尚書郎。入晉，爲征南軍師。見《三國志》卷九。本志子部尚有其三部著述。此書兩《唐志》無載，亡佚。

《時務論》十二卷。楊偉撰。梁有《古世論》十七卷,《桓子》一卷;《秦子》三卷，吴秦菁撰;《劉子》十卷,《何子》五卷。亡。

《宋書》卷九八載，元嘉十四年（437），茂虔表獻方物，並獻

《時務論》十二卷。兩《唐志》著録楊偉《時務論》十二卷,《宋志》無載，亡佚。清馬國翰有輯本。《古世論》、《桓子》皆不署撰者，兩《唐志》無載，亡佚。秦菁：生平事迹不詳。兩《唐志》著録秦菁《秦子》三卷,《宋志》無載，亡佚。清馬國翰有輯本。《劉子》：兩《唐志》著録劉勰《劉子》十卷,《宋志》著録劉晝《劉子》三卷。《直齋書録解題》卷一〇著録《劉子》五卷，劉晝孔昭撰，稱播州録事參軍袁孝政爲之序。凡五十五篇。時人莫知，謂爲劉勰，或曰劉歆、劉孝標作。《玉海》卷五三載《劉子》，北齊劉晝撰。袁孝正爲序並注，凡五十五篇,《清神》至《九流》泛論治國修身之要，雜以九流之説。《四庫全書總目》卷一一七著録《劉子》十卷，提要經考證，以爲其作者非劉勰、劉歆、劉孝標，而劉晝亦不能確定，是唐貞觀以後人所作，也可能就是袁孝政采諸子之言爲書，並自注之。劉晝撰、袁孝正注《劉子》現存最早的本子爲宋刻本，通行本有《四庫》本、《叢書集成》本等爲十卷本，另有二卷本、一卷本。《何子》：兩《唐志》著録《何子》五卷，何楷撰。何楷，廬江灊（今安徽霍山）人，晉侍中。見《宋書》卷九一。《宋志》無載，亡佚。

《立言》六卷。蘇道撰。梁有《孔氏説林》二卷，孔衍撰，亡。

蘇道：生平事迹不詳。《新唐志》著録蘇道《立言》十卷,《宋志》無載，亡佚。孔衍：見本志經部“禮類”。兩《唐志》著録孔衍《説林》五卷,《宋志》無載，亡佚。

《抱朴子外篇》三十卷。葛洪撰。梁有五十一卷。

《抱朴子》自序稱，外篇五十卷，“言人間得失，世事臧否，屬儒家”。《晉書》卷七二載，葛洪自言“其駁難通釋，名曰《外篇》”。《日本見在書目録》著録《抱朴子外篇》五十，葛洪撰；《舊唐志》著録葛洪《抱朴子外篇》五十卷；《新唐志》著録葛洪

《抱朴子外篇》二十卷。《郡齋讀書志》卷一二著録葛洪《抱朴子外篇》十卷，稱《外篇》頗言君臣理國用刑之道，故附於雜家。《四庫全書總目》卷一四六著録《抱朴子内外篇》八卷。《抱朴子内外篇》現存最早刻本爲明嘉靖四十四年（1565）魯藩承訓書院刻本，通行本有《四庫》本、《道藏》本、《四部叢刊》本、《諸子集成》本等。

《金樓子》十卷。梁元帝撰。

《南史》卷八載，梁元帝著《金樓子》十卷。《日本見在書目録》著録《金樓子》十卷，蕭世誠撰；兩《唐志》著録梁元帝《金樓子》十卷。《郡齋讀書志》卷一二著録《金樓子》十卷，稱書十五篇，論歷代興亡之迹。《四庫全書總目》卷一一七著録《金樓子》六卷，提要稱此書於宋代尚無闕佚，明季散亡。《永樂大典》中有其八篇皆首尾完具，其他文雖雜亂，而幸其條目分明，尚可排比成帙，詳加裒綴，參考互訂，釐爲六卷。通行本有《四庫》本、《叢書集成》本等。

《博物志》十卷。張華撰。

張華：見本志史部“地理類”。《晉書》卷三六載，張華著《博物志》十篇，及文章並行於世。《魏書》卷八二載，常景删正晉司空張華《博物志》。《日本見在書目録》著録《博物志》十卷，張華撰；兩《唐志》“小説類”著録張華《博物志》十卷；《宋志》“雜家類”著録張華《博物志》十卷。《郡齋讀書志》卷一三著録注《博物志》十卷，盧氏注六卷。稱此書載歷代四方奇物雜事。兩本前六卷略同，無周氏注者稍多而無後四卷。《四庫全書總目》卷一四二著録張華《博物志》十卷，周日用、盧氏注。提要稱此本並非宋人所見之本，或原書散佚，好事者掇取諸書所引《博物志》，而雜采其他小説以足之。現存最早的本子爲明弘治十八年

（1505）刻本，通行本有《四庫》本、《四部備要》本等。

《張公雜記》一卷。張華撰。梁有五卷，與《博物志》相似，小小不同。又有《雜記》十卷，何氏撰，亡。

《新唐志》“雜家類”著録《張公雜記》一卷，注作者爲張華。《宋志》無載，亡佚。何氏：不詳何人。兩《唐志》不載此書，亡佚。

《雜記》十一卷。張華撰。梁有《子林》二十卷，孟儀撰，亡。

《四庫全書總目》卷一四二著録《博物志》，其提要據劉昭《續漢志注》、裴松之《三國志注》引《博物記》，以爲其與《博物志》爲二書，亦稱《張公雜記》。這類書也不止一種，如《日本見在書目録》就還著録有《博物章》十卷。兩《唐志》無載，亡佚。清馬國翰輯《博物記》一卷，署唐蒙，對此學界有争論。孟儀：見本志史部“雜史類”。兩《唐志》著録孟儀《子林》二十卷，《宋志》無載，亡佚。

《廣志》二卷。郭義恭撰。

郭義恭：生平事迹不詳。《新唐志》著録郭義恭《廣志》二卷，《宋志》無載，亡佚。《説郛》存一卷，清馬國翰輯《廣志》二卷。

《部略》十五卷。

不署撰者。《新唐志》著録《部略》十五卷。《南齊書》卷四〇載，竟陵王蕭子良集學士依《皇覽》例爲《四部要略》千卷。又，《魏書》卷六九載，出帝詔撰《四部要略》，令裴景融專典，竟無所成。《部略》是否與此二書有關係？《宋志》無載，亡佚。

《博覽》十三卷。

不署撰者。兩《唐志》著録《博覽》十五卷,《宋志》無載,亡佚。

《諫林》五卷。齊晉陵令何翌之撰。

何翌之(生卒年不詳):廬江灊(今安徽霍山)人。仕齊爲晉陵令。入宋,爲都官尚書、長水校尉。與顧長康表上所撰《諫林》,上自虞舜,下及晉武,凡十二卷。見《宋書》卷九、卷六六。兩《唐志》著録何望之("望"爲"翌"之誤)《諫林》十卷,《宋志》無載,亡佚。

《述政論》十三卷。陸澄撰。

陸澄:見本志史部"正史類"。兩《唐志》著録陸澄《述正論》十三卷,《宋志》無載,亡佚。

《古今注》三卷。崔豹撰。

崔豹:見本志經部"論語類"。《舊唐志》著録崔豹《古今注》五卷,《新唐志》著録崔豹《古今注》三卷。《直齋書録解題》卷一〇著録《古今注》三卷,晉太傅丞崔豹正熊撰,又著録《中華古今注》三卷,後唐太學博士馬縞撰,蓋推廣崔豹之書也。《玉海》卷四八載,《古今注》三卷,晉太傅丞崔豹撰,雜取古今名物,各爲考釋,凡八門。《中華古今注》三卷,五代唐馬縞撰。初,崔豹進《古今注》,原釋事物創始之意,復增益注釋以明之。凡六十六門。《四庫全書總目》卷一一八著録《古今注》三卷,附《中華古今注》三卷,提要經考證,以爲馬縞所謂增注釋義,絶無其事。豹書久亡,縞書晚出,後人摭其中魏以前事贋爲豹作,而不知豹書出於僞託,就連馬縞亦不免抄襲。以其相傳既久,姑存以備一家。此書現存最早的本子爲明嘉靖十二年(1533)刻本,通行本有《四庫》本、《叢書集成》本、《四部備要》本等。

《古今訓》十一卷。張顯撰。

《新唐志》著録張明《古訓》十卷，疑即此書。《宋志》無載，亡佚。清馬國翰有輯本。

《古今善言》三十卷。宋車騎將軍范泰撰。

范泰（355—428）：字伯倫，順陽（今河南淅川東）人。仕晉，襲爵陽遂鄉侯。宋高祖受禪，拜金紫光禄大夫，加散騎常侍。元嘉三年（426），進位侍中、左光禄大夫、國子祭酒。五年（428）卒，時年七十四。追贈車騎將軍，謚曰宣侯。范泰博覽篇籍，好爲文章，撰《古今善言》二十四篇及文集傳於世。《宋書》卷六〇、《南史》卷三三有傳。本志集部尚有其一部著述。《日本國見在書目録》著録《古今善言》二十一卷，兩《唐志》、《宋志》著録范泰《古今善言》三十卷，《四庫全書總目》無載，亡佚。清馬國翰有輯本。

《善諫》二卷。宋領軍長史虞通之撰。

虞通之：見本志史部“雜傳類”。兩《唐志》著録虞通之《善諫》二卷，《宋志》無載，亡佚。

《缺文》十三卷。陸澄撰。

《舊唐志》“儒家類”著録陸澄《缺文》十卷，《新唐志》“雜家類”著録陸澄《缺文》十卷，《宋志》無載，亡佚。

《政論》十三卷。陸澄撰。

疑此書即前所著録之《述正論》，在此爲重出。

《記聞》二卷。宋後軍參軍徐益壽撰。

徐益壽：生平事迹不詳。兩《唐志》著録徐益壽《記聞》三卷，《宋志》無載，亡佚。

《新舊傳》四卷。

本志史部"雜傳類"著録《新舊傳》四卷，疑此處爲重出。

《釋俗語》八卷。劉霽撰。

劉霽（478—529）：字士烜，平原（今山東平原）人。九歲能誦《左傳》，既長，博涉多通。天監中，起家奉朝請，官歷西昌相、海鹽令。年五十二卒。著《釋俗語》八卷，又有文集十卷。《梁書》卷四七、《南史》卷四九有傳。《舊唐志》"小説類"著録劉霽《釋俗語》八卷，《新唐志》"小説類"著録劉齊（"霽"之誤）《釋俗語》八卷，《宋志》無載，亡佚。

《稱謂》五卷。後周大將軍盧辯撰。

盧辯（？—557）：字景宣，范陽涿（今河北涿州）人。博通經籍，爲太學博士。孝武帝至長安，授給事黄門郎、領著作。後除太常卿、太子少傅，進爵范陽公。世宗即位，進位大將軍。卒，謚曰獻。《周書》卷二四、《北史》卷四〇有傳。本志本部尚有其一部著述。《新唐志》著録盧辯《稱謂》五卷，《宋志》無載，亡佚。

《備遺記》三卷。

不署撰者。兩《唐志》無載，亡佚。

《纂要》一卷。戴安道撰，亦云顔延之撰。

戴安道：名逵，見本志經部"論語類"。顔延之：見本志經部"禮類"。《日本國見在書目録》著録《纂要》一卷，戴安道撰，又云顏延之撰。兩《唐志》“小學類”著録顏延之《纂要》六卷，《宋志》無載，亡佚。清馬國翰、王仁俊及民國龍璋、曹之忠有輯本。

《方類》六卷。

不署撰者。兩《唐志》無載，亡佚。

《俗說》三卷。沈約撰。梁五卷。

沈約：見本志經部“論語類”。兩《唐志》無載，《宋志》“小說類”著録沈約《俗說》一卷。元、明以後無載，亡佚。清馬國翰、民國魯迅有輯本。

《雜說》二卷。沈約撰。

兩《唐志》無載，亡佚。

《袖中記》二卷。沈約撰。

《袖中略集》一卷。沈約撰。

《日本國見在書目録》著録《袖中書》十一卷，沈約撰；《袖中記》二卷，同撰。《舊唐志》著録《袖中記》一卷，《新唐志》著録沈約《袖中記》二卷，《宋志》著録沈約《袖中記》三卷。今存《袖中記》一卷，有《說郛》本、《五朝小說》本。《袖中略集》可能是《袖中記》之別本。

《珠叢》一卷。沈約撰。

兩《唐志》無載，亡佚。

《采璧》三卷。梁中書舍人庾肩吾撰。

庾肩吾（487—551）：字子慎，新野（今河南新野）人。初爲晉安王國常侍，累遷太子率更令、中庶子。太清中，侯景陷京都，逃入建昌。許久方得赴江陵，未幾卒。《梁書》卷四九、《南史》卷五〇有傳。本志集部尚有其一部著述。《日本國見在書目録》著録《采璧》六卷，梁庾肩吾撰；《舊唐志》著録庾肩吾《采璧記》三卷；《新唐志》著録庾肩吾《采璧》三卷。《宋志》無載，亡佚。

《物始》十卷。謝吴撰。

謝吴：見本志史部"正史類"。兩《唐志》著録謝昊《物始》十卷，《宋志》無載，亡佚。

《宜覽》二十二卷。

不署撰者。兩《唐志》無載，亡佚。

《玉府集》八卷。

不署撰者。《日本國見在書目録》著録《玉府新書》五十卷，不知是否與此書有關聯。兩《唐志》無載，亡佚。

《鴻寶》十卷。

不署撰者。《梁書》卷三四載，張纘著《鴻寶》一百卷。鍾嶸《詩品》又稱王微《鴻寶》密而無裁。《鴻寶》爲誰所爲，待考。兩《唐志》無載，亡佚。

《顯用》九卷。

不署撰者。兩《唐志》無載，亡佚。

《墳典》三十卷。盧辯撰。

《隋書》卷七五載，周閔帝受禪，辛彦之與少宗伯盧辯專掌儀制，撰有《墳典》、《六官》等書。兩《唐志》“儒家”著録盧辯《墳典》三十卷，《宋志》無載，亡佚。

《玉燭寶典》十二卷。著作郎杜臺卿撰。

杜臺卿（？—597）：字少山，博陵曲陽（今河北定州）人。少好學，博覽群書。仕齊，爲奉朝請，累任司徒户曹、中書黄門侍郎。周時，於鄉教授弟子。隋開皇初，徵入朝，采《月令》觸類而廣之，爲書名《玉燭寶典》十二卷。拜著作郎，十四年上表請致仕，數載，終於家。有集十五卷，撰《齊記》二十卷，並行於世。《北齊書》卷二四、《隋書》卷五八、《北史》卷五五有傳。《日本國見在書目録》著録《玉燭寶典》十二卷，杜臺卿撰；《舊唐志》“雜家類”著録杜臺卿《玉燭寶典》十二卷；《新唐志》、《宋志》“農家類”著録杜臺卿《玉燭寶典》十二卷。《直齋書録解題》卷六著録《玉燭寶典》十二卷，稱以《月令》爲主，觸類而廣之，博采諸書，旁及時俗，月爲一卷，頗號詳洽。後缺載。日本《經籍訪古志》卷五著録貞和四年抄本《玉燭寶典》十二卷，稱缺第九卷，每册末有貞和四年某月某日校和畢。舊跋按此書元明諸家書目不載，則彼土蚤已亡佚耳。光緒十年（1884），出使日本大使黎庶昌刻《古逸叢書》，收日本楓山官庫藏貞和四年抄本《玉燭寶典》。

《典言》四卷。後魏人李穆叔撰。

李穆叔：名公緒，見本志史部“儀注類”。《北齊書》卷二九載，李穆叔雅好著書，撰《典言》十卷。《舊唐志》“儒家類”著録李若等《典言》四卷，《新唐志》“儒家類”著録李穆叔《典言》四卷，《宋志》無載，亡佚。

《典言》四卷。後齊中書郎荀士遜等撰。

荀士遜（？—577）：廣平（今河北廣平）人。齊世祖時轉爲中書舍人。後主即位，爲中書侍郎。與李若等撰《典言》，行於世。齊滅，卒。《北齊書》卷四五、《北史》卷八三有傳。疑與前著録之《典言》爲同一書。

《補文》六卷。

不署撰者。兩《唐志》無載，亡佚。

《四時録》十二卷。

不署撰者。《舊唐志》"雜家類"、《新唐志》"農家類"著録王氏《四時録》十二卷，《宋志》著録《四時録》四卷，元明以後無載，亡佚。

《正訓》二十卷。

《内訓》二十卷。

二書皆不署撰者。《隋書》卷五八載，辛德源撰《政訓》、《内訓》各二十卷。《舊唐志》"儒家類"著録《政訓》二十卷，辛德源志，又著録《内訓》二十卷，辛德源、王劭等撰；《新唐志》"儒家類"著録辛德源《政訓》二十卷，"史部·雜傳記類"著録辛德源、王劭等《内訓》二十卷。錢大昕《廿二史考異》卷三四稱，《正訓》、《内訓》蓋辛德源撰。《宋志》無載，亡佚。

《雜略》十三卷。

不署撰者。兩《唐志》著録韋道孫《新略》十卷，《北齊書》卷四五載，韋道遜以文學知名，入文林館修《御覽》。疑此書與《新略》同爲一書，爲韋道遜所作。《宋志》無載，亡佚。

《清神》三卷。

不署撰者。兩《唐志》無載，亡佚。

《前言》八卷。

不署撰者。兩《唐志》無載，亡佚。

《會林》五卷。

不署撰者。《梁書》卷二五載，徐勉以孔、釋二教殊途同歸，撰《會林》五十卷。兩《唐志》無載，亡佚。

《對林》十卷。

不署撰者。兩《唐志》無載，亡佚。

《道言》六卷。叱羅羨撰。

叱羅羨（生卒年不詳）：即張羨，河間鄚（今河北任丘）人。周太祖引爲從事中郎，賜姓叱羅氏。累任司職大夫、雍州刺史、儀同三司，賜爵虞鄉縣公。年八十四卒，謚曰定。撰《老子》、《莊子》義，名曰《道言》五十二篇。見《隋書》卷四六。兩《唐志》無載，亡佚。

《道術志》三卷。

不署撰者。兩《唐志》無載，亡佚。

《述伎藝》一卷。

不署撰者。兩《唐志》無載，亡佚。

《諸書要略》一卷。魏彦深撰。

魏彦深：名澹，見本志史部“正史類”。兩《唐志》無載，亡佚。

《文府》五卷。梁有《文章義府》三十卷。

不署撰者。《陳書》卷二六載，徐陵文頗舊體，緝裁巧密，多有新意。後逢喪亂，多散失，存者三十卷。《日本國見在書目録》著録《文府》十卷，兩《唐志》著録徐陵《文府》七卷，宗道寧注，《宋志》無載，亡佚。《文章義府》：不署撰者。《日本國見在書目録》還著録《文府》十二卷、《文賦》二卷、《文府雜題》八卷、《文府啓法》二卷、《文府四聲》五卷，皆不署撰者，疑爲徐陵《文府》之散見者。

《語對》十卷。朱澹遠撰。

《語麗》十卷。朱澹遠撰。

朱澹遠：生平事迹不詳。《金樓子》卷五著録《語對》三帙三十卷。《日本國見在書目録》著録《語麗》十一卷，朱澹遠撰。《舊唐志》著録朱澹遠《語麗》十卷；《新唐志》著録朱澹遠《語麗》十卷、《語對》十卷；《宋志》"類事類"著録朱澹遠《語麗》十卷。《直齋書録解題》卷一四著録《語麗》十卷，梁湘東王功曹參軍朱澹遠撰，稱"采摭書語之麗者，爲四十門。此書乃猶列雜家，要之實類書也，但其分門類無倫理。又有《語對》一卷，不傳"。《宋志》無載，亡佚。

《對要》三卷。

不署撰者。兩《唐志》無載，亡佚。

《雜語》三卷。

不署撰者。《南齊書》卷二八載，劉善明又撰《賢聖雜語》奏之，託以諷諫。疑即此書。兩《唐志》無載，亡佚。

《衆書事對》三卷。

不署撰者。兩《唐志》無載，亡佚。

《廊廟五格》二卷。王彬撰。

王彬：生平事迹不詳。兩《唐志》無載，亡佚。

《名數》八卷。

不署撰者。兩《唐志》著録徐陵《名數》十卷，《宋志》無載，亡佚。

《新言》四卷。裴立撰。

前著録《裴氏新言》五卷，吴大鴻臚裴玄撰。此書或爲《裴氏新言》之别本，而“裴立”或“裴玄”之誤。兩《唐志》無載，亡佚。

《善説》五卷。

不署撰者。兩《唐志》無載，亡佚。

《君臣相起發事》三卷。

不署撰者。兩《唐志》“儒家”著録章懷太子《君臣相起發事》三卷，章懷太子是唐朝人，其所撰不當録入本志，或隋以前即有此書，而由章懷太子傳之。

《物重名》五卷。

不署撰者。兩《唐志》無載，亡佚。

《真注要録》一卷。

不署撰者。兩《唐志》無載，亡佚。

《天地體》二卷。

不署撰者。兩《唐志》無載，亡佚。

《雜事鈔》二十四卷。

《雜書鈔》四十四卷。

二書皆不署撰者。《日本國見在書目録》著録《而部書抄》十卷、《雜抄》二十卷，或與此二書有關聯。兩《唐志》無載，亡佚。

《子抄》三十卷。梁黟令庾仲容撰。

庾仲容（生卒年不詳）：字子仲，潁川鄢陵（今河南鄢陵）人。初爲安西法曹行參軍，轉太子舍人，累任永樂、錢唐、武康令，除尚書左丞。遇太清亂，游會稽卒。抄子書三十卷，行於代。《梁書》卷五〇、《南史》卷三五有傳。兩《唐志》著録此書。《郡齋讀書志》卷一二著録《意林》，稱庾仲容取諸家書、術數雜説凡一百七家，抄其要語，爲三十卷。（馬）總以爲其繁略失中，增損成三軸。《直齋書録解題》卷一〇著録《子鈔》三十卷，稱所取諸子之書百有五家，其間頗有與今世見行書不同者，而亡者亦多矣。元明以後此書無載，亡佚。

《子鈔》二十卷。梁有《子鈔》十五卷，沈約撰，亡。

不署撰者。兩《唐志》著録沈約《子鈔》三十卷，《宋志》無載，亡佚。

《論集》八十六卷。殷仲堪撰。梁九十六卷。梁又有《雜論》五十八卷，《雜論》十三卷，亡。

殷仲堪：見本志經部“詩類”。兩《唐志》“總集類”著録殷仲堪《雜論》九十五卷，《新唐志》“雜家類”著録殷仲堪《論集》九十六卷。疑梁存兩種《雜論》當是殷仲堪《雜論》之別本。

《皇覽》一百二十卷。繆襲等撰。梁六百八十卷。梁又有《皇覽》一百二十三卷，何承天合；《皇覽》五十卷，徐爰合，《皇覽目》四卷；又有《皇覽抄》二十卷，梁特進蕭琛抄。亡。

繆襲：生平事迹不詳。《三國志》卷二載，文帝曹丕使諸儒撰集經傳，隨類相從，凡千餘篇，號曰《皇覽》。《史記》卷一《索隱》曰“宜皇王之省覽，故曰《皇覽》，是魏人王象、繆襲等所撰也”。《玉海》卷五四載，類事之書始於《皇覽》，建雲臺者非一枝，成珍裘非一腋，言集之衆也。兩《唐志》無載，亡佚。清黄奭、孫馮翼有輯本。何承天：見本志經部“禮類”。《舊唐志》“類事類”著録何承天撰《皇覽》一百二十二卷，《新唐志》“類書類”著録何承天併合《皇覽》一百二十二卷，《宋志》無載，亡佚。徐爰：見本志經部“易類”。《舊唐志》“類事類”、《新唐志》“類書類”著録徐爰併合《皇覽》八十四卷，《宋志》無載，亡佚。蕭琛（478—529）：字彦瑜，蘭陵（今江蘇常州）人。起家齊太學博士，任尚書左丞、給事黄門郎。入梁，累遷侍中、特進、金紫光禄大夫。中大通元年（529）卒，年五十二，謚曰平子。《梁書》卷二六、《南史》卷一八有傳。兩《唐志》無載，亡佚。

《帝王集要》三十卷。崔安撰。

崔安：其人不見史籍。《魏書》卷二四、《北史》卷二一有《崔宏傳》，傳中記載魏道武帝時，命有司制官爵，撰朝儀，協音樂，定律令，申科禁，崔宏總而裁之，以爲永式。可知其具備撰《帝王集要》的條件，加之《新唐志》著録崔宏《帝王集要》三十卷，疑“安”爲“宏”之誤。《宋志》無載，亡佚。

《類苑》一百二十卷。梁征虜刑獄參軍劉孝標撰。梁《七録》八十二卷。

劉孝標：名峻，見本志史部“正史類”。《梁書》卷五〇載，安成王蕭秀好孝標學，引爲户曹參軍，給其書籍，使抄録事類，名曰《類苑》，未及成，以疾離去。《南史》卷四九載，及劉峻《類苑》成，凡一百二十卷。《舊唐志》“類事類”、《新唐志》“類書類”著録劉孝標《類苑》一百二十卷，《宋志》無載，亡佚。

《華林遍略》六百二十卷。梁綏安令徐僧權等撰。

徐僧權（502—549）：東海（今山東郯城）人。梁東宫通事舍人，領祕書，以善書知名。見《陳書》卷三四、《南史》卷七二。《南史》卷七二載，天監十五年（516），敕太子詹事徐勉舉學士入華林撰《遍略》。徐勉舉何思澄、顧協等五人以應選。八年乃書成，合七百卷。《日本國見在書目録》著録《華林遍略》六百二十卷，梁綏安令徐僧權等撰；《舊唐志》“類事類”、《新唐志》“類書類”著録徐勉《華林遍略》六百卷，《宋志》無載，亡佚。

《要録》六十卷。

不署撰者。《舊唐志》“類事類”、《新唐志》“類書類”著録《要録》六十卷，《宋志》無載，亡佚。

《壽光書苑》二百卷。梁尚書左丞劉杳撰。

劉杳（487—536）：字士深，平原平原（今山東平原）人。少好學，博綜群書。佐周捨修國史，入華林撰《遍略》。歷任中書侍郎、尚書左丞。大同二年（536）卒，時年五十。多所著述，《要雅》五卷、《東宫新舊記》三十卷、《古今四部書目》五卷等，並行於世。《梁書》卷五〇、《南史》卷四九有傳。本志集部尚有其一部著述。《舊唐志》"類事類"著録劉香（"杳"之誤）《壽光書苑》二百卷，《新唐志》"類書類"著録劉杳《壽光書苑》二百卷，《宋志》無載，亡佚。

《科録》二百七十卷。元暉撰。

元暉（？—518）：字景襲，頗涉文史。世祖即位，拜尚書主客郎，遷侍中，領右衛將軍。肅宗初，拜尚書左僕射。元暉招集儒士崔鴻等撰録百家要事，以類相從，名爲《科録》，凡二百七十卷，上起伏羲，下迄於晉、宋，凡十四代。神龜元年（518）卒，謚爲文憲。《魏書》卷一五、《北史》卷一五有傳。《舊唐志》"史部・雜傳類"、《新唐志》"史部・雜傳記類"著録元暉等《祕録》二百七十卷，《宋志》無載，亡佚。

《書圖泉海》二十卷。陳張式撰。

張式：生平事迹不詳。《舊唐志》"類事類"、《新唐志》"類書類"著録張氏《書圖泉海》七十卷，《宋志》無載，亡佚。

《聖壽堂御覽》三百六十卷。

不署撰者。《北齊書》卷八載，後主武平三年（572）二月，以侍中祖珽爲左僕射，敕撰《玄洲苑御覽》，後改名《聖壽堂御覽》。八月，《聖壽堂御覽》成，敕付史閣，後改爲《修文殿御覽》。《北齊書》卷四五《文苑傳序》提及參與修撰《玄洲苑御覽》之人。顔之推《觀我生賦》注有曰："齊武平中，署文林館，待詔者僕射陽休之、祖孝徵以下三十人，之推專掌，其撰《修文殿御覽》《續文章流别》等，皆詣進賢門奏之。"《日本國見在書目録》著録《修文殿御覽》三百六十卷，祖孝徵撰；《舊唐志》"類事類"、《新唐志》"類書類"、《宋志》"類事類"著録祖孝徵等撰

《修文殿御覽》三百六十卷。元明以後無載，亡佚。現有《修文殿御覽殘》一卷。

《長洲玉鏡》二百三十八卷。

不署撰者。《北史》卷八三載，大業初，虞綽奉詔與虞世南、庾自直等撰《長洲玉鏡》等書十餘部。《舊唐志》“類事類”著録虞綽等《長洲玉鏡》一百三十八卷，《新唐志》“類書類”著録虞綽等《長洲玉鏡》二百三十八卷，《宋志》無載，亡佚。

《書鈔》一百七十四卷。

不署撰者。《太平御覽》卷六〇一《國朝傳記》曰，虞世南之爲祕書也，於省後堂集群書中事可爲文用者，號爲《北堂書鈔》。今北堂猶存，而書益行於代。《舊唐志》“類事類”、《新唐志》“類書類”著録虞世南《北堂書鈔》一百七十三卷，《宋志》“類事類”著録虞世南《北堂書鈔》一百六十卷。《郡齋讀書志》卷一四著録《北堂書鈔》一百七十三卷，稱世南仕隋爲祕書郎時，鈔經史百家之事以備用。分八十部，八百一類。錢曾《讀書敏求記》言，明陳禹謨刻《北堂書鈔》“攙亂增改，惜無所訂正”。《四庫全書總目》卷一三五著録《北堂書鈔》一百六十卷，稱此書宋朝已有亡佚，而今世所傳本即陳禹謨删補本。今存善本爲明范氏臥雲山房抄本，通行本有《四庫》本。1989年，中國書店以南海孔氏三十萬卷堂校注重刻影宋本爲底本，影印出版《北堂書鈔》，有便於讀者。

《釋氏譜》十五卷。

不署撰者。《高僧傳》卷一一載，僧祐集經藏既成，使人抄撰要事，爲《三藏記》、《法苑記》、《世界記》、《釋迦譜》及《弘明集》等，皆行於世。《開元釋教録》卷六載，《釋迦譜》十卷，稱別有五卷本，與此廣略異。《新唐志》“釋氏類”著録《釋迦譜》

十卷,《宋志》“釋氏類”著録僧祐《釋迦譜》五卷。《郡齋讀書志》卷九著録《釋迦氏譜》十卷，梁僧祐撰。稱僧祐以釋迦譜記雜見於經論，覽者難通，因纂成五卷，又取内外族姓及弟子名氏附於後。此書元明以後無載，亡佚。

《内典博要》三十卷。

不署撰者。《梁書》卷五、《南史》卷八載，梁元帝著《内典博要》百卷。《金樓子》卷五著録《内典博要》三帙三十卷。《法苑珠林》卷一〇〇載,《内典博要》一部四十卷，湘東王記室虞孝敬撰，稱此書頗同《皇覽》、《類苑》之流。《日本國見在書目録》著録《内傳博要》三十卷、《内傳博要抄》五卷,《舊唐志》“釋家類”著録虞孝景（“敬”之誤）《内典博要》三十卷,《新唐志》“釋氏類”著録虞孝敬《内典博要》三十卷,《宋志》無載，亡佚。

《淨住子》二十卷。齊竟陵王蕭子良撰。

蕭子良（460—494）：字雲英，蘭陵（今江蘇常州）人。世祖第二子，封竟陵王。少有清向，禮才好士。永明五年（487），正位司徒，集學士抄五經、百家，依《皇覽》例爲《四部要略》千卷。隆昌元年（494）薨，時年三十五。《南齊書》卷四〇、《南史》卷四四有傳。本志集部尚有其二部著述。《文選》卷六〇《齊竟陵文宣王行狀》“乃撰《四部要略》、《淨住子》，並勒成一家”。《法苑珠林》卷一〇〇著録《淨住子》二十卷，齊司徒竟陵文宣王蕭子良撰；兩《唐志》“釋氏類”著録蕭子良撰、王融頌《淨住子》二十卷；《宋志》“釋氏類”著録蕭子良《統略淨住行法門》一卷；《廣弘明集》卷二七上有《淨住子序》。元明以後此書無載，亡佚。

《因果記》十卷。

不署撰者。《舊唐志》史部“雜傳類”、《新唐志》子部“小説類”著録劉泳《因果記》十卷,《宋志》無載，亡佚。

《歷代三寶記》三卷。費長房撰。

費長房（生卒年不詳）：成都人，翻經學士。《開元釋教録》卷七載,《開皇三寶録》十五卷，稱開皇十七年十二月二十三日上。内題云《歷代三寶記》。《法苑珠林》卷一〇〇載,《開皇三寶録》一部十五卷，隋朝翻經學士成都費長房撰。《舊唐志》“釋氏”著録《歷代三寶記》三卷,《新唐志》“釋氏”著録費長房《歷代三寶記》三卷,《宋志》著録《開皇歷代三寶記》十四卷,《四部全書總目》無載。沈濤《銅熨斗齋隨筆》曰：“今《釋藏》有其藏本，分十五卷，則《隋志》作三卷者，誤。”

《真言要集》十卷。

不署撰者。《舊唐志》“釋氏”著録釋賢明《真言要集》十卷,《新唐志》“釋氏”著録僧賢明《真言要集》十卷,《宋志》無載，亡佚。

《義記》二十卷。蕭子良撰。

《法苑珠林》卷一〇〇載,《雜義記》二十卷，齊司徒文宣王蕭子良撰。兩《唐志》無載，亡佚。

《感應傳》八卷。宋尚書郎王延秀撰。

王延秀：見本志史部“雜傳類”。此書已見本志史部“雜傳類”，於此爲重出。

《衆僧傳》二十卷。裴子野撰。

裴子野：見本志經部“禮類”。此書已見本志史部“雜傳類”，於此爲重出。

《高僧傳》六卷。虞孝敬撰。

虞孝敬：見本志史部“雜傳類”。此書於此爲重出。

《皇帝菩薩清淨大捨記》三卷。謝吴撰，亡。

謝吴：見本志史部“正史類”。兩《唐志》無載，亡佚。

《寶臺四法藏目録》一百卷。大業中撰。

不署撰者。《廣弘明集》卷二二載，隋煬帝《寶臺經藏願文》曰：“乃命學司依名次録，並延道場義府，覃思證明所由，用意推比多得本類，莊嚴修葺其舊，維新《寶臺四藏》將十萬軸。因發弘誓，永事流通。”兩《唐志》無載，亡佚。

《玄門寶海》一百二十卷。大業中撰。

不署撰者。《舊唐志》“類事類”、《新唐志》“類書類”著録諸葛穎《玄門寶海》一百二十卷，《宋志》無載，亡佚。

右九十七部，合二千七百二十卷。

九十七部：實際爲一百零五部，另有亡書二十四部。

雜者，兼儒、墨之道，通衆家之意，以見王者之化，無所不冠者也。古者，司史歷記前言往行[1]，禍福存亡之道。然則雜者，蓋出史官之職也。放者爲之[2]，不求其本，材少而多學[3]，言非而博，是以雜錯漫羡[4]，而無所指歸。

[1] 司史：主持史書修撰。

[2] 放者：放浪于禮俗之外的人。

[3] 材：通“才”。

[4] 漫羡：散漫的樣子。

農　家

《氾勝之書》二卷。漢議郎氾勝之撰。

氾勝之（生卒年不詳）:《漢志》顔師古注曰:“劉向《别録》云，使教田三輔，有好田者師之，徙爲御史。”《漢志》“農家類”著録《氾勝之》十八篇。班固注曰:“成帝時爲議郎。”兩《唐志》著録氾勝之《氾勝之書》二卷，《宋志》無載，亡佚。清馬國翰、洪頤煊、宋葆淳、王仁俊有輯本。

《四人月令》一卷。後漢大尚書崔寔撰。

《四人月令》當作《四民月令》，唐人諱改。《後漢書》卷五二載，崔寔出爲五原太守，教民紡績、織紝諸事。其擅長農事，有能力撰《四民月令》。《舊唐志》著録崔寔《四人月令》一卷，《新唐志》著録崔寔《四民月令》一卷，《宋志》無載，《説郛》存一卷，清王謨、任兆麟、陶濬宣、王仁俊及民國唐鴻學有輯本。

《禁苑實録》一卷。

不署撰者。兩《唐志》著録《禁苑實録》一卷，《宋志》無載，亡佚。

《齊民要術》十卷。賈思勰撰。

賈思勰（生卒年不詳）:青州益都（今山東青州）人，後魏高陽太守。《舊唐志》著録賈思勰《齊人要術》十卷,《新唐志》、《宋志》著録賈思勰《齊民要術》十卷。《郡齋讀書志》卷一二著録《齊民要術》十卷，稱此書“記民俗、歲時、治生、種蒔之事，凡九十二篇”。《直齋書録解題》卷一〇著録《齊民要術》十卷，稱其起自耕農，終於醯醢資生之業，靡不畢書，凡九十三篇。《四庫全書總目》卷一〇二著録《齊民要術》十卷，提要稱今本與賈思勰自序存在分歧，“於例殊乖，其詞亦鄙俗不類，疑後人竄入”。現存最早的本子爲明嘉靖三年（1524）馬紀刻本，通行本有《祕册彙函》本、《四庫》本、《四部叢刊》本、《四部備要》本等。

《春秋濟世六常擬議》五卷。楊瑾撰。梁有《陶朱公養魚法》、《卜式養羊法》、《養豬法》、《月政畜牧栽種法》，各一卷，亡。

楊瑾：生平事迹不詳。兩《唐志》無載，亡佚。陶朱公：即范蠡，字少伯，南陽（今河南南陽）人。事越王勾踐，既苦身勠力，與勾踐深謀二十餘年，竟滅吴，報會稽之恥，被稱上將軍。後辭勾踐而隱居，在齊爲鴟夷子皮，往陶爲朱公。善治産，不久，資累巨萬。見《史記》卷四一、卷一〇〇,《漢書》卷九一。兩《唐志》著録范蠡《養魚經》一卷,《宋志》著録陶朱公《養魚經》一卷,《四庫全書總目》無載，亡佚。《説郛》存一卷，清馬國翰輯一卷。卜式（生卒年不詳）：河南郡（今河南洛陽）人，以田畜爲事。值漢與匈奴交戰，願輸家財一半助邊。後來又持錢二十萬給河南太守，使其接濟徙民。拜齊王太傅，轉爲相。元鼎中，爲御史大夫。因言郡國不便鹽鐵而船有算，可罷。令武帝不悦，遭貶，以壽終。《漢書》卷五八有傳。兩《唐志》無載，亡佚。清馬國翰有輯本。《養豬法》：不署撰者。兩《唐志》無載，亡佚。《月政畜牧栽種法》：不署撰者。兩《唐志》無載，亡佚。

右五部，一十九卷。

尚有亡書四部。

農者，所以播五穀，藝桑麻，以供衣食者也。《書》叙八政，其一曰食，二曰貨。孔子曰："所重民、食[1]。"《周官·冢宰》"以九職任萬民[2]"，其一曰"三農，生九穀[3]"；《地官·司稼》"掌巡邦野之稼，而辨穜稑之種[4]，周知其名與其所宜地[5]，以爲法而懸于邑閭[6]"，是也。鄙者爲之，則棄君臣之義，徇耕稼之利，而亂上下之序。

[1] 此句見《論語·堯曰》，原句爲"所重民、食、喪、祭"。

[2] 此句見《周禮·天官·大宰》。九職：爲三農、園圃、虞衡、藪牧、百工、嬪婦、臣妾、閒民，皆爲民之職業。

[3] 三農：農民在平原、低窪濕地、平地耕作，生出黍、稷、秫、稻、麻、大小豆、大小麥九穀。

[4] 穜（tóng）：先種後熟的穀類。稑（lù），後種先熟的穀類。

[5] 此句意爲遍知所種所宜之地。

[6] 此句意爲將所辨結果，懸示於百姓，爲來年種穀之法。

小說家

《燕丹子》一卷。丹，燕王喜太子。梁有《青史子》一卷；又《宋玉子》一卷、《録》一卷，楚大夫宋玉撰；《群英論》一卷，郭頒撰；《語林》十卷，東晉處士裴啓撰。亡。

燕丹子（？—前226）：燕王喜之太子。秦將圖燕，太子丹陰養壯士二十人，使荆軻刺秦王，事敗露。秦拔薊，燕王徙居遼東，斬太子丹，以獻秦。見《史記》卷三四。《舊唐志》著録燕太子《燕丹子》三卷，《新唐志》著録燕太子《燕丹子》一卷，《宋志》著録《燕丹子》三卷。《四庫全書總目》卷一四三著録《燕丹子》三卷，提要稱不著撰人名氏。以爲此書出於應劭、王充之後，而至明遂佚。今檢《永樂大典》載有全本，然其文實割裂諸書燕丹、荆軻事雜綴而成，其可信者已見《史記》，其他多鄙誕不可信，殊無可采，附存其目。通行本有《四庫》本、《四部備要》本、《叢書集成》本等。《青史子》：不署撰者。《漢志》著録《青史子》五十七篇，班固注曰："古史官記事也。"兩《唐志》無載，亡佚。清馬國翰、王仁俊及民國魯迅有輯本。宋玉：郢（今湖北荆州）人，師事屈原，爲頃襄王大夫。見《全上古三代秦漢三國六朝文》卷一〇。本志集部尚有其一部著述。此書兩《唐志》無載，亡佚。郭頒：見本志史部"雜史類"。兩《唐志》無載，亡佚。裴啓：字榮期，河東（今山西境内）人。《世説新語·文學》言："裴郎作《語林》，始出，大爲遠近所傳。"《世説新語·輕詆》

注“晉隆和中，河東裴啓撰漢魏以來迄於今時，言語應對之可稱者，謂之《語林》”。兩《唐志》無載，亡佚。《説郛》存一卷，清馬國翰及民國魯迅有輯本。

《雜説》五卷。

不署撰者。《新唐志》著録《雜語》五卷，《宋志》無載，亡佚。

《郭子》三卷。東晉中郎郭澄之撰。

郭澄之（生卒年不詳）：字仲静，太原陽曲（今山西太原北）人。補尚書郎，轉南康相。劉裕引爲相國參軍，從其北伐，至相國從事中郎，封南豐侯。有文集行於世。《晉書》卷九二有傳。本志集部尚有其一部著述。兩《唐志》著録郭澄之《郭子》三卷，賈泉注。《宋志》無載，亡佚。清馬國翰及民國魯迅有輯本。

《雜對語》三卷。

不署撰者。兩《唐志》無載，亡佚。

《要用語對》四卷。

不署撰者。兩《唐志》無載，亡佚。

《文對》三卷。

不署撰者。兩《唐志》無載，亡佚。

《瑣語》一卷。梁金紫光禄大夫顧協撰。

顧協（470—542）：字正禮，吴郡吴（今江蘇蘇州）人。初爲揚州議曹從事，累遷湘東王參軍兼記室，通直散騎侍郎兼中書通事舍人。大同八年（542）卒，時年七十三。贈散騎常侍，謚曰温子。顧協博極群書，於文字及禽獸草木尤稱精詳，撰《異姓苑》

五卷、《瑣語》十卷，並行於世。《梁書》卷三〇、《南史》卷六二有傳。兩《唐志》無載，亡佚。

《笑林》三卷。後漢給事中邯鄲淳撰。

邯鄲淳（132？—221）：一名竺，字子叔。善《蒼》、《雅》、蟲、篆。曹操召與相見，甚敬異之，遣其至曹植處。黄初中，爲博士給事中。見《三國志》卷二一裴注。兩《唐志》著録邯鄲淳《笑林》三卷，《宋志》無載，亡佚。清馬國翰、王仁俊及民國魯迅有輯本。

《笑苑》四卷。

不署撰者。《隋書》卷五八載，魏澹撰《笑苑》，世稱其博物。不知是否即此書。

《解頤》二卷。陽玠松撰。

陽玠松（生卒年不詳）：或作松玠，或作松玢，當是陽休之族人，北平無終（今天津薊州）人。《史通·雜述》云："若劉義慶《世説》、裴榮期《語林》、孔思尚《語録》、陽玠松《談藪》，此之謂瑣言者也。"兩《唐志》無載；《崇文總目》著録《談藪》八卷，楊玠松撰；《宋志》著録楊玠松《八代談藪》二卷。《直齋書録解題》卷七著録《談藪》二卷，稱北齊祕書省正字北平陽玠松撰，事綜南北時，更八代。隋開皇中所述也。《解頤》乃爲《談藪》之異名，元明以後無載，亡佚。

《世説》八卷。宋臨川王劉義慶撰。

《世説》十卷。劉孝標注。梁有《俗説》一卷，亡。

劉義慶：見本志史部"雜傳類"。劉孝標：見本志史部"正史類”。《史通・雜説中》云：“宋臨川王義慶著《世説新語》，上敘兩漢、三國及晉中朝、江左事。劉峻注釋，摘其瑕疵，僞迹昭然，理難文飾。”兩《唐志》著録劉義慶《世説》八卷、劉孝標《續世説》十卷；《宋志》著録劉義慶《世説新語》三卷。《郡齋讀書志》卷一三著録《世説新語》十卷，《直齋書録解題》卷一一《世説新語》三卷，兩書皆言及此書在宋的流傳。《四庫全書總目》卷一四〇著録《世説新語》三卷，提要稱此書所記分三十八門，上起後漢，下迄東晉，皆軼事瑣語，足爲談助。又稱孝標所注特爲典贍，其糾正義慶之紕繆，尤爲精核。所引諸書，今已佚其十之九，唯賴是注以傳。現存最早的本子爲明嘉靖十四年（1535）袁氏嘉趣堂刻本，通行本有《四庫》本、《四部備要》本、《四部叢刊》本等。近人余嘉錫《世説新語箋疏》則爲集歷代研究大成之作。《俗説》：不署撰者。兩《唐志》無載，亡佚。清馬國翰及民國魯迅各輯沈約《俗説》一卷。

《小説》十卷。梁武帝勑安右長史殷芸撰。梁《目》三十卷。

殷芸（471—529）：字灌蔬，陳郡長平（今河南西華東北）人。勵精勤學，博洽群書。天監年間，累遷通直散騎侍郎、國子博士、祕書監、司徒左長史，後直東宫學士省。大通三年（529）卒，時年五十九。《梁書》卷四一、《南史》卷六〇有傳。兩《唐志》、《宋志》著録殷芸《小説》十卷，又見宋晁載之《續談助》中節抄七十餘條。此書撰述秦漢以來雜事。元明以後無載，亡佚。今《説郛》存一卷，《叢書集成》本《續談助》存一卷，又有清王仁俊及民國魯迅輯本。

《小説》五卷。

不署撰者。兩《唐志》無載，亡佚。

《邇説》一卷。梁南臺治書伏挺撰。

伏挺（484—548）：字士標，平昌安丘（今山東安丘）人。七歲通《論語》、《孝經》，及長，博學有才思。天監中，累爲晉陵、武康令。因納賄被劾，出家。後還俗，於侯景亂中卒。著《邇説》十卷、文集二十卷。《梁書》卷五〇、《南史》卷七一有傳。兩《唐志》無載，亡佚。

《辯林》二十卷。蕭賁撰。

蕭賁（生卒年不詳）：字文奂，蘭陵（今江蘇常州）人，蕭子良孫。幼好學，有文才，嘗著《西京雜記》。起家湘東王法曹参軍。因批評湘東王所撰檄文，收付獄，遂以餓終。兩《唐志》著録蕭賁《辯林》二十卷，《宋志》無載，亡佚。

《辯林》二卷。席希秀撰。

席希秀：生平事迹不詳。兩《唐志》無載，亡佚。

《瓊林》七卷。周獸門學士陰顥撰。

陰顥（生卒年不詳）：武威姑臧（今甘肅武威）人。少知名，釋褐奉朝請，任尚書金部郎。後入周。撰《瓊林》二十卷。見《梁書》卷四六。兩《唐志》無載，亡佚。

《古今藝術》二十卷。

不署撰者。兩《唐志》"雜藝術類"著録《今古術藝》十五卷，《宋志》無載，亡佚。

《雜書鈔》十三卷。

不署撰者。本志"雜家類"著録《雜書鈔》四十四卷，亦不署撰者，不知是否爲此書別本？

《座右方》八卷。庾元威撰。

庾元威：生平事迹不詳。兩《唐志》著録庾元威《座右方》三卷，《宋志》無載，亡佚。

《座右法》一卷。

不署撰者。《日本國見在書目録》著録《座右銘》一卷，崔子玉撰。《南史》卷二二載，王僧虔書崔子玉《座右銘》給王儉。疑即此書。兩《唐志》無載，亡佚。

《魯史欹器圖》一卷。儀同劉徽注。

劉徽（225？—295？）：姚振宗根據《隋志》對於隋人只書官位不書時代之例，認爲此書當爲劉暉所撰。《隋書》卷七八載，太史令劉暉等定曆。《晉書》卷三四載，周廟欹器，至漢東京猶在御座，漢末喪亂，不復存，形制遂絶，杜預創意造成，奏上之。欹器爲宥坐之器，人君可置坐右，以爲戒也。兩《唐志》"儒家類"著録劉徽《魯史欹器圖》一卷，《宋志》無載，亡佚。

《器準圖》三卷。後魏丞相士曹行參軍信都芳撰。

信都芳：見本志經部"樂類"。《北史》卷八九載，安豐王延明聚渾天、欹器、地動、銅烏、漏刻、候風諸巧事，並圖畫爲《器準》，並令信都芳算之。後延明南奔，信都芳乃自撰注。《新唐志》"曆算類"著録信都芳《器準》三卷，《宋志》無載，亡佚。

《水飾》一卷。

不署撰者。兩《唐志》無載，亡佚。

右二十五部，合一百五十五卷。

尚有亡書五部。

小説者，街説巷語之説也。《傳》載輿人之誦[1]，《詩》美詢于芻蕘[2]。古者聖人在上，史爲書，瞽爲詩[3]，工誦箴諫[4]，大夫規誨，士傳言而庶人謗。孟春，徇木鐸以求歌謡[5]，巡省觀人詩，以知風俗。過則正之，失則改之，道聽塗説，靡不畢紀。《周官·誦訓》[6]“掌道方志以詔觀事[7]，道方慝以詔辟忌[8]，以知地俗”；而《訓方氏》[9]“掌道四方之政事，與其上下之志，誦四方之傳道[10]，而觀新物[11]”，是也。孔子曰：“雖小道，必有可觀者焉，致遠恐泥[12]。”

[1]《傳》載輿人之誦：見《左傳·僖公二十八年》，其文作“原田每每，舍其舊而新是謀”。輿人，衆人。

[2]詢于芻蕘：見《詩·大雅·板》，原文作“先民有言，徇於芻蕘”。芻，割草；蕘，打柴。芻蕘，指割草打柴的人。

[3]瞽：自盲，此指樂官。

[4]工：官。箴諫，規諫。

[5]徇：通“巡”。木鐸，以木爲舌的大鈴。古代巡行振鳴木鐸，以引起注意。

[6]誦訓：古代官名，屬地官。

[7]掌道方志以詔觀事：道四方所記久遠之事以告王觀博古之事。

[8]方慝（tè）：四方言語之所惡之事。以詔辟忌，以詔告王避其忌惡。

[9]訓方氏：古代官名，屬夏官。

[10]傳道：世世所傳説往古之事。

[11]而觀新物：“新”原作“衣”，《周禮·夏官·訓方氏》“四時於新物出則觀之，以知民志所好惡”。據改。

[12]此段見《論語·子張》。致遠恐泥，致力遠大事業則有阻滯。

兵　家

《司馬兵法》三卷。齊將司馬穰苴撰。

司馬穰苴（生卒年不詳）：田完之後裔。齊景公時，晉伐阿、甄，燕侵河上，齊敗績。晏嬰薦穰苴，被任命爲將軍，率軍出征，晉、燕聞風而退，奪回封内故境，引軍凱旋，尊爲大司馬，故稱司馬穰苴。後遭詆毁，被貶，發疾而亡。齊威王使大夫追論古者《司馬兵法》而附穰苴於其中，固號《司馬穰苴兵法》。《史記》卷六四有傳。《漢志》“禮類”著録《軍禮司馬法》百五十五篇，《兵書略》後有注曰“出《司馬法》百五十五篇入禮也”。兩《唐志》著録田穰苴《司馬法》三卷，《宋志》著録齊司馬穰苴《司馬兵法》三卷、朱服校定《司馬法》三卷，《直齋書録解題》卷一二著録齊司馬穰苴《司馬法》一卷。《四庫全書總目》卷九九著録《司馬法》一卷，提要稱其非穰苴自撰，蓋其時去古未遠，先王舊典未盡無徵，摭拾成編，亦爲漢博士追述王制之類，今存亦非全書。此書現存最早的本子爲明初刻《武經七書》本，通行本有《四庫》本、《四部叢刊》本、《四部備要》本等，並有清任兆麟、王仁俊、錢熙祚、張澍輯本。

《孫子兵法》二卷。吴將孫武撰，魏武帝注。梁三卷。

孫武（前545？—前470？）：齊人。以兵法見於吴王闔廬。闔廬曰，子之十三篇，吾盡觀之矣。知孫子能用兵，以其爲將。

西破楚，北威齊、晉，顯名諸侯，孫武之功也。《史記》卷六五有傳。魏武帝（155—220）：曹操，字孟德，沛國譙（今安徽亳州）人。靈帝中平元年，參與鎮壓黄巾起義。後起兵討伐董卓，建安元年（196）迎獻帝都許。官至丞相、大將軍，封魏王。二十五年（220）正月卒。十月，其子曹丕代漢稱帝，追尊曹操爲魏太祖武帝。《三國志》卷一有傳。《漢志》"兵權謀家"著録《吴孫子兵法》八十二篇、圖九卷；《日本國見在書目録》著録《孫子兵法》二卷，吴將孫武撰，《孫子兵法》三卷，魏武帝解；《舊唐志》著録《孫子兵法》十三卷，孫武撰，魏武帝注；《新唐志》著録魏武帝注《孫子》三卷；《宋志》著録孫武《孫子》三卷、朱服校定《孫子》三卷、魏武帝注《孫子》三卷。《郡齋讀書志》卷一四著録魏武注《孫子》一卷，稱《漢志》有《孫子兵法》八十二篇，今魏武所注，止十三篇。《直齋書録解題》卷一二著録《孫子》三卷，稱魏武帝削其繁冗，定爲十三篇。《四庫全書總目》卷九九著録《孫子》一卷，提要稱《史記》載孫武書十三篇，在《漢志》之前，不得以後來附益爲本書。《孫子兵法》爲孫武自著，非後人僞託。後世注《孫子》頗多，宋吉天保編《孫子十家注》包括魏武帝，梁孟氏，唐李筌、杜牧、陳皥、賈林，宋梅堯臣、王晳、何延錫、張預。1972年4月，山東臨沂銀雀山1號漢墓出土簡本《孫子》，此應是十三篇的足本，然篇次與今本有出入。其正文文字有不少勝於今本之處。現存最早的本子爲宋刻元明遞修《武經七書》本之《孫子》六卷，通行本有《叢書集成》本等。

《孫子兵法》一卷。魏武、王淩集解。

王淩（172—251）：字彦雲，太原祁（今山西祁縣）人。魏文帝即位，累任兖州、揚州、豫州刺史。正始年間，進封南鄉侯，遷車騎將軍、儀同三司、司空。後與其甥令狐愚密謀廢立事，司馬宣王討之，自知不敵出迎，在返京師途中服毒身亡。《三國志》

卷二八有傳。此書兩《唐志》無載，亡佚。

《孫武兵經》二卷。張子尚注。

張子尚：生平事迹不詳。兩《唐志》無載，亡佚。

《鈔孫子兵法》一卷。魏太尉賈詡鈔。梁有《孫子兵法》二卷，孟氏解詁；《孫子兵法》二卷，吴處士沈友撰；又《孫子八陣圖》一卷。亡。

賈詡（147—223）：字文和，武威姑臧（今甘肅武威）人。察孝廉爲郎。董卓入洛陽，賈詡以太尉掾爲平津都尉，遷討虜校尉。董卓敗，賈詡與李傕、郭汜等西攻長安。後歸曹操，爲執金吾，遷冀州牧，太中大夫。文帝即位，爲太尉，進爵魏壽鄉侯。年七十七卒，謚曰肅侯。《三國志》卷一〇有傳。《日本國見在書目録》著録《孫子兵法書》一卷，臣詡撰，兩《唐志》無載，亡佚。孟氏：生平事迹不詳。兩《唐志》著録孟氏解《孫子兵法》二卷，《宋志》無載，亡佚。沈友（176—204）：字子正，吴郡（今江蘇蘇州）人。好學，多所貫綜，善屬文辭，兼好武事，注《孫子兵法》，爲庸臣所詆，誣以謀反，被孫權所殺，時年二十九。見《三國志》卷四九注所引《吴録》。兩《唐志》著録沈友注《孫子兵法》二卷，《宋志》無載，亡佚。《孫子八陣圖》：兩《唐志》無載，張彦遠《歷代名畫記》卷三有載，《宋志》無載，亡佚。

《吴起兵法》一卷。賈詡注。

吴起：衛（今河南境内）人。好用兵，嘗學於曾子。事魯君，後遭猜忌，被辭。事魏文侯，爲西河守，以拒秦、韓。魏武侯時，公叔爲相，加害吴起，吴起赴楚。楚悼王死，宗室大臣作亂，太子立，乃使令尹誅射吴起。《史記》卷六五有傳。《漢志》"兵權謀家"著録《吴起》四十八篇，《新唐志》著録賈詡注吴起《吴子兵法》一卷,《宋志》著録吴起《吴子》三卷、朱服校定《吴子》二卷。《郡齋讀書志》卷一四著録《吴子》三卷，稱此書言兵家機權法制之説,《圖國》、《料敵》、《治兵》、《論將》、《變化》、《勵士》，凡六篇。《四庫全書總目》卷九九著録《吴子》一卷，提要稱今所行本，雖併爲一卷，然篇目並與《讀書志》合。高似孫《子略》卷三謂其"尚禮義，明教訓，或有得於《司馬法》者"。現存最早的本子爲明初刻本，通行本爲二卷本，有《叢書集成》本、《四部叢刊》本、《四部備要》本等。

《吴孫子牝牡八變陣圖》二卷。

不署撰者。《日本國見在書目録》著録《孫子兵法八陣圖》二卷,《歷代名畫記》載有《吴孫子牝牡八變陣圖》，兩《唐志》無載，亡佚。

《續孫子兵法》二卷。魏武帝撰。

《日本國見在書目録》著録《續孫子兵法》二卷，魏武帝撰；《新唐志》著録魏武帝《續孫子兵法》二卷。《宋志》無載，亡佚。

《孫子兵法雜占》四卷。梁有《諸葛亮兵法》五卷，又《慕容氏兵法》一卷，亡。

不署撰者。兩《唐志》無載，亡佚。諸葛亮：見本志史部"正史類"。《三國志》卷三五載，諸葛亮製木牛流馬，推演兵法，作八陣圖。《宋志》著録諸葛亮《行兵法》五卷、《用兵法》二卷,《崇文總目》著録諸葛亮《兵機法》五卷、《武侯十六策》一卷。元明無載，亡佚。清王仁俊有輯本，嚴可均《全三國文》卷五九有輯文。慕容氏：不詳何人。此書兩《唐志》無載，亡佚。

《皇帝兵法》一卷。宋武帝所傳神人書。梁有《雜兵法》

二十四卷,《兵法序》二卷，亡。

宋武帝：見本志“大序”。《新唐志》著録宋高祖《兵法要略》二卷,《宋志》無載，亡佚。《雜兵法》：不署撰者。《舊唐志》著録《雜兵法》二十四卷,《新唐志》著録《新兵法》二十四卷（疑“新”爲“雜”之誤),《宋志》無載，亡佚。《兵法序》：不署撰者。兩《唐志》無載，亡佚。

《太公六韜》五卷。梁六卷。周文王師姜望撰。

姜望（生卒年不詳）：東海上（山東境内）人。姜姓，名尚。先祖佐禹平水土有功，封於吕，故曰吕尚。又因周文王得吕尚言“吾先君太公望子久矣”，故號太公望。周武王即位，太公望爲師克殷，周王天下，號爲師尚父，封於營邱曰齊。《史記》卷三二有傳。《漢志》“儒家”著録《周史六弢》，班固注曰：“惠、襄之間，或曰顯王時，或曰孔子問焉。”“道家”著録《太公》二百三十七篇，班固注曰：“吕望爲周師尚父，本有道者。或有近世又以爲太公術者所增加也。”《謀》八十一篇,《言》七十一篇,《兵》八十五篇。後世學者以爲《六韜》當在《兵》中。《日本國見在書目録》著録《太公六韜》六卷，周文王師姜望撰。《舊唐志》著録《太公六韜》六卷,《新唐志》、《宋志》著録《六韜》六卷。《郡齋讀書志》卷一四著録《六韜》六卷，稱《漢志》無此書，隋、唐始著録，分《文》、《武》、《龍》、《虎》、《豹》、《犬》六目，兵家權謀之書也。《直齋書録解題》卷一二著録《六韜》六卷，稱武王、太公之問答。其辭鄙俚，世俗依託也。《四庫全書總目》卷九九著録《六韜》六卷，提要稱此書依託之迹，灼然可驗。1972年山東臨沂銀雀山1號漢墓出土漢簡、1973年河北定縣八角廊40號漢墓出土漢簡，皆有《六韜》殘卷，可以證明《六韜》並非僞書，而成書年代在春秋晚期至戰國時期。此書現存最早的本子爲宋刻元明遞修本《六韜》三卷，通行本有《四庫》本、《四部叢刊》本等。另有清孫同元、黄奭、王仁俊輯本，嚴可均《全上古文》卷六有輯文。

《太公陰謀》一卷。梁六卷。梁又有《太公陰謀》三卷，魏武帝解。

不署撰者。《史記》卷三二載，遷九鼎，修周政，與天下更始，吕尚謀居多。《漢志》著録《太公》中包括《謀》八十一篇。兩《唐志》著録《太公陰謀》三卷，是否即魏武帝解《太公陰謀》三卷？《宋志》無載，亡佚。清嚴可均《全上古文》卷七有輯文。

《太公陰符鈐録》一卷。

不署撰者。《日本國見在書目録》著録《太公陰録符》一卷，兩《唐志》無載，亡佚。清嚴可均《全上古文》卷七有輯文。

《太公金匱》二卷。

不署撰者。《日本國見在書目録》著録《太公明金匱用兵要記》一卷，兩《唐志》著録《太公金匱》二卷，《宋志》無載，亡佚。清洪頤煊有輯本。

《太公兵法》二卷。梁三卷。

不署撰者。《史記》卷五五載，張良圯上老人所贈一書，乃《太公兵法》也。《漢志》"道家"著録《兵》八十五篇，兩《唐志》無載，亡佚。清嚴可均《全上古文》卷七有輯文。

《太公兵法》六卷。梁有《太公雜兵書》六卷。

不署撰者。姚振宗以爲此書即《太公雜兵書》六卷，兩《唐志》無載，亡佚。

《太公伏符陰陽謀》一卷。

不署撰者。《日本國見在書目録》著録《太公謀卅六甲法》一卷（疑“甲”爲“用”之誤），兩《唐志》著録《太公陰謀三十六用》一卷，即爲此書。《宋志》無載，亡佚。

《黄帝兵法孤虚雜記》一卷。

不署撰者。《新唐志》著録《黄帝兵法孤虚雜記》一卷，《宋志》無載，亡佚。

《太公三宫兵法》一卷。梁有《太一三宫兵法立成圖》二卷。

不署撰者。兩《唐志》著録《黄帝太公三宫法要訣》一卷，《宋志》無載，亡佚。《太一三宫兵法立成圖》：不署撰者。唐張彦遠《歷代名畫記》卷三載《太一三宫用兵成圖》二卷，兩《唐志》無載，亡佚。

《太公書禁忌立成集》二卷。

不署撰者。兩《唐志》無載，亡佚。

《太公枕中記》一卷。

不署撰者。兩《唐志》無載，亡佚。

《周書陰符》九卷。

不署撰者。《新唐志》著録《周書陰符》九卷，《宋志》無載，亡佚。

《周吕書》一卷。

不署撰者。《新唐志》著録《周吕書》一卷，《宋志》無載，亡佚。

《黄石公内記敵法》一卷。

不署撰者。《日本國見在書目録》著録《黄帝用兵勝敵法》一卷，兩《唐志》無載，亡佚。

《黄石公三略》三卷。下邳神人撰，成氏注。梁又有《黄石公記》三卷，《黄石公略注》三卷。

下邳神人：或曰即圯上老人。成氏：不詳何人。圯上老人送張良書，並説十三年孺子見我濟北，穀城山下黄石即我矣。十三年後，張良從高祖過濟北，果見黄石，取而寶祠之。見《史記》卷五五。《舊唐志》著録《黄石公三略》三卷、《三略訓》三卷；《新唐志》著録《黄石公三略》三卷、成氏《三略訓》三卷；《宋志》著録成氏注《三略》三卷。《郡齋讀書志》卷一四著録《黄石公三略》三卷，稱“其書論用兵機權之妙，嚴明之決，軍可以死易生，國可以存易亡”。又稱下邳神人即圯上老人，以一編書授張良者。《直齋書録解題》卷一二著録此書，則稱“以黄石爲圯上老人，然皆傅會依託也”。《四庫全書總目》卷九九著録《黄石公三略》三卷，提要稱自漢以來，言兵法者往往以黄石公爲名，然大抵出於傅會，是書文義不古，當亦後人所依託。此書現存最早的本子爲宋刻元明遞修本《武經七書》中之《黄石公三略》三卷，通行本有《四庫》本、《叢書集成》本等。另有清王仁俊輯本。姚振宗以爲《黄石公記》即《黄石公三略》，而《黄石公略注》即成氏所注《黄石公三略》。

《黄石公三奇法》一卷。梁有《兵書》一卷，《張良經》與《三略》往往同，亡。

不署撰者。兩《唐志》無載，亡佚。《兵書》，不署撰者。疑即《黄石公兵書》，見下著録。《張良經》：太史公曰：“高祖離困數矣，而留侯常有功力焉。”見《史記》卷五五。張良得圯上老人所贈兵書，故其《張良經》往往與《三略》同。兩《唐志》著録《張良經》一卷、張良《張氏七篇》七卷，《宋志》無載，亡佚。

《黄石公五壘圖》一卷。

不署撰者。兩《唐志》無載，亡佚。

《黄石公陰謀行軍祕法》一卷。梁有《黄石公祕經》二卷。

不署撰者。兩《唐志》著録黄石公《陰謀乘斗魁剛行軍祕》一卷，《宋志》無載，亡佚。《黄石公祕經》：兩《唐志》無載，亡佚。

《大將軍兵法》一卷。

不署撰者。《漢志·兵家序》有曰："漢興，張良、韓信序次兵法。""兵權謀"著録《韓信》三篇。疑《大將軍兵法》爲韓信所序兵法。兩《唐志》無載，亡佚。

《黄石公兵書》三卷。

不署撰者。兩《唐志》無載，亡佚。

《兵書接要》十卷。魏武帝撰。梁有《兵書接要》别本五卷，又有《兵書要論》七卷，亡。

《三國志》卷一注引孫盛《異同雜語》稱曹操"博覽群書，特好兵法，抄集諸家兵法，名曰《接要》，又注《孫子兵法》，皆傳於世"。《日本國見在書目録》著録《兵書要》三卷、《兵書接要》三卷，魏武帝撰。兩《唐志》著録魏武帝《兵書接要》七卷，《宋志》無載，亡佚。《兵書要論》：《日本國見在書目録》著録《兵書論要》一卷，魏武帝撰。兩《唐志》無載，亡佚。

《兵法接要》三卷。魏武帝撰。

此書大抵爲前録《兵書接要》之又一别本。

《三宫用兵法》一卷。

不署撰者。兩《唐志》無載，亡佚。

《兵書略要》九卷。魏武帝撰。梁有《兵要》二卷。

《日本國見在書目録》著録《兵書要略》魏武帝撰，兩《唐志》不載此書，而著録魏文帝《兵書要略》十卷，《宋志》無載，亡佚。《兵要》：是否即此書之别本？

《魏武帝兵法》一卷。梁有《魏時群臣表伐吴策》一卷，《諸州策》四卷，《軍令》八卷，《尉繚子兵書》一卷。

《三國志》卷一注引《魏書》曰曹操"行軍用師，大較依孫、吴之法，而用事設奇，譎敵制勝，變化如神。自作《兵書》十萬餘言，諸將征伐，皆以新書從事"。《日本國見在書目録》著録《魏武帝兵書》十三卷，兩《唐志》無載，亡佚。《魏時群臣表伐吴策》、《諸州策》、《軍令》，皆不署撰者，兩《唐志》均無載，亡佚。《尉繚子兵書》：參見本部"雜家類"。

《兵林》六卷。東晉江都相孔衍撰。

《日本國見在書目録》著録《兵林玉府》三卷，是否即此書？《唐志》著録孔衍《兵林》六卷，《宋志》無載，亡佚。

《兵林》一卷。

不署撰者。《日本國見在書目録》著録《兵林正府》一卷，是否即此書？

《玄女戰經》一卷。

不署撰者。兩《唐志》無載，亡佚。

《武林》一卷。王略撰。

王略：生平事迹不詳。《日本國見在書目録》著録《武林》一卷，王略撰，《新唐志》著録王略《武林》一卷，《宋志》無載，亡佚。

《黄帝問玄女兵法》四卷。梁三卷。

不署撰者。兩《唐志》著録《黄帝問玄女法》三卷，《舊唐志》注明此書爲玄女撰，《宋志》無載，亡佚。清洪頤煊有輯本。

《秦戰鬬》一卷。

不署撰者。兩《唐志》無載，亡佚。

《梁主兵法》一卷。

《梁武帝兵書鈔》一卷。

《梁武帝兵書要鈔》一卷。

三書應皆爲梁武帝所作。《日本國見在書目録》著録《梁武帝兵法》二卷、《梁武帝勑抄要用兵法》一卷，《新唐志》著録《梁武帝兵法》一卷，《宋志》無載，亡佚。

《玉韜》十卷。梁元帝撰。

《金樓子》卷五載，《玉韜》一秩十卷，稱“金樓出牧渚宫時撰”。卷六載金樓語：“余六歲能爲詩，其後著書之中，唯《玉韜》最善。”兩《唐志》著録梁元帝《玉韜》十卷，《宋志》無載，亡佚。

《金韜》十卷。

不署撰者。《隋書》卷七八載，開皇初，劉祐爲大都督，封索盧縣公。奉詔撰兵書十卷，名曰《金韜》。兩《唐志》著録劉祐《金韜》十卷，《宋志》無載，亡佚。

《金策》十九卷。

不署撰者。《梁書》卷三載，梁武帝又撰《金策》三十卷。此書當爲梁武帝撰。兩《唐志》無載，亡佚。

《兵書要略》五卷。後周齊王宇文憲撰。

宇文憲（544—578）：字毗賀突，代郡武川（今内蒙古武川）人。周太祖第五子。建德三年（574），進爵爲王。常以兵書繁廣，難求指要，乃自刊定爲《要略》五篇。宣帝即位，忌其屬尊望重，設伏壯士，誘其至，執而縊殺之，時年三十五。《周書》卷一二、《北史》卷五八有傳。兩《唐志》著録宇文憲《兵書要略》十卷，《宋志》無載，亡佚。

《兵書》七卷。

不署撰者。兩《唐志》無載，《宋志》著録《兵書》七卷，元明以後無載，亡佚。

《兵書要術》四卷。伍景志撰。

伍景志：生平事迹不詳。兩《唐志》無載，亡佚。

《兵記》八卷。司馬彪撰。一本二十卷。

兩《唐志》著録司馬彪《兵記》十二卷，《宋志》無載，亡佚。《全晉文》卷一六稱，司馬彪有《戰略》二十卷，《隋志》、《唐志》作《兵記》。

《兵書要序》十卷。趙氏撰。

趙氏：不知何人。此書兩《唐志》無載，亡佚。

《兵法》五卷。

不署撰者。兩《唐志》無載，亡佚。

《雜兵書》十卷。梁有《雜兵書》八卷。《三家兵法要集》三卷，《戎略機品》二卷，亡。

不署撰者。兩《唐志》無載，亡佚。《三家兵法要集》、《戎略機品》，皆不署撰者，兩《唐志》均無載，亡佚。

《大將軍》一卷。

不署撰者。疑即前所著録《大將軍兵法》，兩《唐志》無載，亡佚。

《雜兵圖》二卷。

不署撰者。兩《唐志》無載，亡佚。

《兵略》五卷。

不署撰者。兩《唐志》無載，亡佚。

《軍勝見》十卷。許昉撰。

許昉：生平事迹不詳。《日本國見在書目録》著録《軍勝》十卷，兩《唐志》著録《許子新書軍勝》十卷，《宋志》著録《許子兵勝苑》十卷，元明以後無載，亡佚。

《戎决》十三卷。許昉撰。

不署撰者。兩《唐志》無載，亡佚。

《陣圖》一卷。

不署撰者。《日本國見在書目録》著録《陣圖》一卷，兩《唐志》無載，亡佚。

《陰策》二十二卷。大都督劉祐撰。

劉祐：見前著録《金韜》，《隋書》卷七八有傳，傳中記載其著《陰策》二十卷。兩《唐志》無載，亡佚。

《陰策林》一卷。

不署撰者。兩《唐志》無載，亡佚。

《承神兵書》二十卷。

不署撰者。兩《唐志》著録《承神兵書》八卷，《宋志》無載，亡佚。

《真人水鏡》十卷。

不署撰者。《日本國見在書目録》著録《真人水鏡》十卷，兩《唐志》著録陶弘景《真人水鏡》十卷，《宋志》無載，亡佚。

《戰略》二十六卷。金城公趙煚撰。

趙煚（532—599）：煚（jiǒng），字賢通，天水西（今甘肅天水）人。仕周，累轉中書侍郎，後以功授開府儀同三司。隋高祖踐祚，進位大將軍，賜爵金城郡公，拜尚書右僕射。開皇十九年（599）卒，時年六十八。《隋書》卷四六、《北史》卷七五有傳。此書兩《唐志》無載，亡佚。

《金海》三十卷。蕭吉撰。

蕭吉：見本志經部“樂類”。《隋書》卷七八、《北史》八九載，蕭吉著《金海》三十卷。《日本國見在書目録》著録《金海》三十七卷，蕭吉撰。兩《唐志》著録蕭吉《金海》四十七卷，《宋志》無載，亡佚。

《兵書》二十五卷。

不署撰者。兩《唐志》無載，亡佚。

《雜撰陰陽兵書》五卷。 莫珍寶撰。

莫珍寶：生平事迹不詳。兩《唐志》無載，亡佚。

《黄帝兵法雜要决》一卷。

不署撰者。《全上古文》卷一《黄帝兵法》，稱《隋志》有《黄帝兵法雜要决》一卷，《五行大義》第五篇引《黄帝兵訣》，此省詞。《開元占經》八引《黄帝兵法》，《開元占經》十一引《黄帝用兵要訣》。《新唐志》著録《黄帝用兵法訣》一卷，《宋志》無載，亡佚。

《黄帝軍出大師年命立成》一卷。

不署撰者。兩《唐志》無載，亡佚。

《黄帝複姓符》二卷。 許昉撰。梁有《辟兵法》一卷。

此書兩《唐志》無載，亡佚。《辟兵法》：不署撰者。兩《唐志》無載，亡佚。

《黄帝太一兵歷》一卷。

不署撰者。《漢志》“兵陰陽家”著録《太壹兵法》一篇，《新唐志》著録《黄帝太一兵曆》一卷，《宋志》無載，亡佚。

《黄帝蚩尤風后行軍祕術》二卷。梁有《黄帝蚩尤兵法》一卷，亡。

不署撰者。《史記》卷一載，蚩尤作亂，不用帝命，於是黄帝乃徵師諸侯，與蚩尤戰於逐鹿之野，遂禽殺蚩尤。黄帝有天下，以師兵爲營衛，舉風后、力牧、常先、大鴻以治民。《漢志》“兵陰陽家”著録《黄帝》十六篇，《圖》三卷；《風后》十三篇，《圖》二卷。“兵形勢家”著録《蚩尤》二篇，兩《唐志》不載此書，亡佚。《黄帝蚩尤兵法》：大抵與此書有關聯。

《老子兵書》一卷。

不署撰者。《日本國見在書目録》著録《孝子寶訣》一卷（疑“孝”爲“老”之誤），兩《唐志》無載，亡佚。

《吴有道占出軍决勝負事》。梁兩卷。又《黄帝出軍雜用决》十二卷，《風氣占軍决勝戰》二卷，太史令吴範撰。

吴範（？—226）：字文則，會稽上虞（今浙江紹興）人。以治曆數知風氣聞於郡中，舉有道，詣京師，世亂不行。後事孫權，每有災祥，輒推數言狀，其數多驗，遂以顯名。孫權以其爲騎都尉，領太史令。後因不將至要告知孫權，未能封侯。黄初五年（226），病卒。《三國志》卷六三有傳。三書兩《唐志》皆無載，亡佚。

《對敵權變》一卷。吴氏撰。

吴氏：疑即吴範。兩《唐志》無載，亡佚。

《對敵占風》一卷。梁有《黄帝夏氏占氣》六卷，《兵法風氣等占》三卷，亡。

不署撰者。兩《唐志》無載，亡佚。《黄帝夏氏占氣》、《兵法風氣等占》，皆不署撰者，兩《唐志》無載，亡佚。

《對敵權變逆順》一卷。

不署撰者。《日本國見在書目録》著録《兵書對敵推變逆順法武王代殷法》一卷（疑“代”當爲“伐”），兩《唐志》無載，亡佚。

《兵法權儀》一卷。

不署撰者。兩《唐志》無載，亡佚。

《六甲孤虚雜决》一卷。梁有《孫子戰鬬六甲兵法》一卷。

不署撰者。李賢曰：“孤虚者，孤謂六甲之孤辰，若甲子旬中，戌亥無干，是爲孤也，對孤爲虚。”見《後漢書》卷八二上注。兩《唐志》無載，亡佚。《孫子戰鬬六甲兵法》：不署撰者。兩《唐志》無載，亡佚。

《六甲孤虚兵法》一卷。

不署撰者。兩《唐志》無載，亡佚。

《孤虚法》十卷。梁有《兵法遁甲孤虚斗中域法》九卷。

不署撰者。兩《唐志》無載，亡佚。《兵法遁甲孤虚斗中域法》：不署撰者。兩《唐志》無載，亡佚。

《兵書雜占》十卷。梁有《兵法日月風雲背向雜占》十二卷，《兵法》三卷，《虚占》三卷，《京氏征伐軍候》八卷。

不署撰者。兩《唐志》無載，亡佚。《兵法日月風雲背向雜占》、《兵法》，皆不署撰者。兩《唐志》無載，亡佚。《虚占》：疑爲《孤虚占》，不署撰者。兩《唐志》無載，亡佚。京氏：當指京房，見本志經部“易類”。其書兩《唐志》無載，亡佚。

《兵書雜歷》八卷。

不署撰者。兩《唐志》無載，亡佚。

《太一兵書》一十一卷。梁二十卷。

不署撰者。《漢志》“兵陰陽家”著録《太壹兵法》一篇、《天一兵法》三十五篇，兩《唐志》著録《太一兵法》一卷，《宋志》無載，亡佚。

《兵書内術》二卷。

不署撰者。兩《唐志》無載，亡佚。

《兵法書决》九卷。闕一卷。

不署撰者。兩《唐志》無載，亡佚。

《軍國要略》一卷。

不署撰者。兩《唐志》無載，亡佚。

《兵法要録》二卷。

不署撰者。兩《唐志》無載，亡佚。

《用兵撮要》二卷。

不署撰者。兩《唐志》著録《用兵撮要》二卷，《宋志》無載，亡佚。

《用兵要術》一卷。

不署撰者。《新唐志》著録《用兵要術》一卷，《宋志》無載，亡佚。

《用兵祕法雲氣占》一卷。

不署撰者。兩《唐志》無載，亡佚。

《五家兵法》一卷。

不署撰者。兩《唐志》無載，亡佚。

《兵法三家軍占祕要》一卷。李行撰。

李行：生平事迹不詳。此書兩《唐志》無載，亡佚。

《氣經上部占》一卷。

不署撰者。兩《唐志》無載，亡佚。

《天大芒霧氣占》一卷。

不署撰者。姚振宗以爲《初學記・天部》所引《望氣經》即此書，與《氣經上部占》是同性質的書。兩《唐志》無載，亡佚。

《鬼谷先生占氣》一卷。

兩《唐志》無載，亡佚。

《五行候氣占災》一卷。

不署撰者。兩《唐志》無載，亡佚。

《乾坤氣法》一卷。

不署撰者。本志“五行類”著録《乾坤氣法》一卷，許辯撰，疑其與此書爲同一書。兩《唐志》無載，亡佚。

《雜匈奴占》一卷。漢武帝王朔注。

疑“漢武帝”下有脱文。王朔（生卒年不詳）：漢武帝時爲太史待詔。見《世説新語·文學》。《史記》卷二七載：“夫自漢之爲天數者，星則唐都，氣則王朔，占歲則魏鮮。”此書兩《唐志》無載，亡佚。

《對敵占》一卷。

不署撰者。兩《唐志》無載，亡佚。

《雜占》八卷。梁有《推元嘉十二年日時兵法》二卷，《逆推元嘉五十年太歲計用兵法》一卷。

不署撰者。兩《唐志》無載，亡佚。《推元嘉十二年日時兵法》：不署撰者。兩《唐志》無載，亡佚。《逆推元嘉五十年太歲計用兵法》：元嘉僅有三十年，疑“五”有誤。不署撰者。兩《唐志》無載，亡佚。

《兵殺歷》一卷。

不署撰者。本志“五行類”有《雜殺歷》，可能與此書有關聯。兩《唐志》無載，亡佚。

《馬槊譜》一卷。梁二卷。梁有《騎馬都格》一卷，《騎馬變圖》一卷，《馬射譜》一卷，亡。

不署撰者。《南史》卷八載，梁簡文帝撰《馬槊譜》一卷。《北史》卷九〇載，趙國李幼序、洛陽丘何奴並工握槊，此蓋胡戲，近入中國。此書兩《唐志》無載，亡佚。《騎馬都格》、《騎馬變圖》、《馬射譜》：皆不署撰者，兩《唐志》均無載，亡佚。

《碁勢》四卷。梁有《術藝略序》五卷，孫暢之撰；《圍碁勢》七卷，湘東太守徐泓撰；《齊高碁圖》二卷；《圍碁九品序録》五卷，范汪等撰；《圍碁勢》二十九卷，晉趙王倫舍人馬朗等撰；《碁品叙略》三卷；《建元永明碁品》二卷，宋員外殿中將軍褚思莊撰；《天監碁品》一卷，梁尚書僕射柳惲撰。亡。

不署撰者。兩《唐志》著録《碁勢》六卷，《宋志》著録《棊勢》三卷，元明以後無載，亡佚。孫暢之：見本志經部"詩類"。此書兩《唐志》無載，亡佚。徐泓（生卒年不詳）：南琅邪開陽（今江蘇南京北）人。仕齊歷任秣陵、建康令，湘東太守。見《南史》卷七七。此書兩《唐志》無載，亡佚。《齊高碁圖》：《南史》卷四載，齊高帝博學，善屬文，工草隸書，弈碁第二品。此書兩《唐志》無載，亡佚。范汪：見本志經部"禮類"。兩《唐志》"雜藝術類"著録范汪等撰《碁品》五卷，《宋志》無載，亡佚。馬朗：生平事迹不詳。此書兩《唐志》無載，亡佚。《碁品叙略》：不署撰者。兩《唐志》無載，亡佚。褚思莊：吴郡（今江蘇蘇州）人。善棊，爲第二品。官至給事中。齊明帝好圍棊，置圍棊州邑，褚思莊爲清定訪問。見《南史》卷一八、《南齊書》卷三四。此書兩《唐志》無載，亡佚。柳惲（465—517）：字文暢，河東解（今山西運城）人。好學，善尺牘。仕齊，爲驃騎從事中郎。梁天監元年（502），與沈約等共定新律。善弈棊，帝令其定棊譜，第其優劣。累任左民尚書、廣州刺史。徵爲祕書監，領左軍將軍。天監十六年（517）卒，時年五十三。贈侍中、中護軍。《梁書》卷二一、《南史》卷三八有傳。本志集部尚有其一部著述。此書兩《唐志》無載，亡佚。

《雜博戲》五卷。

不署撰者。《新唐志》"雜藝術類"著録《雜博戲》五卷，《宋志》無載，亡佚。

《投壺經》一卷。

不署撰者。投壺，設特製之壺，賓主以次投矢其中，中多者爲勝，負者則飲酒。見《禮記正義》卷五八《投壺》。此書兩《唐志》無載，亡佚。

梁東宫撰《太一博法》一卷。

不署撰者。兩《唐志》無載，亡佚。

《雙博法》一卷。

不署撰者。兩《唐志》無載。《郡齋讀書志》卷一五著録《雙陸格》一卷，並介紹此游戲之玩法，武后、狄仁傑亦樂此不疲。似即此書，元明以後無載，亡佚。

《皇博法》一卷。梁有《大小博法》一卷；《投壺經》四卷，《投壺變》一卷，晉左光禄大夫虞潭撰；《投壺道》一卷，郝冲撰；《擊壤經》一卷。亡。

不署撰者。兩《唐志》“雜藝術類”著録魏文帝《皇博經》一卷，《宋志》無載，亡佚。《大小博法》：不署撰者。《顔氏家訓·雜藝》言及“古爲大博則六箸，小博則二煢，今無曉者”。兩《唐志》“雜藝術類”著録《大小博法》二卷，《宋志》無載，亡佚。虞潭（263？—341？）：字思奥，會稽餘姚（今浙江餘姚）人。明帝時，拜尚書，加散騎常侍。成帝時，拜右光禄大夫、開府儀同三司，進爵武昌縣侯。年七十九卒，追贈左光禄大夫，謚曰孝烈。《晉書》卷七六有傳。所撰書兩《唐志》無載，亡佚。郝冲：生平事迹不詳。兩《唐志》“雜藝術類”著録郝冲、虞潭法《投壺經》一卷（“法”疑爲“注”之誤），《宋志》無載，亡佚。清馬國翰輯《投壺變》一卷。《擊壤經》：不署撰者。擊壤，古代游戲，《困學紀聞》卷二〇引周處《風土記》言及此游戲玩法。此書兩《唐志》無載，亡佚。

《象經》一卷。周武帝撰。

周武帝：見本志經部“小學類”。《周書》卷五載，天和四年（569）五月，帝制《象經》成，集百僚講説。《舊唐書》卷七九載，唐太宗曾覽周武帝所撰《三局象經》，不曉其旨，召吕才問之。兩《唐志》“雜藝術類”著録周武帝《象經》一卷，《宋志》無載，亡佚。

《博塞經》一卷。邵綱撰。

邵綱：生平事迹不詳。本書所述當爲格五、六博，二者皆爲古代游戲，詳見《後漢書》卷三四注。兩《唐志》“雜藝術類”著録鮑宏《博塞經》一卷、《小博經》一卷，《宋志》無載，亡佚。

《碁勢》十卷。沈敞撰。

沈敞：生平事迹不詳。兩《唐志》無載，亡佚。

《碁勢》十卷。二卷，成。

不署撰者。兩《唐志》無載，亡佚。其注“二卷，成”不知何意。

《碁勢》十卷。王子冲撰。

王子冲：生平事迹不詳。兩《唐志》無載，亡佚。

《碁勢》八卷。

不署撰者。兩《唐志》無載，亡佚。

《碁圖勢》十卷。

不署撰者。兩《唐志》無載，亡佚。

《碁九品序録》一卷。范汪等注。

此書前已著録，此爲重録。

《碁後九品序》一卷。袁遵撰。

袁遵：生平事迹不詳。兩《唐志》“雜藝術類”著録《圍碁後九品序録》一卷，《宋志》無載，亡佚。

《圍碁品》一卷。梁武帝撰。

兩《唐志》“雜藝術類”著録梁武帝《碁評》一卷，《宋志》無載，亡佚。

《碁品序》一卷。陸雲公撰。

陸雲公（511—547）：字子龍，吴郡（今江蘇蘇州）人。好學，有才思，善弈棋。累遷中書黄門郎。大同末，受梁武帝詔校定《碁品》。太清元年（547）卒，時年三十七。《梁書》卷五〇、《南史》卷四八有傳。本志集部尚有其一部著述。此書兩《唐志》無載，亡佚。

《碁法》一卷。梁武帝撰。

《梁書》卷三載，梁武帝“六藝閑備，棊登逸品”。此書兩《唐志》無載，亡佚。

《彈碁譜》一卷。徐廣撰。

徐廣：見本志經部“詩類”。《世説新語・巧藝》注引傅玄《彈碁賦序》：“漢成帝好蹴鞠，劉向以謂勞人體，竭人力，非至尊所宜御，乃因其體作彈棊。”《顔氏家訓·雜藝》曰：“彈棊亦近世雅戲，消愁釋憒時可爲之。”此書兩《唐志》無載，亡佚。

《二儀十博經》一卷。

不署撰者。兩《唐志》“雜藝術類”著録隋煬帝《二儀簿經》一卷，《宋志》無載，亡佚。

《象經》一卷。王褒注。

王褒：見本志史部“雜傳類”。《北史》卷八三載，周武帝作《象經》，令王褒注之，引據該洽，甚見稱賞。《新唐志》“雜藝術類”著録王褒《象經》一卷，《宋志》無載，亡佚。

《象經》三卷。王裕注。

王裕：生平事迹不詳。《舊唐志》“雜藝術類”著録王裕撰《象經》一卷，《新唐志》“雜藝術類”著録王裕注《象經》一卷，《宋志》無載，亡佚。

《象經》一卷。何妥注。

何妥：見本志經部“易類”。兩《唐志》著録何妥《象經》一卷，《宋志》無載，亡佚。

《象經發題義》一卷。

不署撰者。兩《唐志》無載，亡佚。

右一百三十三部，五百一十二卷。

實際爲一百二十八部，另有亡書五十三部。

兵者，所以禁暴静亂者也。《易》曰：“古者弦木爲弧，剡木爲矢，弧矢之利，以威天下[1]。”孔子曰：“不教人戰，是爲棄之[2]。”《周官·大司馬》掌九法九伐[3]，以正邦國，是也。然皆動之以仁，行之以義，故能誅暴静亂，以濟百姓。下至三季[4]，恣情逞欲，争伐尋常，不撫其人，設變詐而滅仁義，至乃百姓離叛，以致於亂。

[1]《易》曰：見《易·繫辭下》。其意爲：加弦於彎木上做成弓，削尖木條做成箭，弓箭的功能，就是用武力威懾天下。剡（yǎn）：削。

[2] 孔子曰：見《論語·子路》。原文作“以不教民戰，是謂棄之”。其意爲，用未受過訓練的百姓去作戰，就等於捨棄他們的生命。

[3] 大司馬：古代官名，屬周官之夏官。九法，周天子治理諸侯國的九項措施。九伐，周天子制裁諸侯違犯王命行爲的九種辦法。見《周禮·夏官·大司馬》。

[4] 三季：夏、商、周之末年。

天文家

《周髀》一卷。趙嬰注。

趙嬰（生卒年不詳）：或曰後漢趙爽，字君卿。其《勾股方圓圖注》五百餘言，而後世數千言所不能詳。見《疇人傳》卷四。《周髀》，即蓋天之説，其本包犧氏立周天曆度，其所傳則周公受於殷高，以勾股爲術，周人志之，故曰《周髀》。見《晉書》卷一一。兩《唐志》著録趙嬰注《周髀》一卷，《宋志》"曆算類"著録趙君卿《周髀》二卷。《四庫全書總目》卷一〇六著録《周髀算經》二卷、《音義》一卷，提要稱此書刻本脱誤，多不可通，今據《永樂大典》内所載詳加校訂。舊有李籍《音義》，别自爲卷，仍其舊。《周髀》流傳最古，雖訛誤特甚，然溯委窮源，得其端緒。現存最早的《周髀算經》二卷，漢趙君卿注、北周甄鸞重述、唐李淳風等注釋，並李籍《音義》一卷，爲宋刻本；通行本有《四庫》本、《四部叢刊》本、《四部備要》本等。

《周髀》一卷。甄鸞重述。

甄鸞：見本志史部"雜史類"。兩《唐志》著録甄鸞注《周髀》一卷，《宋志》無載。《直齋書録解題》卷一二著録《周髀算經》二卷、《音義》二卷，題趙君卿注、甄鸞重述、李淳風等注釋。此書自此不單獨流傳。

《周髀圖》一卷。

不署撰者。《四庫全書總目》卷一〇六著録《周髀算經》，其提要提及此書内凡爲圖者五，而失傳者三，訛舛者一，僅據正文及注爲之補訂。兩《唐志》無載，亡佚。

《靈憲》一卷。張衡撰。

張衡（78—139）：字平子，南陽西鄂（今河南南陽）人。通五經，貫六藝，善機巧，尤致思於天文、陰陽、曆算。漢安帝特徵拜郎中，再遷爲太史令，作《靈憲》、《筭罔論》，言甚鮮明。順帝時，遷侍中。永和初，出爲河間相。後徵拜尚書。四年（139）卒，年六十二。著有詩、賦、《七辯》、《巡誥》等凡三十二篇。《後漢書》卷五九有傳。本志子、集部尚有其三部著述。張衡鑄渾天儀，總序經星，謂之《靈憲》。見《隋書》卷一九。兩《唐志》著録張衡《靈憲圖》一卷，《宋志》無載，亡佚。《説郛》存一卷，清王謨、洪頤煊、馬國翰有輯本。

《渾天象注》一卷。吴散騎常侍王蕃撰。

王蕃（228—266）：字永元，廬江松滋（今安徽宿松）人。博學多聞，兼通術藝。孫休即位，爲散騎常侍。甘露二年（266），孫皓大會群臣，王蕃醉酒失態，被斬於殿下，時年三十九。《三國志》卷六五有傳。王蕃傳劉洪《乾象術》，依乾象法製渾儀，立論法度，通達平正。見《疇人傳》卷五。兩《唐志》著録王蕃《渾天象注》一卷，《宋志》無載，亡佚。清王仁俊有輯本，《全三國文》卷七二有輯文。

《渾天義》二卷。

不署撰者。兩《唐志》著録張衡《渾天儀》一卷，疑即此書。《宋志》無載，亡佚。清孫星衍有輯本，《全後漢文》卷五五有輯文。

《渾天圖》一卷。石氏。

石氏：當指石申。《史記》卷二七《正義》曰，《七録》云石申魏人，戰國時作《天文》八卷。本志子部尚有其著述三部。此書兩《唐志》無載，亡佚。

《渾天圖》一卷。

不署撰者。兩《唐志》無載，亡佚。

《渾天圖記》一卷。梁有《昕天論》一卷，姚信撰；《安天論》六卷，虞喜撰；《圖天圖》一卷，《原天論》一卷，《神光内抄》一卷。

不署撰者。兩《唐志》無載，亡佚。姚信：見本志經部“易類”。《宋書》卷二三載，姚信造《昕天論》。兩《唐志》著録姚信《昕天論》一卷，《宋志》無載，亡佚。清馬國翰有輯本。《安天論》：《晉書》卷九一載，虞喜兼覽讖緯，乃著《安天論》以難渾天説、蓋天説。兩《唐志》著録虞喜《安天論》一卷，《宋志》無載，亡佚。清馬國翰有輯本，《全晉文》卷八二有輯文。《圖天圖》：不署撰者。兩《唐志》無載，亡佚。《原天論》：不署撰者。兩《唐志》無載，亡佚。《神光内抄》：《日本國見在書目録》著録《神光召》二卷，不知此書是否從其抄出。兩《唐志》無載，亡佚。

《定天論》三卷。

不署撰者。《日本國見在書目録》著録《定天論》三卷，兩《唐志》無載，亡佚。

《天儀説要》一卷。陶弘景撰。

陶弘景：見本志經部“詩類”。《南史》卷七六載，陶弘景又造渾天象，高三尺許，地居中央，天轉而地不動，以機動之，悉與天相合。《崇文總目》著録陶弘景《天文星經》五卷,《中興館閣書目》著録陶弘景《象曆》一卷，此二書皆推演甘氏、石氏、巫咸等説，疑即《天儀説要》，兩《唐志》無載，亡佚。

《玄圖》一卷。

不署撰者。《後漢書》卷五九載，張衡著有《懸圖》，章懷太子注曰,《衡集》作《玄圖》，蓋“玄”與“懸”通。疑此書爲張衡所作。兩《唐志》無載，亡佚。

《石氏星簿經贊》一卷。

不署撰者。此書載星宿躔度應驗事。《日本國見在書目録》著録《石氏星經簿贊》二卷;《簿贊》三卷，上卷魏石申，中卷甘文卿，下卷晉石咸;《簿贊》三卷，晉史石申造。《舊唐志》著録《石氏星經簿贊》一卷，石申甫撰;《新唐志》著録石申《石氏星經簿贊》一卷;《宋志》著録《石氏星簿贊曆》一卷。元明以後無載，亡佚。

《星經》二卷。

不署撰者。兩《唐志》無載。《四庫全書總目》卷一〇七著録《星經》二卷，提要稱其卷數與《隋志》著録《星經》相合，但多舉隋唐州名，必非秦漢間書，其所載星象亦殘闕，與此書無關。此書亡佚。

《甘氏四七法》一卷。

不署撰者。甘氏，亦稱甘公，名德，魯人。《七録》云楚人，戰國時作《天文星占》八卷。見《史記》卷二七《集解》、《正義》。四七，指二十八宿。兩《唐志》著録甘德《甘氏四七法》一卷,《宋志》無載，亡佚。

《巫咸五星占》一卷。

不署撰者。巫咸，殷賢臣，吴人。見《史記》卷二七《正義》。兩《唐志》無載，亡佚。清孫星衍輯《巫咸占經》一卷。

《天儀説要》一卷。陶弘景撰。

已録，此爲重出。

《録軌象以頌其章》一卷。内有圖。

不署撰者。兩《唐志》無載。《廿二史考異》卷三四有曰，此不似書名，疑有訛。

《天文集占》十卷。晉太史令陳卓定。

陳卓：生平事迹不詳。《晉書》卷一一載，晉武帝時，太史令陳卓總甘、石、巫咸三家所著星圖，大凡二百八十三官，一千四百六十四星，以爲定紀。《隋書》卷一九載，三國吴太史令陳卓始列甘氏、石氏、巫咸三家星官，著於圖録（疑《晉書》記載爲是）。《日本國見在書目録》著録陳卓《天文要録》十卷，兩《唐志》著録陳卓《天文集占》七卷，《宋志》無載，亡佚。

《天文要集》四十卷。晉太史令韓楊撰。

韓楊：生平事迹不詳。《新唐志》著録韓楊《天文要集》四十卷，《宋志》無載，亡佚。

《天文要集》四卷。

不署撰者。兩《唐志》無載，亡佚。

《天文要集》三卷。

不署撰者。兩《唐志》無載，亡佚。

《天文集占》十卷。梁百卷。梁有《石氏》、《甘氏天文占》各八卷。

不署撰者。兩《唐志》著録《天文集占》三卷，《宋志》無載，亡佚。《史記》卷二七《正義》載，甘氏戰國時作《天文星占》八卷，石申戰國時作《天文》八卷。兩《唐志》無載，亡佚。清孫星衍輯《甘氏星經》、《石氏星經》各一卷。

《天文占》六卷。李暹撰。

李暹：生平事迹不詳。兩《唐志》無載，亡佚。

《天文占》一卷。

不署撰者。兩《唐志》無載，亡佚。《宋志》著録《天文占》三卷，不知與其是否有關聯。

《天文占氣書》一卷。

不署撰者。兩《唐志》無載，亡佚。

《天文集要鈔》二卷。

不署撰者。兩《唐志》無載，亡佚。

《天文書》二卷。梁有《雜天文書》二十五卷。

不署撰者。兩《唐志》無載，亡佚。《雜天文書》：不署撰者，兩《唐志》無載，亡佚。

《雜天文横占》一卷。

不署撰者。兩《唐志》無載，亡佚。

《天文横圖》一卷。高文洪撰。

高文洪：生平事迹不詳。兩《唐志》著録高文洪《天文横圖》一卷，《宋志》無載，亡佚。

《天文集占圖》十一卷。梁有《天文五行圖》十二卷，《天文雜占》十六卷，亡。

不署撰者。兩《唐志》無載，亡佚。《天文五行圖》：不署撰者。兩《唐志》無載，亡佚。《天文雜占》：不署撰者。兩《唐志》無載，亡佚。

《天文録》三十卷。梁奉朝請祖暅撰。

祖暅：見本志“總序”。《隋書》卷一九載，天監中，祖暅受詔集古天官及圖緯舊説撰《天文録》三十卷。《日本國見在書目録》著録《天文録》三十卷，祖暅撰；兩《唐志》、《宋志》著録祖暅之《天文録》三十卷，元明以後無載，亡佚。

《天文志》十二卷。吴雲撰。

吴雲：生平事迹不詳。兩《唐志》無載，亡佚。

《天文志雜占》一卷。吴雲撰。梁有《天文雜占》十五卷，亡。

兩《唐志》著録吴雲《天文雜占》一卷，《宋志》無載，亡佚。《天文雜占》：不署撰者。兩《唐志》無載，亡佚。

《天文》十二卷。史崇注。

史崇：生平事迹不詳。兩《唐志》著録史崇《十二次二十八宿星占》十二卷，《宋志》無載，亡佚。

《天文十二次圖》一卷。梁有《天宫宿野圖》一卷，亡。

不署撰者。兩《唐志》無載，亡佚。《天宫宿野圖》：不署撰者。兩《唐志》無載，亡佚。

《婆羅門天文經》二十一卷。婆羅門捨仙人所説。

《婆羅門竭伽仙人天文説》三十卷。

《婆羅門天文》一卷。

以上三書當爲自婆羅門天文書譯出。捨仙人、竭伽仙人，生平事迹不詳。《法苑珠林·傳記》載，《婆羅門天文》一部二十卷，摩勒國沙門釋達摩流支法師譯出。此三書兩《唐志》無載，亡佚。

《陳卓四方宿占》一卷。梁四卷。

兩《唐志》著録陳卓《四方宿占》一卷，《宋志》無載，亡佚。

《黄帝五星占》一卷。

《後漢書》卷一〇稱，星官之書，自黄帝始。兩《唐志》無載，亡佚。清孫星衍輯《黄帝占經》一卷。

《五星占》一卷。丁巡撰。

丁巡：生平事迹不詳。兩《唐志》無載，亡佚。

《五星占》一卷。梁有《五星集占》六卷，《日月五星集占》十卷。

不署撰者。兩《唐志》無載，亡佚。《五星集占》：不署撰者。兩《唐志》無載，亡佚。《日月五星集占》：不署撰者。兩《唐志》無載，亡佚。

《五星占》一卷。陳卓撰。

《舊唐志》著録陳卓《五星占》二卷,《新唐志》著録陳卓《五星占》一卷,《宋志》無載，亡佚。

《五星犯列宿占》六卷。

不署撰者。兩《唐志》無載，亡佚。

《雜星書》一卷。

不署撰者。兩《唐志》無載，亡佚。

《星占》二十八卷。孫僧化等撰。

孫僧化（？—538）：東莞（今山東沂水）人。識星分，案文占以言災異，時有所中。永熙中，任通直散騎常侍，受魏孝武帝之詔，與太史胡世榮等在門下外省校比天文書，集甘、石二家星經，及漢魏以來二十三家經占，集五十五卷。後集諸家撮要，前後所上雜占，以類相從，日月、五星、二十八宿、中外官及圖，合爲七十五卷。見《北史》卷八九。《舊唐志》著録孫僧化《星占》三十三卷,《新唐志》著録孫僧化等《星占》三十三卷,《宋志》無載，亡佚。

《星占》一卷。梁有《石氏星經》七卷，陳卓記；又《石氏星官》十九卷，又《星經》七卷，郭歷撰。亡。

不署撰者。兩《唐志》無載，亡佚。《石氏星經》：兩《唐志》無載，亡佚。郭歷：生平事迹不詳。所撰二書兩《唐志》皆無載，亡佚。

《天官星占》十卷。陳卓撰。梁《天官星占》二十卷，吴襲撰。

《史記》卷二七《索隱》案：天文有五官。官者，星官也。星座有尊卑，若人之官曹列位，故曰天官。《日本國見在書目録》著録《天官星占》六卷，陳卓撰，兩《唐志》無載，亡佚。吴襲：生平事迹不詳。兩《唐志》無載，亡佚。

《星占》八卷。梁又有《星占》十八卷。

不署撰者。兩《唐志》無載，亡佚。

《中星經簿》十五卷。梁有《星官簿贊》十三卷，又有《星書》三十四卷，《雜家星占》六卷，《論星》一卷，亡。

不署撰者。兩《唐志》無載，亡佚。《星官簿贊》：不署撰者。兩《唐志》無載，亡佚。《星書》：不署撰者。兩《唐志》無載，亡佚。《雜家星占》：不署撰者。兩《唐志》無載，亡佚。《論星》：不署撰者。兩《唐志》無載，亡佚。

《著明集》十卷。

不署撰者。兩《唐志》無載，亡佚。

《雜星圖》五卷。

不署撰者。兩《唐志》無載，亡佚。

《天文外官占》八卷。

不署撰者。兩《唐志》無載，亡佚。

《雜星占》七卷。

不署撰者。兩《唐志》無載，亡佚。

《雜星占》十卷。

不署撰者。兩《唐志》無載，亡佚。

《海中星占》一卷。梁有《論星》一卷。

不署撰者。《漢志》“天文家”著録《海中星占驗》十二卷，兩《唐志》無載，亡佚。《論星》：前録《論星》一卷，亡。此另一《論星》乎？兩《唐志》無載，亡佚。

《星圖海中占》一卷。

不署撰者。兩《唐志》無載，亡佚。

《解天命星宿要決》一卷。

不署撰者。兩《唐志》無載，亡佚。

《摩登伽經説星圖》一卷。

不署撰者。兩《唐志》無載，亡佚。

《星圖》二卷。梁有《星書圖》七卷。

不署撰者。兩《唐志》無載，亡佚。《星書圖》：不署撰者。兩《唐志》無載，亡佚。

《彗星占》一卷。

不署撰者。兩《唐志》無載，亡佚。

《妖星流星形名占》一卷。

不署撰者。《晉書》卷一二載，妖星，一曰彗星，二曰孛星……二十一曰地維藏光。流星，天使也。自上而降曰流，自下而升曰飛。大者曰奔，奔亦流星也。兩《唐志》無載，亡佚。

《太白占》一卷。

不署撰者。太白，即金星，又稱啓明、長庚。古星象家以其主殺伐，用兵必占太白。兩《唐志》無載，亡佚。

《流星占》一卷。

不署撰者。兩《唐志》無載，亡佚。

《石氏星占》一卷。吴襲撰。

姚振宗以爲此書乃吴襲《天官星占》二十卷之佚存者。兩《唐志》無載，亡佚。

《候雲氣》一卷。

不署撰者。《晉書》卷一二載，瑞氣，一曰慶雲，亦稱景雲，二曰歸邪，三曰昌光；妖氣，一曰虹蜺，二曰牂雲。兩《唐志》無載，亡佚。

《星官次占》一卷。

不署撰者。兩《唐志》無載，亡佚。

《彗孛占》一卷。

不署撰者。《日本國見在書目録》著録《彗孛占》一卷，兩《唐志》無載，亡佚。

《二十八宿二百八十三官圖》一卷。

不署撰者。《晉書》卷一一載，武帝時，太史令陳卓總甘、石、巫咸三家所著星圖，大凡二百八十三官，一千四百四十六星，以爲定紀。疑此書從陳卓所定《天文集占》析出。兩《唐志》無載，亡佚。

《荆州占》二十卷。宋通直郎劉嚴撰。梁二十二卷。

劉嚴：生平事迹不詳。《晉書》卷一二載，東漢末劉表爲荆州牧，命武陵太守劉叡集天文衆占，名《荆州占》。《日本國見在書目録》著録《荆州占》二十二卷；《舊唐志》著録劉表《荆州占》二卷，又二十卷，劉叡撰；《新唐志》著録劉表《荆州占》二卷，劉叡《荆州星占》二十卷；《宋志》著録劉表《星經》一卷，又三卷，"五行類"著録劉表《荆州占》二卷。元明以後無載，亡佚。姚振宗以爲劉表所作爲經，劉叡所集爲傳，而劉嚴則將經傳合爲一書。

《翼氏占風》一卷。

翼氏：當指漢代翼奉，見本部"五行家"。《漢書》卷七五孟康注提及翼奉《風角》，疑此書從其析出别行。兩《唐志》無載，亡佚。

《日月暈》三卷。梁《日月暈圖》二卷。

不署撰者。《漢志》"天文家"著録《漢日食月暈雜變行事占驗》十三卷，疑此書爲其同類書，或其佚存者。兩《唐志》無載，亡佚。《日月暈圖》：不署撰者。兩《唐志》無載，亡佚。

《孝經内記》二卷。

不署撰者。《漢志》"天文家"著録《圖書祕記》十七篇；本志經部"讖緯類"著録《孝經内事》一卷，又載梁有《孝經内事圖》二卷、《孝經内事星宿講堂七十二弟子圖》。這都與此書爲一類書。兩《唐志》無載，亡佚。

《京氏釋五星災異傳》一卷。

京氏：指漢代京房，見本志經部"易類"。《漢志》"易家"著録《災異孟氏京房》六十六篇。兩《唐志》無載，亡佚。《全漢文》卷四四有輯文。

《京氏日占圖》三卷。

不署撰者。兩《唐志》無載，亡佚。

《夏氏日旁氣》一卷。許氏撰。梁四卷。

許氏：不詳何人。夏氏：不詳何人。《漢書》卷二六引夏氏《日月傳》，《歷代名畫記》卷三載《占雲氣圖》，下注曰，京兆夏氏。兩《唐志》無載，亡佚。

《日食茀候占》一卷。

不署撰者。《史記》卷二七載，"朝鮮之拔，星茀於河戍"，《索隱》解茀即孛星，彗星之屬。兩《唐志》無載，亡佚。

《魏氏日旁氣圖》一卷。

魏氏：不詳何人。《歷代名畫記》卷三載《占日雲氣圖》，下注曰："京兆夏氏、魏氏並有。"兩《唐志》無載，亡佚。

《日旁雲氣圖》五卷。

不署撰者。《漢書》卷二六載，漢望氣王朔所候，決於日旁。日旁雲氣，人主象。皆如其形以占。《漢志》"天文家"著録《漢日旁氣行事占驗》三卷、《漢日旁氣行占驗》十三卷。此書兩《唐志》無載，亡佚。

《天文占雲氣圖》一卷。梁有《雜望氣經》八卷，《候氣占》一卷，《章賢十二時雲氣圖》二卷。

不署撰者。兩《唐志》無載。《雜望氣經》：不署撰者。《漢志》“天文家”著録《黄帝雜子氣》三十三篇、《常從日月星氣》二十一卷。《歷代名畫記》卷三載有《望氣圖》。兩《唐志》無載，亡佚。《候氣占》：不署撰者。兩《唐志》無載，亡佚。《章賢十二時雲氣圖》：不署撰者。《漢志》“天文家”著録《泰壹雜子雲雨》三十四卷、《國章觀霓雲雨》三十四卷。《歷代名畫記》卷三載有《章賢十二時雲雨氣圖》，兩《唐志》無載，亡佚。

《天文洪範日月變》一卷。

《洪範占》二卷。梁有《洪範五行星曆》四卷。

以上二書皆不署撰者。《魏書》卷四八載，高允上表言，往年被敕，令臣集天文災異，使事類相從，約而可觀。漢時劉向因《洪範》、《春秋》災異報應者而爲其傳。今僅依《洪範傳》、《天文志》，撮其事要，略其文辭，凡爲八篇。疑此三書源於其八篇。兩《唐志》皆無載，亡佚。

《黄道晷景占》一卷。梁有《晷景記》二卷。

不署撰者。《漢志》“曆譜家”著録《太歲謀日晷》二十九卷、《日晷書》三十四卷，應與此書相類。兩《唐志》無載，亡佚。《晷景記》：不署撰者。兩《唐志》無載，亡佚。

《月行黄道圖》一卷。梁有《日月交會圖》鄭玄注一卷，又《日月本次位圖》二卷。

不署撰者。《後漢書志》二載賈逵曰，於黄道，自得行度，不爲變，願請太史官日月宿簿及星度課，與待詔星象考校。兩《唐志》無載，亡佚。《日月交會圖》：《歷代名畫記》卷三載《日月交會圖》，鄭玄注。兩《唐志》無載，亡佚。《日月本次位圖》：不署撰者。《歷代名畫記》卷三載《日月交會九道圖》，疑即此圖。兩《唐志》無載，亡佚。

《月暈占》一卷。

不署撰者。兩《唐志》無載，亡佚。

《日月食暈占》四卷。

不署撰者。兩《唐志》無載，亡佚。

《日食占》一卷。

不署撰者。兩《唐志》無載，亡佚。

《日月薄蝕圖》一卷。

不署撰者。兩《唐志》無載，亡佚。

《日變異食占》一卷。

不署撰者。兩《唐志》無載，亡佚。

《日月暈珥雲氣圖占》一卷。梁有《君失政大雲雨日月占》二卷。

不署撰者。兩《唐志》無載，亡佚。《君失政大雲雨日月占》：不署撰者。兩《唐志》無載，亡佚。

《二十八宿十二次》一卷。

不署撰者。《晉書》卷一一載，根據星長的十二躔次（後亦根據二十八宿）將地上的州、國劃分爲十二個區域，使天地二者相對應，以星象變異預測相應地區之吉凶。兩《唐志》不載此書，亡佚。

《二十八宿分野圖》一卷。

不署撰者。《歷代名畫記》卷三載《二十八宿分野圖》，兩

《唐志》無載，亡佚。

《五緯合雜》一卷。

不署撰者。五緯即五星。東方歲星，南方熒惑，西方太白，北方晨星，中央鎮星。言緯者，二十八宿隨天左轉爲經，五星右旋爲緯。見《周禮・春官・大宗伯》疏。兩《唐志》無載此書，亡佚。

《五星合雜説》一卷。

不署撰者。兩《唐志》無載，亡佚。

《垂象志》一百四十八卷。

不署撰者。《北史》卷八九載，庾季才撰《垂象志》一百四十二卷。此處脱撰者名。兩《唐志》無載，亡佚。

《太史注記》六卷。

不署撰者。《後漢書志》二五載，太史令掌天時、星曆，凡國有瑞應、災異掌記之。明堂及靈臺丞掌守明堂、靈臺，靈臺掌候日月星氣，皆屬太史。此書當爲太史所職之記録。兩《唐志》無載，亡佚。

《靈臺祕苑》一百一十五卷。太史令庾季才撰。

庾季才（？—603）：字叔弈，新野（今河南新野）人。幼穎悟，十二歲通《易》，好占玄象。仕梁，爲中書郎領太史，封宜昌縣伯。入周，封臨潁縣伯，加驃騎大將軍、開府儀国三司。隋開皇初，授通直散騎常侍。仁壽三年（603）卒。撰《靈臺祕苑》一百二十卷、《垂象志》一百四十二卷、《地形志》八十七卷，並行於世。《梁書》卷五一、《隋唐》卷七八、《北史》卷八九有傳。本志子部尚有其二部（實爲一部）著述。兩《唐志》著録庾季才《靈臺祕苑》一百二十卷,《宋志》無載。《四庫全書總目》卷一〇八著録《靈臺祕苑》十五卷，提要稱北周太史中大夫庾季才原撰，而宋人所重修也。卷一〇一《存目》著録《靈臺祕苑》一百二十卷，提要稱不著撰人名氏。此書書名、卷數與庾季才所撰相合，然書中所引故實迄於元末，乃明人所編輯。其現存最早的本子爲明抄本，通行本有《四庫》本。

右九十七部，合六百七十五卷。

九十七部：實際爲九十八部。另有亡書三十三部。

天文者，所以察星辰之變，而參於政者也。《易》曰："天垂象，見吉凶[1]。"《書》稱："天視自我人視，天聽自我人聽[2]。"故曰："王政不修，謫見于天[3]，日爲之蝕。后德不修，謫見于天，月爲之蝕。"其餘孛彗飛流[4]，見伏陵犯[5]，各有其應。《周官・馮相》[6]"掌十有二歲[7]、十有二月[8]、十有二辰[9]、十日[10]、二十有八星之位[11]，辨其叙事[12]，以會天位[13]"，是也。小人爲之，則指凶爲吉，謂惡爲善，是以數術錯亂而難明[14]。

[1]《易》曰：見《易・繫辭上》。見：音現。其意爲：天垂示各象，現出或凶或吉。

[2]《書》稱：見《尚書・泰誓中》。其意爲：天因民以視聽，民所惡者天誅之。

[3] 謫見：古人以爲異常的天象是上天對人的譴責，出現災變的徵候，謂之謫見。

[4] 孛彗：孛、彗皆屬彗星。飛流，飛、流皆指流星。

[5] 見（jiàn）伏：顯現隱没，多指星宿的隱現。陵犯：冒犯、侵犯。

[6] 馮相：今《周禮》卷二六作“馮相氏”，亦爲古代官名，屬春官。

[7] 十有二歲：指太歲左行於地，行有十二辰，一歲移一辰。

[8] 十有二月：指斗柄月建一辰，十二月而周，故曰十有二月。

[9] 十有二辰：指子、丑、寅、卯、辰、巳、午、未、申、酉、戌、亥。

[10] 十日：指甲、乙、丙、丁、戊、己、庚、辛、壬、癸。

[11] 二十有八星：東方角、亢、氐、房、心、尾、箕，北方斗、牛、女、虚、危、室、壁，西方奎、婁、胃、昴、畢、觜、參，南方井、鬼、柳、星、張、翼、軫。

[12] 辨其叙事：歲、日、月、辰、星宿五者皆與人爲候之，以爲事業次叙，而事得分辨。

[13] 以會天位：歲、日、月、辰、星宿五者在天會合，而爲時事之候。

[14] 數術：或作術數，其涉古代天文、曆法、占卜等。

曆數家

《四分曆》三卷。梁《四分曆》三卷，漢修曆人李梵撰。梁又有《三統曆法》三卷，劉歆撰。亡。

不署撰者。《漢書》卷二一下載，《四分曆》上元至伐桀十三萬二千一百一十三歲，其八十八紀，甲子府首，入伐桀後百二十七歲。《後漢書志》二載，明帝永平十二年（69），詔令張盛署弦望月食加時，《四分》之術，始頗施行。兩《唐志》著録《四分曆》一卷，《宋志》無載，亡佚。李梵（生卒年不詳）：清河（今河北清河）人。官至太史令。《後漢書志》二載，自太初元年（前104）始用《三統曆》，施行百餘年，多有謬誤。至元和二年（85），章帝召治曆編昕、李梵等綜校其狀。二月下詔，改行《四分》。兩《唐志》無載，疑此即不署撰者之《四分曆》。劉歆：見本志經部"春秋類"。《漢書》卷三六載，劉歆考定律曆，著《三統曆譜》。班固贊曰，《三統曆譜》，考步日月五星之度，有意其推本也。兩《唐志》著録劉歆《三統曆》一卷，《宋志》無載，亡佚。

《趙隱居四分曆》一卷。

趙隱居：不知何人。兩《唐志》無載，亡佚。

《魏甲子元三統曆》一卷。

不署撰者。兩《唐志》無載，亡佚。

《姜氏三紀曆》一卷。

《曆序》一卷。姜氏撰。

姜氏：當指姜岌，天水（今甘肅天水）人。《晉書》卷一八載，後秦姜岌造《三紀甲子元曆》，以月蝕檢日宿度所在，爲曆術者宗焉。又著《渾天論》，以步日於黄道，駁前儒之失，並得其中矣。兩書兩《唐志》皆無載，亡佚。

《乾象曆》三卷。吴太子太傅闞澤撰。梁有《乾象曆》五卷，漢會稽都尉劉洪等注；又有闞澤注五卷；又《乾象五星幻術》一卷。亡。

闞澤（？—243）：字德潤，會稽山陰（今浙江紹興）人。好學，究覽群書，兼通歷數。嘉禾中，爲中書令，加侍中。赤烏五年（242），拜太子太傅。著《乾象曆注》以正時日。六年（243）冬卒，孫權痛惜不已。《三國志》卷五三有傳。《晉書》卷一七載，吴中書令闞澤受劉洪《乾象法》於東萊徐岳，又加解注。《舊唐志》著録《乾象曆》三卷，闞澤注，闞洋撰（疑爲“劉洪撰，闞澤注”之誤）；《新唐志》著録劉洪《乾象曆術》三卷，闞澤注。《宋志》無載，亡佚。劉洪（129？—210）：字元卓，泰山蒙陰（今山東蒙陰）人。延熹中，以校尉應太史徵，遷常山長史，檢東觀著作作《律曆記》。遷謁者、會稽東部都尉。善算，當世無偶。及造《乾象術》，考驗日月，與象相應，皆傳於世。見《後漢書志》二李賢注引《袁山松書》。《舊唐志》著録《乾象曆術》三卷，劉洪撰；又著録《乾象曆》三卷。《新唐志》著録劉洪《乾象曆術》三卷，闞澤注；又著録《乾象曆》三卷。《宋志》無載，亡佚。闞澤注五卷，疑爲闞澤注《乾象曆》之别本。《乾象五星幻術》：不署撰者。兩《唐志》無載，亡佚。

《曆術》一卷。吴太史令吴範撰。

兩《唐志》不載此書，亡佚。

《景初曆》三卷。晉楊偉撰。梁有《景初曆術》二卷，《景初曆法》三卷，又一本五卷，并楊偉撰；并《景初曆略要》二卷。亡。

《晉書》卷一七載，魏明帝景初元年（237），尚書郎楊偉造《景初曆》。《三國志》卷三載，明帝景初元年三月，改《太和曆》曰《景初曆》。兩《唐志》著録楊偉《魏景初曆》三卷，《宋志》無載，亡佚。《景初曆術》、《景初曆法》：兩《唐志》皆無載，亡佚。《景初曆略要》：兩《唐志》無載，亡佚。

《景初壬辰元曆》一卷。楊冲撰。

疑此書即楊偉之《景初曆》，故"楊冲"或爲"楊偉"之誤。

《正曆》四卷。晉太常劉智撰。

劉智：見本志經部"禮類"。《晉書》卷一八載，武帝侍中平原劉智，以斗曆改憲，推《四分法》，三百年而減一日，以百五十爲度法，三十七爲斗分。推甲子爲上元，至泰始十年，歲在甲午，九萬七千四百一十一歲，上元天正甲子朔夜半冬至，日月五星始於星紀，得元首之端。飾以浮説，名爲《正曆》。《新唐志》著録劉智《正曆》四卷，薛夏訓。《宋志》無載，亡佚。

《河西甲寅元曆》一卷。凉太守趙敺撰。

趙敺（生卒年不詳）：河西（今甘肅黄河以西地區）人。善曆算，撰《甲寅元曆》。魏太武帝平凉，得趙敺所修《玄始曆》，以其代《景初曆》。見《宋書》卷九八、《魏書》卷一〇七。本志子部尚有其五部著述。《舊唐志》著録《河西甲寅元曆》一卷，李淳風撰（應爲趙𢾺撰），《新唐志》著録趙𢾺《河西甲寅元曆》一卷，《宋志》無載，亡佚。

《甲寅元曆序》一卷。趙𢾺撰。

兩《唐志》無載，亡佚。

《宋元嘉曆》二卷。何承天撰。梁又有《元嘉曆統》二卷，《元嘉中論曆事》六卷，《元嘉曆疏》一卷，《元嘉二十六年度日景數》一卷，亡。

《宋書》卷五載，元嘉二十二年（445），改用御史中丞何承天《元嘉新曆》。卷一二載，承天曆術，合可施用，宋二十二年，普用《元嘉曆》。兩《唐志》著録何承天《宋元嘉曆》二卷，《宋志》無載，亡佚。《元嘉曆統》、《元嘉中論曆事》、《元嘉曆疏》、《元嘉二十六年度日景數》，皆不署撰者，兩《唐志》均無載，亡佚。

《曆術》一卷。何承天撰。梁有《驗日食法》三卷，何承天撰；又有《論頻月合朔法》，《雜曆》七卷，《曆法集》十卷，又《曆術》十卷；《京氏要集曆術》四卷，姜岌撰。亡。

兩《唐志》無載，亡佚。《驗日食法》：兩《唐志》無載，亡佚。《論頻月合朔法》：不署撰者。《宋書》卷一二載錢樂之、嚴粲、皮延宗言，當是與何承天討論頻月合朔法。《雜曆》、《曆法集》、《曆術》：皆不署撰者，兩《唐志》均無載，亡佚。《京氏要集曆術》：《新唐志》著録《姜氏曆術》三卷，《宋志》無載，亡佚。

《曆術》一卷。崔浩撰。

崔浩：見本志經部"易類"。《魏書》卷四八載，崔浩集諸術士，考校漢元以來，日月薄蝕、五星行度，並識前史之失，別爲魏曆。卷一〇七上載，太平真君中，司徒崔浩爲《壬寅元曆》，未及施行，誅，遂寢。《舊唐志》著録崔浩《曆疏》一卷，《新唐志》著録崔浩《律曆術》一卷，《宋志》無載，亡佚。

《神龜壬子元曆》一卷。後魏護軍將軍祖瑩撰。

祖瑩（？—535）：字元珍，范陽遒（今河北淶水）人。累遷國子祭酒、祕書監。以參議律曆，賜爵容城縣子。天平年間，以功遷儀同三司，進爵爲伯。卒，贈尚書左僕射、司徒公、冀州刺史。《魏書》卷八二、《北史》四七有傳。《魏書》卷一〇七上載，神龜初，崔光上表言，張洪等與祖瑩等研窮其事，總合九家，共成一曆，元起壬子，律始黄鍾，考古合今，謂爲最密。請定名《神龜曆》。肅宗以曆就，大赦改元，因名《正光曆》，班於天下。兩《唐志》無載，亡佚。

《魏後元年甲子曆》一卷。

不署撰者。《魏書》卷一〇七上載，張洪至豫州續作甲子、己亥二元；張龍祥在京，獨修前事，以皇魏運水德，爲甲子元。另，李業興亦有《甲子元曆》一卷。疑此書或爲三人之一所作。兩《唐志》無載，亡佚。

《壬子元曆》一卷。後魏校書郎李業興撰。

李業興（484—549）：上黨長子（今山西長子）人。博涉百家，圖讖、風角、天文、占候，無不詳練，尤長算曆。延昌中，爲《戊子元曆》上之。永平三年（510），以前造曆之勳，賜爵爲長子伯。累遷尚書左僕射、散騎常侍、國子祭酒、太原太守。武定五年（547），坐事被禁。七年（549），死於禁所，年六十六。作《甲子元曆》、《九宫行棊曆》。學術精微，當時莫及。《魏書》卷八四、《北史》卷八一有傳。本志子部尚有其三部著述。兩《唐志》無載，亡佚。

《甲寅元曆序》一卷。趙敺撰。

前已録此書，此爲重出。

《魏武定曆》一卷。

不署撰者。兩《唐志》著録《後魏武定曆》一卷，《宋志》無載，亡佚。

《齊甲子元曆》一卷。宋氏撰。

《宋景業曆》一卷。景業，後齊散騎常侍。

宋氏：當即宋景業，廣宗（今河北境内）人。明《周易》，爲陰陽緯候之學，兼明曆數。武定初，爲北平太守。齊文宣天保初，封長城縣子，受詔撰《天保曆》。《北齊書》卷四九、《北史》卷八九有傳。《隋書》卷一七載，後齊文宣受禪，命散騎侍郎宋景業協圖讖，造《天保曆》。《舊唐志》著録宋景業《北齊天保曆》一卷、《齊甲子曆》一卷，《新唐志》著録宋景業《北齊天保曆》一卷、《北齊甲子元曆》一卷。《宋志》無載，亡佚。疑以上二書實爲一書，《隋志》分列爲二，兩《唐志》依之。

《周天和年曆》一卷。甄鸞撰。

《隋書》卷一七載，周武帝時，甄鸞造《天和曆》。兩《唐志》著録甄鸞《曆術》一卷，《宋志》無載，亡佚。

《甲子元曆》一卷。李業興撰。

《魏書》卷一〇七下載，興和元年（539）十月，齊獻武王入鄴，復命李業興改正《壬子曆》，立《甲子曆》。《新唐志》著録李業興《後魏甲子曆》一卷，《宋志》無載，亡佚。

《周大象年曆》一卷。王琛撰。

王琛：生平事迹不詳。本志本部尚有其七部著述。兩《唐志》著録王琛《周大象曆》二卷,《宋志》無載，亡佚。

《曆術》一卷。王琛撰。

兩《唐志》無載，然著録《周大象曆》二卷，不知是否已將《曆術》包括其中。

《壬辰元曆》一卷。

不署撰者。兩《唐志》著録趙𢾺《河西壬辰元曆》一卷，不知是否即此書。《宋志》無載，亡佚。

《甲午紀曆術》一卷。

不署撰者。兩《唐志》無載，亡佚。

《新造曆法》一卷。

不署撰者。《隋書》卷一七載，開皇十四年（594），高祖令張胄玄參定曆術。劉焯增損劉孝孫曆法，更名《七曜新術》。十七年（597），張胄玄曆成，奏上。二十年（600），高祖以曆事付皇太子，遣更研詳著日長之候。劉焯以太子新立，復增修其書，名曰《皇極曆》，駁正張胄玄之短。兩《唐志》著録劉焯《皇極曆》一卷，疑爲此書,《宋志》無載，亡佚。

《開皇甲子元曆》一卷。

《曆術》一卷。華州刺史張賓撰。

張賓（生卒年不詳）：原爲道士。隋文帝龍潛時，私謂其當爲天子。及文帝踐祚，被任命爲華州刺史。與劉暉等十餘人議造新曆。張賓等依何承天法，微加增損，開皇四年（584）二月撰成奏上。不久，即頒行施用。見《隋書》卷一七、一八。本志子部尚有其一部著述。此二書皆爲張賓等所撰曆書，兩《唐志》無載，亡佚。

《七曜本起》三卷。後魏甄叔遵撰。

甄叔遵（生卒年不詳）：即甄鸞。七曜，指日、月及水、火、木、金、土五星。《漢志》"曆譜家"著録《顓頊五星曆》十四卷、《日月宿曆》十三卷。《舊唐志》著録《七曜本起曆》二卷，《新唐志》著録《七曜本起曆》五卷，《宋志》無載，亡佚。

《七曜小甲子元曆》一卷。

不署撰者。兩《唐志》無載，亡佚。

《七曜曆術》一卷。梁《七曜曆法》四卷。

不署撰者。兩《唐志》無載，亡佚。《七曜曆法》：不署撰者。兩《唐志》無載，亡佚。

《七曜要術》一卷。

不署撰者。兩《唐志》無載，亡佚。

《七曜曆法》一卷。

不署撰者。兩《唐志》無載，亡佚。

《推七曜曆》一卷。

不署撰者。兩《唐志》無載，亡佚。

《五星曆術》一卷。
不署撰者。兩《唐志》無載，亡佚。

《天圖曆術》一卷。
不署撰者。兩《唐志》無載，亡佚。

《陳永定七曜曆》四卷。
不署撰者。兩《唐志》無載，亡佚。

《陳天嘉七曜曆》七卷。
不署撰者。兩《唐志》無載，亡佚。

《陳天康二年七曜曆》一卷。
不署撰者。兩《唐志》無載，亡佚。

《陳光大元年七曜曆》二卷。
不署撰者。兩《唐志》無載，亡佚。

《陳光大二年七曜曆》一卷。
不署撰者。兩《唐志》無載，亡佚。

《陳太建年七曜曆》十三卷。
不署撰者。兩《唐志》無載，亡佚。

《陳至德年七曜曆》二卷。
不署撰者。兩《唐志》無載，亡佚。

《陳禎明年七曜曆》二卷。

不署撰者。兩《唐志》無載，亡佚。

《開皇七曜年曆》一卷。

不署撰者。兩《唐志》無載，亡佚。

《仁壽二年七曜曆》一卷。

不署撰者。兩《唐志》無載，亡佚。

《七曜曆經》四卷。張賓撰。

兩《唐志》無載是書，亡佚。

《春秋去交分曆》一卷。

不署撰者。兩《唐志》無載，亡佚。

《曆日義説》一卷。

不署撰者。《新唐志》著録《曆日義統》一卷，《宋志》無載，亡佚。

《律曆注解》一卷。

不署撰者。《漢志》"曆譜家"著録《律歷數法》三卷，此書或解釋其書。兩《唐志》無載，亡佚。

《龍曆草》一卷。

不署撰者，《隋書》卷一七載，後魏獻帝時，有龍宜弟復修延興之曆。疑"龍"下或脱"宜弟"，或脱"氏"。此書應爲其所作《曆草》，兩《唐志》無載，亡佚。

《推漢書律曆志術》一卷。

不署撰者。兩《唐志》無載，亡佚。

《推曆法》一卷。崔隱居撰。

崔隱居：隱居，大抵非其名。生平事迹不詳。兩《唐志》無載，亡佚。

《曆疑質讞序》二卷。

不署撰者。《隋書》卷一七載，張胄玄曆成，高祖付楊素等校其短長。劉暉等執舊曆術，迭相駁難，其文甚多。疑此書記載其事。兩《唐志》無載，亡佚。

《興和曆疏》二卷。

不署撰者。《魏書》卷八四載，興和初，李業興又爲《甲子元曆》，時見施用。此書或爲當時諸臣平議得失之奏疏，或爲後人疏解此曆之作。兩《唐志》無載，亡佚。

《七曜曆數算經》一卷。趙歐撰。

兩《唐志》無載，亡佚。

《算元嘉曆術》一卷。

不署撰者。《宋書》卷一三載，元嘉二十年（443），太祖使著作令史吴癸依漢劉洪之法，制新術，令太史施用之。疑此書爲吴癸所作。兩《唐志》無載，亡佚。

《七曜曆疏》一卷。李業興撰。

兩《唐志》無載，亡佚。

《七曜義疏》一卷。李業興撰。

兩《唐志》無載，亡佚。

《七曜術算》二卷。甄鸞撰。

兩《唐志》著録甄鸞《七曜曆算》二卷，《宋志》無載，亡佚。

《七曜曆疏》五卷。太史令張胄玄撰。

張胄玄（生卒年不詳）：渤海蓨（今河北景縣）人。博學多通，尤精術數。高祖徵授雲騎尉，直太史，參議律曆事。其所爲曆法，與古不同者三，其超古獨異者七，論者服其精密。大業中卒官。《隋書》卷七八、《北史》卷八九有傳。兩《唐志》著録張胄玄《七曜曆疏》三卷，《宋志》無載，亡佚。

《陰陽曆術》一卷。趙敭撰。梁有《朔氣長曆》二卷，皇甫謐撰；《曆章句》二卷，《月令七十二候》一卷，《三五曆説圖》一卷。亡。

兩《唐志》無載，亡佚。皇甫謐：見本志史部“雜史類”。兩《唐志》不載是書，亡佚。《曆章句》：不署撰者。兩《唐志》無載，亡佚。《月令七十二候》：不署撰者。兩《唐志》無載，亡佚。《三五曆説圖》：不署撰者。三五，謂三十歲一小變，五百歲一大變。見《史記》卷二七《索隱》。兩《唐志》無載，亡佚。

《雜注》一卷。

不署撰者。兩《唐志》無載，亡佚。

《曆注》一卷。

不署撰者。兩《唐志》無載，亡佚。

《曆記》一卷。

不署撰者。兩《唐志》無載，亡佚。

《雜曆》二卷。

不署撰者。兩《唐志》無載，亡佚。

《雜曆術》一卷。梁《三基推法》一卷。

不署撰者。兩《唐志》無載，亡佚。《三基推法》：不署撰者。兩《唐志》無載，亡佚。

《太史注記》六卷。

《太史記注》六卷。

兩書皆不署撰者。兩書可能是同一本書，也可能是同類書，爲太史署日行注記之書。見《後漢書志》二。兩《唐志》不載二書，亡佚。

《見行曆》一卷。

不署撰者。《隋書》卷一八載，仁壽四年（604），劉焯言及張冑玄所上《見行曆》。此書可能是張冑玄於開皇十七年（597）撰成而行用之曆。兩《唐志》無載，亡佚。

《八家曆》一卷。

不署撰者。《隋書》卷一七載，大象元年（579），太史上士馬顯等上《丙寅元曆》有表，言及“然術藝之士，各封異見，凡所上曆，合有八家，精粗踳駁，未能盡善”。此書可能是馬顯等造新曆的藍本。兩《唐志》無載，亡佚。

《漏刻經》一卷。何承天撰。梁有後漢待詔太史霍融、何承天、楊偉等撰三卷，亡。

《南史》卷三三載，何承天改定《元嘉曆》，改漏刻用二十五箭，皆從之。《隋書》卷一九載，何承天議造漏法，春秋二分，昏旦晝夜漏各五十五刻。齊及梁初，因循不改。兩《唐志》著録何承天《刻漏經》一卷，《宋志》無載，亡佚。霍融：生平事迹不詳。《後漢書志》二載，永元十四年（102），待詔太史霍融上言，官漏不如夏曆密。詔書下太常，令史官與霍融以儀校天，課度遠近。最終，詔用夏曆漏刻。此三卷書當爲霍融、楊偉、何承天所作之合集。兩《唐志》無載，亡佚。

《漏刻經》一卷。祖暅撰。

《隋書》卷一九載，梁令祖暅爲《漏經》，皆依渾天黄道日行去極遠近，爲用箭日率。兩《唐志》無載，亡佚。

《漏刻經》一卷。梁中書舍人朱史撰。

朱史：生平事迹不詳。《隋書》卷一九載，陳文帝天嘉中，命舍人朱史造漏，依古百刻爲法。《日本國見在書目録》著録《漏尅經》三卷，朱史撰。兩《唐志》著録朱史《刻漏經》一卷，《宋志》無載，亡佚。

《漏刻經》一卷。梁代撰。梁有《天監五年修漏刻事》一卷，亡。

不署撰者。《玉海》卷一一載，蕭子雲《東宫雜記》曰，梁天監六年（507）造新漏。又載《通典》天監六年以舊漏乖舛，敕員外郎祖常（當爲祖暅）治之，漏刻成。疑此書與前録祖暅撰《漏刻經》爲一書。《天監五年修漏刻事》：不署撰者。兩《唐志》無載，亡佚。

《漏刻經》一卷。陳太史令宋景撰。

宋景：生平事迹不詳。兩《唐志》著録宋景《刻漏經》一卷，《宋志》無載，亡佚。

《雜漏刻法》十一卷。皇甫洪澤撰。

皇甫洪澤：生平事迹不詳。兩《唐志》無載，亡佚。

《晷漏經》一卷。

不署撰者。《隋書》卷一九載，開皇十四年（594），鄜州司馬袁充上《晷影漏刻》。疑或即此書，兩《唐志》無載，亡佚。

《九章術義序》一卷。

不署撰者。或《九章》舊序，或劉徽注《九章算術》之序。兩《唐志》無載。

《九章算術》十卷。劉徽撰。

劉徽：生平事迹不詳。《晉書》卷一六載，魏景元四年（263），劉徽注《九章》。《日本國見在書目録》著録《九章》九卷，劉徽注；《新唐志》著録李淳風注《九章算術》九卷；《宋志》著録《注九章算經》九卷，魏劉徽、唐李淳風注。《四庫全書總目》卷一〇七著録《九章算術》九卷，提要稱此蓋《周禮·保氏》之遺法，不知何人所傳。述此書者當在西漢中葉以後。舊本有注，題曰劉徽所作。《九章算術》爲算經十書之首，北宋以來其術罕傳。將分載於《永樂大典》者，依類裒集，尚九篇具在。並推尋其注之意，爲之補圖，以成全帙。《九章算經》九卷，劉徽注，李淳風注釋，爲宋刻本，今存五卷。此書通行本有《四庫》本、《叢書集成》本、《四部叢刊》本等。1984 年湖北江陵張家山 247 號漢墓出土漢簡《算術書》，其内容與傳世《九章算術》前七章的主要内容十分接近，其成書年代約爲公元 90 年以後。

《九章算術》二卷。徐岳、甄鸞重述。

徐岳（？—220）：字公河，東萊（今山東萊州）人。見《宋書》卷一二。《舊唐志》著録徐岳《九章算術》一卷，甄鸞《九章算經》九卷；《新唐志》著録徐岳《九章算術》九卷，甄鸞《九章算經》九卷。《宋志》無載，亡佚。

《九章算術》一卷。李遵義疏。

李遵義：生平事迹不詳。兩《唐志》無載，亡佚。

《九九算術》二卷。楊淑撰。

楊淑：生平事迹不詳。兩《唐志》無載，亡佚。

《九章别術》二卷。

不署撰者。兩《唐志》無載，亡佚。

《九章算經》二十九卷。徐岳、甄鸞等撰。

前已著録徐岳、甄鸞重述《九章算術》二卷，此二十九卷之《九章算術》當爲某人益以他家術數録爲此帙。兩《唐志》無載，亡佚。

《九章算經》二卷。徐岳注。

此書或爲徐岳單注本。兩《唐志》無載，亡佚。

《九章六曹算經》一卷。

不署撰者。兩《唐志》著録甄鸞《五曹算經》五卷。五曹，指田、兵、集、倉、金五曹，六曹何指，不得而知。兩《唐志》無載，亡佚。

《九章重差圖》一卷。劉徽撰。

兩《唐志》著録劉徽《九章重差圖》一卷、《海島算經》一卷，又有訛爲劉向撰《九章重差》一卷。姚振宗以爲這三部書，其實是同一部書，而且是《九章算術》十卷之一，其另本單行，於兩《唐志》中以不同書名三出。

《九章推圖經法》一卷。張峻撰。

張峻：生平事迹不詳。兩《唐志》無載，亡佚。

《綴術》六卷。

不署撰者。《南史》卷七二載，祖冲之注《九章》，造《綴述》。《隋書》卷一六載，祖冲之所著之書，名爲《綴術》，學官莫能究其深奧，是故廢而不理。《日本國見在書目録》著録《綴術》六卷，兩《唐志》著録祖冲之《綴術》五卷，李淳風注。《宋志》無載，亡佚。

《孫子算經》二卷。

不署撰者。《舊唐志》著録《孫子算經》三卷，甄鸞撰注；《新唐志》著録李淳風注《甄鸞孫子算經》三卷；《宋志》著録不知名之《孫子算經》三卷，又著録李淳風注釋《孫子算經》三卷。《四庫全書總目》卷一〇七著録《孫子算經》三卷，提要以書中有後漢人語，駁朱彝尊所言《孫子算經》出自孫武之説。此書久佚，從《永樂大典》所載裒集編次，仍爲三卷，而甄鸞、李淳風之注則不可考。《孫子算經》三卷，李淳風等注釋，有宋嘉定六年（1213）鮑澣之刻本。此書通行本有《四庫》本、《叢書集成》本等。

《趙敃算經》一卷。

兩《唐志》無載，亡佚。

《夏侯陽算經》二卷。

夏侯陽：生平事迹不詳。《舊唐志》著録《夏侯陽算經》三卷，甄鸞注；《新唐志》著録《夏侯陽算經》一卷，甄鸞注；《宋志》著録夏侯陽《算經》三卷。《直齋書録解題》卷一四著録《算經》三卷，夏侯陽撰。曰："大抵乘除法。《隋志》二卷，《唐志》三卷，甄鸞注。今本無注，元豐京監本。"《四庫全書總目》卷一〇七著録《夏侯陽算經》三卷，提要稱，從夏侯陽序中言，知其在甄鸞之後，而《唐志》又著録甄鸞注此書，二者矛盾，疑傳其學者，有所竄亂附益。今傳本久佚，唯《永樂大典》有之，又尚倖存原序、原目，可以尋繹編次，條貫其文，裒輯排比，仍依元豐監本，編爲三卷。此書現存清影抄宋本，通行本有《四庫》本、《叢書集成》本等。

《張丘建算經》二卷。

張丘建：生平事迹不詳。《舊唐志》著録《張丘建算經》一卷，甄鸞撰；《新唐志》著録《張丘建算經》一卷，甄鸞注；《宋志》著録張丘建《算經》三卷。《直齋書録解題》卷一四著録《算經》三卷，張丘建撰。《四庫全書總目》卷一〇七著録《張丘建算經》三卷，提要以爲此書出於甄鸞之前，夏侯陽之後。稱此本爲汲古閣影抄宋本，題甄鸞注經，李淳風等奉敕注釋，劉孝孫撰細草。此書現存最早的本子爲宋刻本，通行本有《四庫》本、《叢書集成》本等。

《五經算術録遺》一卷。

《五經算術》一卷。

二書皆不署撰者。前者可能是後者之拾遺，内容應屬同類。《日本國見在書目録》著録《五經算》二卷，《舊唐志》著録《五曹算經》三卷，甄鸞撰；《新唐志》著録李淳風注《五經算術》二卷。《四庫全書總目》卷一〇七著録《五經算術》二卷，甄鸞撰、李淳風注。提要言，此書撰者、注者是四庫館臣考證認定的。並稱此書世無傳本，唯散見於《永樂大典》中，雖割裂失次，尚屬完書，依《唐志》所載之數，釐爲上下二卷。通行本有《四庫》本、《叢書集成》本等。

《算經異義》一卷。張纘撰。

張纘（498—548）：字伯緒，范陽方城（今河北固安）人。起家祕書郎，累任南蘭陵太守、吏部尚書、湘州刺史等職。太清二年（548），授雍州刺史，前刺史岳陽王蕭詧不受代，遂害之，時年五十一。元帝即位，贈開府儀同三司，謚簡憲公。著有《鴻寶》一百卷、文集二十卷。《梁書》卷三四、《南史》卷五六有傳。本志集部尚有其一部著述。兩《唐志》無載是書，亡佚。

《張去斤算疏》一卷。

張去斤：生平事迹不詳。兩《唐志》無載，亡佚。

《算法》一卷。

不署撰者。兩《唐志》無載，亡佚。

《黄鍾算法》三十八卷。

不署撰者。兩《唐志》無載，亡佚。

《算律吕法》一卷。

不署撰者。兩《唐志》無載，亡佚。

《衆家算陰陽法》一卷。

不署撰者。兩《唐志》無載，亡佚。

《婆羅門算法》三卷。

不署撰者。兩《唐志》無載，亡佚。

《婆羅門陰陽算曆》一卷。

不署撰者。《日本國見在書目録》著録《婆羅門陰陽算曆》一卷，兩《唐志》無載，亡佚。

《婆羅門算經》三卷。

疑此書即前已著録之《婆羅門算法》。

右一百部，二百六十三卷。

一百部：實爲一百零八部。另著録亡書二十五部。

曆數者，所以揆天道，察昏明，以定時日，以處百事，以辨三統[1]，以知阸會[2]，吉隆終始[3]，窮理盡性，而至於命者也。《易》曰："先王以治曆明時[4]。"《書》敘："朞，三百有六旬有六日，以閏月定四時，成歲[5]。"《春秋傳》曰："先王之正時也，履端於始，舉正於中，歸餘於終[6]。"又曰："閏以正時，時以序事，事以厚生，生民之道[7]。"其在《周官》，則亦太史之職[8]。小人爲之，則壞大爲小，削遠爲近，是以道術破碎而難知。

[1] 三統：指夏、商、周三代的正朔。夏正建寅爲人統，商正建丑爲地統，周正建子爲天統。

[2] 阸（è）會：災難。

[3] 吉隆：吉祥興盛。

[4]《易》曰：見《周易・革卦》，原文作“君子以治曆明時”。其意爲，君子修明曆法，明確時令。

[5]《書》叙：見《尚書・堯典》。朞（jī），一周年、一個月、一晝夜，此指一年。其意爲，一年十二個月，每月三十日，共三百六十日，又有六個月是小月，故一年餘十二日，不足三年即得一月，於是置閏月以定四時之氣節，成一歲之曆象。

[6]《春秋傳》曰：見《左傳・文公元年》。其意爲，步曆之始以術爲端首。一年三百六十六日，日月之行又有遲速，而必分爲十二個月，舉中氣以正。月有餘日，則歸之於終，積而爲閏。

[7] 又曰：見《左傳・文公六年》。其意爲，四時漸差，則致閏以正之。順時命事，事不失時，則能豐年，生民之道是也。

[8] 太史之職：《周禮・春官・太史》載，正歲年以序事，頒之於官府及都鄙，頒告朔於邦國。

五行家

《黄帝飛鳥曆》一卷。張衡撰。

兩《唐志》著録張衡《黄帝飛鳥曆》，《宋志》無載，亡佚。

《黄帝四神曆》一卷。吴範撰。

四神，指蒼龍、白虎、朱雀、玄武四星之精。兩《唐志》無載，亡佚。

《黄帝地曆》一卷。

不署撰者。兩《唐志》無載，亡佚。

《黄帝斗曆》一卷。

不署撰者。《新唐志》著録《黄帝斗曆》一卷，《宋志》無載，亡佚。

《黄石公北斗三奇法》一卷。

本志“兵家”著録《黄石公三奇法》，疑與此書爲同一書。

《風角集要占》十二卷。

不署撰者。《後漢書》卷三〇下有注曰，風角謂候四方四隅之風，以占吉凶也。兩《唐志》不載此書，亡佚。

《風角要占》三卷。梁八卷，京房撰。

京房：見本志經部“易類”。兩《唐志》無載，亡佚。

《風角占》三卷。梁有《侯公領中風角占》四卷，亡。

不署撰者。兩《唐志》無載，亡佚。《侯公領中風角占》：不署撰者。兩《唐志》無載，亡佚。

《風角總占要决》十一卷。梁有《風角總集》一卷，《風角雜占要决》十二卷，亡。

不署撰者。兩《唐志》無載，亡佚。《風角總集》：不署撰者。兩《唐志》無載，亡佚。《風角雜占要决》：不署撰者。兩《唐志》無載，亡佚。

《風角雜占》四卷。梁有《風角雜占》十卷，亡。

不署撰者。兩《唐志》無載，亡佚。

《風角要集》十卷。

不署撰者。兩《唐志》無載，亡佚。

《風角要集》六卷。梁十一卷。

不署撰者。兩《唐志》無載，亡佚。

《風角要集》一卷。

不署撰者。兩《唐志》無載，亡佚。

《風角要候》十一卷。翼奉撰。

翼奉（生卒年不詳）：字少君，東海下邳（今江蘇邳州）人。沿《齊詩》與蕭望之、匡衡同師。翼奉篤學不仕，好律曆陰陽之占。元帝即位，諸儒薦之，徵待詔宦官署，天子敬之。以中郎爲博士、諫大夫，年老以壽終。《漢書》卷七五有傳。本志本部尚有其著述三部。兩《唐志》著録翼奉《風角要候》一卷，《宋志》無載，亡佚。

《風角書》十二卷。梁十卷。

不署撰者。兩《唐志》無載，亡佚。

《風角》七卷。章仇太翼撰。

章仇太翼（生卒年不詳）：即盧太翼，字協昭，河間（今河北河間）人。本姓章仇氏。博綜群書，爰及佛道，皆得其精微，尤善占候算曆之術，隱於白鹿山。煬帝即位，賜姓盧氏。所言天文之事，不可稱數，關諸祕密，世莫得聞。大業年間，卒於洛陽。《隋書》卷七八、《北史》卷八九有傳。此書兩《唐志》無載，亡佚。

《風角占候》四卷。梁有《風角雜兵候》十三卷，亡。

不署撰者。兩《唐志》無載，亡佚。《風角雜兵候》：不署撰者。兩《唐志》無載，亡佚。

《風角鐶歷占》二卷。吕氏撰。

吕氏：不詳何人。兩《唐志》無載，亡佚。

《風角要候》一卷。章仇太翼撰。

此書兩《唐志》無載，亡佚。

《兵法風角式》一卷。

不署撰者。兩《唐志》無載，亡佚。

《戰鬬風角鳥情》三卷。梁有《風角五音六情經》十三卷，《風角兵候》十二卷，亡。

不署撰者。兩《唐志》無載，亡佚。《風角五音六情經》：不署撰者。兩《唐志》無載，亡佚。《風角兵候》：不署撰者。兩《唐志》無載，亡佚。

《風角鳥情》一卷。翼氏撰。

翼氏：即翼奉。兩《唐志》無載是書，亡佚。

《風角鳥情》二卷。儀同臨孝恭撰。

臨孝恭（生卒年不詳）：京兆（今陝西西安附近）人。明天文算術，每言災祥之事，未嘗不中。隋文帝令其考定陰陽，官至上儀同。著《九宮五墓》一卷、《遁甲月令》十卷、《禄命書》二十卷、《九宮龜經》一百一十卷、《太一式經》三十卷等，並行於世。《隋書》卷七八、《北史》卷八九有傳。本志子部尚有其一部著述。兩《唐志》著録劉孝恭（此乃“臨孝恭”之誤）《風角鳥情》二卷，《宋志》無載，亡佚。

《陰陽風角相動法》一卷。梁有《風角迴風卒起占》五卷，《風角地辰》一卷，《風角望氣》八卷，《風雷集占》一卷。

不署撰者。兩《唐志》無載，亡佚。《風角迴風卒起占》、《風角地辰》、《風角望氣》、《風雷集占》，皆不署撰者，兩《唐志》均無載，亡佚。

《五音相動法》二卷。

不署撰者。兩《唐志》無載，亡佚。

《五音相動法》一卷。梁有《風角五音占》，京房撰，亡。

不署撰者。兩《唐志》無載，亡佚。《風角五音占》：疑此書自京房《易傳》及《風角要占》中抄出。兩《唐志》無載，亡佚。

《風角五音圖》二卷。

不署撰者。《歷代名畫記》卷三載《風角五音圖》，兩《唐志》無載，亡佚。

《風角雜占五音圖》五卷。翼氏撰。梁十三卷，京房撰，翼奉撰，亡。

兩《唐志》無載，亡佚。京房撰、翼奉撰，其間有脱訛，然無所據，待考。

《黄帝九宫經》一卷。

不署撰者。《後漢書》卷五九載，《易乾鑿度》曰："太一取其數以行九宫。"鄭玄注曰："太一者，北辰神名也。下行八卦之宫，每四乃還於中央。中央者，北辰之所居，故謂之九宫。"兩《唐志》無載，亡佚。

《九宫經》三卷。鄭玄注。梁有《黄帝四部九宫》五卷，亡。

《日本國見在書目録》著録《九宫式經》一卷；《九宫經》四卷，鄭司農經。此書兩《唐志》無載，亡佚。《黄帝四部九宫》：不署撰者。兩《唐志》無載，亡佚。

《九宫行棊經》三卷。鄭玄注。

《舊唐志》著録《九宫行棊經》三卷，鄭玄撰；《新唐志》著録鄭玄注《九宫行棊經》三卷。姚振宗以爲《後漢書·鄭玄傳》未言其撰此書，疑後世術數家從《乾鑿度》注本中抄出别行。

《九宫行棊經》三卷。

不署撰者。兩《唐志》無載，亡佚。

《九宫行棊法》一卷。房氏撰。

房氏：不詳何人。兩《唐志》無載，亡佚。

《九州行棊立成法》一卷。王琛撰。

此書名當作《九宫行棊立成法》。兩《唐志》著録王琛《九宫行棊立成》一卷，《宋志》無載，亡佚。

《九宫行棊雜法》一卷。

不署撰者。兩《唐志》無載，亡佚。

《九宫行棊法》一卷。

不署撰者。兩《唐志》無載，亡佚。

《行棊新術》一卷。

不署撰者。兩《唐志》無載，亡佚。

《九宫行棊鈔》一卷。

不署撰者。兩《唐志》無載，亡佚。

《九宫推法》一卷。

不署撰者。兩《唐志》無載，亡佚。

《三元九宫立成》二卷。

不署撰者。兩《唐志》無載，亡佚。

《九宫要集》一卷。豆盧晃撰。

豆盧晃：生平事迹不詳。兩《唐志》無載，亡佚。

《九宫經解》二卷。李氏注。

李氏：不詳何人。《舊唐志》著録《九宫經解》二卷，《新唐志》著録《九宫經解》三卷，《宋志》無載，亡佚。

《九宫圖》一卷。

不署撰者。兩《唐志》無載，《宋志》著録《九宫圖》一卷，元明以後無載，亡佚。

《九宫變圖》一卷。

不署撰者。兩《唐志》無載，亡佚。

《九宫八卦式蟠龍圖》一卷。

不署撰者。兩《唐志》無載，亡佚。

《九宫郡縣録》一卷。

不署撰者。兩《唐志》無載，亡佚。

《九宫雜書》十卷。梁有《太一九宫雜占》十二卷，亡。

不署撰者。兩《唐志》無載，亡佚。《太一九宫雜占》：不署撰者。兩《唐志》無載，亡佚。

《射候》二卷。

不署撰者。兩《唐志》無載，亡佚。

《太一飛鳥曆》一卷。王琛撰。

太一，亦作“泰一”。《史記·封禪書》“天神貴者太一”。《天官書》“中宫天極星，其一明者，太一常居也”。《漢志》“陰陽家”著録《泰一陰陽》二十三卷，“五行家”著録《泰一》二十九卷，“天文家”著録《泰壹雜子雲雨》三十四卷。兩《唐志》無載是書，亡佚。

《太一飛鳥曆》一卷。

不署撰者。兩《唐志》著録《太一飛鳥曆》一卷，《宋志》無載，亡佚。

《太一飛鳥曆》二卷。

不署撰者。兩《唐志》無載，亡佚。

《太一十精飛鳥曆》一卷。

不署撰者。兩《唐志》無載，《宋志》著録《太一飛鳥十精曆》一卷，元明以後無載，亡佚。

《太一飛鳥立成》一卷。

不署撰者。《隋書》卷七八載，蕭吉尤精陰陽算術，著《太一立成》一卷，或即此書。兩《唐志》無載，亡佚。

《太一飛鳥雜决捕盜賊法》一卷。

不署撰者。兩《唐志》無載，亡佚。

《太一三合五元要决》一卷。梁有《黄帝太一雜書》十六卷，《黄帝太一度厄祕術》八卷，《太一帝記法》八卷，《太一雜用》十四卷，《太一雜要》七卷，《雜太一經》八卷，亡。

不署撰者。兩《唐志》無載，亡佚。《黄帝太一雜書》、《黄帝太一度厄祕術》、《太一帝記法》、《太一雜用》、《太一雜要》、《雜太一經》，均不署撰者，兩《唐志》皆無載，亡佚。

《太一龍首式經》一卷。董氏注。梁三卷。梁又有《式經》三十三卷，亡。

董氏：不詳何人。《新唐志》著録董氏《大龍首式經》一卷，《宋志》無載，亡佚。《式經》：不署撰者。兩《唐志》無載，亡佚。

《太一經》二卷。宋琨撰。

宋琨：生平事迹不詳。《日本國見在書目録》著録《太一經》二卷，宋昆撰；兩《唐志》著録宋琨《式經》一卷，《宋志》無載，亡佚。

《太一式雜占》十卷。梁二十卷。

不署撰者。《新唐志》著録《太一式經雜占》十卷，《宋志》無載，亡佚。

《太一九宫雜占》十卷。

不署撰者。《新唐志》著録《太一九宫雜占》十卷，《宋志》無載，亡佚。

《黄帝飛鳥曆》一卷。

不署撰者。與前録張衡撰《黄帝飛鳥曆》應有一定關聯，或其别本，或同類之書。兩《唐志》無載，亡佚。

《黄帝集靈》三卷。

不署撰者。集黄帝靈異事。《新唐志》著録《黄帝集靈》三卷,《宋志》無載，亡佚。

《黄帝絳圖》一卷。

不署撰者。《新唐志》著録《黄帝降國》(“降國”當作“絳圖”)一卷,《宋志》無載，亡佚。

《黄帝龍首經》二卷。

不署撰者。《新唐志》著録《黄帝龍首經》二卷,《宋志》著録《黄帝龍首經》一卷。正統本《道藏》中有《黄帝龍首經》二卷,《孫氏祠堂書目》著録《黄帝龍首經》二卷。此書上下二卷，七十二占。

《黄帝式經三十六用》一卷。曹氏撰。

曹氏：不詳何人。《新唐志》著録曹氏《黄帝式經三十六用》一卷,《宋志》無載，亡佚。

《黄帝式用當陽經》二卷。

不署撰者。疑“當陽”爲“常陽”。《日本國見在書目録》著録《黄帝式用常年經》一卷,《新唐志》著録《黄帝式用常陽經》一卷。《郡齋讀書志》卷一四著録《常陽經》一卷，稱《崇文目》題曰《黄帝式用》，蓋六壬占卜術也。元明以後無載，亡佚。

《黄帝奄心圖》一卷。

不署撰者。兩《唐志》無載，亡佚。

《玄女式經要法》一卷。

不署撰者。《新唐志》著録《玄女式經要訣》一卷,《四庫全書總目》卷一一一著録《玄女經》一卷，提要稱舊本題《黄帝授三子玄女經》，蓋術數家依託所爲。

《黄帝陰陽遁甲》六卷。

不署撰者。《後漢書》卷八二上有注曰："遁甲，推六甲之陰而隱遁也。"兩《唐志》無載是書，亡佚。

《遁甲决》一卷。吴相伍子胥撰。

《遁甲文》一卷。伍子胥撰。

伍子胥（前559—前484）：楚人。楚平王殺其父兄，伍子胥奔宋、奔鄭，至晉又還鄭入吴。吴王闔閭召其爲行人，伐楚建大功。夫差即位，聽太宰嚭之讒言，賜伍子胥自刭死。《史記》卷六六有傳。《漢志》"雜家"著録《伍子胥》八篇，"兵技巧家"著録《五子胥》十篇、《圖》一卷。兩《唐志》著録《遁甲文》一卷，《宋志》無載，亡佚。

《遁甲經要鈔》一卷。

不署撰者。《日本國見在書目録》著録《遁甲經要抄》一卷，抱朴子撰。兩《唐志》無載，亡佚。

《遁甲萬一决》二卷。

不署撰者。兩《唐志》著録《遁甲萬一訣》三卷，《宋志》著録《遁甲萬一訣》（無卷數），《郡齋讀書志》卷一四著録《遁甲萬一訣》一卷，稱書題唐李靖所纂黄帝書。以休、生、傷、杜、景、死、驚、開八門，推國家之吉凶。元明以後無載，亡佚。

《遁甲九元九局立成法》一卷。

不署撰者。兩《唐志》無載，亡佚。

《遁甲肘後立成囊中祕》一卷。葛洪撰。

《抱朴子·登涉》曰："按《玉鈐經》云，欲入名山，不可不知遁甲之祕術。……余少有入山之志，由此乃行學遁甲書，乃有六十餘卷，事不可卒精，故鈔集其要。"兩《唐志》無載是書，亡佚。

《遁甲囊中經》一卷。

不署撰者。兩《唐志》著録《遁甲囊中經》一卷，《宋志》無載，亡佚。

《遁甲囊中經疏》一卷。

不署撰者。兩《唐志》無載，亡佚。

《遁甲立成》六卷。

不署撰者。《日本國見在書目録》著録《遁甲立成》六卷，兩《唐志》無載，亡佚。

《遁甲敘三元玉曆立成》一卷。郭弘遠撰。

郭弘遠：生平事迹不詳。兩《唐志》無載，亡佚。

《遁甲立成》一卷。

不署撰者。兩《唐志》無載，亡佚。

《遁甲立成法》一卷。臨孝恭撰。

《隋書》卷七八載，臨孝恭著《遁甲月令》十卷。《北史》卷八九載，臨孝恭著《遁甲録》十卷。兩《唐志》著録《遁甲立成法》三卷，不署撰者，疑即此書。《宋志》無載，亡佚。

《遁甲穴隱祕處經》一卷。

不署撰者。兩《唐志》無載，亡佚。

《黄帝九元遁甲》一卷。王琛撰。

此書兩《唐志》無載，亡佚。

《黄帝出軍遁甲式法》一卷。

不署撰者。兩《唐志》無載，亡佚。

《遁甲法》一卷。

不署撰者。兩《唐志》無載，亡佚。

《遁甲術》一卷。

不署撰者。兩《唐志》無載，亡佚。

《陽遁甲用局法》一卷。臨孝恭撰。

此書兩《唐志》無載，亡佚。

《雜遁甲鈔》四卷。

不署撰者。兩《唐志》無載，亡佚。

《三元遁甲上圖》一卷。

不署撰者。《新唐志》著録《三元遁甲立成圖》二卷，疑其爲此書之全帙。《宋志》無載，亡佚。

《三元遁甲圖》三卷。

不署撰者。兩《唐志》著録葛洪《三元遁甲圖》三卷。《抱朴子·自叙》言："晚學風角望氣、三元遁甲、六壬太一之法，粗知其旨。”《宋志》無載，亡佚。

《遁甲九宫八門圖》一卷。

不署撰者。兩《唐志》著録《遁甲九宫八門圖》一卷，《宋志》無載，亡佚。

《遁甲開山圖》三卷。滎氏撰。

滎氏：不詳何人。兩《唐志》著録滎氏《遁甲開山圖》二卷，《宋志》無載，亡佚。

《遁甲返覆圖》一卷。葛洪撰。

兩《唐志》無載，亡佚。

《遁甲年録》一卷。

不署撰者。兩《唐志》無載，亡佚。

《遁甲支手决》一卷。

不署撰者。兩《唐志》無載，亡佚。

《遁甲肘後立成》一卷。

不署撰者。兩《唐志》無載，亡佚。

《遁甲行日時》一卷。

不署撰者。兩《唐志》無載，亡佚。

《遁甲孤虚記》一卷。伍子胥撰。

本志“兵家”著録《六甲孤虚兵法》一卷，兩《唐志》“兵家”著録《伍子胥兵法》一卷，疑皆與此書爲一書。《宋志》無載，亡佚。

《遁甲孤虚注》一卷。

不署撰者。兩《唐志》無載，亡佚。

《東方朔歲占》一卷。

不署撰者。東方朔，見本志史部“地理類”。兩《唐志》無載，亡佚。

《斗中孤虚圖》一卷。

不署撰者。兩《唐志》無載，亡佚。

《孤虚占》一卷。

不署撰者。兩《唐志》無載，亡佚。

《遁甲九宮亭亭白姦書》一卷。

不署撰者。兩《唐志》無載，亡佚。

《戰鬬博戲等法》一卷。

不署撰者。兩《唐志》無載，亡佚。

《玉女反閉局法》三卷。

不署撰者。《日本國見在書目録》著録《玉女反閉》四卷、《玉女反閉局抄》一卷，兩《唐志》無載，《宋志》著録《遁甲玉女反閉局》一卷，元明以後無載，亡佚。

《逆刺》一卷。京房撰。

《漢書》卷六五顏師古注曰：“逢占，逆占事，猶云逆刺也。”

兩《唐志》著録京房《逆刺》三卷，《宋志》無載，亡佚。

《逆刺占》一卷。

不署撰者。兩《唐志》無載，亡佚。

《逆刺總决》一卷。

不署撰者。兩《唐志》無載，亡佚。

《壬子决》一卷。

不署撰者。兩《唐志》無載，亡佚。

《鳥情占》一卷。王喬撰。

王喬（生卒年不詳）：河東（今山西境内）人。明帝時爲葉令，有神術。或曰此即古仙人王子喬。《後漢書》卷八二上有傳。兩《唐志》著録《鳥情占》一卷，《宋志》無載，亡佚。

《鳥情逆占》一卷。

不署撰者。兩《唐志》著録管輅《鳥情逆占》一卷，此書應爲其所撰。《宋志》無載，亡佚。

《鳥情書》二卷。

不署撰者。兩《唐志》無載，亡佚。

《鳥情雜占禽獸語》一卷。

不署撰者。兩《唐志》無載，亡佚。

《占鳥情》二卷。

不署撰者。《隋書》卷七八載，耿詢學天文算術，作馬上刻漏，世稱其妙。著《鳥情占》一卷，行於世。疑此書爲其所撰。兩《唐志》無載，亡佚。

《六情决》一卷。王琛撰。

六情：好、惡、喜、怒、哀、樂。兩《唐志》著録王琛《風角六情决》一卷，《宋志》無載，亡佚。

《六情鳥音内祕》一卷。焦氏撰。

焦氏：疑即焦延壽。焦延壽（生卒年不詳），字贛，梁國睢陽（今河南商丘）人。以好學得幸梁王，王供其資用，令極意學。既成，察舉補小黄令。以候司先知奸邪，盜賊不得發。見《漢書》卷七五。兩《唐志》無載是書，亡佚。

《孝經元辰决》九卷。

不署撰者。兩《唐志》無載，亡佚。

《孝經元辰》二卷。

不署撰者。兩《唐志》著録《孝經元辰》二卷，《宋志》無載，亡佚。

《元辰本屬經》一卷。

不署撰者。兩《唐志》無載，亡佚。

《推元辰厄會》一卷。

不署撰者。兩《唐志》著録《推元辰厄命》（“命”當作“會”）一卷，《宋志》無載，亡佚。

《元辰事》一卷。

不署撰者。兩《唐志》無載，亡佚。

《元辰救生削死法》一卷。

不署撰者。兩《唐志》無載，亡佚。

《推元辰要祕次序》一卷。

不署撰者。兩《唐志》無載，亡佚。

《元辰章用》二卷。

不署撰者。兩《唐志》著録《元辰章》三卷，疑即此書。《宋志》無載，亡佚。

《雜推元辰要祕立成》六卷。

不署撰者。兩《唐志》無載，亡佚。

《元辰立成譜》一卷。

不署撰者。兩《唐志》無載，亡佚。

《方正百對》一卷。京房撰。

《漢書》卷七五載，永光、建昭間，西羌反，日蝕，又青亡光，陰霧不清。京房上疏，先言其將然，近數月、遠一歲，所言屢中。天子悦之，數召見問。此書當是京房見問之對答。兩《唐志》無載，亡佚。《全漢文》卷四四有輯文。

《晉災祥》一卷。京房撰。

下文《雜殺曆》條下有注曰，梁有《晉災異簿》二卷。此書或爲其佚存，而誤題後漢京房撰。兩《唐志》無載是書，亡佚。

《災祥集》七十六卷。

不署撰者。兩《唐志》無載，亡佚。

《地形志》八十七卷。庾季才撰。

《隋書》卷七八載，隋文帝令庾季才與其子庾質撰《地形志》八十七卷。兩《唐志》無載，亡佚。

《海中仙人占災祥書》三卷。

不署撰者。《漢志》"天文家"著録《海中星占驗》十二卷、《海中五星經雜事》二十二卷、《海中五星順逆》二十八卷、《海中二十八宿國分》二十八卷、《海中二十八宿臣分》二十八卷、《海中日月彗虹雜占》十八卷。此書或與以上諸書有關聯。兩《唐志》無載，亡佚。

《周易占事》十二卷。漢魏郡太守京房撰。

兩《唐志》無載，亡佚。

《遁甲》三卷。梁有《遁甲經》十卷，《遁甲正經》五卷，《太一遁甲》一卷，亡。

不署撰者。兩《唐志》無載，亡佚。《遁甲經》：不署撰者。《新唐志》著録《遁甲經》十卷。《郡齋讀書志》卷一四著録《遁甲經》一卷，稱《李氏書目》曰此九天玄女之術，推九星八門三奇六儀之法。元明以後無載，亡佚。《遁甲正經》、《太一遁甲》，均不署撰者。兩《唐志》無載，亡佚。

《遁甲要用》四卷。葛洪撰。

兩《唐志》無載，亡佚。

《遁甲祕要》一卷。葛洪撰。

《日本國見在書目録》著録《遁甲祕要》一卷，葛洪撰；《新唐志》著録《遁甲祕要》一卷。《宋志》無載，亡佚。

《遁甲要》一卷。葛洪撰。

兩《唐志》無載，亡佚。

《遁甲》三十三卷。後魏信都芳撰。

《北史》卷八九載，信都芳著《遁甲經》。《新唐志》著録信都芳《遁甲經》二卷，《宋志》無載，亡佚。

《三元遁甲》六卷。許昉撰。

《新唐志》著録許昉《三元遁甲》六卷，《宋志》無載，亡佚。

《三元遁甲》六卷。陳員外散騎常侍劉毗撰。

劉毗：生平事迹不詳。兩《唐志》無載，亡佚。

《三元遁甲》二卷。梁《太一遁甲》一卷，《遁甲三元》三卷。

不署撰者。兩《唐志》無載，亡佚。《太一遁甲》、《遁甲三元》，皆不署撰者。兩《唐志》無載，亡佚。

《三元九宫遁甲》二卷。梁有《遁甲三元》三卷，亡。

《日本國見在書目録》著録《三元九宫遁甲》三卷，兩《唐志》無載，亡佚。《遁甲三元》：不署撰者。疑爲前條之重出。

《三正遁甲》一卷。杜仲撰。

杜仲：生平事迹不詳。《新唐志》著録杜仲《三元遁甲》一卷，《宋志》無載，亡佚。

《遁甲》三十五卷。

不署撰者。兩《唐志》無載，亡佚。

《遁甲時下决》三十三卷。

不署撰者。兩《唐志》無載，亡佚。

《陰陽遁甲》十四卷。

不署撰者。兩《唐志》無載，亡佚。

《遁甲正經》三卷。梁五卷。

《遁甲經》十卷。

前録《遁甲》三卷條下有注曰，“梁有《遁甲經》十卷，《遁甲正經》五卷”，當即此二書，爲重出。

《遁甲開山圖》一卷。梁《遁甲開山經圖》一卷。

不署撰者。《歷代名畫記》卷三載《遁甲開山圖》，王粲（疑爲王琛）；兩《唐志》著録王琛《遁甲開山圖》一卷。《宋志》無載，亡佚。《遁甲開山經圖》，疑爲前録榮氏《遁甲開山圖》。

《遁甲九星曆》一卷。

不署撰者。《新唐志》著録《遁甲九星曆》一卷，《宋志》無載，亡佚。

《遁甲三奇》三卷。

不署撰者。《新唐志》著録《遁甲三奇》三卷，《宋志》無載，亡佚。

《遁甲推時要》一卷。

不署撰者。《新唐志》著録《遁甲推要》一卷,《宋志》無載,亡佚。

《遁甲三元九甲立成》一卷。

不署撰者。《新唐志》著録《遁甲三元九甲立成》一卷,《宋志》無載,亡佚。

《雜遁甲》五卷。梁九卷。《遁甲經外篇》一百卷,《六甲隱圖》并《遁甲圖》二卷,亡。

不署撰者。兩《唐志》無載,亡佚。《遁甲經外篇》、《六甲隱圖》、《遁甲圖》,皆不署撰者。兩《唐志》無載,亡佚。

《陽遁甲》九卷。釋智海撰。

釋智海:生平事迹不詳。《新唐志》著録《陽遁甲》九卷,《宋志》無載,亡佚。

《陰遁甲》九卷。

不署撰者。《新唐志》著録《陰遁甲》九卷,《宋志》無載,亡佚。

《武王須臾》二卷。

不署撰者。《後漢書》卷八二上有注曰:"須臾,陰陽吉凶立成之法也。今書《七志》有《武王須臾》一卷。"兩《唐志》著録《武王須臾》二卷,《宋志》無載,亡佚。

《六壬式經雜占》九卷。梁有《六壬式經》三卷,亡。

不署撰者。《唐六典》卷一四載,太卜令掌卜筮之法。凡式占辨三式之同異。三式，一曰雷公式，二曰太一式，三曰六壬式。《新唐志》著録《六壬式經雜占》九卷，《宋志》無載，亡佚。《六壬式經》：不署撰者。兩《唐志》無載，亡佚。

《六壬釋兆》六卷。

不署撰者。《新唐志》著録《六壬擇非經》（疑“擇非”當爲“釋兆”）六卷，《宋志》無載，亡佚。

《破字要决》一卷。

不署撰者。《顔氏家訓・書證》提及《破字經》。《日本國見在書目録》著録《破子》一卷，疑即爲此書。兩《唐志》無載，亡佚。

《桓安吴式經》一卷。梁有《雜式占》五卷；《式經雜要》、《决式立成》各九卷；《式王曆》、《伍子胥式經章句》、《起射覆式》、《越相范蠡玉笥式》，各二卷。亡。

桓安吴：似爲撰者名，生平事迹不詳。《新唐志》著録《桓公式經》一卷，《宋志》無載，亡佚。《雜式占》、《式經雜要》、《决式立成》，皆不署撰者。兩《唐志》無載，亡佚。《式王曆》：《日本國見在書目録》著録《赤松子玉曆》一卷，似即此書。兩《唐志》無載，亡佚。《伍子胥式經章句》、《起射覆式》、《越相范蠡玉笥式》，皆不署撰者。兩《唐志》無載，亡佚。

《光明符》十二卷。《録》一卷，梁簡文帝撰。

《南史》卷八載，簡文帝撰《光明符》十二卷。《新唐志》著録梁主蕭榮（當作“蕭綱”）《光明符》十二卷，《宋志》無載，亡佚。

《龜經》一卷。晉掌卜大夫史蘇撰。梁有《史蘇龜經》十卷;《龜決》二卷，葛洪撰;《管郭近要決》、《龜音色》、《九宫蓍龜序》各一卷;《龜卜要決》、《龜圖五行九親》各四卷;又《龜親經》三十卷，周子曜撰。亡。

史蘇（生卒年不詳）：春秋時期晉卜筮之史。見《左傳·僖公十五年》杜預注。《漢志》"蓍龜家"著録《龜書》五十二卷、《夏龜》二十六卷、《南龜書》二十八卷、《巨龜》三十六卷、《雜龜》十六卷。兩《唐志》無載。《郡齋讀書志》卷一四著録《靈龜經》一卷，稱史蘇撰。論龜兆之吉凶。《崇文目》三卷。《宋志》"五行類"著録史蘇《五兆龜經》一卷，"蓍龜類"著録《靈龜經》一卷。元明以後無載，亡佚。《龜決》：兩《唐志》無載，亡佚。《管郭近要決》：管，似指魏管輅；郭，似指晉郭璞。此書兩《唐志》無載，亡佚。《龜音色》、《九宫蓍龜序》：皆不署撰者。兩《唐志》無載，亡佚。《龜卜要決》、《龜圖五行九親》：皆不署撰者。兩《唐志》無載，亡佚。周子曜：生平事迹不詳。其書兩《唐志》無載，亡佚。

《史蘇沉思經》一卷。

《新唐志》著録史蘇《沉思經》一卷，《宋志》無載，亡佚。

《龜卜五兆動摇決》一卷。

不署撰者。卜筮有金、木、水、火、土五兆。《新唐志》著録孫思邈《龜上五兆動摇經決》，疑即此書。《宋志》無載，亡佚。

《周易占》十二卷。京房撰。梁《周易妖占》十三卷，京房撰。

兩《唐志》無載，亡佚。《周易妖占》：《宋書》卷三一引京房《易妖》。兩《唐志》無載，亡佚。

《周易守林》三卷。京房撰。

兩《唐志》無載，亡佚。

《周易集林》十二卷。京房撰。《七録》云，伏萬壽撰。

伏萬壽（生卒年不詳）：宋平昌（今山東安丘附近）人。元嘉十九年（442）在廣陵爲衛府行參軍。見《法苑珠林》卷二七引《冥祥記》。兩《唐志》著録伏曼容《周易集林》十二卷、伏氏《周易集林》一卷，《宋志》無載，亡佚。

《周易飛候》九卷。京房撰。梁有《周易飛候六日七分》八卷，亡。

兩《唐志》無載，亡佚。《周易飛候六日七分》：《後漢書》卷三〇下注引鄭玄曰："六以候也。八十分一日之七者，一卦六日七分也。"兩《唐志》無載，亡佚。

《周易飛候》六卷。京房撰。

兩《唐志》著録京氏《周易飛候》六卷，疑此爲前録《周易飛候》九卷之别本。《宋志》無載，亡佚。《説郛》存一卷，清王謨、馬國翰、劉學寵有輯本，名《易飛候》。

《周易四時候》四卷。京房撰。

兩《唐志》著録《京氏周易四時候》二卷，《宋志》無載，亡佚。

《周易錯卦》七卷。京房撰。

《舊唐志》著録《京氏周易錯卦》八卷，京房撰；《新唐志》著録京房《周易錯卦》八卷。本志"易類"《周易大義》條下注曰，梁有《周易錯》八卷，京房撰。疑即此書。《宋志》無載，亡佚。

《周易混沌》四卷。京房撰。

兩《唐志》著録京氏《周易混沌》四卷,《宋志》無載，亡佚。

《周易委化》四卷。京房撰。

兩《唐志》無載，亡佚。

《周易逆刺占災異》十二卷。京房撰。

《新唐志》著録《費氏周易逆刺占災異》十二卷，下注曰，費直。《宋志》無載，亡佚。

《周易占》一卷。張浩撰。

張浩（生卒年不詳）：官至宋義陽王劉昶征北諮議參軍。見《南史》卷三二。兩《唐志》著録張滿《周易林》七卷，疑“浩”與“滿”形近相混。《宋志》無載，亡佚。

《周易雜占》十三卷。

《周易雜占》十一卷。

此二書皆不署撰者。書名相同，僅卷數不同，或爲一書的不同傳本。兩《唐志》無載，亡佚。

《周易雜占》九卷。尚廣撰。梁有《周易雜占》八卷，武靖撰，亡。

尚廣：生平事迹不詳。《三國志》卷四八注引干寶《晉紀》載，陸抗之克步闡，孫晧意張大，乃使尚廣筮并天下，遇《同人》之《頤》，對曰：“吉，庚子歲，青蓋當入洛陽。”兩《唐志》著録尚廣《周易雜占》八卷,《宋志》無載，亡佚。武靖：生平事迹不詳。兩《唐志》著録武氏《周易雜占》八卷,《宋志》無載，亡佚。

《易林》十六卷。焦贛撰。梁又本三十二卷。

焦贛：名延壽，見前録《六情鳥音内祕》條之焦氏。兩《唐志》著録焦贛《焦氏周易林》十六卷，《宋志》“蓍龜類”著録焦贛《易林傳》十六卷。《四庫全書總目》卷一〇九著録《易林》十六卷，題漢焦延壽撰。提要稱，蓋《易》於象數之外，别爲占候一派者，實自贛始，所撰《易林》十六卷，以一卦變六十四，六十四卦變其四千九十有六。考《漢志》所載《易》十三家，蓍龜十五家，不及焦氏。《隋志》始著録於五行家，似乎後人所附會。焦贛《易林》十卷，有明萬曆刻本；通行之《易林》十六卷本，有《四庫》本、《四部叢刊》本、《四部備要》本等。

《易林變占》十六卷。焦贛撰。

兩《唐志》無載，亡佚。

《易林》二卷。費直撰。梁五卷。

費直：見本志經部“易類”。《舊唐志》著録費直《費氏周易林》二卷，《新唐志》著録費直《周易林》二卷。《宋志》無載，亡佚。清馬國翰有輯本。

《易内神筮》二卷。費直撰。梁有《周易筮占林》五卷，費直撰，亡。

《新唐志》著録《周易内卦神筮法》，《宋志》無載，亡佚。《新唐志》著録《周易雜筮占》四卷，《宋志》無載，亡佚。

《易新林》一卷。後漢方士許峻等撰。梁十卷。

許峻（生卒年不詳）：字季山，汝南平輿（今河南平輿）人。善占卜之術，多有顯驗。時人比之前世京房。所撰《易林》行於世。見《後漢書》卷八二下。兩《唐志》不載是書，亡佚。

《易災條》二卷。許峻撰。

兩《唐志》無載，亡佚。

《易决》一卷。許峻撰。梁有《易雜占》七卷，許峻撰，又《易要决》三卷，亡。

兩《唐志》無載，《宋志》著録許季山《易訣》一卷，元明以後無載，亡佚。《易雜占》：兩《唐志》著録許峻《周易雜占》七卷，《宋志》無載，亡佚。《易要决》：疑即《易决》。

《周易通靈决》二卷。魏少府丞管輅撰。

《周易通靈要决》一卷。管輅撰。

管輅（209—256）：字公明，平原（今山東平原）人。明《周易》，仰觀、風角、占、相之道，無不精微。正始九年（248），舉秀才。正元二年（255）爲少府丞，三年（256）卒，年四十八。《三國志》卷二九有傳。兩《唐志》無載以上二書，而著録管輅《周易林》四卷，或即以上二書。

《周易集林律曆》一卷。虞翻撰。梁有《周易筮占》二十四卷，晉徵士徐苗撰，亡。

《三國志》卷五七注引《翻别傳》言虞翻以典籍自慰，依《易》射象，以占吉凶。《新唐志》著録虞翻《周易集林律曆》一卷，《宋志》無載，亡佚。徐苗（？—302）：字叔胄，高密淳于（今山東安丘東北）人。郡察孝廉，州辟從事、治中、别駕，舉異行，公府五辟博士，再徵，皆不就。永寧二年（302）卒。著《五經同異評》、《玄微論》。《晉書》卷九一有傳。兩《唐志》著録徐苗《徐氏周易筮占》二十四卷，《宋志》無載，亡佚。

《周易新林》四卷。郭璞撰。梁有《周易雜占》十卷，葛洪撰，亡。

郭璞：見本志經部“詩類”。《晉書》卷七二載，郭璞好經術，妙於陰陽算曆，洞五行、天文、卜筮之術，攘災轉禍，通致無方，雖京房、管輅不能過也。抄京、費諸家要最，更撰《新林》十篇。《日本國見在書目録》著録《周易新林占》三卷，郭璞撰；兩《唐志》無載，亡佚。《周易雜占》：兩《唐志》無載，亡佚。

《周易新林》九卷。郭璞撰。梁有《周易林》五卷，郭璞撰，亡。

此二書當是前録《周易新林》之别本。《日本國見在書目録》著録《周易京氏占》，疑爲郭璞所撰。

《易洞林》三卷。郭璞撰。

《晉書》卷七二載，郭璞前後筮驗六十餘事，名爲《洞林》。兩《唐志》著録郭璞《周易洞林解》三卷，《宋志》“蓍龜類”著録郭璞《周易洞林》一卷。《説郛》存一卷，清馬國翰、黄奭、劉學寵有輯本。

《周易新林》一卷。

《周易新林》二卷。

以上二書皆不署撰者。兩《唐志》著録《周易新林》一卷，《宋志》無載，亡佚。

《易林》三卷。魯洪度撰。

魯洪度：生平事迹不詳。兩《唐志》無載，亡佚。

《周易林》十卷。梁《周易林》三十三卷，《録》一卷。

不署撰者。《日本國見在書目録》著録《易林》十八卷，京房、郭璞等七人雜撰。兩《唐志》著録《易林》十四卷。《宋志》著録《諸家易林》一卷，疑爲此書之佚存。

《易贊林》二卷。

不署撰者。兩《唐志》無載，亡佚。

《易立成林》二卷。郭氏撰。

郭氏：疑即郭璞。此書當爲抄撮郭璞《新林》、《洞林》者，兩《唐志》無載，亡佚。

《易立成》四卷。

不署撰者。兩《唐志》無載，亡佚。

《易玄成》一卷。

不署撰者。兩《唐志》無載，亡佚。

《周易立成占》三卷。顔氏撰。

顔氏：不詳何人。《日本國見在書目録》著録《顔氏易占》三卷，兩《唐志》著録《周易立成占》六卷，《宋志》無載，亡佚。

《神農重卦經》二卷。

不署撰者。神農，傳説中之五帝之一，名爲炎帝。相傳其始教民爲耒耜以興農業，嘗百草爲醫藥以治疾病。見《史記》卷一。《漢志》"五行家"著録《神農大幽五行》二十七卷，兩《唐志》不載是書，亡佚。

《文王幡音》一卷。

不署撰者。文王，殷諸侯，姓姬名昌，爲西方諸侯之長。其子武王伐紂，滅殷，建立周王朝。見《史記》卷四。兩《唐志》無載。《崇文總目》“卜筮類”著録《文王版詞》一卷，《宋志》“五行類”著録《文王版詞》一卷。《直齋書録解題》卷一二著録《周易版詞》一卷，稱不知名氏。當是漢魏以前人所爲。姚振宗以爲“皤音”即“版詞”，故《文王版詞》即此書。元明以後無載，亡佚。

《易三備》三卷。

《易三備》一卷。

二書皆不署撰者。《舊唐志》著録《易三備》三卷，又一卷；《新唐志》著録《易三備》三卷，又三卷；《宋志》“蓍龜類”著録《周易三備》三卷，下注曰，題孔子師徒所述，蓋依託也。元明以後無載，亡佚。

《易占》三卷。

不署撰者。兩《唐志》著録杜氏《新易林占》三卷，疑即此書。《宋志》無載，亡佚。

《易射覆》二卷。

《易射覆》一卷。

二書皆不署撰者。《漢書》卷六五載，武帝嘗使諸數家射覆，置守宫盂下，射之，皆不能中。東方朔自贊曰：“臣嘗受《易》，請射之。”顔師古注曰：“數家，術數之家也。於覆器之下而置諸物，令闇射之，故云射覆。”《漢志》“蓍龜家”著録《周易隨曲射匿》五十卷。此二書兩《唐志》無載，亡佚。

《周易孔子通覆决》三卷。顔氏撰。

兩《唐志》無載，亡佚。《日本國見在書目録》載有《孔子讖記》一卷、《讖書》一卷、《新圖讖緯》一卷、《雜書讖緯抄》一卷，不知是否與此書同源於讖緯。

《易林要决》一卷。

不署撰者。兩《唐志》無載，亡佚。

《易要决》二卷。梁有《周易曆》、《周易初學筮要法》各一卷。

不署撰者。兩《唐志》無載，亡佚。《周易曆》、《周易初學筮要法》，皆不署撰者。兩《唐志》無載，亡佚。

《周易髓腦》二卷。

不署撰者。《日本國見在書目録》著録《易髓》二卷，兩《唐志》著録《易髓》一卷，《宋志》無載，亡佚。

《易腦經》一卷。鄭氏撰。

鄭氏：疑爲郭氏。兩《唐志》著録郭氏《易腦》一卷，《宋志》無載，亡佚。

《周易玄品》二卷。

不署撰者。本志經部"易類"著録《周易玄品》二卷，與此書當爲同一書，此爲重出。

《易律曆》一卷。虞翻撰。

兩《唐志》著録《易律曆》一卷，《宋志》著録虞翻注《京房周易律曆》一卷。《直齋書録解題》卷一二著録《京氏參同契律曆志》一卷，稱虞翻注。專言占象，而不可盡通。元明以後無載，亡佚。

《易曆》七卷。

不署撰者。兩《唐志》無載，亡佚。

《易曆决疑》二卷。

不署撰者。兩《唐志》無載，亡佚。

《周易卦林》一卷。

不署撰者。兩《唐志》無載，《宋志》著録《易卦林》一卷，元明以後無載，亡佚。

《洞林》三卷。梁元帝撰。

《梁書》卷五載，梁元帝著有《洞林》三卷。兩《唐志》無載，亡佚。

《連山》三十卷。梁元帝撰。

《梁書》卷五載，梁元帝著有《連山》三十卷。《金樓子》卷五有曰："金樓年在弱冠著此書，至於立年其功始就，親躬筆削，極有其勞。"兩《唐志》著録梁元帝《連山》三十卷，《宋志》無載，亡佚。

《雜筮占》四卷。

不署撰者。《新唐志》著録《周易雜筮占》四卷，《宋志》無載，亡佚。

《五兆算經》一卷。

不署撰者。《新唐志》著録孫思邈《五兆算經》一卷，疑即此書，《宋志》無載，亡佚。

《十二靈棊卜經》一卷。梁有《管公明算占書》一卷，《五行雜卜經》十卷，亡。

不署撰者。《日本國見在書目録》著録《靈易》一卷，東方朔撰；又有《八公靈棊經》、《八公靈棊卜經》。兩《唐志》無載，《宋志》著録《靈碁經》一卷、李進注《靈碁經》一卷。《郡齋讀書志》卷一四著録《靈棊經》一卷，稱漢東方朔撰，又云張良、劉安，未知孰是。晉顔幼明、宋何承天注。《四庫全書總目》卷一〇九著録《靈棋經》二卷，提要稱此書大抵皆術士依託之詞。考《隋志》有《十二靈棊卜經》一卷，並《南史》記載，知本書出自六朝以前，由來已古矣。宋李進注《靈棋經》已佚，明劉基仿《周易》象傳體作注，以申明其義。此書又名《靈棊本章正經》二卷，東方朔撰，顔幼明、何承天注，陳世凱、劉基解，有正統《道藏》本。《靈棋經》二卷，其通行本有《四庫》本、《叢書集成》本等。管公明：即管輅。兩《唐志》無載是書，《宋志》著録管公明《隔山照》一卷，疑爲此書。《五行雜卜經》：不署撰者。《史記》卷一二八載，太史公曰，蠻夷氐羌雖無君臣之序，亦有決疑之卜。或以金石，或以草木，國不同俗。《漢志》"蓍龜家"著録《鼠序卜黄》二十五卷，兩《唐志》無載，亡佚。

《京君明推偷盜書》一卷。

京君明：即京房。兩《唐志》無載，亡佚。

《天皇大神氣君注曆》一卷。

不署撰者。《日本國見在書目録》著録《天王讖》，疑爲此書。兩《唐志》無載，亡佚。

《太史公萬歲曆》一卷。

不署撰者。《史記·太史公自序》言及其父司馬談爲太史公，掌天官，不治民。兩《唐志》著録司馬談《太史公萬歲曆》一卷，《宋志》無載，亡佚。

《千歲曆祠》一卷。任氏撰。

任氏：不詳何人。兩《唐志》著録任氏《千歲曆祠》二卷，《宋志》無載，亡佚。

《萬歲曆祠》二卷。

不署撰者。兩《唐志》著録《萬歲曆祠》二卷，《宋志》無載，亡佚。

《萬年曆二十八宿人神》一卷。

不署撰者。兩《唐志》無載，亡佚。

《六甲周天曆》一卷。孫僧化撰。

《舊唐志》著録《六甲周天曆》一卷，孫僧化作；《新唐志》著録孫僧化《六甲開天曆》一卷。《宋志》無載，亡佚。

《六十甲子曆》八卷。

不署撰者。兩《唐志》無載，亡佚。

《曆祀》一卷。

不署撰者。兩《唐志》無載，亡佚。

《田家曆》十二卷。

不署撰者。兩《唐志》無載，亡佚。

《三合紀饑穰》一卷。

不署撰者。《宋書》卷九八載，元嘉十四年（437），河西王茂虔奉表獻方物，獻《皇帝王曆三合紀》一卷。《日本國見在書目録》著録《九宮饑穰曆》，似與此書爲同類書。兩《唐志》無載，亡佚。

《師曠書》三卷。

不署撰者。師曠,《左傳・襄公十四年》"師曠侍于晉侯"。杜預注曰:"師曠,晉樂大師子野。"《漢志》"小説家"著録《師曠》六篇,班固注曰:"見《春秋》,其言淺薄,本與此同,似因託之。"《後漢書》卷八二上李賢注稱師曠之書爲災異之書。兩《唐志》著録《師曠占書》一卷;《宋志》著録《師曠擇日法》一卷,下注曰,假黄帝問答。元明以後無載,亡佚。清洪頤煊有輯本。

《海中仙人占災祥書》三卷。

不署撰者。兩《唐志》無載,亡佚。

《東方朔占》二卷。

《東方朔書》二卷。

《東方朔書鈔》二卷。

《東方朔曆》一卷。

《東方朔占候水旱下人善惡》一卷。梁有《擇日書》十卷,《太歲所在占善惡書》一卷,亡。

東方朔:見本志史部"地理類"。兩《唐志》著録《東方朔占書》一卷,《宋志》無載。《四庫全書總目》卷一〇一著録《東方朔占書》三卷,提要稱所載皆測候風雲星月及太歲六十年豐凶占驗之法,其詞皆俚不文。《隋志》有《東方朔占》、《東方朔書》等五種,蓋古來雜占之書託於東方朔者甚多,而今存者更是僞中之僞。《全漢文》卷二五有《東方朔占》之佚文。《擇日書》：不署撰者。兩《唐志》無載，亡佚。《太歲所在占善惡書》：不署撰者。兩《唐志》無載，亡佚。

《雜忌曆》二卷。魏光禄勳高堂隆撰。

高堂隆：見本志史部"刑法類"。兩《唐志》無載，亡佚。

《百忌大曆要鈔》一卷。

不署撰者。兩《唐志》無載，亡佚。

《百忌曆術》一卷。

不署撰者。兩《唐志》無載，亡佚。

《百忌通曆法》一卷。梁有《雜百忌》五卷，亡。

不署撰者。兩《唐志》無載，亡佚。《雜百忌》：不署撰者。兩《唐志》無載，亡佚。

《曆忌新書》十二卷。

不署撰者。兩《唐志》無載，亡佚。

《太史百忌曆圖》一卷。梁有《太史百忌》一卷，亡。

不署撰者。《後漢書志》第二五載，太史令一人，六百石。凡國祭祀、喪娶之事，掌奏良日及時節禁忌。此書當時節禁忌之書。兩《唐志》無載，亡佚。《太史百忌》：不署撰者。兩《唐志》無載，亡佚。

《雜殺曆》九卷。梁有《秦災異》一卷，後漢中郎郗萌撰；《後漢災異》十五卷，《晉災異簿》二卷，《宋災異簿》四卷，《雜凶妖》一卷,《破書》、《玄武書契》各一卷。亡。

不署撰者。兩《唐志》無載，亡佚。郗萌：見本志經部“異説類”。疑此書爲“異説類”著録郗萌《春秋災異》之一部分。《後漢災異》：不署撰者。《後漢書志》第一二載，泰山太守應劭、給事中董巴、散騎常侍譙周並撰建武以來災異。疑此書爲三人所撰。兩《唐志》無載，亡佚。《晉災異簿》、《宋災異簿》：皆不署撰者。疑爲二朝所記災異之遺籍。兩《唐志》無載，亡佚。《雜凶妖》：不署撰者。兩《唐志》無載，亡佚。《破書》：不署撰者。破書即言歲破、月破、日破之類。兩《唐志》無載，亡佚。《玄武書契》：不署撰者。兩《唐志》無載。亡佚。

《二儀曆頭堪餘》一卷。

“堪餘”當爲“堪輿”，下同。不署撰者。兩《唐志》無載，亡佚。

《堪餘曆》二卷。

不署撰者。兩《唐志》無載，亡佚。

《注曆堪餘》一卷。

不署撰者。兩《唐志》無載，亡佚。

《地節堪餘》二卷。

不署撰者。《新唐志》著録《地節堪輿》二卷,《宋志》無載，亡佚。

《堪餘曆注》一卷。

不署撰者。兩《唐志》著録《堪輿曆注》二卷,《宋志》著録《堪輿經》一卷、《太史堪輿》一卷。不知與此書是否爲同一書。

元明以後無載，亡佚。

《堪餘》四卷。

不署撰者。《漢志》著録《堪輿金匱》十四卷，顏師古注引許慎語："堪，天道；輿，地道。"兩《唐志》無載，亡佚。

《大小堪餘曆術》一卷。梁《大小堪餘》三卷。

不署撰者。兩《唐志》無載，亡佚。

《四序堪餘》二卷。殷紹撰。梁有《堪餘天赦書》七卷，《雜堪餘》四卷，亡。

殷紹（生卒年不詳）：長樂（今福建長樂）人。少聰敏，好陰陽術數，通達《九章》、《七曜》。太安四年（458），上《四序堪輿》，並有表奏上，其後，此書大行於世。《魏書》卷九一、《北史》卷八九有傳。《舊唐志》著録殷紹《黄帝四序堪輿》二卷，《新唐志》著録殷紹《黄帝四序堪輿》一卷，《宋志》著録殷紹《黄帝四序堪輿經》一卷，元明以後無載，亡佚。《堪餘天赦書》、《雜堪餘》：皆不署撰者。兩《唐志》無載，亡佚。

《八會堪餘》一卷。

不署撰者。《周禮·占夢》賈公彦疏曰，堪輿大會有八也，小會亦有八。兩《唐志》無載是書，亡佚。

《雜要堪餘》一卷。

不署撰者。疑此爲前録《雜堪餘》四卷之佚存，兩《唐志》無載，亡佚。

《元辰五羅算》一卷。

不署撰者。《郡齋讀書志》卷一四著録《秤星經》三卷，稱以日、月、五星、羅睺、紫炁、月孛十一曜，演十二宫宿變，以推人之貴賤、壽夭、休咎。疑五羅爲五星與羅睺之合稱。兩《唐志》無載，亡佚。

《孝經元辰》四卷。梁有《五行元辰厄會》十三卷，《孝經元辰會》九卷，《孝經元辰决》一卷，亡。

不署撰者。疑以上諸書爲前録《孝經元辰决》九卷、《孝經元辰》二卷、《推元辰厄會》一卷之别本，兩《唐志》皆無載，亡佚。

《元辰曆》一卷。

不署撰者。《新唐志》著録《元辰》一卷，脱一"曆"字，疑即此書。《宋志》無載，亡佚。

《雜元辰禄命》一卷。

不署撰者。《新唐志》著録《雜元辰禄命》一卷，《宋志》無載，亡佚。

《湴河禄命》三卷。梁有《五行禄命厄會》十卷，亡。

不署撰者。《唐六典》卷一四有曰："凡禄命有六：一曰禄，二曰命，三曰驛馬，四曰納音，五曰湴河，六曰月之宿也。"《新唐志》著録《湴河禄命》二卷，《宋志》無載，亡佚。《五行禄命厄會》：不署撰者。兩《唐志》無載，亡佚。

《乾坤氣法》一卷。許辯撰。

許辯：生平事迹不詳。兩《唐志》無載，亡佚。

《易通統卦驗玄圖》一卷。

不署撰者。《顏氏家訓·書證》引《易統通卦驗玄圖》："苦菜生於寒秋，更冬歷春，得夏乃成。""茘挺不出，則國多火災。"兩《唐志》無載，亡佚。

《易通統圖》二卷。

不署撰者。兩《唐志》無載，亡佚。

《易新圖序》一卷。

不署撰者。《新唐志》著録《周易雜圖序》一卷，《宋志》無載，亡佚。

《易通統圖》一卷。

不署撰者。或即前録之别本，兩《唐志》無載，亡佚。

《易八卦命録斗内圖》一卷。郭璞撰。

兩《唐志》無載，亡佚。

《易斗圖》一卷。郭璞撰。

兩《唐志》無載，亡佚。

《易八卦斗内圖》二卷。

不署撰者。《新唐志》著録《周易八卦斗内圖》一卷、又三卷。《宋志》無載，亡佚。

《八卦斗内圖》二卷。梁有《周易八卦五行圖》、《周易斗中八卦絶命圖》、《周易斗中八卦推游年圖》各一卷，亡。

不署撰者。兩《唐志》無載，亡佚。《周易八卦五行圖》、《周易斗中絶命圖》、《周易斗中八卦推游年圖》：皆不署撰者。兩《唐志》無載，亡佚。

《周易分野星圖》一卷。

不署撰者。兩《唐志》無載，亡佚。

《舉百事略》一卷。

不署撰者。《新唐志》著録《舉百事要略》一卷，《宋志》無載，亡佚。

《五姓歲月禁忌》一卷。

不署撰者。兩《唐志》無載，亡佚。有關"五姓"，可參見《新唐書》卷一〇七《吕才傳》。

《舉百事要》一卷。

不署撰者。兩《唐志》無載，亡佚。疑即前録《舉百事略》。

《嫁娶經》四卷。

不署撰者。兩《唐志》無載，亡佚。

《陰陽婚嫁書》四卷。

不署撰者。兩《唐志》無載，亡佚。

《雜陰陽婚嫁書》三卷。

不署撰者。兩《唐志》無載，亡佚。

《婚嫁書》二卷。

不署撰者。兩《唐志》著録《婚嫁書》二卷，《宋志》無載，亡佚。

《婚嫁黄籍科》一卷。

不署撰者。兩《唐志》無載，亡佚。

《六合婚嫁曆》一卷。梁《六合婚嫁書》及圖，各一卷。

不署撰者。兩《唐志》無載，亡佚。《六合婚嫁書》及圖：不署撰者。兩《唐志》無載，亡佚。

《嫁娶迎書》四卷。

不署撰者。兩《唐志》無載，亡佚。

《雜婚嫁書》六卷。

不署撰者。兩《唐志》無載，亡佚。

《嫁娶陰陽圖》二卷。

《陰陽嫁娶圖》二卷。

二書皆不署撰者。兩《唐志》無載，亡佚。疑此二書爲同一書。

《雜嫁娶房内圖術》四卷。

不署撰者。兩《唐志》無載，亡佚。

《九天嫁娶圖》一卷。

不署撰者。兩《唐志》無載，亡佚。

《六甲貫胎書》一卷。

不署撰者。兩《唐志》無載，亡佚。

《産乳書》二卷。

不署撰者。《隋書》卷七八載，劉祐撰《産乳志》二卷，疑即此書。兩《唐志》無載，亡佚。

《産經》一卷。

不署撰者。兩《唐志》無載，亡佚。

《推産婦何時産法》一卷。王琛撰。

兩《唐志》著録王琛《推産婦何時産法》一卷，《宋志》無載，亡佚。

《推産法》一卷。

不署撰者。兩《唐志》無載，亡佚。

《雜産書》六卷。

不署撰者。兩《唐志》無載，亡佚。

《生産符儀》一卷。

不署撰者。兩《唐志》無載，亡佚。

《産圖》二卷。

不署撰者。兩《唐志》無載，亡佚。

《雜産圖》四卷。

不署撰者。兩《唐志》無載，亡佚。

《拜官書》三卷。

不署撰者。兩《唐志》無載，亡佚。

《臨官冠帶書》一卷。

不署撰者。兩《唐志》無載，亡佚。

《仙人務子傳神通黄帝登壇經》一卷。

仙人務子，不知爲何人，疑其爲務成子。《漢志》“小説家”著録《務成子》十一篇，“五行家”著録《務成子災異應》十四卷，此書或爲其殘卷。兩《唐志》無載，亡佚。

《壇經》一卷。四等撰。

四等：不似人名，或有脱誤。兩《唐志》無載，亡佚。

《登壇經》三卷。

不署撰者。兩《唐志》著録《登壇經》一卷，《宋志》無載，亡佚。

《五姓登壇圖》一卷。

不署撰者。兩《唐志》無載，亡佚。

《登壇文》一卷。梁有《二公地基》一卷，《雜地基立成》五卷，《八神圖》二卷，《十二屬神圖》一卷，亡。

不署撰者。兩《唐志》無載，亡佚。《二公地基》、《雜地基立成》、《八神圖》：皆不署撰者。兩《唐志》無載，亡佚。《十二屬神圖》：《歷代名畫記》卷三載《十二屬神圖》一卷，兩《唐志》無載，亡佚。

《沐浴書》一卷。梁有《裁衣書》一卷，亡。

不署撰者。《論衡・譏日》載：“《沐書》曰，子日沐，令人愛之；卯日沐，令人白頭。”《南史》卷八載，梁簡文帝撰《沐浴經》

三卷。兩《唐志》無載，亡佚。《裁衣書》：不署撰者。《論衡·譏日》有曰："裁衣有書，書有吉凶。凶日製衣則有禍，吉日製衣則有福。"兩《唐志》無載，亡佚。

《占夢書》三卷。京房撰。

兩《唐志》無載，亡佚。

《占夢書》一卷。崔元撰。

崔元：生平事迹不詳。兩《唐志》無載，亡佚。

《竭伽仙人占夢書》一卷。

不署撰者。竭伽仙人疑即婆羅門竭伽仙人，前録其《天文説》三十卷。兩《唐志》無載，亡佚。

《占夢書》一卷。周宣等撰。

周宣（生卒年不詳）：字孔和，樂安（今山東博興）人。爲郡吏。魏文帝曹丕數問夢，以其爲中郎，屬太史。周宣叙夢，十中八九，世以比朱建平之相。明帝末卒。《三國志》卷二九有傳。兩《唐志》著録周宣《占夢書》三卷，《宋志》無載，亡佚。

《新撰占夢書》十七卷。并目録。

不署撰者。兩《唐志》無載，亡佚。

《夢書》十卷。

不署撰者。兩《唐志》無載，亡佚。

《解夢書》二卷。

不署撰者。兩《唐志》無載，亡佚。

《海中仙人占體瞤及雜吉凶書》三卷。

不署撰者。瞤（shùn），一解眼跳，一解肌肉掣動。兩《唐志》無載，亡佚。

《海中仙人占吉凶要略》二卷。

不署撰者。兩《唐志》無載，亡佚。

《雜占夢書》一卷。梁有《師曠占》五卷，《東方朔占》七卷，《黄帝太一雜占》十卷，《和菟鳥鳴書》、《王喬解鳥語經》、《嚏書》、《耳鳴書》、《目瞤書》各一卷，《董仲舒請禱書》三卷，亡。

不署撰者。《漢志》"雜占家"著録《黄帝長柳占夢》等十八家。1975年，湖北雲夢睡虎地11號秦墓出土秦簡《日書》兩種，都有自題夢的一篇文字，皆講禳除惡夢之法。兩《唐志》無載是書，亡佚。《師曠占》：前已録《師曠書》三卷，當是此五卷之殘卷。《東方朔占》：前已録《東方朔占》等數種，疑此爲其一別本。《黄帝太一雜占》：前録《太一式雜占》，不知是否即此書。和菟：似人名，不詳何人。兩《唐志》無載，亡佚。《王喬解鳥語經》：前已録王喬《鳥情占》，疑與此爲同一書。《嚏書》、《耳鳴書》、《目瞤書》：皆不署撰者。《漢志》"雜占家"著録《嚏耳鳴雜占》十六卷，兩《唐志》不載此三書，亡佚。近代學者饒宗頤集録居延漢簡中有關耳鳴、目瞤的内容，撰寫《居延漢簡術數耳鳴目瞤解》，刊登在《大陸雜志》卷一三上。董仲舒：見本志經部"春秋類"。《漢書》卷五六載，董仲舒以《春秋》災異之變推陰陽所以錯行，故求雨，閉諸陽，縱諸陰，其止雨反是，未嘗不得所欲。《漢志》"雜占家"著録《請雨止雨》二十六卷，疑爲董仲舒所爲。此書或即董仲舒所留遺者。兩《唐志》無載，亡佚。

《竈經》十四卷。梁簡文帝撰。梁又有《祠竈書》一卷，《六甲祀書》二卷，又有《太玄禁經》、《白獸七變經》、《墨子枕中五行要記》、《淮南萬畢經》、《淮南變化術》、《陶朱變化術》各一卷，《三五步剛》三十卷，《五行變化墨子》五卷，《淮南中經》四卷，《六甲隱形圖》五卷，《太史公素王妙論》二卷，亡。

《南史》卷八載，簡文帝撰有《竈經》二卷，與此書卷數相差頗多，或多後人附益。兩《唐志》無載，亡佚。《祠竈書》：不署撰者，《史記》卷二八載，李少君以祠竈、穀道、卻老方見武帝，言祠竈之術。武帝始親祠竈。兩《唐志》著録《祠竈經》一卷，《宋志》無載，亡佚。《六甲祀書》：不署撰者。兩《唐志》無載，亡佚。《太玄禁經》：不署撰者。《後漢書》卷八二下載，徐登善巫術，禁溪水，水爲之不流。《日本國見在數目録》著録《三五禁法》、《三五神禁》，與此書爲同類書。兩《唐志》無載，亡佚。《白獸七變經》：不署撰者。《抱朴子・遐覽》言及《白虎七變法》。兩《唐志》無載，亡佚。《墨子枕中五行要記》：《抱朴子・遐覽》稱《墨子五行記》本有五卷，昔劉安未仙去時，鈔取其要，以爲一卷。兩《唐志》無載，亡佚。《淮南萬畢經》：不署撰者。《舊唐志》著録《淮南王萬畢術》一卷，劉安撰；《新唐志》著録《淮南王萬畢術》一卷。《宋志》無載，亡佚。《説郛》存一卷，清孫馮翼、丁晏、茆泮林、黄奭，民國葉德輝有輯本。《淮南變化術》：亦爲劉安所作。兩《唐志》無載，亡佚。《陶朱變化術》：當爲范蠡所作。兩《唐志》無載，亡佚。《三五步剛》：不署撰者。《抱朴子・遐覽》提及《步三罡六紀經》，應與此書爲同類書。兩《唐志》無載，亡佚。《五行變化墨子》：疑與前録《墨子枕中五行要記》爲一書。《淮南中經》：《漢書》卷四四載，劉安招致賓客方士數千人，又作《中篇》八卷，言神仙黄白之術，亦二十餘萬言。《漢書》卷三六載，淮南王有枕中《鴻寶苑祕書》，書言神仙使鬼物爲金之術。兩《唐志》無載，亡佚。《六甲隱形圖》：不署撰者。《歷代名畫記》卷三載有《六甲隱形圖》，兩《唐志》無載，亡佚。

《太史公素王妙論》：司馬遷撰。司馬遷見本志史部“正史類”。《史記》卷四一《集解》引《太史公素王妙論》。《漢志》、兩《唐志》無載是書，亡佚。清馬國翰有輯本，《全漢文》卷二六有輯文。

《瑞應圖》三卷。

不署撰者。《日本國見在書目録》著録《瑞應圖》十五卷，《歷代名畫記》卷三載《古瑞應圖》二卷，不知二《瑞應圖》是否與此有關。兩《唐志》無載，亡佚。

《瑞應贊》二卷。 梁有孫柔之《瑞應圖記》、《孫氏瑞應圖贊》各三卷，亡。

不署撰者。兩《唐志》無載，亡佚。孫柔之：生平事迹不詳。《舊唐志》“雜家類”著録孫柔之《瑞應圖記》二卷、熊理《瑞應圖贊》三卷，《新唐志》著録孫柔之《瑞應圖記》三卷、熊理《瑞應圖贊》三卷，《宋志》無載，亡佚。《説郛》存孫柔之《孫氏瑞應圖》一卷，清馬國翰、王仁俊及民國葉德輝有孫書輯本。

《祥瑞圖》十一卷。

不署撰者。《歷代名畫記》卷三著録《祥瑞圖》十卷，下有注曰：“起天有黄道，失撰者。”又載《符瑞圖》十卷，下注曰：“日月揚廷光，並集孫氏、熊氏圖。”《舊唐志》“雜家”著録《祥瑞圖》十卷、顧野王《符瑞圖》十卷；《新唐志》“雜家”著録顧野王《符瑞圖》十卷，又《祥瑞圖》十卷。《宋志》無載，亡佚。

《祥瑞圖》八卷。 侯亶撰。

侯亶：生平事迹不詳。《新唐志》“雜家”著録侯亶《祥瑞圖》八卷，《宋志》無載，亡佚。

《芝英圖》一卷。

不署撰者。芝英，傳説中的一種瑞草。《宋書》卷二九載，芝英者，王者親近耆老，養有道，則生。兩《唐志》無載，亡佚。

《祥異圖》十一卷。

不署撰者。兩《唐志》無載，亡佚。

《災異圖》一卷。

不署撰者。兩《唐志》無載，亡佚。

《地動圖》一卷。

不署撰者。兩《唐志》無載，亡佚。

《張掖郡玄石圖》一卷。高堂隆撰。

《三國志》卷三裴注引《魏氏春秋》語，張掖郡删丹縣金山玄川溢涌，寶石負圖，狀象靈龜。兩《唐志》"雜家"著録高堂隆《張掖玄石圖》一卷，《宋志》無載，亡佚。

《張掖郡玄石圖》一卷。孟衆撰。梁有《晉玄石圖》一卷，《晉德易天圖》二卷，亡。

孟衆：生平事迹不詳。兩《唐志》"雜家"著録孟衆《張掖玄石圖》一卷，《宋志》無載，亡佚。《晉玄石圖》：不署撰者。《晉書》卷三載，泰始三年四月，張掖太守焦勝上言，氐池縣大柳谷有玄石一所，白晝成文，實大晉之休祥，圖之以獻。詔以製幣告於太廟，藏之天府。兩《唐志》無載，亡佚。《晉德易天圖》：不署撰者。兩《唐志》無載，亡佚。

《天鏡》二卷。

不署撰者。兩《唐志》無載，亡佚。清馬國翰、王仁俊有輯本。

《乾坤鏡》二卷。梁《天鏡》、《地鏡》、《日月鏡》、《四規鏡經》各一卷，《地鏡圖》六卷，亡。

不署撰者。《日本國見在書目録》著録《乾坤鏡》一卷，兩《唐志》無載，亡佚。《天鏡》、《地鏡》：皆不署撰者。《日本國見在書目録》著録《天鏡經》一卷、《地鏡經》一卷，兩《唐志》無載，亡佚。此二書有清馬國翰、王仁俊輯本。《日月鏡》、《四規鏡經》：皆不署撰者。《抱朴子・遐覽》言，道書中有《日月臨鏡經》《四規經》。兩《唐志》無載，亡佚。《地鏡圖》：不署撰者。兩《唐志》無載，亡佚。清王謨、馬國翰、王仁俊有輯本。又，《孫氏祠堂書目》著録洪頤煊集本《地鏡圖》一卷。

《望氣書》七卷。

不署撰者。兩《唐志》無載，亡佚。

《雲氣占》一卷。梁《望氣相山川寶藏祕記》一卷，《仙寶劍經》二卷，亡。

不署撰者。兩《唐志》無載，亡佚。《望氣相山川寶藏祕記》：不署撰者。《漢志》“雜占家”著録《五法積貯寶藏》二十三卷，應與此書爲同類書。兩《唐志》無載，亡佚。《仙寶劍經》：不署撰者。《漢志》“形法家”著録《相寶劍刀》二十卷，應與此書有關聯，故疑“仙”爲“相”之誤。兩《唐志》無載，亡佚。

《地形志》八十卷。庾季才撰。

前已録庾季才《地形志》八十七卷，此爲重出。

《宅吉凶論》三卷。

不署撰者。兩《唐志》無載，亡佚。

《相宅圖》八卷。

不署撰者。《漢書》卷八七上孟康注曰："堪輿，神名，造圖宅書者。"《歷代名畫記》卷三載，《周公成壞吉凶圖》、《相宅園地圖》、《陰陽宅相圖》，疑與此書内容相類。兩《唐志》無載，亡佚。

《五姓墓圖》一卷。梁有《冢書》、《黄帝葬山圖》各四卷，《五音相墓書》五卷，《五音圖墓書》九十一卷，《五姓圖山龍》及《科墓葬不傳》各一卷，《雜相墓書》四十五卷，亡。

不署撰者。《周禮·春官》屬下有冢人掌公墓之地，辨其兆域而爲之圖。有墓大夫掌凡邦墓之地域爲之圖。《漢志》"形法家"著録《宫宅地形》及《相人》，然漢代尚未專言葬法。兩《唐志》無載，亡佚。梁有諸書皆不署撰者，兩《唐志》無載，亡佚。

《相書》四十六卷。

不署撰者。兩《唐志》無載，《宋志》著録《十七家集衆相書》。《郡齋讀書志》卷一四著録《三十二家相書》三卷。稱或集許負以下三十二家書，成此編。或爲四十六卷《相書》之存殘者。

《相經要録》二卷。蕭吉撰。《相經》三十卷，鍾武隸撰；《相書》十一卷，樊、許、唐氏；《武王相書》一卷，《雜相書》九卷，《相書圖》七卷。亡。

《北史》卷八九載，蕭吉撰《相經要録》一卷，兩《唐志》無載，亡佚。鍾武隸：生平事迹不詳。其書兩《唐志》無載，亡佚。樊氏，不詳何人。許氏，當指許負（生卒年不詳）。《北史》卷八九有曰"論相術，則内史叔服、姑布子卿、唐舉、許負"。《史通・書志》有曰"至若許負《相經》、揚雄《方言》，並當時所重，見傳流俗"。《日本國見在書目録》著録許負《男相女經》三卷，《宋志》著録許負《相訣》三卷、《形神心鑑圖》一卷。唐氏，應指唐舉。《宋志》著録唐舉《肉眼通神論》三卷。此《相書》疑爲樊、許、唐三家合集，兩《唐志》無載，亡佚。《武王相書》：不署撰者。兩《唐志》無載，亡佚。《雜相書》：不署撰者。兩《唐志》無載。《直齋書録解題》卷一二著録《雜相書》一卷，稱凡二十三種，又有拾遺。元明以後無載，亡佚。《相書圖》：《歷代名畫記》卷三載有《黄帝樊薛許氏相圖》，當與此圖有關。兩《唐志》無載，亡佚。

《相手板經》六卷。梁《相手板經》、《受版圖》、韋氏《相板印法指略抄》、魏徵東將軍程申伯《相印法》各一卷，亡。

不署撰者。手板，又作手版，即古笏，有事則書之。見《宋書》卷一八。兩《唐志》無載，亡佚。《説郛》存《相手板經》一卷。《受版圖》：不署撰者。兩《唐志》無載，亡佚。韋氏：指韋誕（179—253），字仲將。有文才，善屬辭章。建安中，特拜郎中，稍遷侍中中書監，以光禄大夫遜位。七十五歲卒。見《三國志》卷二一裴注引《文章叙録》。其書兩《唐志》無載，亡佚。程申伯：名喜，青龍中，爲青州刺史。齊王時爲征北將軍。見《三國志》卷一一。《三國志》卷九注引《魏氏春秋》，其文稱《相印法》本出陳長文，陳長文以語韋仲將。又曰，《相印經》本出漢代，有《相印》、《相笏經》，又有《鷹經》、《牛經》、《馬經》。以法語程申伯，是故有一十二家《相法》傳於世。其書兩《唐志》無載，亡佚。

《大智海》四卷。

不署撰者。《歷代名畫記》卷三有《妖怪圖》，或即此圖。兩《唐志》無載，亡佚。

《白澤圖》一卷。

不署撰者。《歷代名畫記》卷三載《白澤圖》一卷，下有注曰，三百二十事，出《抱朴子》。黄帝巡東海而遇之。兩《唐志》著録《白澤圖》一卷，《宋志》無載，亡佚。清馬國翰、王仁俊、洪頤煊有輯本。

《相馬經》一卷。梁有《伯樂相馬經》、《闕中銅馬法》、《周穆王八馬圖》、《齊侯大夫甯戚相牛經》、《王良相牛經》、《高堂隆相牛經》、《淮南八公相鵠經》、《浮丘公相鶴書》、《相鴨經》、《相雞經》、《相鵝經》、《相貝經》，《祖暅權衡記》、《稱物重率術》各二卷，《劉潛泉圖記》三卷，亡。

不署撰者。《日本國見在書目録》著録《相馬經》二卷，《舊唐志》"農家"著録《相馬經》二卷，《新唐志》"農家"著録《相馬經》三卷。伯樂（生卒年不詳）：春秋秦穆公時人，姓孫，名陽。善相馬。見《莊子·馬蹄》。《日本國見在書目録》著録《伯樂相馬圖》七卷、孫伯樂《相馬經》一卷、知非《相馬經》一卷。兩《唐志》"農家"著録伯樂《相馬經》一卷，又著録徐成等《相馬經》二卷、諸葛穎《相馬經》六十卷。《崇文總目》著録《周穆王相馬經》三卷。《郡齋讀書志》卷一五著録伯樂《相馬經》二卷，又著録《相馬經》一卷，稱未詳撰人。述相馬法式，並著馬之疾狀及治療之術。《直齋書録解題》卷一二著録光禄少卿孫珪《集馬相書》一卷。《宋志》著録蕭繹《相馬經》一卷、常知非《馬經》三卷。元明以後無載，亡佚。《説郛》存一卷，清王仁俊、陶棟有輯本。1973 年湖南長沙馬王堆 3 號漢墓出土帛書，約五千字，整理者根據其内容，爲其定名爲《相馬經》，與今傳世的本子，不論是内容還是文體，都有較大出入，可能是戰國時期楚人之作。見 1977 年第 8 期《文物·帛書史話》。《闕中銅馬法》：不署撰者。《後漢書》卷二四載，馬援好騎，善别名馬。於交阯得駱越銅鼓，乃鑄爲馬式，還朝上之。此馬高三尺五寸，圍四尺五寸。有詔置於宣德殿下，以爲名馬式焉。《周穆王八馬圖》：不署撰者。《史記》卷五載，造父因善御得幸於周穆王，得驥、温驪等。《索隱》列八馬，稱其即爲八駿。《歷代名畫記》卷五載，晋史道碩有《八駿圖》。《崇文總目》“小説家”著録《八駿圖》一卷，史道規畫。兩《唐志》無載，亡佚。甯戚：齊大夫。《後漢書》卷六〇下載蔡邕《釋誨》：“寧子有清商之歌，百里有豢牛之事。”其注引《淮南子》解之，稱此乃甯戚自薦於齊桓公之事。兩《唐志》“農家”著録甯戚《相牛經》一卷。《郡齋讀書志》卷一五著録《相牛經》一卷，稱甯戚傳之百里奚。漢世河西薛公得其書以相牛，千百不失其一。至魏世高堂生又傳晋宣帝，其後祕之。《説郛》存一卷，清王仁俊有輯本。王良：《漢書》卷六四下、卷一〇〇上皆提及王良，古代善馭者馬者。其書兩《唐志》無載，亡佚。高堂隆《相牛經》：《世説新語・汰侈》“《牛經》出甯戚，傳百里奚……至魏世高堂生又傳以與晋宣帝，其後王愷得其書焉”。其書兩《唐志》無載，亡佚。淮南八公：《史記》卷一一八《索隱》引《淮南要略》，劉安養士數千，高才者八人，蘇非、李尚、左吴、陳由、伍被、毛周、雷被、晋昌，號曰“八公”。其書兩《唐志》無載，亡佚。浮丘公：傳説爲王子喬之師。《昭明文選》卷一四《舞鶴賦》注曰，《相鶴經》者，出自浮丘公，公以自授王子晋。崔文子者，學仙於子晋，得其書藏於嵩高山石室。及淮南八公采藥得之，遂傳於世。兩《唐志》“農家”著録浮丘公《相鶴經》一卷，《宋志》著録趙浮丘公《相鶴經》一卷。元明以後無載，亡佚。《説郛》、《百川學海》各存一卷，又有清王仁俊、陶棟輯本。《相鴨經》、《相雞經》、《相鵝經》：皆不署撰者。兩《唐志》無載，亡佚。《相貝經》：不署撰者。《藝文類聚》卷八四載，《相貝經》，朱仲受之於琴高。琴高乘魚，浮於海河，水産必究。仲學仙於高，而得其法。朱仲贈嚴助以經尺之貝，並致此文於助。故題此書或爲朱仲撰，或爲嚴助撰。兩《唐志》“農家”著録《相貝經》一卷，《宋志》、《直齋書録解題》卷一二著録《相貝經》一卷。元明以後無載，亡佚。《説郛》存一卷，又有清王仁俊輯本，題朱仲（或嚴助）撰。《權衡記》：《漢書》卷二一上載，衡，平也；權，重也。衡所以任權而均衡平輕重也。兩《唐志》無載，亡佚。《稱物重率術》：此書或爲祖暅作，或未署撰者。兩《唐志》無載，亡佚。劉潛（484—550）：字孝儀，彭城（今江蘇徐州）人。歷任伏波將軍、臨海太守、豫章内史等。侯景寇京邑，被逼失郡。大寶元年（550）病卒，時年六十七。《梁書》卷四一、《南史》卷三九有傳。兩《唐志》無載，亡佚。

右二百七十二部，合一千二十二卷。

二百七十二部：實際著録三百三十八部，又著録亡書一百五十一部。

五行者，金、木、水、火、土，五常之形氣者也[1]。在天爲五星[2]，在人爲五藏[3]，在目爲五色[4]，在耳爲五音[5]，在口爲五味[6]，在鼻爲五臭[7]。在上則出氣施變，在下則養人不倦。故《傳》曰：“天生五材，廢一不可[8]。”是以聖人推其終始，以通神明之變，爲卜筮以考其吉凶，占百事以觀於來物，覩形法以辨其貴賤[9]。《周官》則分在保章[10]、馮相[11]、卜師[12]、筮人[13]、占夢[14]、眡祲[15]，而太史之職，實司總之。小數者纔得其十牗[16]，便以細事相亂，以惑於世。

[1] 五常：即五行。

[2] 五星：金星、木星、水星、火星、土星，五大行星。

[3] 五藏：脾、肺、腎、肝、心，人之五臟。

[4] 五色：青、黄、赤、白、黑五色。

[5] 五音：宫、商、角、徵、羽五音。

[6] 五味：酸、苦、甘、辛、鹹五味。

[7] 五臭（xiù）：膻、薰、香、腥、腐，五種氣味。

[8]《傳》曰：見《左傳·襄公二十七年》。原文作"天生五材，民並用之，廢一不可"。五材，金、木、水、火、土。

[9] 形法：數術之一，指堪輿、骨相等方術。

[10] 保章：古代官職，掌天星，以志星辰、日月之變動，以觀天下之遷，辨其吉凶。

[11] 馮相：古代官職，掌十有二歲、十有二月、十有二辰、十日、二十有八星之位，辨其叙事，以會天位。

[12] 卜師：古代官職，掌開龜之四兆,一曰方兆,二曰功兆,三曰義兆,四曰弓兆。

[13] 筮人：古代官職，掌三《易》，以辨九筮之名。一曰《連山》，二曰《歸藏》，三曰《周易》。九筮之名，一曰巫更，二曰巫咸，三曰巫式，四曰巫目，五曰巫易，六曰巫比，七曰巫祠，八曰巫參，九曰巫環，以辨吉凶。

[14] 占夢：古代官職，掌其歲時，觀天地之會，辨陰陽之氣，以日月、星辰占六夢之吉凶。

[15] 眡祲（shì jìn）：古代官職，掌十煇之法，以觀妖祥，辨吉凶。

[16] 數：技藝。觕（cū），同"粗"，粗疏、粗略。

醫方家

《黄帝素問》九卷。梁八卷。

不署撰者。《漢志·方伎略》著録《黄帝内經》十八卷、《外經》三十七卷。《舊唐志》著録《黄帝素問》八卷。《新唐志》著録王冰注《黄帝素問》二十四卷。《宋志》著録《黄帝内經素問》二十四卷，唐王冰注。《郡齋讀書志》卷一五著録《黄帝素問》二十四卷，稱昔人謂《素問》者，以素書黄帝之問。《素問》爲《漢志》所著録《黄帝内經》九卷。先是第七亡逸，(王)冰時始獲，乃詮次注釋。凡八十一篇，分二十四卷。《直齋書録解題》卷一三著録《黄帝内經素問》二十四卷，稱其爲黄帝與岐伯問答。此固出於後世依託，要是醫書之祖也。《四庫全書總目》卷一〇三著録《黄帝素問》二十四卷，稱後漢張機《傷寒論》引《黄帝内經》，始稱《素問》，《素問》之名起於漢晉間。今存署王冰注、宋林億等校正、孫兆改誤之《黄帝内經素問》二十四、亡編一卷，有金刻本。通行本爲《道藏》本、《四庫》本等。

《黄帝甲乙經》十卷。音一卷。梁十二卷。

不署撰者。《日本國見在書目録》著録《黄帝甲乙經》十二卷，玄晏先生(皇甫謐)撰；《舊唐志》著録《黄帝三部鍼經》十三卷，皇甫謐撰；《新唐志》著録皇甫謐《黄帝三部鍼經》十二卷、《黄帝甲乙經》十二卷；《宋志》著録《黄帝三部鍼經》

十二卷，小注曰，“即《甲乙經》”。《四庫全書總目》卷一〇三著録《甲乙經》八卷，提要稱此書有皇甫謐自序，其言曰《黄帝内經》十八卷，今有《鍼經》九卷、《素問》九卷；又有《明堂孔穴鍼灸治要》，皆黄帝歧伯選事。乃撰集三部，使類相從，删其浮詞，除其重複，至爲十二卷。此書乃裒合舊文而成。《隋志》删皇甫謐名，似乎爲黄帝自作，則於文爲謬。《甲乙經》有《四庫》本、《中國醫學大成》本；《鍼灸甲乙經》有《古今醫統正脈全書》本等。

《黄帝八十一難》二卷。梁有《黄帝衆難經》一卷，吕博望注，亡。

不署撰者。《日本國見在書目録》著録《黄帝八十一難經》九卷，楊玄操撰；《舊唐志》著録《黄帝八十一難經》一卷，秦越人撰；《新唐志》著録秦越人《黄帝八十一難經》二卷；《宋志》著録《扁鵲注黄帝八十一難經》二卷，秦越人撰。《史記》卷一〇五載，渤海郡鄭人，姓秦氏，名越人。《郡齋讀書志》卷一五著録《吕楊注八十一難經》五卷，稱秦越人撰，吴吕廣注，楊玄操演。秦越人采《黄帝内經》精要之説，凡八十一章。以其理趣深遠，非易了，故名《難經》。又著録《丁德用注難經》五卷，稱以楊玄操所演甚失大義，因改正之。《直齋書録解題》卷一三著録《難經》二卷，稱渤海秦越人撰，濟陽丁德用補注。《隋志》始有《難經》,《唐志》遂題云秦越人，皆不可考。《四庫全書總目》卷一〇三著録《難經本義》二卷，題周秦越人撰，元滑壽注。稱其曰《難經》者，謂經文有疑，各設問難以明之，其中有此稱經云。而《素問》、《靈樞》無之者，則今本傳寫脱簡也。此書今有《四庫》本、《古今醫統正脈全書》本等。吕博望：即吕廣，疑“博望”爲其字。《郡齋讀書志》言《難經》爲吕廣所注，《直齋書録解題》提及太醫令吕廣重編《難經》，或均指此書。《宋志》無載，亡佚。

《黄帝鍼經》九卷。梁有《黄帝鍼灸經》十二卷，徐悦、龍衔素《鍼經並孔穴蝦蟆圖》三卷，《雜鍼經》四卷，程天祚《鍼經》六卷，《灸經》五卷，《曹氏灸方》七卷，秦承祖《偃側雜鍼灸經》三卷，亡。

不署撰者。兩《唐志》著録《黄帝針經》十卷，《宋志》著録《黄帝鍼經》九卷。《玉海》卷六三載，《針經》亦八十一篇，以九鍼十二原爲首，王冰以《鍼經》爲《靈樞》。此書元明以後無載，亡佚。兩《唐志》著録《黄帝鍼灸經》十二卷，《宋志》著録皇甫謐《黄帝三部針灸經》十二卷，下小注曰“即《甲乙經》”。疑爲今存《鍼灸甲乙經》。徐悦：生平事迹不詳。龍衔素，生平事迹不詳。兩《唐志》著録龍衔素《針經並孔穴蝦蟇圖》三卷，《宋志》無載，亡佚。《雜鍼經》：不署撰者。兩《唐志》無載，亡佚。程天祚（？—466）：廣平（今河北鷄澤）人。元嘉二十七年（450）助戍彭城，戰敗被俘。因妙善針術，得拓跋燾愛賞，封爲南安公。後逃歸宋，爲山陽太守。見《宋書》卷七四。兩《唐志》無載其《鍼經》，亡佚。《灸經》：不署撰者。兩《唐志》無載，亡佚。《曹氏灸方》：不署撰者。兩《唐志》無載，亡佚。秦承祖：性耿介，專好藝術，於方藥不問貴賤皆治療之，多所全獲，當時稱之爲上手。撰方二十卷，大行於世。見《太平御覽》卷七二二。兩《唐志》無載《偃側雜鍼灸經》，亡佚。

徐叔嚮《鍼灸要鈔》一卷。

徐叔嚮（生卒年不詳）：東海（今江蘇境内）人。祖父徐熙爲名震海内的名醫，其傳承家學，亦能精其業。見《南史》卷三二。《新唐志》著録《徐叔嚮鍼灸要鈔》一卷，《宋志》無載，亡佚。

《玉匱鍼經》一卷。

不署撰者。兩《唐志》著録《玉匱針經》十二卷,《宋志》、《崇文總目》著録吕博《金滕玉匱針經》三卷。元明以後無載,亡佚。

《赤烏神鍼經》一卷。

不署撰者。《唐六典》卷一四載，鍼生習《素問》、《黄帝鍼經》、《明堂脈訣》，兼習《流注》、《偃側》等圖,《赤烏神鍼》等經。兩《唐志》著録張子存《赤烏神針經》一卷,《宋志》無載,亡佚。

《岐伯經》十卷。

岐伯：黄帝臣。受命嘗味草木，典主醫病經方，於是有《本草》、《素問》之書。見《太平御覽》卷七二一。此書兩《唐志》無載，亡佚。

《脉經》十卷。王叔和撰。

王叔和（210？—258？）：西晉高平（今山東魚台北）人。性度沉静，博通經方，精意診處，尤好著述。見《郡齋讀書志》卷一五。《新唐志》著録《脉經》十卷,《宋志》著録王叔和《脉經》十卷。《郡齋讀書志》卷一五著録王叔和《脉經》十卷，稱其書纂岐伯、華佗等論脈要訣所成，凡九十七篇。此書今存最早的本子爲宋林億等校定，元天曆三年（1330）廣勤書堂刻本；通行本有《守山閣叢書》本、《四部叢刊》本等。

《脉經》二卷。梁《脉經》十四卷，又《脉生死要訣》二卷；又《脉經》六卷，黄公興撰；《脉經》六卷，秦承祖撰；《脉經》十卷，康普思撰。亡。

不署撰者。兩《唐志》著録《脉經》二卷，《宋志》無載，亡佚。《脉經》十四卷、《脉生死要訣》：皆不署撰者。兩《唐志》無載，亡佚。黄公興：生平事迹不詳。兩《唐志》無載是書，亡佚。秦承祖：生平事迹不詳。其書兩《唐志》無載，亡佚。康普思：生平事迹不詳。兩《唐志》無載是書，亡佚。1973 年湖南長沙馬王堆 3 號漢墓發現帛書《足臂十一脉灸經》、《陰陽十一脉灸經》、《陰陽脉死候》、《脉法》，1983 年湖北江陵張家山 247 漢墓出土的漢簡《脉書》，或許與《脉經》有某種關聯。

《黄帝流注脉經》一卷。梁有《明堂流注》六卷，亡。

不署撰者。《新唐志》著録《黄帝流注脉經》一卷，《宋志》無載，亡佚。《明堂流注》：不署撰者。兩《唐志》無載，亡佚。

《明堂孔穴》五卷。梁《明堂孔穴》二卷，《新撰鍼灸穴》一卷，亡。

不署撰者。《新唐志》著録《明堂孔穴》五卷，《宋志》無載，亡佚。《新撰鍼灸穴》：不署撰者。兩《唐志》無載，亡佚。

《明堂孔穴圖》三卷。

不署撰者。兩《唐志》無載，亡佚。

《明堂孔穴圖》三卷。梁有《偃側圖》八卷，又《偃側圖》二卷。

不署撰者。疑與上條重出。二《偃側圖》均不見於兩《唐志》，亡佚。

《神農本草》八卷。梁有《神農本草》五卷，《神農本草屬物》二卷，《神農明堂圖》一卷，《蔡邕本草》七卷，《華佗弟子吴普本草》六卷,《陶隱居本草》十卷,《隨費本草》九卷,《秦承祖本草》六卷,《王季璞本草經》三卷,《李譡之本草經》、《談道術本草經鈔》各一卷,《宋大將軍參軍徐叔嚮本草病源合藥要鈔》五卷,《徐叔嚮等四家體療雜病本草要鈔》十卷,《王末鈔小兒用藥本草》二卷,《甘濬之癰疽耳眼本草要鈔》九卷,《陶弘景本草經集注》七卷,《趙贊本草經》一卷,《本草經輕行》、《本草經利用》各一卷，亡。

不署撰者。《帝王世紀》稱，神農氏教天下耕種五穀而食之，嘗味草木，著《本草》四卷。見《太平御覽》卷七二一。《漢書》卷一二載，平帝元始五年（5），徵天下通知曆算、方術、《本草》等教授者。卷九二載，樓護誦醫經、《本草》、方術數十萬言。然《漢志》無載《本草》。兩《唐志》著録《神農本草》三卷,《宋志》無載，亡佚。《神農本草屬物》：不署撰者。“屬物”疑爲“食物”之誤。《漢志·方技略》著録《神農黄帝食禁》七卷，兩《唐志》無載，亡佚。《神農明堂圖》：不署撰者。《歷代名畫記》卷三載《神農本草例圖》，不知是否即此圖，蔡邕：見本志經部“禮類”。《後漢書》卷六〇下《蔡邕傳》未記載其撰此書，兩《唐志》無載，亡佚。吴普（生卒年不詳）：廣陵（今江蘇揚州）人。從華佗學醫，依華佗要求診治，多所全濟。華佗囑其五禽戲，施行之。九十多歲，耳目聰明，齒牙完堅。見《三國志》卷二九。兩《唐志》著録吴普《吴氏本草因》六卷,《宋志》無載，亡佚。清有孫星衍、孫馮翼、顧觀光、黄奭、姜國伊、王仁俊輯本。另據《中國醫籍通考》載，尚有焦循輯本（未正式出版）和日人森立之輯本。陶隱居：即陶弘景，見本志經部“詩類”。兩《唐志》無載其書，亡佚。隨費：不知是一人名隨費，還是隨氏、費氏。生平事迹不詳。兩《唐志》無載其書，亡佚。秦承祖《本草》六卷：兩《唐志》無載，亡佚。王季璞：生平事迹不詳。兩《唐志》無載其書，亡佚。李譡之：或作李當之。《本草綱目序例》韓保昇《蜀本草》曰李當之華佗弟子，修《神農本草》三卷，而世少行。兩《唐志》著録《李氏本草》三卷，《宋志》無載，亡佚。談道術：或作談道述。生平事迹不詳。兩《唐志》無載其書，亡佚。《本草病源合藥要鈔》：兩《唐志》著録《本草病源合藥節度》五卷，不署撰者，疑即此書。《宋志》無載，亡佚。《體療雜病本草要鈔》：《唐六典》卷一四載，醫博士以醫術教授諸生，其中十一人學體療，七年學成。四家，疑爲徐道度、徐叔嚮、談道術、徐悦。兩《唐志》無載是書，亡佚。王末：生平事迹不詳。兩《唐志》無載其書，亡佚。甘濬之：生平事迹不詳。《唐六典》卷一四載，醫博士所授諸生，其中三人學瘡腫，五年學成；二人學耳目口齒，二年學成。兩《唐志》著録《療癰疽耳眼本草要妙（疑"妙"爲"鈔"之誤）》五卷，不署撰者。《宋志》無載，亡佚。《本草經集注》：《南史》卷七六載，陶弘景撰《本草集注》。其自序稱此書以《神農本草》三品三百六十五種爲主，又進名醫副品亦三百六十五，合七百三十種，精粗皆取，無復遺落，分别例條，區畛物類，兼注名時用土地所出，及仙經道術所須，並此序録合爲七卷。《日本國見在書目録》著録《神農本草》七卷，陶隱居撰。《舊唐志》著録《本草集經》（"經"爲"注"之誤）七卷，陶弘景撰。《新唐志》著録陶弘景集注《神農本草》七卷，《宋志》無載，亡佚。現存《西陲古方技書殘卷彙編》影鈔敦煌卷子本《本草經集注》二卷，吉石盦影印敦煌卷子本《本草經集注序録》一卷。趙贊：生平事迹不詳。其書兩《唐志》無載，亡佚。《本草經輕行》、《本草經利用》：皆不署撰者。兩《唐志》無載，亡佚。1977年在安徽阜陽雙古堆1號漢墓出土的簡策中，有五十餘條涉及醫藥方面的内容，可能是早期的本草、方伎、神仙書。

《神農本草》四卷。雷公集注。

雷公：劉宋雷斅。《新唐志》著録雷公集撰《神農本草》四卷,《宋志》著録《雷公炮灸》三卷。《郡齋讀書志》著録《雷公炮炙》三卷，稱宋雷斅撰，胡洽重定，述百藥性味，炮熬煮炙之方，其論多本之於乾甯晏先生。姚振宗以爲此書即雷公集注《神農本草》。元明以後無載，亡佚。

《甄氏本草》三卷。

甄氏：甄權或甄立言，許州扶溝（今河南扶溝）人。兄弟二人因母病專醫方，得其旨趣。甄權著《脈經》、《鍼方》、《明堂人形圖》各一卷，甄立言撰《本草音義》七卷、《古今録驗方》五十卷。《舊唐書》卷一九一有傳。《舊唐志》著録《本草藥性》三卷，甄立言撰;《新唐志》著録甄立言（一作“權”)《本草音義》七卷，又《本草藥性》三卷。疑《本草藥性》即《甄氏本草》，爲甄權所作。《宋志》無載，亡佚。

《桐君藥録》三卷。梁有《雲麾將軍徐滔新集藥録》四卷,《李譜之藥録》六卷,《藥法》四十二卷,《藥律》三卷,《藥性》、《藥對》各二卷,《藥目》三卷,《神農采藥經》二卷,《藥忌》一卷，亡。

桐君：相傳爲黄帝醫師。參見《全梁文》卷四七《本草序》。《日本國見在書目録》著録《桐君藥録》二卷，兩《唐志》著録《桐君藥録》三卷,《宋志》無載，亡佚。徐滔：生平事迹不詳。兩《唐志》無載其書，亡佚。《藥録》：兩《唐志》無載，亡佚。《藥法》、《藥律》：皆不署撰者。兩《唐志》無載，亡佚。《藥性》：不署撰者。兩《唐志》無載，亡佚。《藥對》：不署撰者。《舊唐志》著録《雷公藥對》二卷,《新唐志》著録徐之才《雷公藥對》二卷。《本草綱目序例》曰,《雷公藥對》，北齊徐之才撰，以衆藥名品君臣性毒相反及所主疾病，分類記之，凡二卷。《宋志》無載，亡佚。《藥目》：不署撰者。兩《唐志》著録《藥目要用》二卷,《宋志》無載，亡佚。《神農采藥經》、《藥忌》：皆不署撰者。兩《唐志》無載，亡佚。

《太清草木集要》二卷。陶隱居撰。

《日本國見在書目録》著録《太清諸草木方集要》二卷，不署撰者，兩《唐志》著録《太清諸草木方集要》二卷，不署撰者。《宋志》無載，亡佚。

《張仲景方》十五卷。仲景，後漢人。梁有《黄素藥方》二十五卷，亡。

張仲景（150？—215？）：名機，南陽涅陽（今河南鄧州）人。舉孝廉，官至長沙太守。後漢名醫，多有著述。參見宋林億《上傷寒論序》。《日本國見在書目録》著録《張仲景方》九卷，兩《唐志》著録王叔和《張仲景藥方》十五卷,《宋志》無載，然而不能認爲其亡佚，因爲至今流傳多種署名張仲景的醫學著作，其間會有僞託之作，也會有對此書重新編次，以新題名出現的情況。《黄素藥方》：不署撰者。《抱朴子·雜應》載崔中書《黄素方》。《舊唐志》著録《黄素方》十五卷，不署撰者;《新唐志》著録謝泰《黄素方》二十五卷。《宋志》無載，亡佚。

《華佗方》十卷。吴普撰。佗，後漢人。梁有《華佗内事》五卷，又《耿奉方》六卷，亡。

華佗（145？—208）：一名旉，字元化，沛國譙（今安徽亳州）人。後漢名醫，醫術高超。曹操聞其名，召其侍奉左右。因去家思歸，託辭不返。曹操怒，將其下獄，竟殺之。《後漢書》卷八二下、《三國志》卷二九有傳。《舊唐志》著録《華氏藥方》十卷，下注曰，華佗方，吴普集。《新唐志》著録吴普集《華氏藥方》十卷，下注曰，華佗。《宋志》著録《華佗藥方》一卷，元明以後無載，亡佚。《華佗内事》：兩《唐志》無載，亡佚。耿奉：生平事迹不詳。兩《唐志》無載，亡佚。

《集略雜方》十卷。

不署撰者。兩《唐志》無載，亡佚。

《雜藥方》一卷。梁有《雜藥方》四十六卷。

不署撰者。《日本國見在書目録》著録《雜藥方》一卷，中尉王榮撰。疑一卷《雜藥方》爲四十六卷之殘存。

《雜藥方》十卷。

不署撰者。兩《唐志》著録陳山提《雜藥方》十卷，《宋志》無載，亡佚。

《寒食散論》二卷。梁有《寒食散湯方》二十卷，《寒食散方》一十卷，《皇甫謐、曹翕論寒食散方》二卷，亡。

不署撰者。《新唐志》著録《寒食散論》二卷，《宋志》無載，亡佚。《寒食散湯方》：不署撰者。兩《唐志》無載，亡佚。《寒食散方》：不署撰者。兩《唐志》無載，亡佚。《論寒食散方》：《晉書》卷五一載，皇甫謐上疏言服寒食散的狀况。《三國志》卷二〇載，曹翕乃曹操之孫、東平靈王曹徽之子，入晉，封廩丘公。撰《解寒食散方》，與皇甫謐所撰並行於世。兩《唐志》無載，亡佚。

《寒食散對療》一卷。釋道洪撰。

釋道洪：生平事迹不詳。兩《唐志》無載，亡佚。

《解寒食散方》二卷。釋智斌撰。梁《解散論》二卷。

釋智斌：生平事迹不詳。兩《唐志》無載，亡佚。《解散論》：

不署撰者，亦不言亡，疑其即下列之《解寒食散論》。

《解寒食散論》二卷。梁有徐叔嚮《解寒食散方》六卷，《釋慧義寒食解雜論》七卷，亡。

不署撰者。兩《唐志》無載，亡佚。《解寒食散方》：兩《唐志》無載，亡佚。釋慧義（372—444）：俗姓梁，北地人。少出家，游學於彭宋之間，備通經義。後出京師，宋武帝加接尤重。元嘉二十一年（444）卒於烏衣寺，時年七十三。見《高僧傳》卷七。兩《唐志》無載其書，亡佚。

《雜散方》八卷。梁有《解散方》、《解散論》各十三卷，《徐叔嚮解散消息節度》八卷，《范氏解散方》七卷，《解釋慧義解散方》一卷，亡。

不署撰者。兩《唐志》無載，亡佚。《解散方》、《解散論》：皆不署撰者。兩《唐志》無載，亡佚。《解散消息節度》：《舊唐志》著録《寒食散方并消息節度》二卷、徐叔和（“和”爲“嚮”之誤）《解寒食方》十三卷；《新唐志》著録《寒食散方并消息節度》二卷、徐叔嚮《解寒食方》十五卷。《宋志》無載，亡佚。范氏：姚振宗根據丁國鈞《晉書藝文志》載，《七録·醫方》有范汪《東陽方》一百七十六卷，認爲此范氏當爲范汪。范汪，見本志經部“禮類”。兩《唐志》無載其書，亡佚。《解釋慧義解散方》：不署撰者。兩《唐志》無載，亡佚。

《湯丸方》十卷。

不署撰者。兩《唐志》無載，亡佚。

《雜丸方》十卷。梁有《百病膏方》十卷，《雜湯丸散酒煎薄帖膏湯婦人少小方》九卷，《羊中散雜湯丸散酒方》一卷，《療下湯丸散方》十卷。

不署撰者。兩《唐志》著録《雜丸方》一卷,《宋志》無載，亡佚。《百病膏方》：不署撰者。兩《唐志》著録《百病膏方》十卷,《宋志》無載，亡佚。《雜湯丸散酒煎薄帖膏湯婦人少小方》：不署撰者。兩《唐志》無載，亡佚。羊中散：即羊欣（370—442），字敬元，泰山南城（今山東泰安）人。泛覽經籍，尤善隸書。起家輔國參軍，歷任新安太守、義興太守，除中散大夫。兼善醫術，撰《藥方》數十卷。元嘉十九年（442）卒，時年七十三。《宋書》卷六二、《南史》卷三六有傳。本志子、集部尚有其二部著述。疑此書從《藥方》中析出别行。兩《唐志》無載，亡佚。《療下湯丸散方》：不署撰者。疑亦爲羊欣所作。兩《唐志》無載，亡佚。

《石論》一卷。

不署撰者。《新唐志》、《崇文總目》著録晏封《乾寧晏先生制伏草石論》六卷,《宋志》著録晏封《草石論》六卷，疑即此書，元明以後無載，亡佚。

《醫方論》七卷。梁有《張仲景辨傷寒》十卷,《療傷寒身驗方》、《徐文伯辨傷寒》各一卷,《傷寒總要》二卷,《支法存申蘇方》五卷,《王叔和論病》六卷,《張仲景評病要方》一卷,《徐叔嚮、談道述、徐悦體療雜病疾源》三卷,《甘濬之癰疽部黨雜病疾源》三卷,《府藏要》三卷，亡。

不署撰者。兩《唐志》無載，亡佚。《辨傷寒》:《新唐志》著録《張仲景方》十五卷，又《傷寒卒（“卒”疑“雜”之誤）病論》十卷;《宋志》著録張仲景《傷寒論》十卷。《直齋書録解題》卷一三《傷寒論》十卷，張仲景撰。稱其文辭簡古奥雅，又名《傷寒雜病論》。凡一百一十二方，古今治傷寒者，未有能出其外也。又有一説，以爲《傷寒雜病論》是另一書，其一後改名爲《金匱玉函》八卷，其二則去其論傷寒者，止傳其論雜病及方藥者，名爲《金匱玉函要略》三卷。詳見《郡齋讀書志》卷一五。《四庫全書總目》卷一〇三著録《傷寒論》十卷，漢張機撰，晉王叔和編，金成無己注。提要稱書前有宋高保衡、孫奇、林億等校上序。明方有執作《傷寒論條辨》則詆叔和所編與無己所注多所改易竄亂，並以序例一篇爲叔和僞託而删之。現存最早本子爲明萬曆二十七年（1599）趙開美刻《仲景全書》本，通行本有《四庫》本、《四部叢刊》本、《四部備要》本等。《療傷寒身驗方》：不署撰者。兩《唐志》無載，亡佚。徐文伯（生卒年不詳）：字德秀，丹陽（今江蘇境内）人，徐叔嚮之侄，亦精醫術，兼有學行。《南史》卷三二、《北史》卷九〇有傳。兩《唐志》無載其書，亡佚。《傷寒總要》：不署撰者。兩《唐志》無載，亡佚。支法存：《千金方序》曰，沙門支法存，嶺表（今廣東）人。性敦方藥。自永嘉南渡，士大夫不服水土，多患脚弱，唯法存能拯濟之。見《太平御覽》卷二七四。兩《唐志》無載其書，亡佚。《論病》、《評病要方》：兩《唐志》無載，因署王叔和、張仲景名之書有多種流傳至今，應是王叔和編定張仲景書的一部分。《體療雜病疾源》：應與前著録徐叔嚮等四家《體療雜論本草要鈔》是一個系列的典籍。兩《唐志》無載，亡佚。《癰疽部黨雜病疾源》：應與前著録甘濬之《癰疽耳眼本草要鈔》是一個系列的典籍。兩《唐志》無載，亡佚。《府藏要》：不署撰者。兩《唐志》無載，亡佚。

《肘後方》六卷。葛洪撰。梁二卷。《陶弘景補闕肘後百一方》九卷，亡。

葛洪：見本志經部“禮類”。《抱朴子·雜應》曰，余所撰百卷名曰《玉函方》，皆分别病名，以類相續，不相雜錯。其《救卒》三卷，皆單行。《太平御覽》卷七二二載，《晉中興書》曰葛洪善養性之術，撰經用救驗方三卷，號曰《肘後方》，又撰《玉函方》一百卷。《舊唐志》著録葛洪《肘後救卒方》四卷，《新唐志》著録葛洪《肘後救卒方》六卷。《太平御覽》卷七二三載，陶弘景性好醫方，撰《集驗方》五卷，廣《肘後》爲百一製。兩《唐志》著録陶弘景《補肘後救卒備急方》六卷，《宋志》著録葛洪《肘後備急百一方》三卷。《直齋書録解題》卷一三著録《肘後百一方》三卷，稱晉葛洪撰，梁陶隱居增補。本名《肘後救卒方》，率多易得之藥，凡八十六首，陶並七首，加二十二首，共爲一百一首。《四庫全書總目》卷一〇三著録《肘後備急方》八卷，提要稱本書初名《肘後卒救方》，陶弘景補其闕漏，得一百一首，爲《肘後百一方》。金楊用道又取唐慎微《證類本草諸方》爲《附廣肘後方》。《隋志》既稱陶書已亡，疑此書無《百一方》在内，特後人取陶弘景原序冠之耳。此書現存最早的本子爲明萬曆二年（1574）李栻刻本《葛仙翁肘後備急方》八卷，通行本爲《四庫》本等。

《姚大夫集驗方》十二卷。

姚大夫：即姚僧垣（499—583），字法衛，吴興武康（今浙江湖州）人。少好文史，不留意章句。仕梁，爲太醫正。入周，大象二年（580）除太醫下大夫，後遷上開府儀同大將軍。隋開皇初，進爵北絳郡公。三年（583），卒，時年八十五。僧垣醫術高妙，爲當世所推。撰《集驗方》十二卷，《行記》三卷，行於世。《周書》卷四七、《南史》卷六九、《北史》卷九〇有傳。《日本國見在書目録》著録《集驗方》十二卷，姚僧垣撰；《雜藥方》一卷，姚大夫撰；《集驗》十二卷，姚大夫撰。兩《唐志》著録姚僧垣《集驗方》十二卷，《宋志》無載，亡佚。

《范東陽方》一百五卷。録一卷。范汪撰。梁一百七十六卷。梁又有《阮河南藥方》十六卷，阮文叔撰；《釋僧深藥方》三十卷，《孔中郎雜藥方》二十九卷，《宋建平王典術》一百二十卷;《羊中散藥方》三十卷，羊欣撰;《褚澄雜藥方》二十卷，齊吴郡太守褚澄撰。亡。

范汪：見本志經部“禮類”。《太平御覽》卷七二二載,《晉書》曰，范汪愛善醫術，常以拯恤爲事。撰方五百餘卷，又一百七卷，後人詳用，多獲其效。《舊唐志》著録《雜藥方》一百七十卷，下注曰，“范汪方，尹穆撰”;《新唐志》著録尹穆纂《范東陽雜藥方》一百七十卷，下注曰，“范汪”。《宋志》無載，亡佚。阮文叔：名炳，字文叔，河南尹。精意醫術，撰藥方一部。見《三國志》卷一六注所引《杜氏新書》。兩《唐志》著録阮炳《阮河南方》十六卷,《宋志》無載，亡佚。僧深：齊宋間人，善療脚弱氣之疾，撰録法在存（疑“法在存”爲“支法存”之誤）等諸家醫方三十餘卷，經用多效，時人號曰《深師方》焉。見《太平御覽》卷七二四。《舊唐志》著録《僧深集方》三十卷，釋僧深撰;《新唐志》著録僧僧深《集方》三十卷。《宋志》無載，亡佚。孔中郎：姚振宗據《孔氏著述考》載，孔氏二十六代孫孔汪著有《雜藥方》二十九卷，認爲孔中郎即孔汪。孔汪（？—392），字德澤，會稽山陰（今浙江紹興）人。好學有志行，歷任交、廣二州諸軍事，平越中郎將，廣州刺史等職，甚有政績。《晉書》卷七八有傳。兩《唐志》無載，亡佚。《宋健平王典術》：不署撰者。宋健平王爲宋文帝之子劉宏。此書概爲其王國典醫所作。兩《唐志》無載，亡佚。《羊中散藥方》:《宋書》卷六二曰，羊欣，兼善醫藥，撰方三十卷，爲代所宗焉。兩《唐志》無載，亡佚。褚澄（419—483）：字彦道，河南陽翟（今河南禹州）人。尚廬江公主，拜駙馬都尉。後遷侍中，領右軍將軍。永明元年（483）卒。《南齊書》卷二三、《南史》卷二八有傳。兩《唐志》著録褚澄《雜藥方》十二卷,《宋志》著録褚澄《褚氏遺書》一卷。元明以後無載，亡佚。

《秦承祖藥方》四十卷。見三卷。梁有《陽眄藥方》二十八卷,《夏侯氏藥方》七卷,《王季琰藥方》一卷,《徐叔嚮雜療方》二十二卷,《徐叔嚮雜病方》六卷,《李譡之藥方》一卷,《徐文伯藥方》二卷,亡。

《舊唐志》著録《藥方》十七卷,秦承祖撰;《新唐志》著録秦承祖《藥方》四十卷。《宋志》無載,亡佚。陽眄:生平事迹不詳。兩《唐志》無載是書,亡佚。夏侯氏:不知何人。兩《唐志》無載是書,亡佚。王季琰:生平事迹不詳。或與前録王季璞爲一人。兩《唐志》無載是書,亡佚。《舊唐志》著録徐叔和("和"爲"嚮"之誤)《雜療方》二十卷、《體療雜病方》六卷;《新唐志》著録徐叔嚮《雜療方》二十卷、《體療雜病方》六卷。《宋志》無載,亡佚。《李譡之藥方》:兩《唐志》無載,亡佚。《徐文伯藥方》:兩《唐志》無載,亡佚。

《胡洽百病方》二卷。梁有《治卒病方》一卷;《徐奘要方》一卷,無錫令徐奘撰;《遼東備急方》三卷,都尉臣廣上;《殷荆州要方》一卷,殷仲堪撰。亡。

胡洽:生平事迹不詳。《舊唐志》著録《胡居士方》三卷,胡洽撰;《新唐志》著録胡洽《胡居士治百病要方》三卷;《崇文總目》著録《胡道洽方》三卷;《宋志》著録《胡道洽方》一卷。元明以後無載,亡佚。《治卒病方》:不署撰者。兩《唐志》無載,亡佚。徐奘:《梁書》卷一三載,梁高祖遣上省醫徐奘視沈約疾,還具以狀聞。其他事迹不詳。兩《唐志》無載是書,亡佚。臣廣:生平事迹不詳。兩《唐志》無載是書,亡佚。殷仲堪:見本志經部"詩類"。《晉書》卷八四載,殷仲堪因父病,躬學醫術,究其精妙。兩《唐志》無載是書,亡佚。

《俞氏療小兒方》四卷。梁有《范氏療婦人藥方》十一卷,

《徐叔嚮療少小百病雜方》三十七卷，《療少小雜方》二十卷，《療少小雜方》二十九卷，《范氏療小兒藥方》一卷，《王末療小兒雜方》十七卷。亡。

俞氏：不知何人。《唐六典》卷一四載，醫博士以醫術教授諸生，分而爲業。二十人其中三人學少小，五年學成。《舊唐志》著録《少小節療方》一卷，俞寶撰；《新唐志》著録《俞氏治小兒方》四卷、俞寶《小女（疑“小女”爲“少小”之誤）節療方》一卷。《宋志》無載，亡佚。范氏：疑即范汪。兩《唐志》著録《婦人方》十卷，疑爲此書，當爲《范東陽方》一百七十六卷中别行之本。《宋志》無載，亡佚。王末：生平事迹不詳。其書兩《唐志》無載，亡佚。

《徐嗣伯落年方》三卷。梁有《徐叔嚮療脚弱雜方》八卷，《徐文伯辨脚弱方》一卷，《甘濬之療癰疽金創要方》十四卷，《甘濬之療癰疽毒惋雜病方》三卷，《甘伯齊療癰疽金創方》十五卷，亡。

徐嗣伯（生卒年不詳）：或作徐嗣，字叔紹，徐叔嚮子，有孝行。善清言，精醫術，官至正員郎，爲臨川王所重。《南齊書》卷二三、《南史》卷三二有傳。兩《唐志》著録徐嗣伯《徐氏落年方》三卷，《宋志》無載，亡佚。“落年”，其意難解。《日本國見在書目録》著録徐太山《隨手方》一卷，本志著録徐太山《墮年方》二卷，疑“墮年”爲“隨手”之誤。徐太山即徐文伯，與徐嗣伯爲堂兄弟，可能都有隨手方。估計“墮年”又誤作“落年”。《療脚弱雜方》：兩《唐志》著録徐叔嚮《脚弱方》八卷，《宋志》無載，亡佚。《辨脚弱方》：兩《唐志》無載，亡佚。《療癰疽金創要方》：兩《唐志》著録甘濬之《療癰疽金瘍要方》十四卷，《宋志》無載，亡佚。《療癰疽毒惋雜病方》：兩《唐志》無載，亡佚。甘伯齊：生平事迹不詳。兩《唐志》著録甘伯齊《療癰疽金瘍方》十二卷，《宋志》無載，亡佚。

《陶氏效驗方》六卷。梁五卷。梁又有《療目方》五卷，《甘濬之療耳眼方》十四卷，《神枕方》一卷；《雜戎狄方》一卷，宋武帝撰；《摩訶出胡國方》十卷，摩訶胡沙門撰；又《范曄上香方》一卷，《雜香膏方》一卷。亡。

《南史》卷七六載，陶弘景撰《本草集注》、《效驗方》、《肘後百一方》。兩《唐志》著録陶弘景《效驗方》十卷，《宋志》無載，亡佚。《療目方》：不署撰者。兩《唐志》著録《療目方》五卷，《宋志》無載，亡佚。《療耳眼方》：兩《唐志》無載，亡佚。《神枕方》：不署撰者。與下録《神枕方》應爲一書，詳見下條。宋武帝：見本志“總序”。兩《唐志》無載是書，亡佚。摩訶胡：不知何人。兩《唐志》無載是書，亡佚。范曄：見本志史部“正史類”。《南史》卷三三載，范曄撰《和香方》。《上香方》、《雜香膏方》，兩《唐志》皆無載，亡佚。

《彭祖養性經》一卷。

彭祖：傳説其爲殷大夫，姓錢名鏗，顓頊之玄孫，封於彭。至殷末年已七百六十七歲而不衰老，遂往流沙之西，非壽終也。見《史記》卷四〇、《搜神記》。《新唐志》著録《彭祖養性經》一卷，《宋志》無載，亡佚。後人凡引彭祖養生者，皆爲僞託。

《養生要集》十卷。張湛撰。

張湛：見“道家類”。《晉書》卷七五載，范甯患眼疾，就中書郎張湛求方，張湛言養生方，“用損讀書一，減思慮二，專内視三，簡外觀四，旦晚起五，夜早眠六”。兩《唐志》“道家類”、“醫術類”皆著録張湛《養生要集》十卷，《宋志》無載，亡佚。

《玉房祕决》十卷。

不署撰者。《舊唐志》著録《玉房祕録訣》八卷，冲和子撰；

《新唐志》著録冲和子《玉房祕訣》十卷，下注曰“張鼎”。張鼎自號冲和子，其他事迹不詳。《宋志》無載，亡佚。

《墨子枕内五行紀要》一卷。梁有《神枕方》一卷，疑此即是。

不署撰者。前“五行類”《竈經》條下著録《墨子枕内五行要記》一卷，應即此書。從此條下注稱梁有《神枕方》一卷，當與《陶氏效驗方》條下著録之《神枕方》一卷爲重出。兩《唐志》無載《墨子枕内五行紀要》，《新唐志》著録《神枕方》一卷，《宋志》無載，亡佚。

《如意方》十卷。

不署撰者。《日本國見在書目録》著録《如意方》十卷；《新唐志》著録梁武帝《坐右方》十卷、《如意方》十卷。《南史》卷八載，梁簡文帝撰《如意方》十卷。疑《新唐志》脱“梁簡文帝”四字。《宋志》無載，亡佚。

《練化術》一卷。

不署撰者。後録陶隱居《練化雜術》一卷，疑即此書。兩《唐志》無載，亡佚。

《神仙服食經》十卷。

不署撰者。兩《唐志》著録《神仙服食方》十卷、《神仙服食藥方》十卷，《新唐志》又著録《神仙服食經》十二卷，《宋志》無載，亡佚。

《雜仙餌方》八卷。

不署撰者。兩《唐志》無載，亡佚。

《服食諸雜方》二卷。梁有《仙人水玉酒經》一卷。

不署撰者。兩《唐志》無載，亡佚。《仙人水玉酒經》：不署撰者。兩《唐志》無載，亡佚。

《老子禁食經》一卷。

不署撰者。兩《唐志》無載，亡佚。姚振宗疑此書即爲《日本國見在書目録》著録之《老子神仙服藥經》,《崇文總目》著録之《老子服食經》，姑備一考。

《崔氏食經》四卷。

不署撰者。《日本國見在書目録》著録《食經》四卷，崔禹錫撰（“禹錫”爲“浩”之誤）。《魏書》卷三五載，崔浩有《食經叙》。崔浩，見本志經部“易類”。兩《唐志》著録崔浩《食經》九卷,《宋志》無載，亡佚。

《食經》十四卷。梁有《食經》二卷，又《食經》十九卷;《劉休食方》一卷，齊冠軍將軍劉休撰。亡。

不署撰者。兩《唐志》無載，亡佚。《食經》二卷、《食經》十九卷：均不署撰者，兩《唐志》無載，亡佚。劉休（429—482）：字弘明，沛郡相（今安徽濉溪）人。初爲駙馬都尉、奉朝請。宋明帝嗜飲食，劉休多藝能，爰及鼎味，問無不解。齊建元初，爲御史中丞。四年（482），出爲豫章内史加冠軍將軍，卒，時年五十四。《南齊書》卷三四、《南史》卷四七有傳。兩《唐志》無載是書，亡佚。

《食饌次第法》一卷。梁有《黄帝雜飲食忌》二卷。

不署撰者。兩《唐志》無載，亡佚。《黄帝雜飲禁食忌》：不署撰者。《漢志·方技·經方》著録《神農黄帝食禁》七卷，疑此書爲其遺存。

《四時御食經》一卷。梁有《太官食經》五卷，又《太官食法》二十卷，《食法雜酒食要方白酒》并《作物法》十二卷，《家政方》十二卷，《食圖》、《四時酒要方》、《白酒方》、《七日麪酒法》、《雜酒食要法》、《雜藏釀法》、《雜酒食要法》、《酒》并《飲食方》、《䱹及鐺蟹方》、《羹臛法》、《䱥膢朐法》、《北方生醬法》各一卷，亡。

不署撰者。《新唐志》著録《四時御食經》一卷，《宋志》無載，亡佚。《太官食經》、《太官食法》：皆不署撰者。兩《唐志》著録《太官食法》一卷、《太官食經》十九卷，《宋志》無載，亡佚。《食法雜酒食要方白酒并作物法》、《家政方》：皆不署撰者。兩《唐志》無載，亡佚。《食圖》至《北方生醬法》共十二種（其間有一重複）各一卷，從其書名上看，可推測其内容與《食法雜酒食要方白酒并作物法》或《家政方》類同，其總卷數又與此二書相合，疑其是此二書之一的篇名。

《療馬方》一卷。梁有《伯樂療馬經》一卷，疑與此同。

不署撰者。兩《唐志》無載，亡佚。

《黄帝素問》八卷。全元起注。

全元起（生卒年不詳）：《南史》卷五九載，侍郎全元起欲注《素問》，訪以砭石。其他事迹不詳。《日本國見在書目録》著録《黄帝素問》十六卷，全元起注；《新唐志》著録全元起注《黄帝素問》九卷；《宋志》著録《素問》八卷，隋全元起注。《四庫全書總目》卷一〇三著録《黄帝素問》二十四卷，題唐王冰注。提要稱《隋志》所載《黄帝素問》只八卷，全元起注已闕其第七。王冰在每篇之下必注全元起本第幾字，猶可考見其舊第。此書應已包括在王冰所注《黄帝素問》中，有《四庫》本。

《脉經》二卷。徐氏撰。

徐氏：不知何人。兩《唐志》無載，亡佚。

《華佗觀形察色并三部脉經》一卷。

不署撰者。兩《唐志》無載，亡佚。

《脉經决》二卷。徐氏新撰。

徐氏：不知何人，或許即前録徐氏。《新唐志》著録徐氏《脉經訣》三卷，《宋志》著録徐氏《脉經》三卷，元明以後無載，亡佚。

《脉經鈔》二卷。許建吴撰。

許建吴：生平事迹不詳。兩《唐志》無載，亡佚。

《黄帝素問女胎》一卷。

不署撰者。兩《唐志》無載，亡佚。疑其爲《黄帝素問》的一部分。

《三部四時五藏辨診色决事脉》一卷。

不署撰者。兩《唐志》著録《三部四時五臟辨候診色脈經》一卷，《宋志》無載，亡佚。

《脉經略》一卷。

不署撰者。兩《唐志》無載，亡佚。

《辨病形證》七卷。

不署撰者。兩《唐志》無載，亡佚。

《五藏决》一卷。

不署撰者。兩《唐志》著録《五藏訣》一卷,《宋志》著録《五藏要訣》一卷，元明以後無載，亡佚。

《論病源候論》五卷。目一卷，吴景賢撰。

吴景賢：或作吴景，生平事迹不詳。《日本國見在書目録》著録《病源論》五十卷，巢元方撰；兩《唐志》著録吴景《諸病源候論》五十卷;《新唐志》又著録《巢氏諸病源候論》五十卷，下注曰“巢元方”;《宋志》著録巢元方《巢氏諸病源候論》五十卷。《直齋書録解題》卷一三著録《巢氏病源輪》五十卷，稱隋太醫博士巢元方等撰，大業六年也。惟論病證，不載方藥。《四庫全書總目》卷一〇三著録《巢氏諸病源候論》五十卷，提要疑此書本屬官書，巢元方與吴賢，一爲監修，一爲編撰，故或題景名，或題元方名，實止一書。《隋志》吴景作吴景賢，“賢”或“監”之誤。其作“五卷”，亦當脱“十”字。考其書内容可證此書爲舊本無疑。現存最早本子爲元刻《重刊巢氏諸病源候總論》五十卷，通行本有《四庫》本、《中國醫學大成》本等。

《服石論》一卷。

不署撰者。兩《唐志》無載，亡佚。疑與前録《石論》爲一書。

《癰疽論方》一卷。

不署撰者。兩《唐志》無載，亡佚。

《五藏論》五卷。

不署撰者。《日本國見在書目録》著録《五藏論》一卷，兩《唐志》著録《五藏論》一卷,《宋志》著録《五藏論》一卷，元明以後無載，亡佚。

《瘧論并方》一卷。

不署撰者。兩《唐志》無載，亡佚。

《神農本草經》三卷。

不署撰者。兩《唐志》著録《神農本草》三卷，此或爲相傳本經之舊。

《本草經》四卷。蔡英撰。

蔡英：生平事迹不詳。前録蔡邕《本草》七卷，此“蔡英”或“蔡邕”之誤。兩《唐志》無載，亡佚。

《藥目要用》二卷。

不署撰者。兩《唐志》著録《藥目要用》二卷，《宋志》無載，亡佚。

《本草經略》一卷。

不署撰者。兩《唐志》無載，亡佚。

《本草》二卷。徐太山撰。

徐太山：即徐文伯，因其曾任太山太守，故有此稱。兩《唐志》無載是書，亡佚。

《本草經類用》三卷。

不署撰者。兩《唐志》著録《藥類》二卷，疑即此書。《宋志》無載，亡佚。

《本草音義》三卷。姚最撰。

姚最：見本志史部“古史類”。《北史》卷九〇載，姚最爲姚僧垣次子，未習醫術。天和中，齊王憲奏遣其習之。姚最於是始受家業，十多年中，略盡其妙。每有人告請，效驗甚多。兩《唐志》無載是書，亡佚。

《本草音義》七卷。甄立言撰。

《舊唐書》卷一九一載，甄立言撰《本草音義》七卷，《古今録驗方》五十卷。《新唐志》著録甄立言（"言" 一作 "權"）《本草音義》七卷，《宋志》無載，亡佚。

《本草集録》二卷。

不署撰者。兩《唐志》無載，亡佚。

《本草鈔》四卷。

不署撰者。兩《唐志》無載，亡佚。

《本草雜要决》一卷。

不署撰者。兩《唐志》無載，亡佚。

《本草要方》三卷。甘濬之撰。

此書或爲《癰疽耳眼本草要鈔》九卷之佚存本，兩《唐志》無載，亡佚。

《依本草録藥性》三卷。録一卷。

不署撰者。《唐六典》卷一四載，諸醫鍼生讀《本草》者，即令識藥形知藥性。此書當記這類内容。兩《唐志》無載，亡佚。

《靈秀本草圖》六卷。原平仲撰。

原平仲：生平事迹不詳。《歷代名畫記》卷三載《靈秀本草圖》

六卷，下注曰“起赤箭，終蜻蜓。源平仲撰”。兩《唐志》著録原平仲《靈秀本草圖》六卷，《宋志》無載，亡佚。

《芝草圖》一卷。

不署撰者。《日本國見在書目録》著録《芝草圖》二卷，下注“上、下”。兩《唐志》著録《芝草圖》一卷，《宋志》無載，亡佚。

《入林采藥法》二卷。

不署撰者。兩《唐志》無載，亡佚。

《太常采藥時月》一卷。

不署撰者。兩《唐志》無載，亡佚。

《四時采藥及合目録》四卷。

不署撰者。《唐六典》卷一四載，凡藥有陰陽配合、子母兄弟、根葉花實、草石骨肉各異，及有毒無毒，陰乾曝乾，采造時月皆分别焉。皆辨其所出州土，每歲貯納，擇其良者而進焉。兩《唐志》著録《四時采取諸藥及合和》四卷，《宋志》無載，亡佚。

《藥録》二卷。李密撰。

李密（生卒年不詳）：字希邕，趙郡平棘（今河北趙縣）人。少有節操，從齊高祖舉義，遥授并州刺史，封容城縣侯，又除襄州刺史。天保初，以舊功授散騎常侍，卒。因母病，名醫治療不愈，乃精習經方，洞曉針藥，母疾得愈，由是以醫術知名。《北齊書》卷二二、《北史》卷三三有傳。兩《唐志》無載是書，亡佚。

《諸藥異名》八卷。沙門行矩撰。本十卷，今闕。

行矩：又作行智，生平事迹不詳。《舊唐志》著録《諸藥異名》十卷，釋行智撰；《新唐志》著録僧行智《諸藥異名》十卷。《宋志》無載，亡佚。

《諸藥要性》二卷。

不署撰者。兩《唐志》無載，亡佚。

《種植藥法》一卷。

不署撰者。《唐六典》卷一四載，藥園師以時種蒔收采諸藥。京師置藥園一所，擇良田三頃，有藥園生於此學習勞作。兩《唐志》無載是書，亡佚。

《種神芝》一卷。

不署撰者。《抱朴子·黄白》有曰，芝菌者，自然而生。而仙經有以五石、五木種芝，芝生，取而服之，亦與自然芝無異，俱令人長生。兩《唐志》無載是書，亡佚。

《藥方》二卷。徐文伯撰。

前録徐文伯《藥方》二卷亡，此處又著録徐文伯《藥方》二卷，或許此書實未亡。

《解散經論并增損寒食節度》一卷。

不署撰者。兩《唐志》無載，亡佚。

《張仲景療婦人方》二卷。

《日本國見在書目録》著録《治婦人方》三卷，兩《唐志》無載是書。《直齋書録解題》卷一三著録張仲景《金匱要略》三卷，稱此書上卷論傷寒，中論雜病，下載其方並療婦人，乃録而傳之。

《徐氏雜方》一卷。

徐氏：不詳何人。兩《唐志》無載，亡佚。

《少小方》一卷。

不署撰者。兩《唐志》無載，亡佚。

《療小兒丹法》一卷。

不署撰者。兩《唐志》無載，亡佚。

《徐太山試驗方》二卷。

兩《唐志》無載，亡佚。

《徐文伯療婦人瘕》一卷。

《南史》卷三二載，明帝宫人患腰痛牽心，衆醫以爲肉癥（"瘕"之誤），文伯曰，此髪瘕。以油投之，即吐得物如髪。兩《唐志》無載是書，亡佚。

《徐太山巾箱中方》三卷。

兩《唐志》無載，亡佚。

《藥方》五卷。徐嗣伯撰。

兩《唐志》無載，亡佚。

《墮年方》二卷。徐太山撰。

《日本國見在書目録》著録徐太山《隨手方》一卷，疑"墮年"爲"隨手"之誤。前録《徐嗣伯落年方》三卷，"落年"或爲"隨手"之一誤再誤。兩《唐志》著録徐嗣伯《落年方》三卷，無載徐太山《墮年方》二卷，文伯與嗣伯是兄弟，可能都有隨手方，在流傳中合二爲一。

《效驗方》三卷。徐氏撰。

徐氏：不詳何人。兩《唐志》無載，亡佚。

《雜要方》一卷。

不署撰者。兩《唐志》無載，亡佚。

《玉函煎方》五卷。葛洪撰。

《抱朴子·雜應》曰，余所撰百卷名曰《玉函方》，皆分别病名，以類相續，不相雜錯。疑此書爲自《玉函方》百卷析出别行者。兩《唐志》無載，亡佚。

《小品方》十二卷。陳延之撰。

陳延之：生平事迹不詳。《直齋書録解題》卷一三著録《外臺祕方》言，至於《小品》，深師崔氏、許仁則、張文仲之類，今無傳者，猶間見於此書。兩《唐志》著録徐延之《小品方》十二卷，《宋志》無載，亡佚。

《千金方》三卷。范世英撰。

范世英：生平事迹不詳。《新唐志》著録范世英《千金方》三卷，《宋志》無載，亡佚。

《徐王方》五卷。

《徐王八世家傳效驗方》十卷。

《徐氏家傳祕方》二卷。

徐王：當指徐之才，因其曾被封王，故稱徐王。徐之才，丹陽（今江蘇境内）人。徐文伯弟之孫。仕梁豫章王綜，至綜入魏，薦之才善醫術，兼有機辯。孝昌二年（526），至洛，禮遇甚優。因藥石多效，又頗涉經史，言語辯捷，頗得贊譽。武平中，遷尚書令，封西陽郡王。年八十卒，贈司徒公，録尚書事，謚曰文明。《魏書》卷九一、《北齊書》卷三三、《北史》卷九〇有傳。徐氏自徐熙以醫術名家相傳，傳子秋夫，再傳道度、叔嚮，再傳文伯、嗣伯、謇，再傳雄、踐，再傳之才、之範，再傳敏齊，號稱八世。《舊唐志》著録《徐王八代效驗方》十卷，徐之才撰，《徐氏家祕方》二卷；《新唐志》著録徐之才《徐王八代效驗方》十卷，又《家祕方》三卷，《宋志》無載，亡佚。兩《唐志》無載《徐王方》，或因其即後二書的别行本。

《藥方》五十七卷。後魏李思祖撰。本百一十卷。

李思祖（？—500）：名脩，陽平館陶（今河北館陶）人。歷爲中散令，以功賜爵下蔡子，又遷給事中。集學士等百餘人在東宫撰諸藥方百餘卷，行於世。後卒於太醫令，贈青州刺史。《魏書》卷九一、《北史》卷九〇有傳。兩《唐志》著録孝思（疑“孝”爲“李”之誤，脱“祖”字）《雜湯丸散方》五十七卷，《宋志》無載，亡佚。

《稟丘公論》一卷。

稟丘公：即曹翕。《三國志》卷二〇裴松之有曰，曹翕入晉，改封廩邱公。有《寒食散方》與皇甫謐書合爲一帙。此當爲曹翕所論之一卷，兩《唐志》無載，亡佚。

《太一護命石寒食散》二卷。宋尚撰。

宋尚：生平事迹不詳。兩《唐志》無載，亡佚。

《皇甫士安依諸方撰》一卷。

皇甫士安：即皇甫謐。前録皇甫謐、曹翕《論寒食散方》二卷，亡。此處又著録皇甫書一卷及曹翕書一卷，可證梁有皇甫謐、曹翕書於隋實未亡。兩《唐志》無載，亡佚。

《序服石方》一卷。

不署撰者。疑爲《服石方》之序，兩《唐志》無載，亡佚。

《服玉方法》一卷。

不署撰者。兩《唐志》著録《服玉法并禁忌》一卷，《宋志》無載，亡佚。

《劉涓子鬼遺方》十卷。龔慶宣撰。

龔慶宣：南齊人，其他事迹不詳。劉涓子（370？—450）：宋武帝族人。晉隆安二年（398）爲彭城内史。義熙六年（410）從宋武帝北征慕容超，在丹陽郊外得此方書。見《南史》卷一三、龔慶宣《劉涓子鬼遺方序》。《日本國見在書目録》著録《劉涓子》十一卷，龍（“龔”之誤）慶宣撰；兩《唐志》著録龔慶宣《劉涓子男（“鬼”之誤）方》十卷；《崇文總目》著録《劉涓子鬼遺方》十卷，原釋龔慶宣撰。《直齋書録解題》卷一三著録《劉涓子神仙遺論》十卷，東蜀刺史李頔録。稱此方略治癰疽之法。《宋志》著録《劉涓子神仙遺論》，東蜀李頓録，及劉涓子《鬼論》一卷。今存《劉涓子鬼遺方》五卷，齊龔慶宣撰，現存最早的木子爲宋刻本，通行本爲《叢書集成》本、《中國醫學大成》本等。

《療癰經》一卷。

不署撰者。兩《唐志》無載，亡佚。

《療三十六瘻方》一卷。

不署撰者。兩《唐志》無載，亡佚。

《王世榮單方》一卷。

王世榮（？—515）：名顯，陽平樂平（今山東聊城）人。少任本州從事，以醫術自通，又明敏有決斷才用。入除太府卿、御史中尉。後應世宗之詔撰藥方三十五卷，班布天下，以療諸疾。延昌二年（513），以營療之功封衛國縣伯。世宗崩，肅宗即位，朝宰託以侍療無效，詔削其爵位。在呼冤時，被直閤刀環撞傷，行至右衛府一夜而亡。《魏書》卷九一、《北史》卷九〇有傳。《日本國見在書目録》著録《雜藥方》一卷，王榮（"王"後脱"世"字）撰。兩《唐志》無載，亡佚。

《集驗方》十卷。姚僧垣撰。

前著録《姚大夫藥方》十二卷，疑與此書爲一書。

《集驗方》十二卷。

不署撰者。疑即前著録之《姚大夫藥方》十二卷。《日本國見在書目録》著録《集驗方》十二卷，姚僧垣撰，又著録《集驗》十二卷，姚大夫撰。皆屬重出。

《備急單藥方》三卷。許澄撰。

許澄（生卒年不詳）：高陽（今河北高陽）人。有學識，傳父業，以醫術顯。歷任尚藥典御、諫議大夫，封賀川縣伯。父子俱以藝術名重於周、隋二代。《隋書》卷七八、《北史》卷九〇有傳。

兩《唐志》無載是書，亡佚。

《藥方》二十一卷。徐辨卿撰。

徐辨卿：生平事迹不詳。姚振宗根據《北史》卷九〇載，徐之才二子的字分别爲少卿、同卿，疑辨卿爲徐之範之子敏齊的字。敏齊亦傳家業，從醫。兩《唐志》無載是書，亡佚。

《名醫集驗方》六卷。

不署撰者。兩《唐志》著録《名醫集驗方》三卷，《宋志》無載，亡佚。

《名醫别録》三卷。陶氏撰。

據李時珍《本草綱目序例》言，神農本草藥分三品，計三百六十五種，以應周天之數。梁陶宏景復增漢魏以下名醫所用藥三百六十五種，謂之《名醫别録》，凡七卷。陶氏當指陶宏景。兩《唐志》著録《名醫别録》三卷，《宋志》無載，亡佚。

《删繁方》十三卷。謝士秦撰。

謝士秦：生平事迹不詳。《日本國見在書目録》著録《删繁論》十卷，謝雲泰撰；兩《唐志》著録謝士太《删繁方》十二卷。疑“謝士秦”爲“謝士泰”之誤。《宋志》無載是書，亡佚。

《吴山居方》三卷。

吴山居：不知何人。兩《唐志》無載，亡佚。

《新撰藥方》五卷。

不署撰者。兩《唐志》無載，亡佚。

《療癰疽諸瘡方》二卷。秦政應撰。

秦政應：生平事迹不詳。兩《唐志》無載，亡佚。

《單複要驗方》二卷。釋莫滿撰。

釋莫滿：生平事迹不詳。兩《唐志》無載，亡佚。

《釋道洪方》一卷。

兩《唐志》無載是書，亡佚。

《小兒經》一卷。

不署撰者。兩《唐志》無載，亡佚。

《散方》二卷。

不署撰者。兩《唐志》無載，亡佚。

《雜散方》八卷。

不署撰者。前已録《雜散方》八卷，疑與此書爲一書。

《療百病雜丸方》三卷。釋曇鸞撰。

釋曇鸞：生平事迹不詳。兩《唐志》無載，亡佚。

《療百病散》三卷。

不署撰者。兩《唐志》無載，亡佚。

《雜湯方》十卷。成毅撰。

成毅：生平事迹不詳。兩《唐志》著録《雜湯方》八卷，《宋志》無載，亡佚。

《雜療方》十三卷。

不署撰者。兩《唐志》無載，亡佚。

《雜藥酒方》十五卷。

不署撰者。兩《唐志》無載，亡佚。

《趙婆療瀶方》一卷。

趙婆：不知何人。兩《唐志》無載，亡佚。

《議論備豫方》一卷。于法開撰。

于法開（生卒年不詳）：剡縣（今浙江嵊州）人，事蘭公爲弟子。深思孤發，獨見言表。初以義學著名，後與支遁有競，故遁居剡縣，更學醫術，妙通醫法。居白山靈鷲寺，年六十卒。見《世説新語·文學》、《高僧傳》卷四。兩《唐志》無載，亡佚。

《扁鵲陷冰丸方》一卷。

不署撰者。《漢書》卷二五下載，成帝末年頗好鬼神，信方術，谷永上書諫之。晉灼注曰："方士詐以藥石若陷冰丸投之冰上，冰即消液，因假爲神仙道使然也。"此書當爲漢武、宣時方士所作，託之扁鵲，並非真正方藥，乃左道惑衆之術。兩《唐志》無載，亡佚。

《扁鵲肘後方》三卷。

不署撰者。兩《唐志》無載，《宋志》著録扁鵲《療黄經》三卷、《枕中祕訣》三卷，或皆由此書輾轉傳述者。然今亦不傳。

《療消渴衆方》一卷。謝南郡撰。

謝南郡：生平事迹不詳。《日本國見在書目録》著録《治消渴方》一卷，兩《唐志》無載，亡佚。

《論氣治療方》一卷。釋曇鸞撰。

《舊唐志》著録釋鸞《調氣方》一卷，《新唐志》著録僧鸞《調氣方》一卷，二者皆於“鸞”前脱“曇”字。《宋志》無載，亡佚。

《梁武帝所服雜藥方》一卷。

不署撰者。兩《唐志》無載，亡佚。

《大略丸》五卷。

不署撰者。兩《唐志》無載，亡佚。

《靈壽雜方》二卷。

不署撰者。兩《唐志》無載，亡佚。

《經心録方》八卷。宋俠撰。

宋俠（生卒年不詳）：洺州清漳（今河北邯鄲）人。以醫術著名，官至朝散大夫、藥藏監。撰《經心録》十卷，行於世。《舊唐書》卷一九一、《新唐書》卷二〇四有傳。《日本國見在書目録》著録《經心録方》六卷，《舊唐志》著録宋俠《經心方》八卷，《新唐志》著録宋俠《經心方》十卷，《宋志》無載，亡佚。

《黄帝養胎經》一卷。

不署撰者。兩《唐志》無載，亡佚。

《療婦人産後雜方》三卷。

不署撰者。兩《唐志》無載，亡佚。

《黄帝明堂偃人圖》十二卷。

不署撰者。《舊唐志》著録《黄帝十二經明堂偃側人圖》十二卷，《新唐志》著録曹氏《黄帝十二經明堂偃側人圖》十二卷，《宋志》無載，亡佚。

《黄帝鍼灸蝦蟆忌》一卷。

不署撰者。兩《唐志》無載，亡佚。

《明堂蝦蟆圖》一卷。

不署撰者。兩《唐志》無載，亡佚。

《鍼灸圖要决》一卷。

不署撰者。兩《唐志》無載，亡佚。

《鍼灸圖經》十一卷。本十八卷。

不署撰者。兩《唐志》無載，亡佚。

《十二人圖》一卷。

不署撰者。兩《唐志》無載，亡佚。

《鍼灸經》一卷。

不署撰者。兩《唐志》無載，亡佚。

《扁鵲偃側鍼灸圖》三卷。

不署撰者。兩《唐志》無載，亡佚。

《流注鍼經》一卷。

不署撰者。兩《唐志》無載，《宋志》著録《扁鵲鍼傳》，疑即此書。然今亦亡。

《曹氏灸經》一卷。

曹氏：不知何人。前録《曹氏灸方》七卷，亡。此書或爲其佚存者。

《偃側人經》二卷。秦承祖撰。

前録秦承祖《偃側雜鍼灸經》三卷，亡。此或其不亡者。然今亦亡。

《華佗枕中灸刺經》一卷。

兩《唐志》無載，亡佚。

《謝氏鍼經》一卷。

謝氏：不知何人。兩《唐志》無載，亡佚。

《殷元鍼經》一卷。

殷元：生平事迹不詳。兩《唐志》無載，亡佚。

《要用孔穴》一卷。

《九部鍼經》一卷。

兩書皆不署撰者。《唐六典》卷一四載，鍼博士掌教鍼生，以經脈孔穴使識浮沉澀滑之候，又以九鍼爲補瀉之法。兩《唐志》無載二書，亡佚。

《釋僧匡鍼灸經》一卷。

釋僧匡：生平事迹不詳。兩《唐志》無載，亡佚。

《三奇六儀鍼要經》一卷。

不署撰者。兩《唐志》無載，亡佚。

《黄帝十二經脉明堂五藏人圖》一卷。

不署撰者。兩《唐志》著録《黄帝十二經脉明堂五藏圖》一卷，《宋志》無載，亡佚。

《老子石室蘭臺中治癩符》一卷。

不署撰者。兩《唐志》無載，亡佚。

《龍樹菩薩藥方》四卷。

不署撰者。《日本國見在書目録》著録《龍樹眼經》一卷，兩《唐志》無載。《郡齋讀書志》卷一五著録《龍樹眼論》三卷，稱右佛經龍樹大士者、能治眼疾。或假其説、集治七十二種目病之方。此書今亡。

《西域諸仙所説藥方》二十三卷。目一卷。本二十五卷。

不署撰者。兩《唐志》無載，亡佚。

《香山仙人藥方》十卷。

不署撰者。兩《唐志》無載，亡佚。

《西域波羅仙人方》三卷。

不署撰者。兩《唐志》無載，亡佚。

《西域名醫所集要方》四卷。本十二卷。

不署撰者。兩《唐志》無載，亡佚。

《婆羅門諸仙藥方》二十卷。

不署撰者。兩《唐志》無載，亡佚。

《婆羅門藥方》五卷。

不署撰者。兩《唐志》無載，亡佚。

《耆婆所述仙人命論方》二卷。目一卷。本三卷。

不署撰者。《日本國見在書目録》著録《耆婆茯苓散方》一卷，《耆婆脈訣》十二卷，或與此書有相通之處。兩《唐志》無載，亡佚。

《乾陀利治鬼方》十卷。

《新録乾陀利治鬼方》四卷。本五卷，闕。

乾陀利：生平事迹不詳。《新録乾陀利治鬼方》疑爲他人所爲。兩《唐志》無載二書，皆亡佚。

《伯樂治馬雜病經》一卷。

前録《療馬方》一卷，下有注曰："梁有《伯樂療馬經》一卷，疑與此同。"此亦前之《療馬方》。兩《唐志》無載，亡佚。

《治馬經》三卷。俞極撰，亡。

俞極：生平事迹不詳。兩《唐書》無載，亡佚。

《治馬經》四卷。

《治馬經目》一卷。

《治馬經圖》二卷。

《馬經孔穴圖》一卷。

《雜撰馬經》一卷。

以上五書皆不署撰者。《唐六典》卷一一載，尚乘局有獸醫七十人，掌療馬病。馬有傷寒者、有傷熱者、有傷者，皆據經方以療焉。《日本國見在書目録》著録《治馬病方》一卷、《治馬法》六卷、《治馬病書》六卷。兩《唐志》無載此五書，皆亡佚。

《治馬牛駝騾等經》三卷。目一卷。

不署撰者。兩《唐志》無載，亡佚。

《香方》一卷。宋明帝撰。

宋明帝：見本志經部“論語類”。兩《唐志》無載，亡佚。

《雜香方》五卷。

不署撰者。《日本國見在書目録》著録《諸香方》一卷，兩《唐志》無載，亡佚。

《龍樹菩薩和香法》二卷。

不署撰者。《日本國見在書目録》著録《龍樹井和香方》一卷，兩《唐志》無載，亡佚。

《食經》三卷。馬琬撰。

馬琬：生平事迹不詳。《日本國見在書目録》著録《食經》三卷，馬院撰。兩《唐志》無載，亡佚。

《會稽郡造海味法》一卷。

不署撰者。兩《唐志》無載，亡佚。

《論服餌》一卷。

不署撰者。兩《唐志》無載，亡佚。

《淮南王食經》并目百六十五卷。大業中撰。

不署撰者。《舊唐志》著録《淮南王食經》一百二十卷，諸葛穎撰；《淮南王食目》十卷，《淮南王食經音》十三卷，諸葛穎撰；《新唐志》著録諸葛穎《淮南王食經》一百三十卷、《音》十三卷、《食目》十卷。此書爲大業中所撰，兩《唐志》稱撰者爲諸葛穎，諸葛穎乃隋朝人，《隋志》卷七六有傳。疑《淮南王食經》當爲《淮南玉食經》，"王"爲"玉"之誤。此書《宋志》無載，亡佚。

《膳羞養療》二十卷。

不署撰者。兩《唐志》無載，亡佚。

《金匱録》二十三卷。目一卷。京里先生撰。

京里先生：生平事迹不詳。兩《唐志》著録京里先生《金匱仙藥録》三卷、《神仙服食經》十二卷，疑此二書皆爲《金匱録》二十三卷之佚存。《宋志》無載，亡佚。

《練化雜術》一卷。陶隱居撰。

兩《唐志》無載，亡佚。

《玉衡隱書》七十卷。目一卷。周弘讓撰。

周弘讓：見本志史部"雜傳類"。兩《唐志》無載，亡佚。

《太清諸丹集要》四卷。陶隱居撰。

兩《唐志》著録《太清諸丹藥録》四卷，不署撰者。《宋志》無載，亡佚。

《雜神丹方》九卷。

不署撰者。兩《唐志》無載，亡佚。

《合丹大師口訣》一卷。

不署撰者。兩《唐志》無載，亡佚。

《合丹節度》四卷。陶隱居撰。

兩《唐志》無載，亡佚。

《合丹要略序》一卷。孫文韜撰。

孫文韜：一名韜，字文藏，會稽剡（今浙江嵊州）人。陶貞白弟子。見高似孫《剡録》所引《真誥》。兩《唐志》無載，亡佚。

《仙人金銀經并長生方》一卷。

不署撰者。兩《唐志》無載，亡佚。

《狐剛子萬金决》二卷。葛仙公撰。

葛仙公：見本部"道家類"《舊唐志》著録《狐子方金訣》二卷，葛仙公撰；《新唐志》著録葛仙公《録狐子方金訣》二卷。《宋志》無載，亡佚。

《雜仙方》一卷。

不署撰者。兩《唐志》無載，亡佚。

《神仙服食經》十卷。

不署撰者。兩《唐志》無載，亡佚。

《神仙服食神祕方》二卷。

不署撰者。兩《唐志》無載，亡佚。

《神仙服食藥方》十卷。抱朴子撰。

《舊唐志》著録《太清神仙服食經》五卷、又一卷，抱朴子撰；《新唐志》著録抱朴子《太清神仙服食經》五卷，《太清神仙服食經》五卷。《宋志》無載，亡佚。

《神仙餌金丹沙祕方》一卷。

不署撰者。兩《唐志》無載，亡佚。

《衛叔卿服食雜方》一卷。

衛叔卿（生卒年不詳）：中山（今河北平山）人。服雲母子度世，又囑其父餌五色雲母仙去。見《太平御覽》卷六六二引《三洞珠囊》。兩《唐志》無載，亡佚。

《金丹藥方》四卷。

不署撰者。兩《唐志》無載，亡佚。

《雜神仙丹經》十卷。

不署撰者。兩《唐志》無載，亡佚。

《雜神仙黄白法》十二卷。

不署撰者。《抱朴子·黄白篇》言，神仙經黄白之方二十五卷，千有餘首。黄者金也，白者銀也。或題篇云庚辛，庚辛亦金也。《遐覽篇》言，道經中有《黄白要經》、《八公黄白經》各一卷，《枕中黄白經》五卷。兩《唐志》著録《黄白祕法》一卷，又二十（疑爲“十二”之誤）卷。《宋志》“神仙家”著録《神仙庚辛經》一卷。此書今亡。

《神仙雜方》十五卷。

不署撰者。兩《唐志》無載，亡佚。

《神仙服食雜方》十卷。

不署撰者。兩《唐志》無載，亡佚。

《神仙服食方》五卷。

不署撰者。兩《唐志》無載，亡佚。

《服食諸雜方》二卷。

不署撰者。兩《唐志》無載，亡佚。

《服餌方》三卷。陶隱居撰。

兩《唐志》無載，亡佚。

《真人九丹經》一卷。

不署撰者。兩《唐志》無載，亡佚。

《太極真人九轉還丹經》一卷。

太極真人：即葛仙公。《抱朴子・金丹篇》言，《黄帝九鼎神丹經》云，黄帝服之，遂以昇仙。《遐覽篇》言，從祖仙公從左元放受《太清丹經》三卷及《九鼎丹經》一卷。兩《唐志》無載，亡佚。

《練寶法》二十五卷。目三卷。本四十卷，闕。

不署撰者。兩《唐志》無載，亡佚。

《太清璿璣文》七卷。冲和子撰。

兩《唐志》著録冲和子《太清璿璣文》七卷，《宋志》無載，亡佚。

《陵陽子説黄金祕法》一卷。

陵陽子：據《列仙傳》言，陵陽子明者，銍鄉（今安徽宿州）人。好釣魚，得白龍，而放之。後得白魚，按魚腹中書所言之法，服食三年。乘龍止陵陽山。姚振宗以爲這只是傳説，不足憑。兩《唐志》著録明月公《陵陽子祕訣》一卷，《宋志》無載，亡佚。

《神方》二卷。

不署撰者。兩《唐志》無載，亡佚。

《狐子雜决》三卷。

狐子：即狐剛子。兩《唐志》著録《狐子雜訣》三卷，《宋志》無載，亡佚。

《太山八景神丹經》一卷。

不署撰者。或爲徐太山所作。兩《唐志》無載，亡佚。

《太清神丹中經》一卷。

不署撰者。兩《唐志》著録《太清神丹中經》三卷，《宋志》無載，亡佚。

《養生注》十一卷。目一卷。

不署撰者。兩《唐志》無載，亡佚。

《養生術》一卷。翟平撰。

翟平：生平事迹不詳。兩《唐志》無載，亡佚。

《龍樹菩薩養性方》一卷。

兩《唐志》無載，亡佚。

《引氣圖》一卷。

不署撰者。兩《唐志》無載，亡佚。

《道引圖》三卷。立一，坐一，卧一。

不署撰者。兩《唐志》無載。《郡齋讀書志》卷一六著録《導引養生圖》一卷，稱梁陶弘景撰。《宋志》"神仙家"著録陶弘景《導引養生圖》一卷。此書今亡。

《養身經》一卷。

不署撰者。兩《唐志》無載，亡佚。

《養生要術》一卷。

不署撰者。兩《唐志》無載，亡佚。

《養生服食禁忌》一卷。

不署撰者。兩《唐志》無載，亡佚。

《養生傳》二卷。

不署撰者。兩《唐志》無載，亡佚。

《帝王養生要方》二卷。蕭吉撰。

蕭吉：見本志經部"樂類"。《北史》卷八九載，蕭吉撰《帝王養生方》二卷。兩《唐志》無載，亡佚。

《素女祕道經》一卷。并《玄女經》。

不署撰者。《抱朴子・極言篇》言，黄帝論道養則資玄、素二女。兩《唐志》無載，亡佚。

《素女方》一卷。

不署撰者。兩《唐志》無載，亡佚。

《彭祖養性》一卷。

前已録《彭祖養性經》，二者爲一書，此爲重出。

《郯子説陰陽經》一卷。

郯子：見《春秋左氏傳・昭公十七年》。姚振宗以爲此書爲他人依託郯子所作。兩《唐志》無載，亡佚。

《序房内祕術》一卷。葛氏撰。

葛氏：當指葛洪。《舊唐志》著録《玉房祕術》一卷，葛氏撰；《新唐志》著録葛氏《房中祕術》一卷。《宋志》無載，亡佚。

《玉房祕决》八卷。

不署撰者。前已録《玉房祕訣》十卷。《舊唐志》著録《玉房祕録訣》八卷，冲和子撰；《新唐志》著録冲和子《玉房祕訣》十卷，下注“張鼎”。此疑重出。

《徐太山房内祕要》一卷。

兩《唐志》無載，亡佚。

《新撰玉房祕决》九卷。

不署撰者。疑爲隋煬帝敕撰。兩《唐志》無載，亡佚。

《四海類聚方》二千六百卷。

不署撰者。兩《唐志》著録《類聚方》二千六百卷，《宋志》無載，亡佚。

《四海類聚單要方》三百卷。

不署撰者。兩《唐志》著録隋煬帝《四海類聚單方》十六卷，《宋志》無載，亡佚。

右二百五十六部，合四千五百一十卷。

二百五十六部：實際爲二百五十四部。又録亡書一百二十七部。

醫方者，所以除疾疢[1]，保性命之術者也。天有陰陽風雨晦明之氣，人有喜怒哀樂好惡之情。節而行之，則和平調理，專壹其情，則溺而生疢。是以聖人原血脉之本，因鍼石之用，假藥物之滋，調中養氣，通滯解結，而反之於素[2]。其善者，則原脉以知政，推疾以及國。《周官》，醫師之職"掌聚諸藥物，凡有疾者治之"[3]，是其事也。鄙者爲之，則反本傷性。故曰："有疾不治，恒得中醫[4]。"

[1] 疾疢（chèn）：病害。

[2] 素：始、本。

[3] 以上兩句，見《周禮注疏》卷五。原文作"醫師掌醫之政令，聚毒藥以共醫事。凡邦之有疾病者、疕瘍者造焉，則使醫分而治之"。

[4] 以上兩句，見《漢書·藝文志》，原作"諺云：有病不治，

常得中醫”。錢大昭《漢書辨疑》曰，今吴人猶云不服藥爲中醫。即有病不吃藥，相當於醫與不醫之間，中醫也。

凡諸子，合八百五十三部，六千四百三十七卷。

八百五十三部：實際爲一千一百七十六部，又有亡書五百一十三部。

《易》曰：“天下同歸而殊塗，一致而百慮[1]。”儒、道、小説，聖人之教也，而有所偏。兵及醫方，聖人之政也，所施各異。世之治也，列在衆職，下至衰亂，官失其守。或以其業游説諸侯，各崇所習，分鑣並鶩[2]。若使總而不遺，折之中道，亦可以興化致治者矣。《漢書》有《諸子》、《兵書》、《數術》、《方伎》之略，今合而叙之，爲十四種，謂之子部。

[1] 以上兩句，見《易·繫辭下傳》。意爲天下人走不同的路，而走到同一地方；有多種考慮，達到的則是同一目的。

[2] 分鑣（biāo）並鶩（wù）：鑣，一指馬嚼子，又指一種兵器。鶩，奔驰。意爲雖方式不同，但爲同一目標努力。

集部

楚　辭

《楚辭》十二卷。並目録。後漢校書郎王逸注。

王逸：見本志子部“儒家”。《後漢書》卷八〇上載，王逸著《楚辭章句》行於世。漢劉向集屈原《離騷》一、《九歌》十一、《天問》一、《九章》九、《卜居》、《漁父》、《遠游》二十五篇，又宋玉《九辯》、《招魂》，景差《大招》，賈誼《惜誓》，淮南小山《招隱士》，東方朔《七諫》，嚴忌《哀時命》，王褒《九懷》，以及劉向《九歎》，共爲《楚辭》十六卷。王逸作注，以己作《九思》與班固二叙爲十七卷。今本王逸注《楚辭》已經後人改動，自宋以來即非王逸之舊本。見《四庫全書總目》卷一四八。《漢志》著録《屈原賦》二十五篇，《宋玉賦》十六篇，《賈誼賦》七篇。《日本國見在書目録》著録《楚辭》十六卷，王逸注。《舊唐志》著録《楚辭》十六卷，王逸撰；《新唐志》著録王逸注《楚辭》十六卷；《宋志》著録《楚辭》十六卷，屈原等撰，又十七卷，後漢王逸章句。《直齋書録解題》卷一五著録《楚辭》十七卷，稱漢護都水使者光禄大夫劉向集，後漢校書郎南郡王逸叔師注，洪興祖補注。王逸之注雖未能盡善，而自淮南王安以下，爲訓者今不復存，獨王逸注幸而尚傳。《四庫全書總目》卷一四八著録《楚辭章句》十七卷，王逸撰。歷代研究《楚辭》之著作有宋洪興祖《楚辭補注》十七卷、朱熹《楚辭集注》八卷，清代王夫之《楚辭通釋》十四卷、王闓運《楚辭釋》十一卷。近代研究有成就者，當屬游國恩、姜亮夫。此書現存最早的本子爲明正德十三年（1518）黄省曾、高第刻本，通行本爲《四庫》本、《叢書集成》本等。

《楚辭》三卷。郭璞注。梁有《楚辭》十一卷，宋何偃删王逸注，亡。

郭璞：見本志經部“詩類”。《晉書》卷七〇載，郭璞注《楚辭》。兩《唐志》著録郭璞注《楚辭》十卷，《宋志》無載，亡佚。何偃：見本志經部“詩類”。兩《唐志》無載是書，亡佚。

《楚辭九悼》一卷。楊穆撰。

楊穆：生平事迹不詳。兩《唐志》著録楊穆《楚辭九悼》一卷，《宋志》無載，亡佚。

《參解楚辭》七卷。皇甫遵訓撰。

皇甫遵：見本志史部“雜史類”。兩《唐志》無載，亡佚。

《楚辭音》一卷。徐邈撰。

徐邈：見本志經部“易類”。兩《唐志》著録徐邈《楚辭音》一卷，《宋志》無載，亡佚。

《楚辭音》一卷。宋處士諸葛氏撰。

諸葛氏：不知何人。兩《唐志》無載，亡佚。

《楚辭音》一卷。孟奥撰。

孟奥：生平事迹不詳。兩《唐志》著録孟奥《楚辭音》一卷，《宋志》無載，亡佚。

《楚辭音》一卷。

不署撰者。兩《唐志》無載，亡佚。

《楚辭音》一卷。釋道騫撰。

釋道騫：生平事迹不詳。《舊唐志》著録《楚辭音》一卷，釋道騫撰；《新唐志》著録僧道騫《楚辭音》一卷。《宋志》無載，亡佚。

《離騷草木疏》二卷。劉杳撰。

劉杳：見本志史部“雜家類”。《梁書》卷五〇載，劉杳撰《楚辭草木疏》一卷。兩《唐志》著録劉杳《離騷草木蟲魚疏》二卷，《宋志》無載，亡佚。

右十部，二十九卷。通計亡書，十一部，四十卷。

《楚辭》者，屈原之所作也[1]。自周室衰亂，詩人寢息，諂佞之道興，諷刺之辭廢。楚有賢臣屈原，被讒放逐，乃著《離騷》八篇，言己離别愁思，申杼其心[2]，自明無罪，因以諷諫，冀君覺悟[3]，卒不省察[4]，遂赴汨羅死焉[5]。弟子宋玉，痛惜其師，傷而和之。其後，賈誼、東方朔、劉向、揚雄，嘉其文彩，擬之而作。蓋以原楚人也，謂之“楚辭”。然其氣質高麗，雅致清遠，後之文人，咸不能逮。始漢武帝命淮南王爲之章句，旦受詔，食時而奏之，其書今亡。後漢校書郎王逸，集屈原已下，迄於劉向，逸又自爲一篇，并叙而注之，今行於世。隋時有釋道騫，善讀之，能爲楚聲，音韻清切[6]，至今傳《楚辭》者，皆祖騫公之音。

[1] 屈原（前 340？—前 278）：戰國時楚國人，名平，字原；

又名正則，字靈均。楚懷王時任左徒、三閭大夫。博聞强志，明於治亂，善於辭令。上官大夫妒其能，進讒言，屈原被放逐，抒發情懷而作《離騷》。楚頃襄王時，屈原又遭讒毁被貶。此時屈原對楚國已失去信心，懷石投汨羅江而亡。《史記》卷八四有傳。

[2] 申杼（zhù）："杼"通"抒"。申杼，申訴、抒發。

[3] 冀：希望。

[4] 卒：最後。省（xǐng），查看。

[5] 汨（mì）羅：位於湖南東北部的一條河。上游汨水流經湘陰縣分爲二支，汨水南流，羅水經古羅城，至屈潭兩水合流，曰汨羅。

[6] 清切：切，通徹。清切，言聲音清澈。

别　集

楚蘭陵令《荀况集》一卷。 殘缺。梁二卷。

荀况：見本志子部“儒家”。《漢志·詩賦》著録《孫卿賦》十篇。摯虞《文章流别論》言：“前世爲賦者有孫卿、屈原，尚頗有古之詩義。”見《全晉文》卷七七。兩《唐志》著録《趙荀况集》二卷，《宋志》無載，亡佚。《全上古三代文》卷九輯有荀况《禮賦》、《智賦》等五篇。

楚大夫《宋玉集》三卷。

宋玉：見本志子部“小説家”。《史記》卷八四載，楚有宋玉、唐勒、景差之徒者，皆好辭而以賦見稱。《全晉文》卷七七《文章流别論》言：“宋玉則多淫浮之病矣。”《漢志·詩賦》著録《宋玉賦》十六篇，班固注曰：“楚人，與唐勒並時，在屈原後也。”兩《唐志》著録楚《宋玉集》二卷，《宋志》無載。《直齋書録解題》卷一六著録《宋玉集》一卷，稱今書乃《文選》及《古文苑》中録出者，未必當時本也。原書亡佚。《全上古三代文》卷一〇輯有宋玉《風賦》、《大言》等凡十一篇。

《漢武帝集》一卷。 梁二卷。

漢武帝：見本志“大序”。《漢書》卷六載，元狩元年（前 122）冬十月，作《白麟之歌》；元鼎四年（前 113），作《寶鼎》、《天馬之歌》。卷九七上載，漢武帝思念李夫人，自爲作賦，以傷悼夫人。兩《唐志》無載，亡佚。《全漢文》卷三、四輯漢武帝《李夫人賦》、《秋風辭》，制誥、册書、策書、勑書、璽書、報書及雜文多篇。

漢《淮南王集》一卷。梁二卷。又有《賈誼集》四卷，《鼂錯集》三卷，漢弘農都尉《枚乘集》二卷，録各一卷，亡。

淮南王：見本志子部"雜家類"。《漢書》卷四四載，劉安辯博善爲文辭，甚得武帝尊重。《漢志·詩賦略》著録《淮南王賦》八十二篇；《舊唐志》著録《淮南王集》二卷；《新唐志》著録《淮南王安集》二卷，《宋志》無載，亡佚。《全漢文》卷一二有輯文二篇。賈誼：見本志子部"儒家類"。《史記》卷八四載，漢有賈誼爲長沙王太傅，過湘水，爲賦以悼屈原。《漢書》卷四八載，賈誼自傷悼，以爲壽不得長，乃爲賦自廣。《漢志·詩賦略》著録《賈誼賦》七篇，《漢志·諸子略》著録《賈誼》五十八篇，兩《唐志》著録前漢《賈誼集》二卷，《崇文總目》著録《賈誼集》二卷，《宋志》無載，亡佚。現有《漢魏六朝百三名家集》本《賈長沙集》一卷。《全漢文》卷一五、一六有輯文十一篇。鼂錯：見本志子部"法家類"。《漢書》卷四九載，鼂錯上書言兵體三章，得文帝嘉之。又言宜削諸侯事，及法令可更定者，書凡三十篇。兩《唐志》無載是書，亡佚。《全漢文》卷一八有輯文九篇。枚乘（前210？—前138？）：字叔，淮陰（今江蘇淮安）人。爲吴王濞郎中。吴王爲逆，枚乘書諫，不聽。枚乘之梁，從孝王游。景帝時，吴王又欲反，枚乘再諫，而吴王不用其策，卒見擒滅。此後，枚乘知名，拜爲弘農都尉。又游梁，梁客皆善辭賦，枚乘尤高。武帝即位，徵之，途中病死。《漢書》卷五一有傳。《文章流别論》言七發造於枚乘。其雖有甚泰之辭而不没其諷喻之義，其流遂廣，其義遂變，率有辭人淫麗之尤矣。見《全晉文》卷七七。

《漢書·詩賦略》著録《枚乘賦》九篇，兩《唐志》著録《枚乘集》二卷，《宋志》著録《枚乘集》一卷。《直齋書録解題》卷一六著録《枚乘集》一卷，稱今本乃於《漢書》及《文選》諸書鈔出者。已亡佚。清丁晏輯《枚叔集》一卷，《全漢文》卷二〇有輯文五篇。

漢中書令《司馬遷集》一卷。

司馬遷：見本志史部“正史類”。《漢志·詩賦略》著録《司馬遷賦》八篇，兩《唐志》著録《司馬遷集》二卷，《宋志》無載，亡佚。現有《漢魏六朝名家集》本《司馬子長集》一卷，《全漢文》卷二六有輯文三篇。

漢太中大夫《東方朔集》二卷。梁有漢光禄大夫《吾丘壽王集》二卷，亡。

東方朔：見本志史部“雜傳類”。《漢書》卷六五載，東方朔文以《答客難》、《非有先生論》最善，其餘有《封泰山》、《責和氏璧》等多篇。《文心雕龍·雜文》言，自宋玉對問以後，東方朔效而廣之，名爲客難，託古慰志，疏而有辨。《漢志·諸子略》著録《東方朔》二十篇，兩《唐志》著録《東方朔集》二卷，《宋志》無載，亡佚。現有《漢魏諸名家集》本《東方先生集》一卷，《全漢文》卷二五有輯文。吾丘壽王：字子贛，趙（今河北境内）人。年少，以善格五召待詔。遷侍中中郎，坐事免。上疏願擊匈奴，詔問狀，壽王對良善，復召爲郎。公孫弘奏民不得挾弓弩，壽王以爲不便，駁之。書奏，武帝以難公孫弘。後坐事被誅。《漢書》卷六四上有傳。《文心雕龍·議對》言，迄至有漢始立駁議，駁者，雜也。雜議不純，故曰駁也。至如吾丘之駁挾弓得事要矣。《漢志·詩賦略》著録《吾丘壽王賦》十六篇，《漢志·諸子略》著録《吾丘壽王》六篇。兩《唐志》無載，亡佚。《全漢文》卷二七有輯文。

漢孝文園令《司馬相如集》一卷。

司馬相如：見本志經部"小學類"。《漢書》卷五七載，司馬相如撰《子虛賦》、《大人賦》、《上林賦》、《遺平陵侯書》、《與五公子相難》等。司馬遷稱"相如雖多虛辭濫説，然要其歸引之於節儉，此亦《詩》之風諫何異"？《漢志·詩賦略》著録《司馬相如賦》二十九篇，兩《唐志》著録《司馬相如集》二卷，《宋志》無載，亡佚。現有《漢魏諸名家集》本《司馬相如集》一卷，《全漢文》卷二一、二二有輯文。

漢膠西相《董仲舒集》一卷。梁二卷。又有漢太常《孔臧集》二卷，亡。

董仲舒：見本志經部"春秋類"。《漢書》卷五六載，董仲舒以賢良對策相江都、膠西二國。後歸家，以修學著書爲事。《漢志·諸子略》著録《董仲舒》百二十三篇。《文心雕龍·才略》言，仲舒專儒，子長純史，而麗縟成文亦詩人之告哀也。兩《唐志》著録《董仲舒集》二卷，《宋志》、《崇文總目》著録《董仲舒集》一卷。《直齋書録解題》卷一六著録《董仲舒集》一卷，稱今唯録本傳中《三策》，及《古文苑》所載《士不遇賦》、《詣公孫弘記室書》二篇而已。其叙篇略本傳語，亦載《古文苑》。《四庫全書總目》卷一七四著録《董子文集》一卷，稱兩《唐志》及《宋志》所著録者，並亡佚。此乃明正德時，盧雍集董仲舒逸文而成。現有《漢魏諸名家集》本《董仲舒集》一卷、《漢魏六朝百三名家集》本《董膠西集》一卷、《叢書集成》本《董子文集》一卷，《全漢文》卷二三、二四有輯文。孔臧：父孔聚於漢高祖六年（前201）封蓼夷侯。孝文九年（前171），孔臧嗣爵，曾爲太常。元朔三年（前126），坐事免。見《漢書》卷一六。《漢志·諸子略》著録太常蓼侯《孔臧》十篇,《漢志·詩賦略》著録太常蓼侯《孔臧賦》二十篇。兩《唐志》著録《孔臧集》二卷,《宋志》無載，亡佚。《全漢文》卷一三有輯文。

漢騎都尉《李陵集》二卷。梁有漢丞相《魏相集》二卷，録一卷；左馮翊《張敞集》一卷，録一卷。亡。

李陵（？—前74）：字少陵，隴西成紀（今甘肅秦安北）人。漢名將李廣之孫，少爲侍中建中監。武帝以爲其有乃祖之風，拜爲騎都尉。天漢二年（前99）率步兵五千出居延北行，與匈奴戰敗不得脱，遂降。單于以女妻之，立爲右校王。在匈奴二十餘年，元平元年（前74）病死。《史記》卷一〇九、《漢書》卷五四有傳。《史通·雜説下》曰："《李陵集》有《與蘇武書》，詞采壯麗，音句流靡。觀其文體，不類西漢人，殆後人所爲，假稱陵作也。"兩《唐志》著録《李陵集》二卷,《宋志》無載，亡佚。《全漢文》卷二八有輯文。魏相（？—前59）：字弱翁，濟陰定陶（今山東菏澤境内）人。少學《易》，初爲茂陵令，後遷河南太守。宣帝即位，爲大司農，遷御史大夫。代韋賢爲丞相，封高平侯。神爵三年（前59）卒，謚憲侯。《史記》卷九六、《漢書》卷七四有傳。《漢志·六藝略》著録《雅琴趙氏》七篇，班固注曰："宣帝時，丞相魏相所奏。"兩《唐志》著録《魏相集》二卷,《宋志》無載，亡佚。《全漢文》卷二九有輯文。張敞（？—前48）：字子高，本河東平陽（今山西臨汾境内）人。治《春秋》。隨宣帝徙杜陵，遷太僕丞，除豫州刺史。又徵爲太中大夫，拜京兆尹。元帝即位，徵爲左馮翊，不久病卒。《漢書》卷七六有傳。《漢志·六藝·小學序》曰,《蒼頡》多古字，俗師失其讀。宣帝時徵齊人能正讀者，張敞從受之。傳至外孫之子杜林，爲作訓故。《文心雕龍·書記》有曰，張敞奏書於膠后，其義美矣。兩《唐志》著録《張敞集》二卷,《宋志》無載，亡佚。《全漢文》卷三〇有輯文十五篇。

漢諫議大夫《王褒集》五卷。

王褒（前90？—前51）：字子淵，蜀郡資中（今四川資陽）人。宣帝時，益州刺史王襄欲宣風化於衆庶，使王褒作《中和》、《樂職》、《宣佈詩》。宣帝詔王褒爲聖主得賢臣頌其意。令其爲待詔，所作《甘泉》、《洞簫頌》爲後宫貴人左右誦讀之。後除爲諫議大夫。奉旨前往益州祀金馬碧雞，病死道上。《漢書》卷六四下有傳。《漢志·詩賦略》著録《王褒賦》十六篇。《文心雕龍·才略》有曰，王褒構采以密巧爲致，附聲測貌泠然可觀。兩《唐志》、《宋志》著録《王褒集》五卷。現有《漢魏六朝百三名家集》本《王諫議集》一卷，《全漢文》卷四二有輯文。

漢諫議大夫《劉向集》六卷。梁有漢射聲校尉《陳湯集》二卷，丞相《韋玄成集》二卷，亡。

劉向：見本志經部"尚書類"。《漢書》卷三六贊曰，劉向博學洽聞，通達古今，其言有補於世。所作《洪範》發明《大傳》，著天人之應；《七略》剖判藝文，總百家之緒。《漢志·詩賦略》著録《劉向賦》三十三篇，兩《唐志》、《宋志》著録《劉向集》五卷。《直齋書録解題》卷一六著録《劉中壘集》五卷，稱中壘校尉劉向子政撰。前四卷，《封事》並見《漢書》，《九歎》見《楚辭》，末《請雨華山賦》見《古文苑》。原書亡佚。現有《漢魏六朝百三名家集》本《漢劉中壘集》一卷，《全漢文》卷三五、三六、三七、三八、三九有輯文。陳湯（？—前6？）：字子公，山陽瑕丘（今山東兖州）人。少好書，博達善屬文。初元二年（前47），元帝詔列侯舉茂才。陳湯待升遷，父死不奔喪，下論獄。後遷西域副校尉。建昭三年（前36），矯制發城郭諸國兵，斬郅支單于、閼氏、太子、名王以下千五百一十八級，生虜百四十五人，降虜千餘人。封關内侯，拜射聲校尉。後奪爵爲士伍。數歲後，因王鳳奏，又免爲庶人。王莽秉政，追謚陳湯爲破胡壯侯。《漢書》卷七〇有傳。兩《唐志》無載是書，亡佚。《全漢文》卷四三有輯文。韋玄成（？—前36年）：字少翁，鄒（今山東鄒城）人，韋賢之子。少好學，修父業，以明經擢爲諫大夫，襲父爵。數歲，徵爲未央衛尉，遷太常。因楊惲而免官，削爵爲關内侯，作詩自劾責。與蕭望之及五經諸儒雜論同異於石渠閣。永光中，爲丞相，守正持重不及其父，而文采過之。建昭三年卒，謚曰共侯。《史記》卷九六、《漢書》卷七三有傳。兩《唐志》著録《韋玄成集》二卷，《宋志》無載，亡佚。《全漢文》卷三三有輯文六篇。

漢諫議大夫《谷永集》二卷。梁有凉州刺史《杜鄴集》二卷，騎都尉《李尋集》二卷，亡。

谷永（？—前11）：字子雲，長安（今陝西西安）人。少爲長安小吏，博學經書，舉爲太常丞。先後任安定太守、凉州刺史、北地太守，徵入爲大司農。病卒。本名並，因反，更名永。《漢書》卷八五有傳。《論衡·效力篇》曰，谷子雲筆有餘力，極言不諱，文不折乏，非夫才知之人，不能爲也。兩《唐志》著録《谷永集》五卷，《宋志》無載，亡佚。《全漢文》卷四五、四六有輯文二十五篇。杜鄴（？—前2）：字子夏，本魏郡繁陽（今河南内黄）人，武帝時徙茂陵。少孤，從張吉學。以孝廉爲郎。哀帝即位，遷爲凉州刺史。數年，以病免。元壽元年（前2），詔舉方正直言，杜鄴有對策，未拜，病卒。《漢書》卷八五有傳。兩《唐志》著録《杜鄴集》五卷，《宋志》無載，亡佚。《全漢文》卷四九有輯文五篇。李尋（生卒年不詳）：字子長，平陵（今陝西咸陽）人。治《尚書》，獨好《洪範》災異，又學天文陰陽。哀帝即位，召李尋黄門待詔，遷黄門侍郎。因李尋言且有水災，故拜騎都尉，使護河堤。因夏賀良事，李尋減死一等，徙敦煌郡。《漢書》卷七五有傳。兩《唐志》無載，亡佚。《全漢文》卷五五有輯文五篇。

漢司空《師丹集》一卷。梁三卷，録一卷。

師丹（？—5）：字仲公，琅邪東武（今山東諸城）人。治《詩》，事匡衡。舉孝廉爲郎。成帝末，爲太子太傅。哀帝即位，爲左將軍，領尚書事，代王莽爲大司馬，封高樂侯。又徙爲大司空。書數十上，多切直之言，而免爲庶人，廢歸鄉里。平帝即位，被封義陽侯，月餘卒，謚爲節侯。《漢書》卷八六有傳。兩《唐志》著録《師丹集》五卷，《宋志》無載，亡佚。《全漢文》卷四八有輯文四篇。

漢光禄大夫《息夫躬集》一卷。

息夫躬（生卒年不詳）：字子微，河内河陽（今河南孟州）人。少爲博士弟子，受《春秋》，博覽記書。哀帝即位，爲光禄大夫左曹給事中，又封宜陵侯。後因心懷怨恨，持匕招指祝盜，下獄而死。《漢書》卷四五有傳。兩《唐志》著録《息夫躬集》五卷，《宋志》無載，亡佚。《全漢文》卷五六有輯文四篇。

漢太中大夫《揚雄集》五卷。

揚雄：見本志經部"論語類"。《漢書》卷八七載，雄少而好學，不爲章句，訓詁通而已，博覽無所不見。撰《反離騷》、《上河東賦》、《校獵賦》、《長楊賦》、《解嘲》、《解難》、《九州箴》等。《漢志·詩賦略》著録《揚雄賦》十二篇，篇末附注曰，入揚雄八篇。可知《七略》只載揚雄賦四篇。《後漢書》卷四四載，揚雄依《虞箴》作《十二州二十五官箴》，其九箴亡闕。兩《唐志》著録《揚雄集》五卷，《宋志》著録《揚雄集》六卷。《郡齋讀書志》卷一七著録《揚雄集》三卷，稱古無雄集，皇朝譚愈好雄文，患其散在諸篇籍，離而不屬，因綴輯之，得四十餘篇。《直齋書録解題》卷一六著録《揚子雲集》五卷，稱其大抵皆録《漢書》及《古文苑》所載。《四庫全書總目》卷一四八著録《揚子雲集》六卷，提要稱，揚集久佚，宋譚愈輯揚雄文爲五卷，明鄭樸取揚雄《太玄》、《法言》、《方言》三書及類書所引諸條與文賦合編之釐爲六卷。現有《四庫》本《揚子雲集》六卷、《漢魏諸名家集》本《揚子雲集》三卷、《漢魏六朝百三名家集》本《楊侍郎集》一卷等，《全漢文》卷五一、五二、五三、五四有輯文。

漢太中大夫《劉歆集》五卷。

劉歆：見本志經部"論語類"。《漢書》卷三六載，劉向少子劉歆最知名，父子俱好古，博見强志，過絶於人。《文心雕龍·檄移》曰："及劉歆之《移太常》，辭剛而義辨，文移之首也。"兩《唐志》著録《劉歆集》五卷，《宋志》無載，亡佚。現有《漢魏六朝百三名家集》本《漢劉子駿集》一卷，《全漢文》卷四〇、四一有輯文。

漢《成帝班婕妤集》一卷。梁有《班昭集》三卷，王莽建新大尹《崔篆集》一卷，保成師友《唐林集》一卷，中謁者《史岑集》二卷，後漢《東平王蒼集》五卷，《桓譚集》五卷，亡。

班婕妤（前48—2）：成帝初即位選入後宫，得幸，爲婕妤。趙飛燕姊弟漸盛，班婕妤失寵，退處東宫，作賦自傷悼。至成帝崩，班婕妤充豐園陵，卒既葬園中。《漢書》卷九七下有傳。《文心雕龍·明詩》有曰，辭人遺翰，莫見五言，所以李陵、班婕妤見疑於後代也。兩《唐志》無載此書，亡佚。《全漢文》卷一一有輯文三篇。班昭：即曹大家，見本志史部"雜傳類"。《後漢書》卷八四載，班昭博學高才，所著賦、頌、銘、誄、問、注、哀辭、書、論、上疏、遺令，凡十六篇。兩《唐志》著録《曹大家集》二卷，《宋志》無載，亡佚。現有《關隴叢書》本《曹大家集》一卷，《全後漢文》卷九六有輯文八篇。崔篆（生卒年不詳）：涿郡安平（今河北安平）人。王莽時爲郡文學，以明經徵詣公車，後爲建新大尹。然崔篆自以宗門受王莽僞寵，愧對漢朝，辭歸不仕。閉門潛思，著《周易林》六十四篇。臨終作賦以自悼，名曰《慰志》。《後漢書》卷五二有傳。兩《唐志》著録《崔篆集》一卷，《宋志》無載，亡佚。《全漢文》卷六一有輯文。唐林（生卒年不詳）：字子高，沛郡（今江蘇徐州）人。以明經飭行顯名於世。仕王莽，數上疏諫正，有忠直節。見《漢書》卷七二。兩《唐志》無載是書，亡佚。《全漢文》卷六一有輯文。史岑（69—148）：字子孝，沛國（今江蘇徐州）人。以文章顯，王莽以其爲謁者。著頌、誄、《復神》、《説疾》凡四篇。見《後漢書》卷八〇上。兩《唐志》著録《史岑集》二卷，《宋志》無載，亡佚。《全後漢文》卷四九有輯文。東平王蒼（？—83）：即劉蒼，孝明帝同母弟。建武十五年（39）封東平公，十七年（41）進爵爲王。少好經書，雅有智思。明帝即位，拜爲驃騎將軍。在朝數年，以至親輔政，聲望日重。章帝即位，尊重恩禮，過於前世。朝廷每有疑政，輒驛使諮問，蒼悉心以對，皆見納用。建初八年（83）卒，詔告中傅，封上蒼自建武以來章奏、記、賦、頌、七言、别字、歌詩並集覽焉。《後漢書》卷四二有傳。《舊唐志》著録《東平王集》二卷，《新唐志》著録《東平王蒼集》二卷，《宋志》無載，亡佚。《全後漢文》卷一〇有輯文九篇。桓譚：見本志子部“儒家類”。《後漢書》卷二八上載，桓譚博學多通，能文章，尤好古學。所著賦、誄、書、奏凡二十六篇。《文心雕龍·才略》曰：“桓譚著論，富號猗頓，宋弘稱薦，爰比相如。而《集靈》諸賦褊淺無才，故知長於諷論，不及麗文也。”兩《唐志》著録《桓譚集》二卷，《宋志》無載，亡佚。《全後漢文》卷一二、一三、一四、一五有輯文。

後漢司隸從事《馮衍集》五卷。

馮衍（生卒年不詳）：字敬通，京兆杜陵（今陝西西安東南）人。王莽時，諸公多薦舉之者，馮衍辭不肯仕。王莽末，從鮑永，爲立漢將軍。更始卒，與鮑永降於河内。光武怨其不時至，不用馮衍。後以其爲曲陽令，又爲司隸從事。數爲人讒毁，西歸故郡，閉門自保。居貧年老，卒於家。所著賦、誄、銘、説、《問交》、《德誥》、《慎情》、自序、策等五十篇。章帝甚重其文。《後漢書》卷二八上、下有傳。兩《唐志》著録《馮衍集》五卷，《宋志》無載，亡佚。現有《漢魏六朝百三名家集》本《馮曲陽集》一卷，《全後漢文》卷二〇有輯文。

後漢徐令《班彪集》二卷。梁五卷。又有司徒掾《陳元集》一卷，《王隆集》二卷，雲陽令《朱勃集》二卷，後漢處士《梁鴻集》二卷，亡。

班彪（3—54）：字叔皮，扶風安陵（今陝西咸陽東）人。沉重好古，爲竇融策劃事漢。光武帝雅聞班彪名，因此召入見，拜徐令。班彪既才高而好述作，遂專心史籍之間。後辟班彪司徒玉况府，察司徒廉爲望都長。建武三十年（54）卒，時年五十二。所著賦、論、書、記、奏事合九篇。《漢書》卷一〇〇、《後漢書》卷四〇上有傳。《文心雕龍・才略》曰："二班兩劉，奕葉繼采，舊説以爲固文優彪，歆學精向，然《王命》清辨，《新序》該練，璿璧産於崑崗，亦難得而踰本矣。"《舊唐志》著録《班彪集》二卷，《新唐志》著録《班彪集》三卷，現有《關隴叢書》本《叔皮集》一卷，《全後漢文》卷二三有輯文。陳元（生卒年不詳）：字長孫，蒼梧廣信（今廣西梧州）人。父習《左氏春秋》，少傳父業，爲之訓詁，鋭精覃思。建武初，與桓譚、杜林等爲學者所宗。因才高著名，辟司空李通府，李通罷，又辟歐陽歙府。年老卒於家。《後漢書》卷三六有傳。兩《唐志》無載，亡佚。《全後漢文》卷一九有輯文。王隆（生卒年不詳）：字文山，馮翊雲陽（今陝西涇陽）人。避難河西，爲竇融左護軍。建武中，爲新汲令。能文章，所著詩、賦、銘、書，凡二十六篇。《後漢書》卷八〇上有傳。兩

《唐志》著録《王文山集》二卷,《宋志》無載，亡佚。朱勃（生卒年不詳）：字叔陽，年十二，能誦《詩》、《書》。衣學者服，迴旋皆中規矩，辭言嫻雅，馬援自愧不如。後馬援爲將軍，而朱勃不過縣令。然馬援遇讒，唯朱勃能終焉。見《後漢書》卷二四。兩《唐志》著録《朱勃集》二卷,《宋志》無載，亡佚。《全後漢文》卷一七有輯文。梁鴻（生卒年不詳）：字伯鸞，扶風平陵（今陝西咸陽西）人。受業太學，家貧而尚節介，博覽無不通，而不爲章句。學畢，乃牧豕於上林苑中。與妻孟光入霸陵山中，以耕織爲業，詠《詩》、《書》，彈琴自娱。適吴，潛閉著書十餘篇。《後漢書》卷八三有傳。兩《唐志》著録《梁鴻集》二卷,《宋志》無載，亡佚。《全後漢文》卷三二有輯文。

後漢車騎從事《杜篤集》一卷。

杜篤（？—78）：字季雅，京兆杜陵（今陝西西安東南）人。少博學，不修小節。與美陽令結怨，收送京師。大司馬吴漢卒，光武詔諸儒誄之。杜篤於獄中爲誄，辭最高，賜帛免之。上《論都賦》，言不宜建都洛陽。建初三年（78），車騎將軍馬防擊西羌，以杜篤爲從事中郎，戰死於姑射山。所著賦、誄、弔、書、贊、七言、《女誡》及雜文，凡十八篇。又著《明世論》十五篇。《後漢書》卷八〇上有傳。兩《唐志》著録《杜篤集》五卷,《宋志》無載，亡佚。《全後漢文》卷二八有輯文。

後漢車騎司馬《傅毅集》二卷。梁五卷。

傅毅（？—90）：字武仲，扶風茂陵（今陝西興平東北）人。少博學。建初中，章帝博召文學之士，傅毅爲蘭臺令史，拜郎中，與班固、賈逵共典校書。永元元年（91），車騎將軍竇憲以傅毅爲司馬。早卒。所著詩、賦、誄、頌、祝文、《七激》、連珠，凡二十八篇。《後漢書》卷八〇上有傳。《文心雕龍・雜文》曰：“傅毅《七激》會清要之工。”兩《唐志》著録《傅毅集》二卷，《宋志》無載，亡佚。現有《關隴叢書》本《傅司馬集》一卷、《傅氏家書》本《傅蘭臺集》一卷，《全後漢文》卷四三有輯文。

後漢大將軍護軍司馬《班固集》十七卷。梁有魏郡太守《黄香集》二卷，亡。

班固：見本志經部“小學類”。《後漢書》卷四〇上載，班固九歲能屬文，誦詩賦，及長，遂博貫載籍，九流百家之言，無不窮究。卷四〇下載，班固所著《典引》、《賓戲》、《應譏》、詩、賦、銘、誄、頌、書、文、記、論、議、六言，在者凡四十一篇。《文心雕龍·銘箴》曰，“若班固燕然之勒”，“序亦盛矣”。《日本國見在書目録》著録《班固集》十二卷，兩《唐志》著録《班固集》十卷，《宋志》無載，亡佚。現有《關隴叢書》本《蘭臺集》一卷、《漢魏六朝百三名家集》本《班蘭臺集》一卷、《漢魏六朝名家集》初刻本《班孟堅集》三卷，《全後漢文》卷二四、二五、二六有輯文。黄香（68？—122）：字文彊，江夏安陸（今湖北安陸）人。年少至孝，博學經典，究經道術，能文章，京師號曰“天下無雙江夏黄童”。元和元年（84），章帝詔黄香詣東觀，讀所未見書。後拜尚書郎。永元六年（94），遷尚書令。延平元年（106），遷魏郡太守，後坐水潦事免，數月卒於家。所著賦、牋、奏、書、令凡五篇。《後漢書》卷八〇上有傳。兩《唐志》著録《黄香集》二卷，《宋志》無載，亡佚。《全後漢文》卷四二有輯文。

後漢長岑長《崔駰集》十卷。

崔駰（？—92）：字亭伯，涿郡安平（今河北安平）人，崔篆之孫。年十三能通《詩》、《易》、《春秋》，博學有偉才，盡通古今訓詁百家之言，善屬文。竇憲爲車騎將軍，辟崔駰爲掾。竇憲驕恣，崔駰屢諫，竇憲不能容，出爲長岑長，遂不之官而歸。永元四年（92）卒於家。所著詩、賦、銘、頌、書、記、表、《七依》、《婚禮結言》、《達旨》、《酒警》合二十一篇。《後漢書》卷五二有傳。兩《唐志》著録《崔駰集》十卷，《宋志》無載，亡佚。現有《漢魏六朝百三名家集》本《東漢崔亭伯集》一卷，《全後漢文》卷四四有輯文。

後漢侍中《賈逵集》一卷。梁二卷。

賈逵：見本志經部“詩類”。《後漢書》卷三六載，賈逵所著經傳義詁及論難百餘萬言，又作詩、頌、書、連珠、酒令凡九篇，學者宗之，後世稱爲通儒。兩《唐志》著録《賈逵集》二卷，《宋志》無載，亡佚。《全後漢文》卷三一有輯文。

後漢校書郎《劉騊駼集》一卷。梁二卷，録一卷。又有樂安相《李尤集》五卷，大鴻臚《竇章集》二卷，亡。

劉騊駼（生卒年不詳）：臨邑侯劉復之子。有才學。永寧中入東觀，與劉珍著中興以下名臣列士傳。騊駼又自造賦、頌、書、論凡四篇。見《後漢書》卷一四。兩《唐志》著録《劉騊駼集》二卷，《宋志》無載，亡佚。《全後漢文》卷三三有輯文。李尤（44？—126？）：字伯仁，廣漢雒（今四川廣漢）人。少以文章顯。和帝時，侍中賈逵薦之，拜蘭臺令史。安帝時，爲諫議大夫，與劉珍等俱撰《漢記》。順帝立，遷樂安相。年八十三卒。所著詩、賦、銘、誄、頌、《七歎》、《哀典》，凡二十八篇。《後漢書》卷八〇上有傳。《文心雕龍·才略》曰“李尤賦銘，志慕鴻裁，而才力沈腿，垂翼不飛”。兩《唐志》無載，《宋志》著録《李尤集》二卷，今亡佚。現有《漢魏六朝百三名家集》本《漢蘭臺令李伯仁集》一卷，《全後漢文》卷五〇有輯文。竇章（？—144）：字伯向，扶風平陵（今陝西咸陽西）人。少好學，因文章與馬融、崔瑗同好。由鄧康推薦，入東觀爲校書郎。漢安二年（143），爲大鴻臚。建康元年（144），自免，卒於家。《後漢書》卷二三有傳。兩《唐志》著録《竇章集》二卷，《宋志》無載，亡佚。《全後漢文》卷一六有輯文。

後漢濟北相《崔瑗集》六卷。梁五卷。

崔瑗：見本志經部“小學類”。《後漢書》卷五二載，崔瑗高於文辭，尤善爲書、記、箴、銘，所著賦、碑、銘、箴、頌、《七蘇》、《南陽文學官志》、《歎辭》、《移社文》、《悔祈》、《草書執》、七言，凡五十七篇。《文心雕龍·雜文》曰：“崔瑗《七蘇》，植義純正。”兩《唐志》著録《崔瑗集》五卷，《宋志》無載，亡佚。《全後漢文》卷四五有輯文。

後漢《劉珍集》二卷。録一卷。

劉珍：見本志史部“正史類”。《後漢書》卷八〇上載，劉珍著誄、頌、連珠凡七篇，又撰《釋名》三十篇，以辨萬物之稱號。兩《唐志》著録《劉珍集》二卷，《宋志》無載，亡佚。《全後漢文》卷五六有輯文。

後漢河間相《張衡集》十一卷。梁十二卷，又一本十四卷。又有郎中《蘇順集》二卷，録二卷；後漢太傅《胡廣集》二卷，録一卷，亡。

張衡：見本志子部“天文類”。《後漢書》卷五九載，張衡所著詩、賦、銘、七言、《靈憲》、《應間》、《七辨》、《巡誥》、《懸圖》，凡三十二篇。《文心雕龍·詮賦》曰“張衡《二京》迅發以宏富”。《文心雕龍·雜文》曰“張衡《應間》密而兼雅”。兩《唐志》著録《張衡集》十卷，《宋志》著録《張衡集》六卷，今亡佚。現有《漢魏六朝百三名家集》本《張河間集》二卷，《全後漢文》卷五二、五三、五四、五五有輯文。蘇順（生卒年不詳）：

字孝山，京兆霸陵（今陝西西安東）人。和帝、安帝間，以才學稱。晚乃仕，拜郎中。卒於家。所著賦、論、誄、哀辭、雜文，凡十六篇。《後漢書》卷八〇上有傳。兩《唐志》著録《蘇順集》二卷，《宋志》無載，亡佚。《全後漢文》卷四九有輯文。胡廣：見本志史部“職官類”。《後漢書》卷四四載，揚雄作《十二州二十五官箴》，九箴闕。崔駰父子及劉騊駼增補十六篇，胡廣又繼作四篇，文甚典美。其餘所作詩、賦、銘、頌、箴、弔及諸解詁，凡二十二篇。《文心雕龍·章表》曰：“胡廣章奏天下第一，當時之傑筆也。”兩《唐志》著録《胡廣集》二卷，《宋志》無載，亡佚。《全後漢文》卷五六有輯文。

後漢黄門郎《葛龔集》六卷。梁五卷，一本七卷。

葛龔（生卒年不詳）：字元甫，梁國寧陵（今河南寧陵）人。和帝時，以善文記知名。安帝永初中，舉孝廉，爲太官丞。後拜蕩陰令，辟太尉府，病不就。又爲臨汾令。所著文、賦、碑、誄、書、記，凡十二篇。《後漢書》卷八〇上有傳。兩《唐志》著録《葛龔集》五卷，《宋志》無載，亡佚。《全後漢文》卷五六有輯文。

後漢司空《李固集》十二卷。梁十卷。

李固（94—147）：字子堅，漢中南鄭（今陝西漢中）人。少好學，究覽墳籍，結交英賢，四方有志之士，多慕其風而來學。陽嘉二年，爲議郎。後歷任荆州刺史、太山太守、將作大匠、大司農。冲帝即位，爲太尉。後因反對梁冀立蠡吾侯爲帝，遭梁冀誣陷下獄被誅，時年五十四。所著章、表、奏、議、教令、對策、記、銘，凡十一篇。《後漢書》卷六三有傳。兩《唐志》著録《李固集》十卷，《宋志》無載，亡佚。《全後漢文》卷四八有輯文。

後漢南郡太守《馬融集》九卷。梁有外黄令《高彪集》二卷，録一卷；《王逸集》二卷，録一卷；司徒掾《桓麟集》二卷，録一卷，亡。

馬融：見本志經部“易類”。《後漢書》卷六〇上載，馬融注《孝經》、《論語》、三《禮》、《尚書》、《淮南子》、《離騒》等，所著賦、頌、碑、誄、書、記、表、奏、七言、琴歌、對策、遺令，凡二十一篇。《文心雕龍·才略》曰：“馬融鴻儒，思洽識高，吐納經範，華實相符。”兩《唐志》著録《馬融集》五卷，《宋志》無載，亡佚。現有《漢魏六朝百三名家集》本《東漢馬季長集》一卷，《全後漢文》卷一八有輯文。高彪（生卒年不詳）：字義方，吴郡無錫（今江蘇無錫）人。郡舉孝廉，試經第一，除郎中，校書東觀，數奏賦、頌、奇文，靈帝異之。後遷外黄令，病卒於官。《後漢書》卷八〇上有傳。兩《唐志》著録《高彪集》二卷，《宋志》無載，亡佚。《全後漢文》卷六六有輯文。《王逸集》：《後漢書》卷八〇上載，王逸賦、誄、書、論及雜文凡二十一篇。又作《漢詩》百二十三篇。《文心雕龍·才略》曰：“王逸博識有功，而絢彩無力。”兩《唐志》著録《王逸集》二卷，《宋志》無載，亡佚。現有《漢魏六朝百三名家集》本《東漢王叔師集》一卷，《全後漢文》卷五七有輯文。桓麟：字元鳳，沛國龍亢（今安徽懷遠西）人。早有才惠。桓帝初，爲議郎，入侍講禁中。後爲許令，病免，四十一歲卒。所著碑、誄、贊、書、説，凡二十一篇。《後漢書》卷三七有傳。兩《唐志》著録《桓麟集》二卷，《宋志》無載，亡佚。《全後漢文》卷二七有輯文。

後漢徵士《崔琦集》一卷。梁二卷。又有《酈炎集》二卷，録二卷；陳相《邊韶集》一卷，録一卷；益州刺史《朱穆集》二卷，《録》一卷，亡。

崔琦（生卒年不詳）：字子瑋，涿州安平（今河北安平）人。少游學京師，以文章博通稱。初舉孝廉，爲郎。諫梁冀之不軌行爲，爲臨濟長，不敢赴任。最終被梁冀所遣刺客捕殺之。所著賦、頌、銘、誄、箴、論、《九咨》、七言，凡十五篇。《後漢書》卷八〇上有傳。兩《唐志》著録《崔琦集》二卷，《宋志》無載，亡佚。《全後漢文》卷四五有輯文。酈炎（150—177）：字文勝，范陽（今河北定興南）人。有文采，解音律，言論給捷，多服其能理。靈帝時，州郡辟命，皆不就。妻始産驚死，妻家訟之，入獄。熹平六年（177），死於獄中，時年二十八。《後漢書》卷八〇上有傳。兩《唐志》著録《酈炎集》二卷，《宋志》無載，亡佚。《全後漢文》八二有輯文。邊韶（生卒年不詳）：字孝先，陳留浚儀（今河南開封）人。以文章知名。桓帝時爲臨潁侯相，徵拜太中大夫，著作東觀。再遷北地太守，入拜尚書令。後爲陳相，卒官。所著詩、頌、碑、銘、書、策，凡十五篇。《後漢書》卷八〇上有傳。兩《唐志》著録《邊韶集》二卷，《宋志》無載，亡佚。《全後漢文》卷六二有輯文。朱穆（100—163）：字公叔，南陽宛（今河南南陽）人。初舉孝廉。桓帝時，梁冀舉其爲侍御史。極諫梁冀之不軌，然梁冀不聽。後爲冀州刺史，因整飭吏治，入獄。太學生劉陶等數千人詣闕上書訟朱穆，乃獲赦免。徵拜尚書，然不得意，不久憤懣發疽，延熹六年（163）卒，時年六十四。追贈益州太守。所著論、策、奏、教、書、記、嘲，凡二十篇。蔡邕及門人共述其體行，謚爲文忠先生。《後漢書》卷四三有傳。兩《唐志》著録《朱穆集》二卷，《宋志》無載，亡佚。《全後漢文》卷二八有輯文。

後漢京兆尹《延篤集》一卷。梁二卷，録一卷。又有司農卿《皇甫規集》五卷；太常卿《張奂集》二卷，録一卷；《王延壽集》三卷；五原太守《崔寔集》二卷，録一卷；上計《趙壹集》二卷，録一卷。亡。

延篤：見本志史部“雜史類”。《後漢書》卷六四載，延篤博通經傳及百家之言，能著文章，有名京師。所著詩、論、銘、書、應訊、表、教令，凡二十篇。兩《唐志》著録《延篤集》二卷，《宋志》無載，亡佚。《全後漢文》卷六一有輯文。皇甫規（104—174）：字威明，安定朝那（今寧夏固原東南）人。冲帝、質帝間，舉賢良對策，梁冀怒其刺己，以爲下第，拜郎中，託疾免歸。十四年後拜泰山太守，爲中郎將。坐繫廷尉，會赦歸家。永康元年（167），徵爲尚書，遷弘農太守，封壽成亭侯，讓封不受。轉護羌校尉。熹平三年（174），以疾召回，未至而卒，年七十一。所著賦、銘、碑、贊、禱文、弔、章表、教令、書、檄、牋記，凡二十七篇。《後漢書》卷六五有傳。兩《唐志》著録《皇甫規集》五卷，《宋志》無載，亡佚。現有《二酉堂叢書》本《皇甫司農集》一卷，《全後漢文》卷六一有輯文。張奂（104—181）：字然明，敦煌淵泉（今甘肅安西）人。治《歐陽尚書》，辟大將軍梁冀府。又詔下東觀。舉賢良，對策第一，拜議郎。延熹二年（159），梁冀被誅，朱穆以故吏免官禁錮。惟皇甫規舉薦其七次，復拜武威太守，又拜大司農，遷少府，轉太常。因黨錮歸家，閉門不出，養徒千人，著《尚書記難》三十餘萬言。光和四年（181）卒，年七十八。所著銘、頌、書、教、誡述、志、對策、章表，凡二十四篇。《後漢書》卷六五有傳。兩《唐志》著録《張奂集》二卷，《宋志》無載，亡佚。現有《二酉堂叢書》本《張太常集》一卷，《全後漢文》卷六四有輯文。王延壽（140？—165？）：字文考，南郡宜城（今湖北荆州）人。有儁才。少游魯國，作《靈光殿賦》，後蔡邕亦造此賦，未成。溺水而亡，年僅二十餘。《後漢書》卷八〇上有傳。《文心雕龍·才略》曰："延壽繼志，瓌穎獨標，其善圖寫貌，豈枚乘之遺術歟？"兩《唐志》無載，亡佚。《全後漢文》卷五八有輯文。崔寔：見本志子部"法家類"。《後漢書》卷五二載，崔寔所著碑、論、箴、銘、答、七言、祠文、表、記、書，凡十五篇。《文心雕龍·書記》曰："崔寔奏記於公府，則崇讓之德音矣。"《日本國見在書目録》著録《崔寔集》二卷，兩《唐志》無載，亡佚。《全後漢文》卷四五、四六、四七有輯文。趙壹（122—196）：字元叔，漢陽西縣（今甘肅天水西南）人。恃才倨傲，爲鄉黨擯斥，復屢抵罪，幾至死，幸有友人搭救。光和元年（178），舉郡上計到京師。司徒袁逢、河南尹羊陟共稱薦之，士大夫想望其風采。州郡爭致禮命，十辟公府，皆不就，終於家。著賦、頌、箴、誄、書、論及雜文，凡十六篇。《後漢書》卷八〇下有傳。兩《唐志》著録《趙壹集》二卷，《宋志》無載，亡佚。現有《關隴叢書》本《趙計吏集》一卷，《全後漢文》卷八二有輯文。

後漢諫議大夫《劉陶集》三卷。梁二卷，録一卷。又有外黄令《張升集》二卷，録一卷；《侯瑾集》二卷；《盧植集》二卷；議郎《廉品集》二卷。亡。

劉陶（？—185？）：字子奇，一名偉，潁川潁陰（今河南許昌）人。爲人居簡，不修小節。舉孝廉，除順陽長。拜侍御史。靈帝重其才，拜諫議大夫。上書言天下大亂皆因宦官。宦官共讒之，下黄門北寺獄，掠按日急，閉氣而死。劉陶著書數十萬言，又作《七曜論》、《匡老子》、《反韓非》、《復孟軻》，及上書言當世便事、條教、賦、奏、書、記、辯疑，凡百餘篇。《後漢書》卷五七有傳。《文心雕龍·誄碑》曰："至如崔駰誄趙，劉陶誄黄，並得憲章，工在簡要。"兩《唐志》著録《劉陶集》二卷，《宋志》無載，亡佚。《全後漢文》卷六五有輯文。張升（生卒年不詳）：字彦真，陳留尉氏（今河南境内）人。少好學，多觀覽，而任情不羈。仕郡爲綱紀，以能出守外黄令。遇黨錮去官，後竟被誅，年四十九。所著賦、誄、頌、碑、書，凡十六篇。《後漢書》卷八〇下有傳。兩《唐志》著録《張升集》二卷，《宋志》無載，亡佚。《全後漢文》卷八二有輯文。侯瑾（生卒年不詳）：字子瑜，敦煌郡（今甘肅境内）人。性篤學。州郡累召，公車有道徵，並稱疾不往。按《漢記》撰中興以後事，爲《皇德傳》三十篇，餘所作雜文數十篇，多亡佚。《後漢書》卷八〇下有傳。兩《唐志》著録《侯瑾集》二卷，《宋志》無載，亡佚。《全後漢文》卷六六有輯文。盧植：見本志經部“禮類”。《後漢書》卷六四載，盧植能通古今學，好研精而不守章句，不好辭賦。所著碑、誄、表、記，凡六篇。兩《唐志》著録《盧植集》二卷，《宋志》無載，亡佚。《全後漢文》卷八一有輯文。廉品：生平事迹不詳。《唐志》無載，亡佚。《全後漢文》卷六六有輯文。

後漢司空《荀爽集》一卷。梁三卷，録一卷。

荀爽：見本志經部“易類”。《後漢書》卷六二載，荀爽能通《春秋》、《論語》。所著有《尚書正經》、《春秋條例》、《詩傳》、《易傳》、《漢語》、《新語》等，凡百餘篇，今多所亡缺。兩《唐志》著録《荀爽集》二卷，《宋志》無載，亡佚。《全後漢文》卷六七有輯文。

後漢野王令《劉梁集》三卷。梁二卷，録一卷。又有《鄭玄集》二卷，録一卷，亡。

劉梁（？—181）：字曼山，一名岑，東平寧陽（今山東寧陽）人。桓帝時，舉孝廉，除北新城長。特召入拜尚書郎，後爲野王令，未行。光和中，病卒。《後漢書》卷八〇下有傳。兩《唐志》著録《劉梁集》二卷，《宋志》無載，亡佚。《全後漢文》卷六四有輯文。鄭玄：見本志經部“易類”。《後漢書》卷三五載，鄭玄又著《天文七政論》、《魯禮禘祫義》、《六藝論》、《毛詩譜》、《駁許慎五經異義》、《答臨孝存周禮難》，凡百餘萬言。兩《唐志》著録《鄭玄集》二卷，《宋志》無載，亡佚。現有雅雨堂本《鄭司農集》一卷，《漢魏六朝名家集》初刻本《鄭康成集》一卷，《全後漢文》卷八四有輯文。

後漢左中郎將《蔡邕集》十二卷。梁有二十卷，録一卷。又有尚書令《士孫瑞集》二卷，亡。

蔡邕：見本志經部“禮類”。《後漢書》卷六〇下載，蔡邕所著詩、賦、碑、誄、銘、贊、聯珠、箴、弔、論議、《獨斷》、《勸學》、《釋誨》、《叙樂》、《女訓》、《篆執》、祝文、章表、書、記，凡四百篇。《日本國見在書目録》著録《蔡邕集》二十卷，兩《唐志》著録《蔡邕集》二十卷，《崇文總目》著録《蔡邕集》五卷，《宋志》著録《蔡邕集》十卷。《直齋書録解題》卷一六著録《蔡中郎集》十卷，稱《唐志》二十卷，今本闕亡之外，纔六十四篇。其間有稱建安年號及魏宗廟頌述者，非邕文也。卷末有天聖癸亥歐陽静所書《辨證》甚詳，以爲好事者雜編他人之文相混，非本書。《四庫全書總目》卷一四八著録《蔡中郎集》六卷，提要稱，其集至隋已非完本，《舊唐志》仍作二十卷，乃因民間傳本未亡，故復出矣。宋代又經散亡，非其舊本。此本爲雍正中陳留所刻，與張溥《漢魏六朝百三名家集》刻本多寡增損，互有出入。現有《漢魏諸名家集》本《蔡中郎集》八卷，《漢魏六朝百三名家集》本《蔡中郎集》二卷，《四庫》本《蔡中郎集》六卷，《海源閣叢書》、《四部備要》本《蔡中郎集》十卷《外紀》一卷《外集》四卷，《十萬卷樓叢書二編》、《四部叢刊》本《蔡中郎文集》十卷《外傳》一卷，《漢魏六朝名家集》初刻本《蔡中郎集》十二卷，《全後漢文》卷六九至卷八〇有輯文。士孫瑞（？—195）：字君策（《三國志》作君榮），扶風（今陝西境内）人。頗有才謀，後爲國三老、光禄大夫。興平二年（195），從駕東歸，被亂兵所殺。見《後漢書》卷六六、《三國志》卷六。兩《唐志》著録《士孫瑞集》二卷，《宋志》無載，亡佚。《全後漢文》卷八四有輯文。

後漢太山太守《應劭集》二卷。梁四卷。又有别部司馬《張超集》五卷，亡。

應劭：見本志史部“正史類”。《後漢書》卷四八載，應劭撰《風俗通》、著《中漢輯序》，文雖不典，後世服其洽聞。凡著述百三十六篇。兩《唐志》著録《應劭集》四卷，《宋志》無載，亡佚。《全後漢文》卷三三至卷四一有輯文。張超（生卒年不詳）：字子並，河間鄚（今河北任丘）人。有文才。靈帝時，爲别部司馬。著賦、頌、碑文、檄、牋、書、謁文、嘲，凡十九篇。《後漢書》卷八〇下有傳。《舊唐志》著録《張劭集》五卷，《新唐志》著録《張邵集》五卷，《宋志》著録《張超集》三卷，後亡佚。《全後漢文》卷八四有輯文。

後漢少府《孔融集》九卷。梁十卷，録一卷。

孔融：見本志經部“春秋類”。《後漢書》卷七〇載，孔融所著詩、頌、碑文、論議、六言、策文、表、檄、教令、書、記，凡二十五篇。《典論》曰：“孔融體氣高妙，有過人者，然不能持論，理不勝辭，至於雜以嘲戲，及其所善，揚、班儔也。”見《三國志》卷二〇。兩《唐志》著録《孔融集》十卷，《宋志》無載，亡佚。《四庫全書總目》卷一四八著録《孔北海集》一卷，提要稱《孔融集》自《宋史》始不著録，其集當佚於宋時。此本乃明人掇拾。現有《漢魏六朝百三名家集》本《孔少府集》一卷，《四庫》本《孔北海集》一卷，《建安七子集》本《孔文舉集》一卷，《全後漢文》卷八三有輯文。

後漢侍御史《虞翻集》二卷。梁三卷，録一卷。

虞翻：見本志經部“易類”。《三國志》卷五七載，虞翻講學不倦，門徒常數百人，又爲《老子》、《論語》、《國語》訓注，皆傳於世。兩《唐志》著録《虞翻集》三卷，《宋志》無載，亡佚。

《全三國文》卷六八有輯文。

後漢討虜長史《張紘集》一卷。梁二卷，録一卷。梁有後漢處士《禰衡集》二卷，録一卷，亡。

張紘（153—212）：字子綱，廣陵（今江蘇揚州）人。少游京師，郡舉茂才，公府辟，皆不就。避難江東，追隨孫策。建安四年（199），爲侍御史。曹操欲令其輔孫權内附，出張紘爲會稽東部都尉。後孫權以其爲長史，年六十卒。張紘著詩、賦、銘、誄十餘篇。《三國志》卷五三有傳。兩《唐志》著録《張紘集》一卷，《宋志》無載，亡佚。《全後漢文》卷八六有輯文。禰衡（173—198）：字正平，平原般（今山東德州南）人。少有才辯，而尚氣剛傲，好矯時慢物。建安初，游許都，唯善孔融、楊修。後因辱罵江夏太守黄祖，被殺，時年二十六。禰衡文章多亡佚。《後漢書》卷八〇下、《三國志》卷一〇有傳。《文心雕龍·才略》曰："孔融氣盛於爲筆，禰衡思鋭於爲文，有偏美焉。"兩《唐志》著録《禰衡集》二卷，《宋志》無載，亡佚。《全後漢文》卷八七有輯文。

後漢尚書右丞《潘勖集》二卷。梁有録一卷，亡。

潘勖（？—215）：字元茂，初名芝，陳留中牟（今河南中牟）人。才敏兼通，明習舊事。獻帝時，遷右丞。建安二十年（215），遷東海相。未發，留拜尚書左丞。其年病卒，時年五十餘。見《三國志》卷二一。兩《唐志》著録《潘勖集》二卷，《宋志》無載，亡佚。《全後漢文》卷八七有輯文。

後漢丞相倉曹屬《阮瑀集》五卷。梁有録一卷，亡。

阮瑀（？—212）：字元瑜，陳留（今河南開封）人。少受學於蔡邕。曹洪欲使掌書記，終不能屈。曹操以阮瑀爲司空軍謀祭酒，管記室，軍國書檄，多爲其作。後爲倉曹掾屬。見《三國志》卷二一。兩《唐志》著録《阮瑀集》五卷，《宋志》無載，亡佚。現有《漢魏六朝百三名家集》本《魏阮元瑜集》一卷、《建安七子集》本《阮元瑜集》一卷，《全後漢文》卷九三有輯文。

魏太子文學《徐幹集》五卷。梁有録一卷，亡。

徐幹：見本志子部"儒家"。《文心雕龍·詮賦》曰："偉長博通，時逢壯采。"《文心雕龍·才略》曰："徐幹以賦論標美。"兩《唐志》著録《徐幹集》五卷，《宋志》無載，亡佚。《全後漢文》卷九三有輯文。

魏太子文學《應瑒集》一卷。梁有五卷，録一卷，亡。

應瑒（？—217）：字德璉，汝南南頓（今河南項城）人。曹操辟其爲丞相掾屬，轉爲平原侯庶子，後爲五官將文學。著文賦數十篇。曹丕曰："德璉常斐然有述作意，其才學足以著書，美志不遂，良可痛惜。"見《三國志》卷二一。《文心雕龍·序志》曰"詳觀近代論文者，若應瑒文論華而疏略"。兩《唐志》著録《應瑒集》二卷，《宋志》無載，亡佚。現有《漢魏六朝百三名家集》本《魏應德璉集》一卷，《彙刻建安七子集》本《應德璉集》二卷，《全後漢文》卷四二有輯文。

後漢丞相軍謀掾《陳琳集》三卷。梁十卷，録一卷。

陳琳（？—217）：字孔璋，廣陵（今江蘇揚州）人。先爲何進主簿，何進欲逼宫，陳琳諫之，不聽，竟以取禍。陳琳避難冀州，袁紹使典文章。袁氏敗，歸曹操，爲司空軍謀祭酒，管記室，軍國書檄，多出其手。後徙爲門下督。曹丕曰："孔璋章表殊健，微爲繁富。"見《三國志》卷二一。兩《唐志》、《宋志》著録《陳琳集》十卷，《崇文總目》著録《陳琳文集》九卷。《直齋書録解題》卷一六著録《陳孔璋集》十卷，稱建安七子以集傳者，仲宣、子建、孔璋而已。後亡。現有《漢魏六朝百三名家集》本《陳記室集》一卷，《建安七子集》本《陳孔璋集》一卷，《彙刻建安七子集》本《陳孔璋集》二卷，《全後漢文》卷九二有輯文。

魏太子文學《劉楨集》四卷。録一卷。

劉楨：見本志經部“詩類”。《三國志》卷二一載，劉楨著文賦數十篇。《文心雕龍·書記》曰：“公幹牋記，麗而規益，子桓弗論，故世所共遺，若略名取實，則有美於詩矣。”兩《唐志》著録《劉楨集》二卷，《宋志》無載，亡佚。現有《漢魏六朝百三名家集》本《魏劉公幹集》一卷，《彙刻建安七子集》本《劉公幹集》二卷，《全後漢文》卷六五有輯文。

後漢丞相主簿《繁欽集》十卷。梁録一卷，亡。

繁欽（？—218）：字休伯，潁川（今河南禹州）人，以文才機辯，少得名於汝、潁。繁欽既長於書記，又善爲詩賦。爲丞相主簿。建安二十三年（218）卒。見《三國志》卷二一。兩《唐志》著録《繁欽集》十卷，《宋志》無載，亡佚。《全後漢文》卷九三有輯文。

後漢丞相主簿《楊修集》一卷。梁二卷，録一卷。

楊修（175—219）：字德祖，弘農華陰（今陝西華陰）人。好學有俊才，爲丞相曹操主簿。曹操忌修之才，且以其爲袁術之甥，慮爲後患，遂因事殺之，時年四十五。所著賦、頌、碑、贊、詩、哀辭、表、記、書，凡十五篇。《後漢書》卷五四、《三國志》卷一九有傳。兩《唐志》著録《楊修集》二卷，《宋志》無載，亡佚。《全後漢文》卷五一有輯文。

後漢侍中《王粲集》十一卷。梁有魏國郎中令《路粹集》二卷，録一卷；行御史大夫《袁渙集》五卷，録一卷；魏國奉常《王修集》二卷。亡。

王粲：見本志經部“尚書類”。《三國志》卷二一載，王粲博物多識，問無不對。著詩、賦、論、議垂六十篇。兩《唐志》著録《王粲集》十卷，《宋志》著録《王粲集》八卷，後亡。現有《漢魏六朝百三名家集》本《王侍中集》一卷，《彙刻建安七子集》本《王仲宣集》四卷，《漢魏六朝名家集》初刻本《王仲宣集》三卷，《全後漢文》卷九〇、九一有輯文。路粹：字文蔚，陳留（今河南開封）人。少學於蔡邕。初平中，隨車駕至三輔。建安初，以高才拜尚書郎。後爲軍謀祭酒，典記室。十九年（214），轉爲祕書令，從大軍至漢中，坐違禁賤請驢伏法。見《三國志》卷二一。《文心雕龍·奏啓》曰：“觀孔光之奏董賢，則實其奸回；路粹之奏孔融，則誣其釁惡。”兩《唐志》著録《路粹集》二卷，《宋志》無載，亡佚。《全後漢文》卷九四有輯文。袁渙（生卒年不詳）：字曜卿，陳郡扶樂（今河南太康西北）人。初爲郡功曹，舉高第，爲侍御史。後避難江淮間，爲袁術所命。吕布敗，歸曹操，拜爲沛南部都尉。魏國初建，爲郎中令，行御史大夫事，居官數年卒。《三國志》卷一一有傳。兩《唐志》著録《袁渙集》五卷，《宋志》無載，亡佚。《全後漢文》卷三〇有輯文。王修（生卒年不詳）：字叔治，北海營陵（今山東昌樂）人。初平中，北海相孔融召爲主簿，守高密令。後署功曹，守膠東令。孔融有難，常賴王修以免。袁譚死，詣曹操處，後爲司空掾，行司金中郎將，遷魏郡太守。魏國初建，爲大司農中郎將，徙奉常，病卒官。《三國志》卷一一有傳。兩《唐志》著録《王修集》三卷，《宋志》無載，亡佚。《全後漢文》卷九四有輯文。

後漢尚書《丁儀集》一卷。梁二卷,《録》一卷。

丁儀(?—220):字正禮,沛郡(今江蘇徐州)人。曹操知其爲令士,辟爲掾。曹丕立爲太子,欲治其罪,後因職事收付獄,殺之。見《三國志》卷一九。兩《唐志》著録《丁儀集》二卷,《宋志》無載,亡佚。《全後漢文》九四有輯文。

後漢黄門郎《丁廙集》一卷。梁二卷,録一卷。梁又有婦人後漢黄門郎秦嘉妻《徐淑集》一卷,後漢董祀妻《蔡文姬集》一卷,傅石甫妻《孔氏集》一卷,亡。

丁廙(?—219):廙(yì),字敬禮,丁儀之弟。少有才姿,博學洽聞。初辟公府,建安中爲黄門侍郎。見《三國志》卷一九。兩《唐志》著録《丁廙集》二卷,《宋志》無載,亡佚。《全後漢文》卷九四有輯文。徐淑:有才章,與夫有書信往來。其夫秦嘉,隴西(今甘肅隴西)人,桓帝時仕郡,舉上計掾,除黄門郎。見《全後漢文》卷九六。兩《唐志》無載是書,亡佚。《全後漢文》卷九六有輯文。蔡文姬(生卒年不詳):名琰,蔡邕之女,陳留(今河南開封)人。博學有才辯,又妙於音律。興平中,天下喪亂,文姬爲胡騎所虜,没於匈奴左賢王十二年,生二子。曹操以金璧贖之,重嫁董祀。《後漢書》卷八四有傳。兩《唐志》無載,亡佚。孔氏:與其夫傅石甫生平事迹不詳。兩《唐志》無載,亡佚。

《魏武帝集》二十六卷。梁三十卷,録一卷。梁又有《武皇帝逸集》十卷,亡。

《魏武帝集新撰》十卷。

魏武帝:曹操。見本志子部“兵家類”。《三國志》卷一引《魏書》載,曹操御軍三十餘年,手不捨書,晝則講武策,夜則思經傳,登高必賦,即造新詩,被之管絃,皆成樂章。兩《唐志》著録《魏武帝集》三十卷,《宋志》無載，亡佚。現有《漢魏六朝百三名家集》本《魏武帝集》一卷,《漢魏六朝名家集》初刻本《魏武帝集》四卷,《全三國文》卷一至卷三有輯文。

《魏文帝集》十卷。梁二十三卷。

魏文帝：見本志史部“雜傳類”。《三國志》卷二“評曰：文帝天資文藻，下筆成章，博聞强識，才藝兼該”。兩《唐志》著録《魏文帝集》十卷,《宋志》著録《魏文帝集》一卷，後亡。現有《漢魏六朝百三名家集》本《魏文帝集》二卷,《漢魏六朝名家集》初刻本《魏文帝集》六卷,《全三國文》卷四至卷八有輯文。

《魏明帝集》七卷。梁五卷，或九卷，録一卷。梁又有《高貴鄉公集》四卷，亡。

魏明帝（204—239）：諱叡，字元仲，文帝子。好學多識，潛思書籍。黄初七年（226），即皇帝位，景初三年（239）薨，葬高平陵。《三國志》卷三有傳。兩《唐志》著録《魏明帝集》十卷,《宋志》無載，亡佚。《全三國文》卷九、卷一〇有輯文。高貴鄉公：即曹髦，見本志經部“春秋類”。《三國志》卷四“評曰：高貴公才慧夙成，好問尚辭，蓋亦文帝之風流也”。兩《唐志》著録《高貴鄉公集》二卷,《宋志》無載，亡佚。《全三國文》卷一一有輯文。

魏《陳思王曹植集》三十卷。梁又有司徒《華歆集》二卷，亡。

曹植：見本志史部“雜傳類”。《三國志》卷一九載，曹植十歲餘誦讀詩、論及辭賦數十萬言，善屬文。《文心雕龍·章表》曰：“陳思之表，獨冠群才。觀其體贍而律調，辭清而志顯，應物掣巧，隨變生趣，執轡有餘，故能緩急應節矣。”《日本國見在書目録》著録《魏曹植集》三十卷，兩《唐志》著録《魏陳思王集》二十卷、又三十卷，《宋志》著録《曹植集》十卷。《郡齋讀書志》卷一七著録《曹植集》十卷，稱今集十卷，比隋、唐本有亡逸者，而詩文二百篇，返溢於本傳所載，不曉其故。《直齋書録解題》卷一六著録《陳思王集》二十卷，稱其間亦有采取《御覽》、《書鈔》、《類聚》諸書中所有者，意皆後人附益，然則亦非當時全書矣。《四庫全書總目》卷一四八著録《曹子建集》十卷，提要稱此書不得謂之善本，然唐以前舊本既佚，後來刻《植集》率以是編爲祖，别無古於斯者，録而存之。現有《四庫》本、《四部叢刊》本、《四部備要》本《曹子建集》十卷，《六朝詩集》本《陳思王集》四卷，《漢魏六朝百三名家集》本《陳思王集》二卷等，《全三國文》卷一三至卷一九有輯文。華歆（157—231）：字子魚，平原高唐（今山東高唐）人。初爲郡吏。曹操在官渡，徵拜華歆爲議郎，參司空軍事，入爲尚書，轉侍中，爲尚書令。魏國初建，爲御史大夫。文帝即王位，拜相國，封安樂鄉侯。及踐祚，改爲司徒。明帝時，進封博平侯，拜太尉。太和五年（231）卒，謚曰敬侯。《三國志》卷一三有傳。《舊唐志》著録《華歆集》二十卷，《新唐志》著録《華歆集》三十卷，《宋志》無載，亡佚。《全三國文》卷二二有輯文。

魏司徒《王朗集》三十四卷。梁三十卷。又司空《陳群集》五卷，亡。

王朗：見本志經部“春秋類”。《三國志》卷一三載，王朗著《易》、《春秋》、《孝經》、《周官》傳，奏議論記，皆傳於世。《文心雕龍·才略》曰：“王朗發憤以託志，亦致美於序銘。”兩《唐志》著録《王朗集》三十卷，《宋志》無載，亡佚。《全三國文》卷二二有輯文。陳群（？—236）：字長文，潁川許昌（今河南許昌）人。吕布敗，曹操辟其爲司空西曹掾屬，以司徒掾舉高第，爲治書侍御史，參丞相軍事。魏國初建，遷爲御史中丞。文帝即王位，封爲昌武亭侯，徙爲尚書。及踐祚，徙尚書令，進爵潁鄉侯。明帝時，進封潁陰侯，爲司空，録尚書事。青龍四年（236）卒，謚曰靖侯。《後漢書》卷六二、《三國志》卷二二有傳。兩《唐志》著録《陳群集》三卷，《宋志》無載，亡佚。《全三國文》卷二六有輯文。

魏給事中《邯鄲淳集》二卷。梁有録一卷。又有《劉廙集》二卷，侍中《吴質集》五卷，新城太守《孟達集》三卷，魏徵士《管寧集》三卷，録一卷，亡。

邯鄲淳：見本志子部“小説家”。《文心雕龍·封禪》曰：“至於邯鄲受命，攀響前聲，風末力寡，輯韻成頌，雖文理順序，而不能奮飛。”兩《唐志》著録《邯鄲淳集》二卷，《宋志》無載，亡佚。《全三國文》卷二六有輯文。劉廙：見本志子部“法家”。《三國志》卷二一載，劉廙著書數十篇，及與丁儀共論刑禮，皆傳於世。兩《唐志》著録《劉廙集》二卷，《宋志》無載，亡佚。《全三國文》卷三四有輯文。吴質（？—230）：字季重，濟陰（今山東定陶）人。以文才爲魏文帝所善，官拜振威將軍，假都督河北諸軍事，封列侯。太和四年（230）入爲侍中，其年夏卒。先以怙威肆行，謚曰醜侯，正元中改謚威侯。《三國志》卷二一有傳。兩《唐志》著録《吴質集》五卷，《宋志》無載，亡佚。《全三國文》卷三〇有輯文。孟達（？—228）：字子敬，後改子度，扶風（今陝西境内）人。延康元年（220）率蜀兵衆降魏，文帝善其姿才容觀，以爲散騎常侍，封平陽亭侯，領新城太守。太和元年（227）十二月，孟達反。二年（228）正月，司馬宣王攻破新城，斬孟達。見《三國志》卷二、卷三、卷四〇。兩《唐志》著録《孟達集》三卷，《宋志》無載，亡佚。《全三國文》卷六一有輯文。管寧（158—241）：字幼安，北海朱虚（今山東臨朐東）人。與華歆、邴原俱游異國。文帝即位，詔其爲太中大夫，固辭不受。自黄初至青龍徵命相仍，皆不受。正始二年（241），特具安車蒲輪，束帛加璧聘焉。會管寧卒，時年八十四。《三國志》卷一一有傳。兩《唐志》著録《管寧集》二卷，《宋志》無載，亡佚。《全三國文》卷二四有輯文。

魏光禄勳《高堂隆集》六卷。梁十卷，録一卷。又有光禄勳《劉邵集》二卷，録一卷，亡。

高堂隆：見本志史部"刑法類"。兩《唐志》著録《高堂隆集》十卷，《宋志》無載，亡佚。《全三國文》卷三一有輯文。劉邵：又作劉劭，見本志經部"孝經類"。《三國志》卷二一載，劉劭凡所撰述《法論》、《人物志》之類百餘篇。本傳評曰："劉劭該覽學籍，文質周洽。"兩《唐志》著録《劉邵集》二卷，《宋志》無載，亡佚。《全三國文》卷三二有輯文。

魏散騎常侍《繆襲集》五卷。梁有録一卷。又有散騎常侍《王象集》一卷；光禄大夫《韋誕集》三卷，録一卷；散騎常侍《麋元集》五卷；游擊將軍《卞蘭集》二卷，録一卷；隰陽侯《李康集》二卷，録一卷；陳郡太守《孫該集》二卷，録一卷；尚書《傅巽集》二卷，録一卷。亡。

繆襲：見本志史部"雜傳類"。《三國志》卷二一載，繆襲有才學，多所述叙。《文心雕龍·樂府》曰："繆襲所致，亦有可算焉。"兩《唐志》著録《繆襲集》五卷，《宋志》無載，亡佚。《全三國文》卷三八有輯文。王象（？—222）：字羲伯，河内（今河南武陟周邊）人。爲楊俊所提拔，以文章顯。魏有天下，拜爲散騎侍郎，遷爲常侍，封列侯。受詔撰《皇覽》，使王象領祕書監。因不能救楊俊脱難，發病而死。《三國志》卷二一有傳。兩《唐志》無載是書，亡佚。《全三國文》卷三八有輯文。韋誕（179—

253）：字仲將，京兆（今陝西西安南）人。有文才，善屬辭章，善書，有名。建安中，爲郡上計吏，特拜郎中，稍遷侍中中書監，以光禄大夫遜位。年七十五卒於家。見《三國志》卷二一。兩《唐志》著録《韋誕集》三卷，《宋志》無載，亡佚。《全三國文》卷三二有輯文。麋元：生平事迹不詳。兩《唐志》著録《麋元集》五卷，《宋志》無載，亡佚。《全三國文》卷三八有輯文。卞蘭（生卒年不詳）：瑯邪開陽（今山東臨沂北）人。魏文帝母内侄。少有才學，爲奉車都尉、游擊將軍，加散騎常侍。見《三國志》卷五。兩《唐志》著録《卞蘭集》二卷，《宋志》無載，亡佚。《全三國文》卷三〇有輯文。李康（生卒年不詳）：字蕭遠，性介立，不和俗，爲鄉里所嫉，故官不進。因文帝異其文，起家爲隰陽長，卒。見《太平御覽》卷五八六。《文心雕龍・論説》曰："至若李康《運命》，同《論衡》而過之。"兩《唐志》著録《李康集》二卷，《宋志》無載，亡佚。《全三國文》卷四三有輯文。孫該（？—261）：字公達，任城（今山東濟寧）人。强志好學，著文賦頗傳於世。年二十，上計掾，召爲郎中。著《魏書》。遷博士司徒右長史，又還入著作。景元二年（261）卒官。見《三國志》卷二一。兩《唐志》著録《孫該集》二卷，《宋志》無載，亡佚。《全三國文》卷四〇有輯文。傅巽：字公悌，北地泥陽（今甘肅寧縣）人。瓌偉博達，有知人鑒。辟公府，拜尚書郎，後賜爵關内侯。文帝時爲侍中，太和中卒。見《三國志》卷六、卷二一。兩《唐志》著録《傅巽集》二卷，《宋志》無載，亡佚。《全三國文》卷三五有輯文。

魏章武太守《殷褒集》一卷。梁二卷。

殷褒：生平事迹不詳。兩《唐志》著録《殷褒集》二卷，《宋志》無載，亡佚。《全三國文》卷四三有輯文。

魏司空《王昶集》五卷。梁有録一卷。

王昶（？—259）：字文舒，太原晉陽（今山西太原）人。文帝在東宫，王昶爲太子文學，遷中庶子。文帝踐祚，徙散騎侍郎，爲洛陽典農。明帝即位，加揚烈將軍，賜關内侯。嘉平二年（250），遷征南將軍、儀同三司，進封京陵侯，又遷司空。甘露四年（259）卒，謚曰穆侯。著《治論》、《兵書》。《三國志》卷二七有傳。兩《唐志》著録《王昶集》五卷，《宋志》無載，亡佚。《全三國文》卷三六有輯文。

魏衛將軍《王肅集》五卷。梁有録一卷。又有《桓範集》二卷；中領軍《曹羲集》五卷，録一卷。亡。

王肅：見本志經部"易類"。《三國志》卷一三載，王肅所論駁朝廷典制、郊祀、宗廟、喪紀、輕重，凡百餘篇。兩《唐志》著録《王肅集》五卷，《宋志》無載，亡佚。《全三國文》卷二三有輯文。桓範：見本志子部"法家"。兩《唐志》著録《桓範集》二卷，《宋志》無載，亡佚。《全三國文》卷三七有輯文。曹羲（？—249）：沛郡譙（今安徽亳州）人，曹爽弟，爲中領軍。曹爽驕縱作樂，曹羲以爲大憂，數諫止之，而不聽。著書三篇，陳驕淫盈溢之致禍敗。正始十年（249），與爽等被誅。見《三國志》卷九。兩《唐志》著録《曹羲集》五卷，《宋志》無載，亡佚。《全三國文》卷二〇有輯文。

魏尚書《何晏集》十一卷。梁十卷，録一卷。

何晏：見本志經部"樂類"。《三國志》卷九載，何晏好老、莊言，作《道德論》及諸文賦著述，凡數十篇。《文心雕龍·才略》曰："何晏《景福》，克光於後進。"兩《唐志》著録《何晏集》十卷，《宋志》無載，亡佚。《全三國文》卷三九有輯文。

魏衛尉卿《應璩集》十卷。梁有録一卷。又有《王弼集》五卷，録一卷；中書令《劉階集》二卷；太常卿《傅嘏集》二卷，録一卷；樂安太守《夏侯惠集》二卷，録一卷。亡。

應璩（？—252）：字休璉，汝南（今河南境内）人。博學好屬文，以文章顯。文帝、明帝時，爲散騎常侍。齊王即位，稍遷侍中，大將軍長史。嘉平四年（252）卒，追贈衛尉。見《三國志》卷二一。兩《唐志》著録《應瑗集》十卷，而無《應璩集》；《宋志》無載，亡佚。現有《漢魏六朝百三名家集》本《魏應休璉集》一卷，《增訂漢魏六朝别解》本《應休璉集》，《全三國文》卷三〇有輯文。王弼：見本志經部“易類”。兩《唐志》著録《王弼集》五卷，《宋志》無載，亡佚。《全三國文》卷四四有輯文。劉階：生平事迹不詳。兩《唐志》無載，亡佚。傅嘏（209—255）：字蘭石，北地泥陽（今甘肅寧縣東南）人。弱冠即知名，司空陳群辟爲掾。正始初，除尚書郎，遷黄門侍郎。後爲河南尹，遷尚書。嘉平末，賜爵關内侯。正元二年（255），以功進封陽鄉侯。是歲卒，時年四十七。追贈太常，謚曰元侯。《三國志》卷二一有傳。兩《唐志》著録《傅嘏集》二卷，《宋志》無載，亡佚。《全三國文》卷三五有輯文。夏侯惠（生卒年不詳）：字稚權，沛國譙（今安徽亳州）人。幼以才學見稱，善屬奏議。歷散騎黄門侍郎，遷燕相，樂安太守。年三十七卒。見《三國志》卷九。兩《唐志》著録《夏侯惠集》二卷，《宋志》無載，亡佚。《全三國文》卷二一有輯文。

魏校書郎《杜摯集》二卷。梁有《毌丘儉集》二卷，録一卷；征東軍司馬《江奉集》二卷。亡。

杜摯（生卒年不詳）：字德魯，河東（今山西境内）人。舉孝廉，除郎中，轉補校書，竟不得遷升，卒於祕書。見《三國志》卷二一。《舊唐志》著録《杜摯集》一卷，《新唐志》著録《杜摯集》二卷,《宋志》無載，亡佚。《全三國文》卷四一有輯文。毌丘儉（？—255）：字仲恭，河東聞喜（今山西聞喜）人。襲父爵，爲平原侯文學。明帝即位，爲尚書郎，遷羽林監。青龍中，徙爲幽州刺史，以功封安邑侯。正元二年（255），與文欽矯太后詔，罪狀大將軍司馬景王，舉兵反，戰敗，傳首京師。《三國志》卷二八有傳。兩《唐志》著録《毌丘儉集》二卷,《宋志》無載，亡佚。《全三國文》卷四〇有輯文。江奉：生平事迹不詳。兩《唐志》著録《江奉集》二卷,《宋志》無載，亡佚。

魏太常《夏侯玄集》三卷。梁有車騎將軍《鍾毓集》五卷，録一卷，亡。

夏侯玄（？—254）：字太初，沛國譙（今安徽亳州）人。少知名，弱冠爲散騎黄門侍郎。累遷散騎常侍、中護軍。後爲大鴻臚，徙太常。嘉平六年（254），李豐等欲因帝臨軒，諸門有階兵，誅大將軍，以夏侯玄代之。大將軍聞其謀，破之。夏侯玄臨斬東市，夷三族。《三國志》卷九有傳。兩《唐志》著録《夏侯玄集》二卷,《宋志》無載，亡佚。《全三國文》卷二一有輯文。鍾毓（？—263）：字稚叔，潁川長社（今河南長葛）人。年十四爲散騎侍郎。正始中，爲散騎常侍。正元時，爲尚書。淮南平，爲青州刺史，加後將軍，又轉都督荆州。景元四年（263）卒，追贈車騎將軍，謚曰惠侯。《三國志》卷一三有傳。兩《唐志》著録《鍾毓集》五卷,《宋志》無載，亡佚。《全三國文》卷二四有輯文。

魏步兵校尉《阮籍集》十卷。梁十三卷，録一卷。

阮籍（210—263）：字嗣宗，陳留尉氏（今河南尉氏）人。高貴鄉公即位，封關内侯，徙散騎常侍。魏晉之際，天下多故，阮籍不與世事，遂酣飲爲常。聞步兵廚營人善釀，求爲步兵校尉。阮籍才藻艶逸，倜儻放蕩。作《詠懷詩》八十餘篇，爲世所重。

景元四年（263）卒，時年五十四。《三國志》卷二一、《晉書》卷四九有傳。《文心雕龍·才略》曰，“阮籍使氣以命詩”。《日本國見在書目録》著録《阮嗣宗集》五卷、《阮步兵集》十卷，兩《唐志》著録《阮籍集》五卷，《崇文總目》、《直齋書録解題》著録《阮步兵集》十卷，《宋志》、《郡齋讀書志》著録《阮籍集》十卷，後無載，亡佚。現有《六朝詩集》本《阮嗣宗集》三卷，《漢魏諸名家集》本《阮嗣宗集》二卷，《漢魏六朝百三名家集》本《阮步兵集》一卷，《漢魏六朝名家集》初刻本《阮嗣宗集》四卷等，《全三國文》卷四四至卷四六有輯文。

魏中散大夫《嵇康集》十三卷。梁十五卷，録一卷。又有魏徵士《吕安集》二卷，録一卷，亡。

嵇康：見本志經部“春秋類”。《三國志》卷二一裴注引《魏氏春秋》曰，嵇康所著諸文論六七萬言，皆爲世所玩詠。《晉書》卷四九載，嵇康善談理，又能屬文，撰上古高士爲之傳讚，又作《太師箴》、《聲無哀樂論》。《文心雕龍·書記》曰：“嵇康《絶交》，實志高而文偉。”兩《唐志》著録《嵇康集》十五卷，《崇文總目》、《宋志》著録《嵇康集》十卷。《直齋書録解題》卷一六著録《嵇中散集》十卷，稱所著文論六七萬言，今存於世者，僅如此。《四庫全書總目》卷一四八著録《嵇中散集》十卷，提要稱此書宋時已無全本，而此本又非宋本之舊，乃明嘉靖乙酉吴縣黄省曾所重輯也。現有《漢魏六朝百三名家集》本《嵇中散集》一卷，《四庫》本、《四部叢刊》本、《四部備要》本《嵇中散集》十卷，《乾坤正氣集》本《嵇中散集》九卷，《漢魏六朝名家集》初刻本《嵇叔夜集》七卷，《全三國文》卷四七至卷五二有輯文。吕安（？—263？）：字仲悌，東平（今山東東平）人。其兄誣其不孝，被囚，引嵇康作證。鍾會趁機勸大將軍除掉嵇康，於是吕安與嵇康被殺。見《三國志》卷二一、《世説新語·簡傲》。兩《唐志》著録《吕安集》二卷,《宋志》無載，亡佚。《全三國文》卷五三有輯文。

魏司徒《鍾會集》九卷。梁十卷，録一卷。

鍾會：見本志經部“易類”。《文心雕龍·檄移》曰：“鍾會檄蜀，徵驗甚明；桓公檄胡，觀釁尤切，並壯筆也。”兩《唐志》著録《鍾會集》十卷,《宋志》無載，亡佚。《全三國文》卷二五有輯文。

魏汝南太守《程曉集》二卷。梁録一卷。

程曉（生卒年不詳）：字季明，東郡東阿（今山東東阿）人。文帝即位，封列侯。嘉平中，爲黄門侍郎，遷汝南太守。年四十餘卒。有通識，所著文章多亡，僅存十分之一。《三國志》卷一四有傳。《文心雕龍·議對》稱，程曉之駁校事，可謂達議體。兩《唐志》著録《程曉集》二卷,《宋志》無載，亡佚。《全三國文》卷三九有輯文。

蜀丞相《諸葛亮集》二十五卷。梁二十四卷。又有蜀司徒《許靖集》二卷，録一卷；征北將軍《夏侯霸集》二卷。亡。

諸葛亮：見本志史部“正史類”。《三國志》卷三五載,《諸葛氏集》目録，二十四篇，凡十萬四千一百一十二字。《日本國見在書目録》著録《諸葛武侯上事》九卷，兩《唐志》著録《諸葛亮集》二十四卷,《宋志》著録《諸葛亮集》十四卷，後無載，亡佚。現有《漢魏六朝百三名家集》本《諸葛丞相集》一卷,《正誼堂全書》本《諸葛武侯文集》四卷,《西京清麓叢書續編》本《諸葛忠武侯文集》六卷、首一卷,《重刊道藏輯要星集》本《漢丞相諸葛忠武侯集》二十一卷等。《全三國文》卷五八、卷五九有輯文。許靖（？—222)：字文休，汝南平輿（今河南平輿）人。察孝廉，除尚書郎，典選舉。入蜀，爲巴郡、廣漢太守。建安十六年（211），轉爲蜀郡。劉備克蜀，以許靖爲左將軍長史，又爲太傅。章武二年（222）卒。《三國志》卷三八有傳。兩《唐志》著録《許靖集》二卷，《宋志》無載，亡佚。《全三國文》卷六〇有輯文。夏侯霸（生卒年不詳）：字仲權，沛國譙（今安徽亳州）人。夏侯淵子，爵關内侯。正始中，爲討蜀護軍右將軍，進封博昌亭侯。素爲曹爽所厚，聞曹爽被誅，遂降蜀，得劉禪器重。《三國志》卷九有傳。兩《唐志》著録《夏侯霸集》二卷，《宋志》無載，亡佚。

吴輔義中郎將《張温集》六卷。梁有《士燮集》五卷，亡。

張温：見本志史部“雜史類”。兩《唐志》著録《張温集》五卷，《宋志》無載，亡佚。《全三國文》卷六六有輯文。士燮：見本志經部“春秋類”。《三國志》卷四九稱，士燮學問優博，又達於從政。官事小闋，輒玩習書傳。所作《春秋左氏傳》尤簡練精微，《尚書》兼通古今，大義詳備。兩《唐志》著録《士燮集》五卷，《宋志》無載，亡佚。

吴偏將軍《駱統集》十卷。梁有録一卷。又有太子少傅《薛綜集》三卷，録一卷，亡。

駱統（193—228）：字公緒，會稽烏傷（今浙江義烏）人。年二十，試爲烏程相，得孫權賞識，召爲功曹，行騎都尉。出爲建忠中郎將，隨陸遜破蜀軍，遷偏將軍，封新陽亭侯。黄武七年（228）卒，年三十六。《三國志》卷五七有傳。兩《唐志》著録《駱統集》十卷，《宋志》無載，亡佚。《全三國文》卷六七有輯文。薛綜（？—243）：字敬文，沛郡竹邑（今安徽濉溪）人。士燮既附孫權，召薛綜爲五官中郎將，除合浦、交阯太守。黄龍三年（233），爲長史，又入賊曹尚書，遷尚書僕射。赤烏三年

（240），徙選曹尚書。五年（242），爲太子少傅。六年（243）卒。所著詩賦難論數萬言，名曰《私載》。又定《五宗圖述》、《二京解》，皆傳於世。《三國志》卷五三有傳。《舊唐志》著録《薛綜集》二卷，《新唐志》著録《薛綜集》三卷，《宋志》無載，亡佚。《全三國文》卷六六有輯文。

吴選曹尚書《暨艷集》二卷。梁三卷，録一卷。又有《姚信集》二卷，録一卷；《謝承集》四卷。今亡。

暨艷（生卒年不詳）：字子休，吴郡（今江蘇蘇州）人。張温引爲選曹郎，至尚書。好爲清議，是時郎署混濁淆雜，多非其人，欲臧否區别，賢愚異貫。遭衆人怨憤，涉事自殺。見《三國志》卷五七。兩《唐志》著録《暨艷集》二卷，《宋志》無載，亡佚。《全三國文》卷六六有輯文。姚信：見本志經部“易類”。兩《唐志》著録《姚信集》十卷，《宋志》無載，亡佚。《全三國文》卷七一有輯文。謝承：見本志史部“正史類”。兩《唐志》著録《謝承集》四卷，《宋志》無載，亡佚。《全三國文》卷六六有輯文。

吴人《楊厚集》二卷。梁又有録一卷。

楊厚：生平事迹不詳。兩《唐志》著録《楊厚集》二卷，《宋志》無載，亡佚。

吴丞相《陸凱集》五卷。梁有録一卷。

陸凱：見本志史部“雜傳類”。《新唐志》著録《陸凱集》五卷，《宋志》無載，亡佚。《全三國文》卷六九有輯文。

吴侍中《胡綜集》二卷。梁有録一卷。又有東觀令《華覈集》五卷，録一卷，亡。

胡綜（？—243）：字偉則，汝南固始（今河南固始）人。年十四即隨孫策，留吴與孫權共讀書。後爲建武中郎將，封亭侯。孫權下都建業，爲侍中，進封鄉侯，兼左右領軍，又拜偏將軍。赤烏六年（243）卒。《三國志》卷六二有傳。兩《唐志》著録《胡綜集》二卷，《宋志》無載，亡佚。《全三國文》卷六七有輯文。華覈（生卒年不詳）：字永先，吴郡武進（今江蘇常州）人。始爲上虞尉，典農都尉，以文學入爲祕府郎，遷中書丞。孫皓即位，封徐陵亭侯，後遷東觀令，領右國史。書百餘上，皆有補益，文多不悉載。天册元年（275），以微譴免，數年卒。《三國志》卷六五有傳。《舊唐志》著録《華覈集》三卷，《新唐志》著録《華覈集》五卷，《宋志》無載，亡佚。《全三國文》卷七四有輯文。

吴侍中《張儼集》一卷。梁二卷，録一卷。又有《韋昭集》二卷，録一卷，亡。

張儼：見本志子部"雜家"。兩《唐志》著録《張儼集》二卷，《宋志》無載，亡佚。《全三國文》卷七三有輯文。韋昭：即韋曜，見本志經部"詩類"。《三國志》卷六五"評曰：韋曜篤學好古，博見群籍，有記述之才"。兩《唐志》著録《韋昭集》二卷，《宋志》無載，亡佚。《全三國文》卷七一有輯文。

吴中書令《紀騭集》三卷。梁有録一卷。又有《陸景集》一卷，亡。

紀騭（生卒年不詳）：騭（zhì），或作紀陟，字子上，丹楊（今江蘇境内）人。初爲中書郎。孫休時，爲中書令，後出爲豫章太守。見《三國志》卷四八。《舊唐志》著録《紀騭集》三卷，《新唐志》著録《紀騭集》二卷，《宋志》無載，亡佚。《全三國文》卷七三有輯文。陸景：見本志子部"儒家"。《三國志》卷五八載，陸景修養身心，好學不倦，著書數十篇。兩《唐志》無載，亡佚。《全三國文》卷七〇有輯文。

《晉宣帝集》五卷。梁有録一卷。

晉宣帝（179—251）：司馬懿，字仲達，河内温縣（今河南温縣）人。漢建安六年（201），郡舉上計掾。曹操爲丞相，辟爲文學掾，又遷黄門侍郎、主簿。魏國初建，遷太子中庶子。歷文帝、明帝至齊王時，累遷侍中，持節都督中外諸事，録尚書事，進太傅。嘉平元年（249），爲丞相。三年（251），策命爲相國，進封安平郡公。是年卒於京師，時年七十三，謚曰文貞，後改謚文宣。晉初建，追尊曰宣王。武帝受禪，上尊號曰宣皇帝，廟號高祖。《晉書》卷一有傳。《舊唐志》著録《晉宣帝集》十卷，《新唐志》著録《晉宣帝集》五卷，《宋志》無載，亡佚。《全晉文》卷一有輯文。

《晉文帝集》三卷。

晉文帝（211—265）：司馬昭，字子上，景帝母弟。正元二年（255），景帝崩，進位大將軍，加侍中，都督中外軍事，録尚書事，輔政。咸熙元年（264），進爵爲王。二年（265），建天子旌旗，出警入蹕，如帝者之儀。秋，崩，時年五十五，謚曰文王。武帝受禪，追尊號曰文皇帝，廟稱太祖。《晉書》卷二有傳。《舊唐志》著録《晉文帝集》一卷，《新唐志》著録《晉文帝集》二卷，《宋志》無載，亡佚。《全晉文》卷一有輯文。

《齊王攸集》二卷。梁三卷。

齊王攸（248—283）：司馬攸，字大猷，文帝子。景帝無子，攸爲嗣。愛經籍，能屬文，善尺牘，爲世所楷。武帝踐祚，封齊王。咸寧二年（276），爲司空。太康三年（282），下詔爲大司馬、都督青州諸軍事。明年，攸知荀勖等構己，憤怨發疾，嘔血而死，時年三十六。《晉書》卷三八有傳。《舊唐志》著録《晉齊王集》二卷，《新唐志》著録《齊王攸集》二卷，《宋志》無載，亡佚。

《全晉文》卷一六有輯文。

晉《王沈集》五卷。梁有《鄭褒集》二卷，亡。

王沈：見本志史部“正史類”。《晉書》卷三九載，王沈好書，善屬文，與阮籍等共撰《魏書》。兩《唐志》著録《王沈集》五卷，《宋志》無載，亡佚。《全晉文》卷二八有輯文。鄭袤（189—273）：“袤”原作“褒”，據《晉書》本傳改。字林叔，滎陽開封（今河南開封）人。魏武帝初，封諸子爲侯，精選賓友，鄭袤爲臨淄文學。高貴鄉公即位，封廣昌亭侯。景元初，疾病失明，屢乞致仕，不許。又徙光禄勳，領宗正。武帝踐祚，進爵爲密陵侯。泰始九年（273）卒，年八十五，謚曰元。《晉書》卷四四有傳。兩《唐志》著録《鄭袤集》二卷，《宋志》無載，亡佚。

晉宗正《嵇喜集》一卷。殘缺。梁二卷，録一卷。

嵇喜（生卒年不詳）：字公穆，譙郡（今安徽亳州）人。嵇康兄，晉揚州刺史、宗正。見《三國志》卷二一。兩《唐志》著録《嵇喜集》二卷，《宋志》無載，亡佚。《全晉文》卷六五有輯文。

晉散騎常侍《應貞集》一卷。梁五卷。

應貞（？—269）：字吉甫，汝南南頓（今河南項城西）人。少以才聞，能談論。舉高第，頻歷顯位。晉室踐祚，遷太子中庶子、散騎常侍。泰始五年（269）卒。文集行於世。《三國志》卷二一、《晉書》卷九二有傳。兩《唐志》著録《應貞集》五卷，《宋志》無載，亡佚。《全晉文》卷三五有輯文。

晉司隸校尉《傅玄集》十五卷。梁五十卷，録一卷，亡。

傅玄：見本志子部“雜家”。《晉書》卷四七載，傅玄善屬文，解鐘律。著述不廢，撰論國九流三史故事，評斷得失，各爲區例，名爲《傅子》，數十萬言，並文集百餘卷行於世。《文心雕龍·樂府》曰："傅玄曉音，創定雅歌，以詠祖宗。"兩《唐志》著録《傅玄集》五十卷，《宋志》著録《傅玄集》一卷。現有《漢魏六朝百三名家集》本《傅鶉觚集》一卷，《關隴叢書》本《鶉觚集》二卷，《觀古堂所著書》本《晉司隸校尉傅玄集》三卷，《傅氏家書》本《傅鶉觚集》四卷，《全晉文》卷四五至五〇有輯文。

晉著作郎《成公綏集》九卷。殘缺。梁十卷。又有《裴秀集》三卷，録一卷，亡。

成公綏（231—273）：字子安，東郡白馬（今河南滑縣東）人。幼而聰敏，博涉經傳，少有俊才，詞賦甚麗。張華薦之太常，徵博士。歷祕書郎，轉丞，遷中書郎。泰始九年（273）卒，年四十三。所著詩賦雜筆十餘卷行於世。《晉書》卷九二有傳。《文心雕龍·才略》曰："成公子安選賦而時美。"兩《唐志》著録《成公綏集》十卷，《宋志》無載，亡佚。現有《漢魏六朝百三名家集》本《晉成公子安集》一卷，《全晉文》卷五九有輯文。裴秀（224—271）：字季彦，河東聞喜（今山西聞喜）人。弘通博濟，八歲能屬文，遂知名。年二十五，遷黄門侍郎，累遷散騎常侍、尚書僕射令、光禄大夫，封廣川侯。晉室受禪，進左光禄大夫，改封鉅鹿公，遷司空。著《易》及《樂》傳，又畫《地域圖》十八篇，傳行於世。泰始七年（271）卒，時年四十八，謚元。《三國志》卷二三、《晉書》卷三五有傳。兩《唐志》著録《裴秀集》三卷，《宋志》無載，亡佚。《全晉文》卷三三有輯文。

晉金紫光禄大夫《何楨集》一卷。梁五卷。又有《袁準集》二卷，録一卷，亡。

何楨（生卒年不詳）：字元幹，廬江灊（今安徽霍山）人。有文學器幹，歷幽州刺史、廷尉。入晉，爲尚書、光禄大夫。見

《三國志》卷一一。兩《唐志》著録《何楨集》五卷,《宋志》無載,亡佚。《全晉文》卷三二有輯文。袁準:見本志經部"禮類"。兩《唐志》著録《袁準集》二卷,《宋志》無載,亡佚。《全晉文》卷五四、卷五五有輯文。

晉少傅《山濤集》九卷。梁五卷,録一卷,又一本十卷,齊奉朝請裴津注。又梁有《向秀集》二卷,録一卷;平原太守《阮种集》二卷,録一卷;《阮侃集》五卷,録一卷。亡。

山濤(204—283):字巨源,河内懷(今河南武陟西南)人。性好《老》、《莊》,每隱身自晦。始爲主簿、功曹、上計掾。後拜趙國相,遷尚書吏部郎。咸熙初,封新沓子。泰始初進爵爲伯。咸寧初轉太子少傅,加散騎常侍、尚書僕射、加侍中,領吏部,拜司徒。太康四年(283)卒,謚曰康。《晉書》卷四三有傳。兩《唐志》著録《山濤集》五卷,《宋志》無載,亡佚。《全晉文》卷三四有輯文。裴津:生平事迹不詳。向秀:見本志子部"道家"。兩《唐志》著録《向秀集》二卷,《宋志》無載,《全晉文》卷七二有輯文。阮种(生卒年不詳):字大猷,陳留尉氏(今河南尉氏)人。弱冠有殊操,爲嵇康所重。察孝廉,爲公府掾,轉中書郎。進止有方,正己率下,朝廷憚其威容。遷平原相,卒於都。《晉書》卷五二有傳。兩《唐志》著録《阮冲(應爲"种")集》二卷,《宋志》無載,亡佚。《全晉文》卷七八有輯文。阮侃:見本志子部"道家"。兩《唐志》著録《阮侃集》五卷,《宋志》無載,亡佚。

晉太傅《羊祜集》一卷。殘缺。梁二卷,録一卷。又有《蔡玄通集》五卷;太宰《賈充集》五卷,録一卷;《荀勖集》三卷,録一卷。亡。

羊祜:見本志子部"道家"。《晉書》卷三四載,羊祜博學能屬文,善談論。所著文章及爲《老子》傳,並行於世。《文心雕龍·章表》曰："羊公之辭開府，有譽於前談。"兩《唐志》著録《羊祜集》二卷，《宋志》無載，亡佚。《全晉文》卷四一有輯文。蔡玄通：生平事迹不詳。兩《唐志》無載，亡佚。賈充（217—282）：字公閭，平陽襄陵（今山西襄汾）人。襲父爵爲侯。拜尚書郎，典定科令，兼度支考課。晉武帝受禪，轉車騎將軍、散騎常侍、尚書僕射，封魯郡公。又遷司空，録尚書事。太康三年（282）卒，時年六十六。謚曰武，配饗廟庭。《晉書》卷四〇有傳。兩《唐志》著録《賈充集》二卷，《宋志》無載，亡佚。《全晉文》卷三〇有輯文。荀勖：見本志史部"簿録類"。《晉書》卷三九載，荀勖年十餘歲能屬文，及長則博學，掌樂事，又修律吕，並行於世。兩《唐志》著録《荀勖集》二十卷，《宋志》無載，亡佚。現有《漢魏六朝百三名家集》本《魏荀公曾集》一卷，《全晉文》卷三一有輯文。

晉征南將軍《杜預集》十八卷。

杜預：見本志經部"禮類"。《晉書》卷三四載，杜預博學多通，耽思經籍，爲《春秋左氏經傳集解》、《釋例》，又作《盟會圖》、《春秋長曆》，備成一家之學，比老乃成。兩《唐志》著録《杜預集》二十卷，《宋志》無載，亡佚。現有《漢魏六朝百三名家集》本《晉杜征南集》一卷，《增訂漢魏六朝别解》本《杜征南集》，《全晉文》卷四二、卷四三有輯文。

晉輔國將軍《王濬集》一卷。殘缺。梁二卷，録一卷。

王濬（206—285）：字士治，弘農湖（今河南靈寶東北）人。博涉墳典，不修名行。晚年疏通亮達，恢廓有大志。州郡辟河東從事，爲益州刺史。自蜀發兵伐吴，受孫皓降，拜輔國大將軍，領兵都尉，封襄陽侯。然屢遭壓控，幸有人爲其屈表訟，於是遷王濬爲鎮軍大將軍，加散騎常侍，領後將軍。又轉撫軍大將軍、開府儀同三司，加特進。太康六年（285）卒，時年八十，謚曰武。《晉書》卷四二有傳。兩《唐志》著録《王濬集》二卷，《宋志》無載，亡佚。《全晉文》卷四三有輯文。

晉徵士《皇甫謐集》二卷。録一卷。

皇甫謐：見本志史部“雜史類”。《晉書》卷五一載，皇甫謐帶經而農，遂博綜經典百家之言，著《禮樂》、《聖真》之論。兩《唐志》著録《皇甫謐集》二卷，《宋志》無載，《全晉文》卷七一有輯文。

晉侍中《程咸集》三卷。梁有光禄大夫《劉毅集》二卷，録一卷；晉侍中《庾峻集》二卷，録一卷。亡。

程咸（生卒年不詳）：字延休，魏正元中爲司隸校尉主簿。入晉，歷黄門郎、散騎常侍、左通直郎，累遷至侍中。見《三國志》卷一二、《晉書》卷四〇、卷四四。兩《唐志》著録《程咸集》二卷，《宋志》無載，亡佚。《全晉文》卷四四有輯文。劉毅（？—285）：字仲雄，東萊掖（今山東萊州）人。魏末，被薦於公府，文帝辟其爲相國掾，轉主簿。武帝受禪，爲尚書郎、駙馬都尉，遷散騎常侍、國子祭酒，又遷尚書左僕射。言議切直，無所曲橈。年七十，告老。以光禄大夫致仕。太康六年（285）卒。《晉書》卷四五有傳。兩《唐志》著録《劉毅集》二卷，《宋志》無載，亡佚。《全晉文》卷三五有輯文。庾峻（？—273）：字山甫，潁川鄢陵（今河南鄢陵）人。少好學，有才思。歷郡功曹，舉計掾，州辟從事。高貴鄉公問《尚書》義，庾峻對答詳悉。武帝踐祚，賜爵關内侯。爲司空長史，轉祕書監，拜侍中，加諫議大夫。峻疾世浮華，著論以非之。泰始九年（273）卒。《晉書》卷五〇有傳。兩《唐志》著録《庾峻集》三卷，《宋志》無載，亡佚。《全晉文》卷三六有輯文。

晉巴西太守《郤正集》一卷。

郤正（？—278）：本名纂，字令先，河南偃師（今河南偃師）人。安貧好學，弱冠能屬文。入爲祕書吏，遷郎，至令。鍾會作亂成都，郤正捨妻子單身隨侍，時論嘉之。賜關内侯。泰始中，除安陽令，遷巴西太守。咸寧四年（278）卒。凡所著述詩論賦之屬，垂百篇。"評曰：郤正文辭燦爛，有張、蔡之風，加其行止，君子服焉。"《三國志》卷四二有傳。兩《唐志》著録《郤正集》一卷，《宋志》無載，亡佚。《全晉文》卷七〇有輯文。

晉散騎常侍《薛瑩集》三卷。梁又有散騎常侍《陶濬集》二卷，録一卷，亡。

薛瑩：見本志史部"正史類"。《三國志》卷五三載，薛瑩著書八篇，名曰《新議》。兩《唐志》著録《薛瑩集》二卷，《宋志》無載，亡佚。《全晉文》卷八一有輯文。陶濬：丹楊秣陵（今江蘇南京）人。吴鎮南大將軍、荆州牧。見《晉書》卷五七。《舊唐志》著録《陶濬集》三卷，《新唐志》著録《陶濬集》二卷，《宋志》無載，亡佚。

晉通事郎《江偉集》六卷。梁有《宣舒集》五卷；散騎常侍《曹志集》二卷，録一卷；《鄒湛集》三卷，録一卷。亡。

江偉（生卒年不詳）：陳留襄邑（今河南睢縣西南）人。先仕魏。晉武帝時，爲通直郎。見《全晉文》卷六七。兩《唐志》著録《江偉集》五卷，《宋志》無載，亡佚。《全晉文》卷六七有輯文。宣舒：見本志子部"道家"。兩《唐志》著録《宣騁（應爲"舒"）集》三卷，《宋志》無載，亡佚。《全晉文》卷六七有輯文。曹志（？—288）：字允恭，譙國譙（今安徽亳州）人。曹植庶子，爲濟北王。少好學，以才行稱。晉武帝受禪，降爲鄄城縣公。發詔以曹志爲樂平太守，歷章武、趙郡，遷散騎常侍、國子博士，又轉國子祭酒。太康九年（288）卒，謚曰定。《三國志》卷一九、《晉書》五〇有傳。兩《唐志》著録《曹志集》二卷，《宋志》無載，亡佚。《全晉文》卷三二有輯文。鄒湛：見本志經部“易類”。《晉書》卷九二載，鄒湛少以才學知名。所著詩及論事議二十五首，爲時所重。兩《唐志》著録《鄒湛集》四卷，《宋志》無載，亡佚。《全晉文》卷六七有輯文。

晉汝南太守《孫毓集》六卷。

孫毓：見本志經部“詩類”。《舊唐志》著録《孫毓集》二卷，《新唐志》著録《孫毓集》五卷，《宋志》無載，亡佚。《全晉文》卷六七有輯文。

晉處士《楊泉集》二卷。録一卷。梁有司徒《王渾集》五卷，冀州刺史《王深集》五卷，亡。

楊泉：見本志子部“儒家”。兩《唐志》著録《楊泉集》二卷，《宋志》無載，亡佚。《全三國文》卷七五有輯文。王渾（223—297）：字玄冲，太原晉陽（今山西太原）人。襲父爵京陵侯，辟大將軍曹爽掾，後爲越騎校尉。晉泰始中遷東中郎將，監淮北諸軍事，鎮許昌。平吴後，轉征東大將軍，鎮壽陽。惠帝即位，加侍中，録尚書事。元康七年（297）卒，時年七十五，謚曰元。《晉書》卷四二有傳。兩《唐志》著録《王渾集》五卷，《宋志》無載，亡佚。《全晉文》卷二八有輯文。王深（生卒年不詳）：字道冲，王渾弟，官拜冀州刺史。見《三國志》卷二七。兩《唐志》著録《王深集》四卷，《宋志》無載，亡佚。

晉徵士《閔鴻集》三卷。梁有光禄大夫《裴楷集》二卷，録一卷，亡。

閔鴻（生卒年不詳）：廣陵（今江蘇揚州）人。仕吴，爲尚書。見《晉書》卷五四。兩《唐志》著録《閔鴻集》二卷,《宋志》無載，亡佚。《全三國文》卷七四有輯文。裴楷（237—291）：字叔則，河東聞喜（今山西聞喜）人。明悟有識量，弱冠知名。博涉群書，特精理義。尤精《老子》、《易》。武帝受禪，拜散騎侍郎，又遷散騎常侍、河内太守。入爲屯騎校尉、右軍將軍，轉侍中。惠帝時，加光禄大夫、開府儀同三司。年五十五卒，謚曰元。《晉書》卷三五有傳。兩《唐志》著録《裴楷集》二卷《宋志》無載，亡佚。《全晉文》卷三三有輯文。

晉司空《張華集》十卷。録一卷。

張華：見本志史部“地理類”。《晉書》卷三六載，張華學業優博，詞藻温麗，朗贍多通，圖緯方伎之書，莫不詳覽。《文心雕龍・章表》曰：“晉初筆劄，則張華爲儁。其三讓公封，理周辭要，引義比事，必得其偶，世珍《鷦鷯》，莫顧章表。”《日本國見在書目録》著録《張華集》十卷，兩《唐志》著録《張華集》十卷,《宋志》著録《張華集》二卷，又《詩》一卷。《直齋書録解題》卷一六著録《張司空集》三卷，稱前二卷爲四言、五言詩，後一卷爲祭、祝、誄等文。現有《漢魏六朝百三名家》本《晉張司空集》一卷,《全晉文》卷五八有輯文。

晉尚書僕射《裴頠集》九卷。梁有太子中庶子《許孟集》三卷，録一卷；太宰《何劭集》二卷，録一卷；光禄大夫《劉頌集》三卷，録一卷;《劉寔集》二卷，録一卷。亡。

裴頠（生卒年不詳）：頠（wěi），字逸民，河東聞喜（今山西聞喜）人。弘雅有遠識，博學稽古，自少知名。太康二年（281），遷散騎常侍。惠帝即位，轉國子祭酒，兼右軍將軍，又遷侍中。天下暫寧，奏修國學，刻石寫經，遷尚書左僕射。遭趙王倫怨恨，借廢賈后之際被誅，時年三十四。後改葬以卿禮，謚曰成。《晉書》卷三五有傳。兩《唐志》著録《裴頠集》十卷,《宋志》無載，亡佚。《全晉文》卷三三有輯文。許孟（生卒年不詳）：姚振宗疑此應爲許猛。許猛（生卒年不詳），字子豹，高陽（今河北高陽）人。禮學儒博，加有才治，爲幽州刺史。見《世説新語・賢媛》。兩《唐志》著録《許孟集》二卷,《宋志》無載，亡佚。《全晉文》卷八三有許猛輯文。何劭（？—301）：字敬祖，陳國陽夏（今河南太康）人。博學善屬文，陳説近代事，若指諸掌。與武帝同年，及其即位，甚受親待，爲侍中尚書。惠帝即位，爲太子太師，後轉特進，累遷尚書左僕射。永寧元年（301）卒，贈司徒，謚曰康。所撰《荀粲》、《王弼傳》及諸奏議文章並行於世。《晉書》卷三三有傳。兩《唐志》著録《何劭集》二卷,《宋志》無載，亡佚。《全晉文》卷一八有輯文。劉頌（？—300）：字子雅，廣陵（今江蘇揚州）人。少能辨物理，爲時人所稱。武帝踐祚，累遷中書侍郎。咸寧中，遷議郎，守廷尉，又爲淮南相。趙王倫專政，以其爲光禄大夫，不久病卒，謚曰貞。永康元年（300），追封梁鄒縣侯。《晉書》卷四六有傳。《舊唐志》著録《劉頌集》三卷,《新唐志》著録《華（應爲“劉”）頌集》三卷,《宋志》無載，亡佚。《全晉文》卷四〇、四一有輯文。劉寔：見本志經部“春秋類”。《晉書》卷四一載，劉寔博通古今，尤精三《傳》，撰《春秋條例》二十卷。兩《唐志》著録《劉寔集》二卷,《宋志》無載，亡佚。《全晉文》卷三九有輯文。

晉散騎常侍《王佑集》三卷。録一卷。梁有晉驃騎將軍《王濟集》二卷，亡。

王佑（生卒年不詳）：太原晉陽（今山西太原）人。以才智稱，爲楊駿腹心，任北軍中侯、河東太守。見《晉書》卷四〇、卷七五。《舊唐志》著録《王祐集》二卷、《新唐志》著録《王祐集》三卷（疑“王祐”爲“王佑”之誤),《宋志》無載，亡佚。

王濟（生卒年不詳）：字武子，太原晉陽（今山西太原）人。善《易》及《莊》、《老》，文辭俊茂，有名當世。起家拜中書郎，後爲驍騎將軍，累遷侍中。年四十六卒，追贈驃騎將軍。《晉書》卷四二有傳。兩《唐志》著録《王濟集》二卷，《宋志》無載，亡佚。《全晉文》卷二八有輯文。

《華嶠集》八卷。梁二卷。

華嶠：見本志史部“正史類”。《晉書》卷四四載，華嶠才學深博，少有令聞，所著論議、駁難、詩賦之屬數十萬言。《舊唐志》著録《華嶠集》一卷，《新唐志》著録《劉（應爲“華”）嶠集》二卷，《宋志》無載，亡佚。《全晉文》卷六六有輯文。

晉祕書丞《司馬彪集》四卷。梁三卷，録一卷。又有尚書《庾儵集》二卷，録一卷；國子祭酒《謝衡集》二卷。亡。

司馬彪：見本志史部“正史類”。《晉書》卷八二載，司馬彪作《九州春秋》、《續漢書》、《古史考》，注《莊子》。兩《唐志》著録《司馬彪集》三卷，《宋志》無載，亡佚。《全晉文》卷一六有輯文。庾儵（生卒年不詳）：儵（shū），字玄默，潁川鄢陵（今河南鄢陵）人。始仕魏，入晉爲尚書。見《全晉文》卷三六。兩《唐志》著録《庾儵集》三卷，《宋志》無載，亡佚。《全晉文》卷三六有輯文。謝衡：陳國陽夏（今河南太康）人。以儒素顯，官至國子祭酒。見《晉書》卷四九。兩《唐志》著録《謝衡集》二卷，《宋志》無載，亡佚。《全晉文》卷八三有輯文。

晉漢中太守《李虔集》一卷。梁二卷，録一卷。

李虔（224—287）：又名李密，字令伯，犍爲武陽（今四川彭山）人。少事蜀，爲郎，數使吴，有才辯，吴人稱之。泰始初，徵爲太子洗馬，作《陳情表》，辭官。後出爲温令，又遷漢中太守，卒於家。《三國志》卷四五、《晉書》卷八八有傳。兩《唐志》著録《李虔集》十卷，《宋志》無載，亡佚。《全晉文》卷七〇有李密輯文。

晉司隸校尉《傅咸集》十七卷。梁三十卷，録一卷。又有太子中庶子《棗據集》二卷，録一卷；《劉寶集》三卷。亡。

傅咸（239—294）：字長虞，北地泥陽（今甘肅寧縣東南）人。剛簡有大節，好屬文論，雖綺麗不足，而言成規鑒。咸寧初，襲父爵，拜太子洗馬，累遷尚書右丞。惠帝即位，爲御史丞，再爲本郡中正。以議郎長兼司隸校尉。元康四年（294）卒官，時年五十六。詔贈司隸校尉，謚曰貞。《晉書》卷四七有傳。兩《唐志》著録《傅咸集》三十卷，《宋志》無載，亡佚。現有《漢魏六朝百三名家集》本《傅中丞集》一卷，《關隴叢書・北地傅氏遺書》本《中丞集》一卷，《全晉文》卷五一、卷五二有輯文。棗據（232—284）：字道彦，潁川長社（今河南長葛東）人。本姓棘，先人避仇改之。弱冠，辟大將軍府，出爲山陽令，遷尚書郎，轉右丞。又遷黄門侍郎、冀州刺史、太子中庶子。太康中卒，五十餘歲。善文辭，所著詩、賦、論四十五首，遇亂多亡失。《晉書》卷九二有傳。兩《唐志》著録《棗據集》二卷，《宋志》無載，亡佚。《全晉文》卷六七有輯文。劉寶：見本志史部“正史類”。兩《唐志》著録《劉寶集》三卷，《宋志》無載，亡佚。《全晉文》卷七五有輯文。

晉馮翊太守《孫楚集》六卷。梁十二卷，録一卷。

孫楚（？—293）：字子荆，太原中都（今山西平遥西北）人。爲佐著作郎，轉梁令，遷衛將軍司馬。惠帝初，爲馮翊太守。元康三年（293）卒。《晉書》卷五六有傳。《文心雕龍・才略》曰：“孫楚綴思每直，置以疏通。”兩《唐志》著録《孫楚集》十卷，

《宋志》無載，亡佚。現有《漢魏六朝百三名家集》本《孫馮翊集》一卷，《全晉文》卷六〇有輯文。

晉散騎常侍《夏侯湛集》十卷。梁有録一卷。又有弋陽太守《夏侯淳集》二卷，散騎侍郎《王贊集》五卷。亡。

夏侯湛：見本志子部“儒家”。《晉書》卷五五載，夏侯湛幼有盛才，文章宏富，善構新詞。兩《唐志》著録《夏侯湛集》十卷，《宋志》無載，亡佚。現有《漢魏六朝百三名家集》本《夏侯常侍集》一卷，《全晉文》卷六八、卷六九有輯文。夏侯淳（生卒年不詳）：字孝冲，譙國譙（今安徽亳州）人。夏侯湛之弟，有文藻，與其兄俱知名。官至弋陽太守。《晉書》卷五五有傳。兩《唐志》著録《夏侯淳集》十卷，《宋志》無載，亡佚。《全晉文》卷六九有輯文。王贊：臧榮緒《晉書》曰，王贊字正長，義陽（今河南信陽）人。博學有俊才，辟司空掾，又爲散騎侍郎。見《文選》卷二九。《舊唐志》著録《王贊集》三卷，《新唐志》著録《王贊集》二卷，《宋志》無載，亡佚。《全晉文》卷八六有輯文。

晉衛尉卿《石崇集》六卷。梁有録一卷。

石崇（249—300）：字季倫，渤海南皮（今河北南皮）人。好學不倦，穎悟有才氣。年二十余，爲修武令，有能名，入爲散騎郎，遷城陽太守。伐吴有功，封安陽鄉侯，累遷散騎常侍、侍中，又數遷至衛尉卿。因孫秀稱其與歐陽建、潘岳預謀誅趙王倫，被察覺，全家遇害，時年五十二。《晉書》卷三三有傳。《日本國見在書目録》著録《石季倫集》五卷，兩《唐志》著録《石崇集》五卷，《宋志》無載，亡佚。《全晉文》卷三三有輯文。

晉尚書郎《張敏集》二卷。梁五卷。又有黄門郎《伏偉集》一卷，亡。

張敏（生卒年不詳）：太原（今山西太原）人。歷任平南參軍、太子舍人、濟北長史。見《容齋五筆・晉代遺文》。兩《唐志》、《宋志》著録《張敏集》二卷，後無載，亡佚。《全晉文》卷八〇有輯文。伏偉：生平事迹不詳。兩《唐志》無載，亡佚。

晉黄門郎《潘岳集》十卷。

潘岳（247—300）：字安仁，滎陽中牟（今河南中牟）人。少以才穎見稱。早辟司空太尉府，舉秀才，出爲河陽令。負其才而鬱鬱不得志。後爲著作郎，轉散騎侍郎，遷給事黄門侍郎。因孫秀所誣，與歐陽建、石崇被誅。潘岳辭藻絶麗，尤善爲哀誄之文。《晉書》卷五五有傳。《文心雕龍・誄碑》曰："潘岳構意，專師孝山，巧於序悲，易入新切，所以隔代相望，能徽厥聲音也。"兩《唐志》著録《潘岳集》十卷，《宋志》著録《潘岳集》七卷，後無載，亡佚。現有《漢魏六朝百三名家集》本《潘黄門集》一卷，《漢魏諸名家集》本《潘黄門集》六卷，《漢魏六朝名家集》初刻本《潘安仁集》五卷，《全晉文》卷九〇至卷九三有輯文。

晉太常卿《潘尼集》十卷。

潘尼（250？—311？）：字正叔，滎陽中牟（今河南中牟）人。少有清才，與潘岳俱以文章見知。太康中，舉秀才，爲太常博士。元康初，爲太子舍人。封安昌公，歷黄門侍郎、散騎常侍、侍中、祕書監。永興中，爲中書令。永嘉中，遷太常卿。病卒，六十餘。《晉書》卷五五有傳。兩《唐志》著録《潘尼集》十卷，《宋志》無載，亡佚。現有《漢魏六朝百三名家集》本《潘太常集》一卷，《全晉文》卷九四、卷九五有輯文。

晉頓丘太守《歐陽建集》二卷。梁有宗正《劉許集》二卷，録一卷；散騎常侍《李重集》二卷；光禄大夫《樂廣集》二卷，録一卷；《阮渾集》三卷，録一卷。亡。

歐陽建（269—300）：字堅石。雅有理思，才藻美贍，擅名北州。辟公府，歷山陽令、尚書郎，馮翊太守。遭孫秀禍，被誅，年三十餘。《晉書》卷三三有傳。兩《唐志》著録《歐陽建集》二卷，《宋志》無載，亡佚。《全晉文》卷一〇九有輯文。劉許（生卒年不詳）：字文生，涿鹿（今河北涿鹿）人。與張華六人並稱文辭可觀，意思詳序。惠帝時爲越騎校尉、宗正卿。見《三國志》卷一四“松之案《頭責子羽》”、《世説新語·排調》。《舊唐志》著録《劉訂集》二卷，《新唐志》著録《劉許集》二卷，《宋志》無載，亡佚。李重（253—300）：字茂曾，江夏鍾武（今河南信陽）人。少好學，有文辭。爲始平王文學，遷太字舍人，轉尚書郎。出爲行討虜護軍、平陽太守。永康初，趙王倫用爲相國左司馬，以憂逼成病而卒，時年四十八。追贈散騎常侍，謚曰成。《晉書》卷四六有傳。兩《唐志》著録《李重集》二卷，《宋志》無載，亡佚。《全晉文》卷五三有輯文。樂廣（？—304）：字彦輔，南陽淯陽（今河南南陽）人。有遠識，與物無争，尤善談理。辟太尉掾，轉太子舍人。累遷侍中、河南尹，遷吏部尚書左僕射，代王戎爲尚書令。其婿遘難，以憂卒。《晉書》卷四三有傳。兩《唐志》著録《樂廣集》二卷，《宋志》無載，亡佚。阮渾：見本志經部“易類”。兩《唐志》著録《阮渾集》二卷，《宋志》無載，亡佚。

晉侍中《嵇紹集》二卷。録一卷。梁有錢唐令《楊建集》九卷，長沙相《盛彦集》五卷，左長史《楊乂集》三卷，録一卷。

嵇紹（253—304）：字延祖，嵇康子，譙郡（今安徽亳州）人。少知名，山濤啓以爲祕書郎。稱其平簡温敏，有文思，又曉音。以侍中從惠帝北伐，戰敗，唯嵇紹獨以身護衛，遂死帝側。追贈太尉，謚曰忠穆公。見《三國志》卷二一。兩《唐志》著録《嵇紹集》二卷，《宋志》無載，亡佚。《全晉文》卷六五有輯文。楊建：生平事迹不詳。兩《唐志》無載是集，亡佚。盛彦（生卒年不詳）：字翁子，廣陵（今江蘇揚州）人。少有異才，事母至孝。仕吴，至中書郎。吴平，爲本邑小中正。太康中卒。《晉書》卷八八有傳。兩《唐志》無載是集，亡佚。《全晉文》卷八一有輯文。楊乂：見本志經部“易類”。兩《唐志》無載是書，亡佚。《全晉文》卷八九有輯文。

晉尚書《盧播集》一卷。梁二卷，録一卷。又有《欒肇集》五卷，録一卷；南中郎長史《應亨集》二卷。亡。

盧播（生卒年不詳）：字景宣，陳留（今河南開封）人。少有才秀，爲本州别駕，又爲振威將軍，後爲尚書。見《藝文類聚》卷五三《阮籍與晉文王書》、《晉書》卷五八。兩《唐志》著録《盧播集》二卷，《宋志》無載，亡佚。《全晉文》卷五三有輯文。欒肇：見本志經部“易類”。《舊唐志》著録《欒肇集》二卷，《新唐志》著録《欒肇集》五卷，《宋志》無載，亡佚。應亨：爲著作郎，累遷至南中郎長史。見《全晉文》卷三五。兩《唐志》著録《應亨集》二卷，《宋志》無載，亡佚。《全晉文》卷三五有輯文。

晉國子祭酒《杜育集》二卷。

杜育（？—311）：字方叔，襄城定陵（今河南襄城）人。幼爲神童，及長，有才藻。累遷國子祭酒。洛陽將陷落，被賊所殺。見《世説新語·品藻》。兩《唐志》著録《杜育集》二卷，《宋志》無載，亡佚。《全晉文》卷八九有輯文。

晉太常卿《摯虞集》九卷。梁十卷，録一卷。又祕書監《繆徵集》二卷，録一卷，亡。

摯虞：見本志經部“儀注類”。《晉書》卷五一載，摯虞才學博通，著述不倦。《文心雕龍·才略》曰：“摯虞述懷，必循規以温雅。"《舊唐志》著録《摯虞集》二卷,《新唐志》著録《摯虞集》十卷,《宋志》無載，亡佚。現有《漢魏六朝百三名家集》本《晉摯太常集》一卷,《關隴叢書·摯太常遺書》本《摯太常文集》一卷,《全晉文》卷七六、卷七七有輯文。繆徵（生卒年不詳）：又作繆世徵，東海蘭陵（今山東蘭陵）人，繆襲孫，亦顯達，爲祕書監。見《三國志》卷二一、《晉書》卷八六。兩《唐志》著録《繆徵集》二卷,《宋志》無載，亡佚。

晉齊王府記室《左思集》二卷。梁有五卷，録一卷。又有晉豫章太守《夏靖集》二卷，録一卷；吴王文學《鄭豐集》二卷，録一卷；大司馬東曹掾《張翰集》二卷，録一卷；清河王文學《陳略集》二卷，録一卷；揚州從事《陸冲集》二卷，録一卷。亡。

左思（250？—305）：字太冲，齊國臨淄（今山東臨淄）人。家世儒學，左思又勤學，兼善陰陽之術，口訥而文辭壯麗，造《齊都賦》，廣爲流傳，導致洛陽紙貴。齊王命爲記室督，辭疾不就。幾年後以疾終。《晉書》卷九二有傳。本志本部尚有左思一部著述。《文心雕龍·才略》曰："左思奇才，業深覃思，盡鋭於《三都》，拔萃於《詠史》，無遺力矣。"兩《唐志》著録《左思集》五卷,《宋志》無載，亡佚。現有《漢魏六朝名家集》初刻本《左太冲集》一卷,《全晉文》卷七四有輯文。夏靖（生卒年不詳）：《晉書》卷七一有載，太守會稽夏静辟熊遠爲功曹。兩《唐志》著録《夏侯靖集》二卷，然《晉書》無載夏侯靖。《宋志》無載是集，亡佚。鄭豐（生卒年不詳）：字曼季，沛國（今江蘇境内）人。有文學操行，司空張華辟之，未就，卒。見《三國志》卷四七裴注所引《文士傳》。兩《唐志》著録《鄭豐集》二卷,《宋志》無載，亡佚。《全晉文》卷一〇九有輯文。張翰（生卒年不詳）：字季鷹，吴郡吴（今江蘇蘇州）人。有清才，善屬文。齊王冏辟爲大司馬東曹掾。年五十七卒。著《首丘賦》，文多不載。其文筆數十篇行於世。《晉書》卷九二有傳。《文心雕龍·才略》曰："季鷹辨切於短韻。"兩《唐志》著録《張翰集》二卷,《宋志》無載，亡佚,《全晉文》卷一〇七有輯文。陳略：生平事迹不詳。兩《唐志》著録《陳略集》二卷,《宋志》無載，亡佚。陸冲：生平事迹不詳。兩《唐志》著録《陸冲集》二卷,《宋志》無載，亡佚。《全晉文》卷八六有輯文。

晉平原内史《陸機集》十四卷。梁四十七卷，録一卷，亡。

陸機：見本志經部"小學類"。《晉書》卷五四載，陸機天才秀逸，詞藻宏麗，所著文章凡三百餘篇，並行於世。《文心雕龍·書記》曰："陸機自理，情周而巧，牋之爲善者也。"兩《唐志》著録《陸機集》十五卷,《宋志》著録《陸機集》十卷。《郡齋讀書志》卷一七著録《陸機集》十卷，稱今存詩賦、論議、箋、表、誄一百七十餘首，以《晉書》、《文選》校正外，餘多舛誤。《四庫未收書目》載《陸士衡文集》十卷，此爲影鈔宋慶元徐民瞻刻本《晉二俊文集》。現存明正德十四年（1519）陸元大刻《晉二俊文集》本《陸士衡文集》十卷，通行本有《四部叢刊》本、《四部備要》本等。另,《全晉文》卷九六至卷九九有輯文。

晉清河太守《陸雲集》十二卷。梁十卷，録一卷。又有少府丞《孫極集》二卷，録一卷，亡。

陸雲：見本志子部"道家類"。《晉書》卷五四載，陸雲六歲能屬文，性清正，有才理。雖文章不及陸機，而持論過之。所著文章三百四十九篇，與所撰《新書》十篇並行於世。兩《唐志》、《宋志》著録《陸雲集》十卷,《崇文總目》著録《陸雲集》八卷。《四庫全書總目》卷一四八著録《陸士龍集》十卷，以明汪士賢刻《漢魏六朝二十名家集》本爲底本。提要稱此集《隋志》著録之十二卷已不復見，南宋時十卷本又漸湮滅。慶元間信安徐民瞻始得之於祕書省，與《陸機集》並刊以行。此僅録二百餘篇，似非足本，蓋宋以前相傳舊集，久已亡佚。現存最早的本子爲南宋慶元六年（1200）華亭縣學刻本《陸士龍文集》十卷，通行本有《四庫》本、《四部叢刊》本、《四部備要》本等。另，《全晉文》卷一〇〇至卷一〇四有輯文。孫極：《晉書》無載孫極。卷五四載孫拯（？—303），又作孫丞，字顯世，吴都富春（今浙江富陽）人。能屬文，仕吴爲黄門郎。吴平爲涿令。永安中，陸機請孫拯爲司馬，後與陸機俱被害。又見《三國志》卷五一裴注所引《文士傳》。姚振宗以爲"孫極"當爲"孫拯"之誤。兩《唐志》著録《孫極集》二卷，《宋志》無載，亡佚。

晉中書郎《張載集》七卷。梁一本二卷，録一卷。

張載（生卒年不詳）：字孟陽，安平（今河北安平）人。性閒雅，博學有文章。起家佐著作郎，出補肥縣令。又爲著作郎，轉太子中舍人，遷樂安相、弘農太守，拜中書侍郎，復領著作，稱疾告歸，卒於家。《晉書》卷五五有傳。兩《唐志》著録《張載集》三卷，《宋志》無載，亡佚。現有《漢魏六朝百三名家集》本《晉張孟陽集》一卷，《全晉文》卷八五有輯文。

晉黄門郎《張協集》三卷。梁四卷，録一卷。

張協（生卒年不詳）：字景陽，張載弟。少有儁才，與兄齊名。辟公府掾，轉祕書郎，補華陽令，遷中書侍郎，又轉河間内史。永嘉初，徵爲黄門侍郎，託疾不就，卒於家。《晉書》卷五五有傳。《文心雕龍·才略》曰："孟陽、景陽才綺相埒，可謂魯衛之政，兄弟之文也。"兩《唐志》著録《張協集》二卷，《宋志》無載，亡佚。現有《漢魏六朝百三名家集》本《張景陽集》二卷，《全晉文》卷八五有輯文。

晉著作郎《束晳集》七卷。梁五卷，録一卷。又有征南司馬《曹攄集》三卷，録一卷；散騎常侍《江統集》十卷，録一卷；著作郎《胡濟集》五卷，録一卷。亡。

束晳：見本志經部“小學類”。《晉書》卷五一載，束晳才學博通，所著因亂多有亡失。其《五經通論》、《發蒙記》、《補亡詩》、文集數十篇行於世。兩《唐志》著録《束晳集》五卷，《宋志》著録《束晳集》一卷，後亡。現有《漢魏六朝百三名家集》本《晉束廣微集》一卷，《全晉文》卷八七有輯文。曹攄（？—308）：攄（shū），字顔遠，譙國譙（今安徽亳州）人。少有孝行，好學善屬文，獲王衍器重，調補臨淄令，後爲洛陽令。惠帝末，爲襄城太守。永嘉二年（308），爲征南司馬，與流人王逌戰，軍敗死之。《晉書》卷九〇有傳，又見《三國志》卷九。兩《唐志》著録《曹攄集》二卷，《宋志》無載，亡佚。《全晉文》卷一〇七有輯文。江統（？—310）：字應元，陳留圉（今河南杞縣南）人。静默有遠志，襲父爵，除山陽令，遷中郎，轉太子洗馬。後爲博士、尚書郎，又遷黄門侍郎、散騎常侍，領國子博士。永嘉四年（310），病卒於成皋。凡所造賦、頌、表、奏皆傳於後。《晉書》卷五六有傳。兩《唐志》著録《江統集》十卷，《宋志》著録《江統集》一卷，後亡佚。《全晉文》卷一〇六有輯文。胡濟（生卒年不詳）：仕晉，官拜尚書郎。見《晉書》卷九四。兩《唐志》著録《胡濟集》五卷，《宋志》無載，亡佚。《全晉文》卷一〇九有輯文。

晉中書令《卞粹集》一卷。梁五卷。又有光禄勳《閭丘冲集》二卷，録一卷，亡。

卞粹（？—303）：字玄仁，以清辯鑒察稱。惠帝初，爲尚書郎，正直不阿。封城陽子，稍遷至右軍將軍。齊王輔政，爲侍中、中書令，進爵爲公。後爲長沙王所害。見《晉書》卷七〇。兩《唐志》著録《卞粹集》二卷，《宋志》無載，亡佚。《全晉文》卷八四有輯文。閭丘冲（？—311）：字賓卿，高平（今山東鉅野）人。清平有鑒識，博學有文義。累遷太傅長史。至於白首而清名令望不渝於始。爲光禄勳，京城未潰，乘車出，爲賊所害。見《世説新語·品藻》注引荀綽《兖州記》。兩《唐志》著録《閭丘冲集》二卷，《宋志》無載，亡佚。《全晉文》卷一二四有輯文。

晉太傅從事中郎《庾敳集》一卷。梁五卷，録一卷。又有太子中舍人《阮瞻集》二卷，録一卷；太子洗馬《阮修集》二卷，録一卷；廣威將軍《裴邈集》二卷，録一卷。亡。

庾敳（262—311）：敳（ái），字子嵩，潁川鄢陵（今河南鄢陵）人。雅有遠韻，爲陳留相，遷吏部郎。參東海王越太傅軍事，轉軍諮祭酒。石勒亂，與王衍同被害，時年五十。《晉書》卷五〇有傳。兩《唐志》著録《庾敳集》二卷，《宋志》無載，亡佚。《全晉文》卷三六有輯文。阮瞻（生卒年不詳）：字千里，陳留尉氏（今河南尉氏）人。讀書不甚研求，而默識其要；遇理而辯，辭不足而旨有餘。東海王越以阮瞻爲記室參軍。永嘉中，爲太子舍人。病卒倉垣，時年三十。《晉書》卷四九有傳。兩《唐志》著録《阮瞻集》二卷，《宋志》無載，亡佚。《全晉文》卷七二有輯文。阮修（270—311）：字宣子，陳留尉氏（今河南尉氏）人。好《易》、《老》，善清言，所著書寡。爲鴻臚丞，轉太傅行參軍、太子洗馬。避亂南行，爲賊所害，時年四十二。《晉書》卷四九有傳。兩《唐志》著録《阮修集》二卷，《宋志》無載，亡佚。《全晉文》卷七二有輯文。裴邈（生卒年不詳）：字景聲，河東聞喜（今山西聞喜）人。有儁才，爲太傅司馬越從事中郎，假節監中外營諸軍事。見《三國志》卷二三裴松之案。兩《唐志》著録《裴邈集》二卷，《宋志》無載，亡佚。《全晉文》卷三三有輯文。

晉太傅主簿《郭象集》二卷。梁五卷，録一卷。又有廣州刺史《嵇含集》十卷，録一卷，亡。

郭象：見本志經部“論語類”。《晉書》卷五〇載，郭象好老、莊，能清言，著碑論十二篇。兩《唐志》著録《郭象集》五卷，《宋志》無載，亡佚。《全晉文》卷七五有輯文。嵇含（263—306）：字君道，譙國銍（今安徽宿州西南）人。好學能屬文。舉秀才，除郎中。齊王冏辟其爲參軍，襲爵武昌鄉侯。永興初，爲從事中郎，尋授振威將軍、襄城太守。後投奔襄陽劉弘，爲其司馬掩殺之，時年四十四。懷帝即位，謚曰憲。《晉書》卷八九有傳。兩《唐志》著録《嵇含集》十卷，《宋志》無載，亡佚。《全晉文》卷六五有輯文。

晉安豐太守《孫惠集》八卷。梁十一卷，録一卷。又有松滋令《蔡洪集》二卷，録一卷，亡。

孫惠（？—312）：字德施，吴國富陽（今浙江杭州）人。口訥有才識，州辟不就。永寧初，從齊王討趙王，以功封晉興縣侯。陸機兄弟被誅，懼罪，更名以遁。後投奔東海王，爲散騎侍郎、太子中庶子，轉彭城内史、廣陵相，遷廣武將軍，安豐内史，以迎大駕之功，封臨湘縣公。與安豐太守何鋭有隙，奔入蠻中，不久病卒，時年四十七。《晉書》卷七一有傳。兩《唐志》著録《孫惠集》十卷，《宋志》無載，亡佚。《全晉文》卷一一五有輯文。蔡洪：見本志子部“儒家類”。《舊唐志》著録《蔡洪集》三卷，《新唐志》著録《蔡洪集》二卷，《宋志》無載，亡佚。《全晉文》卷八一有輯文。

晉平北將軍《牽秀集》四卷。梁三卷，録一卷。又有車騎從事中郎《蔡克集》二卷，録一卷；游擊將軍《索靖集》三卷；隴西太守《閻纂集》二卷，録一卷；秦州刺史《張輔集》二卷，録一卷；交趾太守《殷巨集》二卷，録一卷；太子洗馬《陶佐集》五卷，録一卷；東晉鄱陽太守《虞溥集》二卷，録一卷；益陽令《吴商集》五卷；《仲長敖集》二卷；晉太常卿《劉弘集》三卷，録一卷；開府《山簡集》二卷，録一卷；兖州刺史《宗岱集》二卷；侍中《王峻集》二卷，録一卷；濟陽内史《王曠集》五卷，録一卷。亡。

牽秀（？—306）：字成叔，武邑觀津（今河北武邑東南）人。性豪爽，博辯有文才。太康中，補新安令，累遷司空從事中郎。惠帝西幸長安，以爲尚書。河間王以其爲平北將軍，鎮馮翊。被長史楊騰殺之於萬年。《晉書》卷六〇有傳。兩《唐志》著録《牽秀集》五卷，《宋志》無載，亡佚。《全晉文》卷八四有輯文。蔡克：字子尼，陳留考城（今河南蘭考）人。性公亮守正，行不合己，雖富貴不交也。爲成都王大將軍記室督，又爲東曹掾。後以朝政日弊，遂絶不仕。被逼出任從事中郎，數十日城破，遇害。《晉書》卷七七有傳。兩《唐志》著録《蔡克集》二卷，《宋志》無載，亡佚。《全晉文》卷一一三有輯文。索靖（239—303）：字幼安，敦煌龍勒（今甘肅敦煌）人。少有逸群之量，該博經史，兼通内緯。拜駙馬都尉，出爲西域戊己校尉長史。元康中，遷始平内史。討孫秀有功，加散騎常侍，遷後將軍。太安末，拜索靖使持節、監洛城諸軍事、游擊將軍，與賊戰大破之，受傷而卒。追贈太常，時年六十五。後又贈司空，進封安樂亭侯，謚曰莊。《晉書》卷六〇有傳。兩《唐志》著録《索靖集》二卷，《宋志》無載，亡佚。《全晉文》卷八四有輯文。閻纂（生卒年不詳）：又作閻纘（zuǎn），字續伯，巴西安漢（今四川南充南）人。少游英豪，博覽墳典，該通物理。爲太傅楊駿舍人，轉安復令。河間王引爲西戎校尉司馬，有功，封平樂鄉侯。朝廷善其忠烈，提爲漢中太守，卒於官，時年五十九。《晉書》卷四八有傳。兩《唐志》著録《閻纂集》二卷，《宋志》無載，亡佚。《全晉文》卷一〇五有閻纘輯文。張輔（？—305）：字世偉，南陽西鄂（今河南南陽南）人。少有幹局，初補藍田令，不爲豪强所屈。累遷尚書郎，封宜昌亭侯。後爲馮翊太守，又爲秦州刺史，與韓稚戰，敗績，被天水故帳下督所殺。張輔多有史論，辭多不載。《晉書》卷六〇有傳。兩《唐志》著録《張輔集》二卷，《宋志》無載，亡佚。《全晉文》卷一〇五有輯文。殷巨（生卒年不詳）：字元大，雲陽（今江蘇丹陽）人。有才器，初爲吴偏將軍，統家部曲城夏口。吴平入晉，爲蒼梧太守。見《三國志》卷五二注引《文士傳》。兩《唐志》著録《殷巨集》二卷，《宋志》無載，亡佚。《全晉文》卷八一有輯文。陶佐：生平事迹不詳。兩《唐志》著録《陶佐集》五卷，《宋志》無載，亡佚。虞溥（生卒年不詳）：字允源，高平昌邑（今山東巨野）人。專心墳籍，亦疆埸閲武。郡察孝廉，除郎中，補尚書都令史，稍遷公車司馬令，除鄱陽内史。注《春秋經傳》，撰《江表傳》及文章、詩賦數十篇，卒於洛陽，時年六十二。《晉書》卷八二有傳。兩《唐志》著録《虞溥集》二卷，《宋志》無載，亡佚。《全晉文》卷七九有輯文。吴商：見本志經部“禮類”。兩《唐志》著録《吴商集》五卷，《宋志》無載，亡佚。《全晉文》卷四四有輯文。仲長敖：生平事迹不詳。兩《唐志》著録《仲長敖集》二卷，《宋志》無載，《全晉文》卷八六有輯文。劉弘（236—306）：字和季，沛國相（今安徽濉溪）人。有幹略，政事之才。與武帝同居一地，共研席。起家太子門大夫，得張華器重，爲寧朔將軍、假節、監幽州諸軍事，封宣城公。後拜侍中、鎮南大將軍、開府儀同三司。永興三年（306），詔進號車騎將軍。卒於襄陽，表贈劉弘新城郡公，謚曰元。《晉書》卷六六有傳。兩《唐志》著録《劉弘集》三卷，《宋志》無載，亡佚。《全晉文》卷七三有輯文。山簡（253—312）：字季倫，河内懷（今河南武陟西南）人，山濤子。性温雅，有父風。初爲太子舍人，累遷尚書左僕射，領吏部。永嘉三年（306），出爲征南將軍，都督荆湘交廣四州諸軍事、假節，鎮襄陽。洛陽陷，爲賊所逼，遷至夏口。年六十卒，追贈征南大將軍、儀同三司。《晉書》卷四三有傳。兩《唐志》著録《山簡集》二卷，《宋志》無載，亡佚。《全晉文》卷三四有輯文。宗岱：又作宋岱，見本志經部"易類"。兩《唐志》著録《宗岱集》三卷，《宋志》無載，亡佚。王峻：生平事迹不詳。兩《唐志》著録《王峻集》二卷，《宋志》無載，亡佚。王曠：琅邪臨沂（今山東臨沂）人。王羲之之父，官拜淮南太守。見《晉書》卷八〇。兩《唐志》著録《王曠集》五卷，《宋志》無載，亡佚。《全晉文》卷二一有輯文。

晉散騎常侍《棗嵩集》一卷。梁二卷，録一卷。又有襄陽太守《棗腆集》二卷，録一卷，亡。

棗嵩（？—314）：字臺産，潁川長社（今河南長葛）人。才藝尤美，爲太子中庶子、散騎常侍，被石勒所殺。見《晉書》卷九二。兩《唐志》著録《棗嵩集》二卷，《宋志》無載，亡佚。棗腆（生卒年不詳）：字玄方，棗嵩兄。亦以文章顯。永嘉中，爲襄城太守。見《晉書》卷九二。兩《唐志》著録《棗腆集》二卷，《宋志》無載，亡佚。

晉太尉《劉琨集》九卷。梁十卷。

《劉琨别集》十二卷。

劉琨（270—318）：字越石，中山魏昌（今河北無極東北）人。年二十六爲司隸從事，累以勳封廣武侯。進司空，都督并、冀、幽三州諸軍事。建武元年（317），期討石勒，轉侍中、太尉。王敦密使人殺之，時年四十八，謚曰湣。《晉書》卷六二有傳。《文心雕龍·章表》曰："劉琨勸進陳事之美表也。"兩《唐志》、《宋志》、《崇文總目》著録《劉琨集》十卷。《直齋書録解題》卷一六著録《劉司空集》十卷，稱前五卷差全可觀，後五卷闕誤，或一卷數行，或斷續不屬，殆類鈔節者。末卷《劉府君誄》尤多訛，未有别本可以是正。後亡佚。現有《漢魏六朝百三名家集》本《晉劉越石集》一卷，《全晉文》卷一〇八有輯文。

晉司空從事中郎《盧諶集》十卷。梁有録一卷。

盧諶：見本志經部"禮類"。《晉書》卷四四載，盧諶清敏有理思，好《老》、《莊》，善屬文。注《莊子》，及文集，皆行於世。《文心雕龍・才略》曰："劉琨雅壯而多風，盧諶情發而理昭，亦遇之於時勢也。"兩《唐志》著録《盧諶集》十卷，《宋志》無載，亡佚。《全晉文》卷四三有輯文。

晉祕書丞《傅暢集》五卷。梁有録一卷。又有《晉明帝集》五卷，録一卷；《簡文帝集》五卷，録一卷；《孝武帝集》二卷，録一卷；《彭城王紘集》二卷；《譙烈王集》九卷，録一卷。亡。

傅暢：見本志史部"雜史類"。兩《唐志》著録《傅暢集》五卷，《宋志》無載，亡佚。《全晉文》卷五二有輯文。晉明帝（299—325）：諱司馬紹，字道畿，河内温縣（今河南温縣）人。有文武才略，雅好文辭。永昌元年（322）即位，太寧三年（325）崩，年二十七。《晉書》卷六有傳。兩《唐志》著録《晉明帝集》五卷，《宋志》無載，亡佚。《全晉文》卷九有輯文。簡文帝：見本志子部"道家類"。《文心雕龍・時序》曰："簡文勃興，淵乎清峻，微言精理，函滿元席，澹思濃采，時灑文囿。"兩《唐志》著録《晉簡文帝集》五卷，《宋志》無載，亡佚。《全晉文》卷一一有輯文。孝武帝（361—396）：諱司馬曜，字昌明。咸安二年（372）秋即皇帝位，太元二十一年（396）崩。《晉書》卷九有傳。兩《唐志》無載，亡佚。《全晉文》卷一一有輯文。彭城王（？—342）：司馬紘（？—342），字偉德，河内温縣（今河南温縣）人。

元帝即位，拜散騎侍郎，進翊軍校尉、前將軍。有風疾，性理不恒。後拜國子祭酒，加散騎常侍。尋遷大宗正、祕書監。疾甚，馳騁無度。詔解職。咸康八年（342）卒。《晉書》卷三七有傳。兩《唐志》著録《晉彭城王集》八卷，《宋志》無載，亡佚。《全晉文》卷一五有輯文。譙烈王（？—350）：司馬無忌，字公壽，河内温縣（今河南温縣）人。咸和中，拜散騎侍郎，又爲屯騎校尉、中書黄門侍郎。建元初，遷散騎常侍，出爲輔國將軍、長沙相。隨桓温伐蜀，以勳進號前將軍。永和六年（350）卒，贈衛將軍。《晉書》卷三七有傳。兩《唐志》著録《譙王集》三卷，《宋志》無載，亡佚。《全晉文》卷一五有輯文。

晉會稽王《司馬道子集》八卷。梁九卷。又有鎮東從事中郎《傅毅集》五卷，亡。

司馬道子（364—402）：字道子，簡文帝之子。年十歲封琅邪王，太元初，拜散騎常侍、中軍將軍，進驃騎將軍。累遷侍中、太傅。元興元年（402），桓玄奏道子酣縱不孝，當棄市。杜竹林承桓玄旨鴆殺之，時年三十九。《晉書》卷六四有傳。《舊唐志》著録《晉會稽王集》八卷，《新唐志》著録《晉會稽王道子集》八卷，《宋志》無載，亡佚。《全晉文》卷一七有輯文。傅毅：生平事迹不詳，兩《唐志》著録《傅毅集》五卷，《宋志》無載，亡佚。

晉衡陽内史《曾瓌集》三卷。梁四卷，録一卷。又有驃騎將軍《顧榮集》五卷，録一卷，亡。

曾瓌（guī）：生平事迹不詳。兩《唐志》著録《曾瓌集》五卷，《宋志》無載，亡佚。《全晉文》卷八九有衡陽内史曾環輯文。顧榮（？—312）：字彦先，吴國吴（今江蘇蘇州）人。機神朗悟，弱冠仕吴，爲黄門侍郎，太子輔義都尉。吴平，歷尚書郎、太子中舍人、廷尉正。後以功封嘉興伯。元帝鎮江東，以顧榮衛軍司，加散騎常侍。永嘉六年（312）卒官，贈侍中、驃騎將軍、開府儀同三司，謚曰元。《晉書》卷六八有傳。《舊唐志》著録《顧榮集》二卷，《新唐志》著録《顧榮集》五卷，《宋志》無載，亡佚。《全晉文》卷九五有輯文。

晉司空《賀循集》十八卷。梁二十卷，録一卷。又有散騎常侍《張亢集》二卷，録一卷；車騎長史《賈彬集》三卷，録一卷。亡。

賀循：見本志經部“禮類”。《晉書》卷六八載，賀循少玩篇籍，善屬文，博覽衆書，尤精禮傳。兩《唐志》著録《賀循集》二十卷，《宋志》無載，亡佚。《全晉文》卷八八有輯文。張亢（生卒年不詳）：字季陽，安平（今河北安平）人。雖才藻不及載、協二兄，然能解音樂伎術。初拜散騎侍郎，後爲領佐著作郎，出補烏程令，入爲散騎常侍。《晉書》卷五五有傳。兩《唐志》著録《張杭（當爲“亢”）集》二卷，《宋志》無載，亡佚。賈彬：或作賈霖。生平事迹不詳。兩《唐志》著録《賈霖集》三卷，《宋志》無載，亡佚。《全晉文》卷八九有賈彬輯文。

晉光禄大夫《衛展集》十二卷。梁十五卷。又有東晉太尉《荀組集》三卷，録一卷，亡。

衛展（生卒年不詳）：字道舒，河東安邑（今山西運城）人。歷尚書郎、南陽太守。永嘉中，爲江州刺史。累遷晉王大理。卒，贈光禄大夫。《晉書》卷三六有傳。《舊唐志》著録《衛展集》四十卷，《新唐志》著録《衛展集》十四卷，《宋志》無載，亡佚。《全晉文》卷三〇有輯文。荀組（257—322）：字大章，潁川潁陽（今河南許昌西南）人。被稱“夷雅有才識”。初爲司徒左西屬，遷尚書，賜爵成陽縣男，加散騎常侍、中書監。又爲司空、尚書左僕射。永昌初，遷太尉，令太子太保，未拜，卒，年六十五，謚曰元。《晉書》卷三九有傳。兩《唐志》著録《荀組集》二卷，《宋志》無載，亡佚。《全晉文》卷三一有輯文。

晉祕書郎《張委集》九卷。梁五卷。又有關内侯《傅珉集》一卷；光禄大夫《周顗集》二卷，録一卷。亡。

張委：生平事迹不詳。兩《唐志》無載，亡佚。《全宋文》卷五七有輯文。傅珉：生平事迹不詳。兩《唐志》無載，亡佚。周顗（269—322）：顗（yǐ），字伯仁，汝南安成（今河南汝南東南）人。弱冠，襲父爵武城侯，拜祕書郎，累遷尚書吏部郎。元帝鎮江左，請爲軍諮祭酒。後補吏部尚書，轉尚書左僕射，領吏部。王敦構逆被害，時年五十四。後追贈光禄大夫、儀同三司，謚曰康。《晉書》卷六九有傳。兩《唐志》著録《周顗集》二卷《宋志》無載，亡佚。《全晉文》卷八六有輯文。

晉太常《謝鯤集》六卷。梁二卷。

謝鯤（281—324）：字幼輿，陳國陽夏（今河南太康）人。少知名，通簡有高識，不修威儀，好《老》、《易》，能歌善鼓琴。王敦引爲長史，因討杜弢有功封咸亨侯。知王敦有不臣之事，從容諷議。被出爲豫章太守，卒官，時年四十三。後追贈太常，謚曰康。《晉書》卷四九有傳。《舊唐志》著録《謝鯤集》二卷，《新唐志》著録《謝琨集》二卷，《宋志》無載，亡佚。《全晉文》卷八三有謝琨輯文。

晉驃騎將軍《王廙集》十卷。梁三十四卷，録一卷。又有《華譚集》二卷，亡。

王廙（yì）：見本志經部“易類”。《晉書》卷七六載，王廙少能屬文，多所通涉，工書畫，善音樂、博弈等。兩《唐志》著録《王廙集》十卷，《宋志》無載，亡佚。《全晉文》卷二〇有輯文。

華譚：見本志子部“儒家類”。兩《唐志》著録《華譚集》二卷，《宋志》無載，亡佚。《全晉文》卷七九有輯文。

晉御史中丞《熊遠集》十二卷。梁五卷，録一卷。又有湘州秀才《谷儉集》一卷；大鴻臚《周嵩集》三卷，録一卷。亡。

熊遠（生卒年不詳）：字孝文，豫章南昌（今江西南昌）人。州辟主簿、別駕，舉秀才，除監軍華軼司馬，領武昌太守，寧遠護軍。元帝爲相，引爲主簿，累遷御史中丞、侍中。王敦作逆，憚其正而有謀，引爲長史，數月卒。《晉書》卷七一有傳。兩《唐志》著録《熊遠集》五卷，《宋志》無載，亡佚。《全晉文》卷一二六有輯文。谷儉（生卒年不詳）：字士風，湘州桂陽（今湖南桂陽）人。少有志行，博涉經史，所得實深，然未有名譽，終身不仕，卒於家。見《晉書》卷七〇。兩《唐志》無載，亡佚。現有《麓山精舍叢書》本《谷儉集》一卷，《全晉文》卷一二八有輯文。周嵩（？—324）：字仲智，汝南安成（今河南汝南東南）人。狷直果俠，每以才氣傲物。元帝爲相，引爲參軍，後爲新安太守，又拜御史中丞。王敦使人誣陷周嵩，遂害之。《晉書》卷六一有傳。兩《唐志》著録《周嵩集》三卷，《宋志》無載，亡佚。《全晉文》卷八六有輯文。

晉弘農太守《郭璞集》十七卷。梁十卷，録一卷。

郭璞：見本志經部“詩類”。《晉書》卷七二載，郭璞好經術，博學有高才，而訥於言論，詞賦爲中興之冠。《文心雕龍·才略》曰：“景純艷逸足冠中興，郊賦既穆穆以大觀，仙詩亦飄飄而凌雲矣。”兩《唐志》著録《郭璞集》十卷，《宋志》著録《郭璞集》六卷，後亡佚。現有《漢魏六朝百三名家集》本《郭弘農集》二卷，《乾坤正氣集》本《郭景純集》二卷，《全晉文》卷一二〇至卷一二三有輯文。

晉《張駿集》八卷。殘缺。

張駿（307—346）：字公庭，安定烏氏（今甘肅平凉西北）人。建興四年（316），封霸城侯。十歲能屬文，卓越不羈。爲凉王，在位二十二年卒，時年四十。私謚曰文公，穆帝追謚爲忠成公。《晉書》卷八六有傳。兩《唐志》無載是集，《全晉文》卷一五四有輯文。

晉大將軍《王敦集》十卷。梁有吴興太守《沈充集》三卷；散騎常侍《傅純集》二卷，録一卷。亡。

王敦（？—324）：字處仲，琅邪臨沂（今山東臨沂）人。眉目疏朗，性簡脱有鑒裁，學通《左氏》，尤好清談。尚武帝女，拜駙馬都尉。元帝鎮江東，王敦討杜弢有功，進征南大將軍，拜侍中，遂欲專制朝廷，明帝起兵討之。太寧二年（324）病死。《晉書》卷九八有傳。兩《唐志》著録《王敦集》五卷，《宋志》無載，亡佚。《全晉文》卷一八有輯文。沈充（？—324？）：字士居，王敦引爲參軍。明帝將伐王敦，派人告知，並許以爲司空。沈充不聽，率兵響應王敦，敗歸吴興，被故將所殺。《晉書》卷九八有傳。兩《唐志》無載是集，亡佚。《全晉文》卷一二八有輯文。傅純：生平事迹不詳。兩《唐志》著録《傅純集》二卷，《宋志》無載，亡佚。《全晉文》卷一二八有輯文。

晉光禄大夫《梅陶集》九卷。梁二十卷，録一卷。又有金紫光禄大夫《荀邃集》二卷，録一卷。亡。

梅陶（生卒年不詳）：字叔真，汝南西平（今河南西平）人。王敦諮議參軍。見《世説新語·方正》注所引《晉諸公贊》、《永嘉流人》。或曰本志子部“儒家類”著録《梅子新論》，爲梅陶所著。兩《唐志》著録《梅陶集》十卷，《宋志》無載，亡佚。《全晉文》卷一二八有輯文。荀邃（282？—329）：邃（suì），字道玄，潁川潁陰（今河南許昌）人。解音樂，善談論。元帝召爲丞相從事中郎，未就。愍帝加左將軍、陳留相。太興初，拜侍中。遷太常，轉尚書。卒，贈金紫光禄大夫，謚曰靖。《晉書》卷三九有傳。兩《唐志》著録《荀邃集》二卷，《宋志》無載，亡佚。

晉散騎常侍《王鑒集》九卷。梁五卷。又有晉著作佐郎《王濤集》五卷；廷尉卿《阮放集》十卷，録一卷；宗正卿《張悛集》五卷，録一卷；汝南太守《應碩集》二卷；金紫光禄大夫《張闓集》二卷，録一卷；揚州從事《陸沇集》二卷，録一卷；驃騎將軍《卞壺集》二卷，録一卷；光禄勳《鍾雅集》一卷，衛尉卿《劉超集》二卷；衛將軍《戴邈集》五卷，録一卷；光禄大夫《荀崧集》一卷。亡。

王鑒（生卒年不詳）：字茂高，堂邑（今江蘇南京）人。少以文筆著稱。中興建，拜駙馬都尉、奉朝請，出補永興令。卒年四十一，有文集傳世。《晉書》卷七一有傳。兩《唐志》著録《王鑒集》五卷，《宋志》無載，亡佚。《全晉文》卷一二八有輯文。王濤：見本志史部“正史類”。王鑒之弟，亦有才筆。兩《唐志》著録《王濤集》五卷，《宋志》無載，亡佚。阮放（280—323）：字思度，陳留尉氏（今河南尉氏）人。少知名，而性清約，不營産業。中興，除太學博士、太子中舍人、庶子。轉黄門侍郎，遷吏部郎。後求放交州，到任不久，病發而卒，年四十四，追贈廷尉。《晉書》卷四九有傳。兩《唐志》著録《阮放集》五卷，《宋志》無載，亡佚。張悛（生卒年不詳）：悛（quān），字士然，吴國（今江蘇境内）人。官太子庶子。見《昭明文選》卷三八《爲吴令謝詢求爲諸孫置守塚人表》注所引孫盛《晉陽秋》。《舊唐志》著録《張俊集》二卷，《新唐志》著録《張悛集》二卷，《宋志》無載，亡佚。《全晉文》卷一〇五有輯文。應碩：生平事迹不詳。《新唐志》著録《應碩集》二卷，《宋志》無載，亡佚。《全晉文》卷一二八有輯文。張闓（265—328）：闓（kǎi），字敬緒，丹楊（今江蘇丹陽）人。太常薛兼薦之於元帝，稱其才幹貞固，當今之良器。後以佐翼勳，賜爵丹楊縣侯。遷侍中、尚書。參與討伐蘇峻，以尚書加散騎常侍，賜爵宜陽侯。拜金紫光禄大夫，尋卒，時年六十八。有牋、表、文、議傳於世。《晉書》卷七六有傳。兩《唐志》著録《張闓集》三卷，《宋志》無載，《全晉文》卷一一五有輯文。陸沈：生平事迹不詳。《新唐志》著録《陸沈集》二卷，《宋志》無載，亡佚。卞壼：字望之，濟陰冤句（今山東菏澤西南）人。弱冠有名譽司、兖二州。永嘉中，除著作郎，襲父爵。蘇峻亂，卞壼爲尚書令、右將軍、給事中，與蘇峻苦戰，遂死之，時年四十八。贈侍中、驃騎將軍、開府儀同三司，謚曰忠貞。《晉書》卷七〇有傳。兩《唐志》著録《卞壼集》二卷，《宋志》無載，亡佚。《全晉文》卷八四有輯文。鍾雅（？—329）：字彦胄，潁川長社（今河南長葛）人。好學有才志，舉汝陽令。入爲著作郎、尚書郎。避亂東渡，元帝以爲丞相記室參軍，後爲尚書右丞。蘇峻作亂，王師敗績，與劉超侍衛天子，爲賊所害。追贈光禄勳。《晉書》卷七〇有傳。兩《唐志》無載是集，亡佚。《全晉文》卷一〇九有輯文。劉超（？—329）：字世瑜，琅邪臨沂（今山東臨沂）人。少有志尚，以忠謹清慎爲元帝所重，從其渡江，轉安東府舍人。以左右勤勞賜爵原鄉亭侯。後爲中書舍人，拜騎都尉、奉朝請。從明帝征錢鳳，封零陵伯。蘇峻作逆，王師戰敗，爲賊所害。追贈衛尉，謚曰忠。《晉書》卷七〇有傳。兩《唐志》著録《劉超集》二卷，《宋志》無載，亡佚。《全晉文》卷一二七有輯文。戴邈：字望之，廣陵（今江蘇揚州）人。少好學，尤精《史》、《漢》，儒博過人。弱冠舉秀才，尋遷太子洗馬，出補西陽内史。後爲丹楊尹、左將軍。王敦得志，被免官。敦被誅，拜尚書僕射。卒官，贈衛將軍，謚曰穆。《晉書》卷六九有傳。兩《唐志》著録《戴邈集》五卷，《宋志》無載，亡佚。《全晉文》卷一一六有輯文。荀崧（261—328）：字景猷，潁川臨潁（今河南臨潁）人。志操清純，雅好文學。泰始中，襲父爵爲安陵鄉侯。累遷侍中、中護軍。後以勳進爵舞陽縣公，又改封曲陵公。元帝即位，拜尚書僕射，與刁協共定中興禮儀。大寧初，以平王敦更封平樂伯。遷右光禄大夫、開府儀同三司，録尚書，領祕書監。咸和三年（328）卒，年六十八，贈侍中，謚曰敬。《晉書》卷七五有傳。兩《唐志》無載是集，亡佚。《全晉文》卷三一有輯文。

晉大將軍《温嶠集》十卷。梁録一卷。

温嶠（288—329）：字太真，太原祁（今山西祁縣）人。性聰敏，有識量，博學能屬文，美於談論。元帝鎮江左，除散騎侍郎。明帝即位，拜侍中，俄遷中書令。帝疾篤，與王導等同受顧命。上書言蘇峻逆狀，待賊滅，拜驃騎將軍、開府儀同三司，加散騎常侍，封始安郡公。後中風而卒，時年四十二。追贈侍中、大將軍、持節、都督、刺史，謚曰忠武。《晉書》卷六七有傳。《文心雕龍·才略》曰："庾元規之表奏靡密以閑暢，温太真之筆記循理而清通，亦筆端之良工也。"兩《唐志》著録《温嶠集》十卷，《宋志》無載，亡佚。《全晉文》卷八〇有輯文。

晉侍中《孔坦集》十七卷。梁五卷，録一卷。又有《臧冲集》一卷，晉鎮南大將軍《應詹集》五卷，亡。

孔坦（285—335）：字君平，會稽山陰（今浙江紹興）人。少方直，有雅望，通《左氏傳》，能屬文。元帝爲晉王，以爲世子文學。咸和初，遷尚書左丞。平蘇峻，封晉陵男，拜侍中。出爲廷尉，後加散騎常侍，遷尚書，未拜。疾篤，尋卒，時年五十一，追贈光禄勳，謚曰簡。《晉書》卷七八有傳。兩《唐志》著録《孔坦集》五卷，《宋志》無載，亡佚。《全晉文》卷一二六有輯文。臧冲：生平事迹不詳。兩《唐志》無載是集，亡佚。應詹：見本志史部“舊事類”應思遠。《晉書》卷七〇載，應詹弱冠知名，以學藝文章稱。《舊唐志》著録《應詹集》三卷，《新唐志》著録《應詹集》五卷，《宋志》無載，亡佚。《全晉文》卷三五有輯文。

晉太僕卿《王嶠集》八卷。梁有衛尉《荀闓集》一卷，鎮北將軍《劉隗集》二卷；大司馬《陶侃集》二卷，録一卷。亡。

王嶠（生卒年不詳）：字開山，太原晉陽（今山西太原）人。少有風尚。永嘉末，避亂渡江，王敦請爲參軍。王敦平後，累遷吏部郎、祕書監。後拜廬陵太守，尋卒官，謚曰穆。《晉書》卷七五有傳。《新唐志》著録《王嶠集》二卷，《宋志》無載，亡佚。荀闓（？—324）：字道明，潁川潁陰（河南許昌）人。有名聲，避亂渡江，歷任御史中丞、侍中、尚書，封射陽公。太寧二年（324）卒，追贈衛尉，謚曰定。《晉書》卷三九有傳。兩《唐志》無載是集，亡佚。劉隗（273—333）：字大連，彭城（今江蘇徐州）人。少有文翰，雅習文史，起家祕書郎。避亂渡江，元帝以爲從事中郎，委以刑憲，彈奏不畏强禦。太興初，長兼侍中，賜爵都鄉侯。又拜鎮北將軍、都督青徐幽平四州軍事、假節，加散騎常侍，鎮泗口。爲劉遐所襲，投奔石勒，勒以爲從事中郎、太子太傅。卒，時年六十一。《晉書》卷六九有傳。兩《唐志》著録《劉隗集》三卷，《宋志》無載，亡佚。《全晉文》卷一一五有輯文。陶侃（257—332）：字士行，本鄱陽（今江西鄱陽）人。吴平，徙家廬江之尋陽（今江西九江）。陶侃性聰敏，勤於吏職，恭而近禮，愛好人倫。成帝時，累官侍中、太尉，都督荆江雍梁交廣益寧八州諸軍事，荆江二州刺史，封長沙郡公。咸和七年（332）卒，時年七十六，追贈大司馬，謚曰桓。《晉書》卷六六有傳。兩《唐志》著録《陶侃集》二卷，《宋志》無載，亡佚。《全晉文》卷一一一有輯文。

晉丞相《王導集》十一卷。梁十卷，録一卷。

王導（276—339）：字茂弘，琅邪臨沂（今山東臨沂）人。少有風鑒，識量清遠。時元帝爲琅邪王，與王導素相親善。永嘉末，遷丹楊太守，加輔國將軍。晉國既建，累遷驃騎將軍，加散騎常侍、都督中外諸軍事，領中書監，録尚書事，拜丞相。咸康五年（339）卒，時年六十四，謚曰文獻。《晉書》卷六五有傳。兩《唐志》著録《王導集》十卷，《宋志》無載，亡佚。《全晉文》卷一九有輯文。

晉太尉《郗鑒集》十卷。録一卷。

郗鑒（269—339）：字道徽，高平金鄉（今山東金鄉）人。少博覽經籍，吟詠不倦，以儒雅著名，不應州命。元帝初鎮江左，承制假郗鑒龍驤將軍、兖州刺史。明帝初即位，王敦專制，表爲尚書令，遂與帝謀滅王敦。帝崩，受遺詔輔少主，進位車騎將軍、開府儀同三司，加散騎常侍，後封南昌縣公，又進位太尉。咸康五年（339）卒，時年七十一，贈太宰，謚曰文成。《晉書》卷六七有傳。兩《唐志》著録《郗鑒集》十卷，《宋志》無載，亡佚。《全晉文》卷一〇九有輯文。

晉太尉《庾亮集》二十一卷。梁二十卷，録一卷。又有《虞預集》十卷，録一卷；平越司馬《黄整集》十卷，録一卷。亡。

庾亮：見本志經部“禮類”。《晉書》卷七三載，庾亮善談論，性好老、莊。《文心雕龍·程器》曰：“庾元規才華清英，勳庸有聲，故文藝不稱，若非台岳，則正以文才也。”兩《唐志》著録《庾亮集》二十卷，《宋志》無載，亡佚。《全晉文》卷三六、卷三七有輯文。虞預：見本志史部“正史類”。《晉書》卷八二載，虞預少好學，有文章，所著詩賦、碑誄、論難數十篇。兩《唐志》著録《虞預集》十卷，《宋志》無載，亡佚。《全晉文》卷八二有輯文。黄整：生平事迹不詳。兩《唐志》著録《黄整集》十卷，《宋志》無載，亡佚。《全晉文》卷一三二有輯文。

晉護軍長史《庾堅集》十三卷。梁十卷，録一卷。

庾堅：生平事迹不詳。《晉書》卷七五載，范堅字子常，南陽順陽（今河南淅川）人。博學善屬文。討蘇峻，賜爵都亭侯。累遷尚書右丞，又遷護軍長史。另，兩《唐志》著録《范宣集》十卷，又著録《范宣集》五卷。姚振宗據以上兩點，認爲十卷本《范宣集》應爲《范堅集》，而本志所言“庾堅”乃“范堅”之誤。《宋志》無載，亡佚。《全晉文》卷一二四有范堅輯文。

晉司空《庾冰集》七卷。梁二十卷。録一卷。

庾冰（296—344）：字季堅，潁川鄢陵（今河南鄢陵）人。以雅素垂風，爲世論所重。歷中書監、揚州刺史，都督揚兖豫三州軍事、假節、征虜將軍。康帝即位，都督江荆寧益交廣梁七州之四郡軍事，領江州刺史、假節，鎮武昌。尋卒，時年四十九，贈侍中、司空，謚曰忠成。《晉書》卷七三有傳。兩《唐志》著録《庾冰集》二十卷，《宋志》無載，亡佚。《全晉文》卷三七有輯文。

晉給事中《庾闡集》九卷。梁十卷，録一卷。

庾闡（生卒年不詳）：字仲初，潁川鄢陵（今河南鄢陵）人。好學，九歲能屬文。累遷尚書郎。平蘇峻，以功賜爵吉陽縣男，拜彭城刺史。召爲散騎侍郎，領大著作。出補零陵太守。後徵拜給事中。作《揚州賦》，爲世所重。年五十五卒，謚曰貞。所著詩賦銘頌十卷，行於世。《晉書》卷九二有傳。兩《唐志》著録《庾闡集》十卷，《宋志》無載，亡佚。《全晉文》卷三八有輯文。

晉著作郎《王隱集》十卷。梁二十卷，録一卷。

王隱：見本志史部“正史類”。兩《唐志》著録《王隱集》十卷，《宋志》無載，亡佚。《全晉文》卷八六有輯文。

晉散騎常侍《干寶集》四卷。梁五卷。

干寶：見本志經部“易類”。《晉書》卷八二載，干寶少勤學，博覽群籍，有雜文集行於世。兩《唐志》著録《干寶集》四卷，《宋志》無載，亡佚。《全晉文》卷一二七有輯文。

晉太常卿《殷融集》十卷。梁有衛尉《張虞集》十卷；光禄大夫《諸葛恢集》五卷，録一卷。亡。

殷融（生卒年不詳）：字洪遠，陳郡長平（今河南西華）人。任太常、吏部尚書。見《晉書》卷八四、《世説新語・文學》注所引《中興書》。兩《唐志》著録《殷融集》十卷，《宋志》無載，亡佚。《全晉文》卷一二九有輯文。張虞：咸康中爲東陽太守，累遷爲衛尉卿。見《全晉文》卷一三一。兩《唐志》著録《張虞集》五卷，《宋志》無載，《全晉文》卷一三一有輯文。諸葛恢（284—345）：字道明，琅邪陽都（今山東沂南）人。弱冠知名，試守即丘長，轉臨沂令。避難渡江，討周馥有功，封博亭侯。明帝征王敦，以諸葛恢爲侍中，加奉車都尉，進封建安伯。累遷尚書右僕射、散騎常侍、金紫光禄大夫，尚書令。年六十二卒，贈左光禄大夫、儀同三司，謚曰敬。《晉書》卷七七有傳。兩《唐志》著録《諸葛恢集》五卷，《宋志》無載，亡佚。《全晉文》卷一一六有輯文。

晉車騎將軍《庾翼集》二十二卷。梁二十卷，録一卷。

庾翼：見本志經部“春秋類”。兩《唐志》著録《庾翼集》二十卷，《宋志》無載，亡佚。《全晉文》卷三七有輯文。

晉司空《何充集》四卷。梁五卷。又有御史中丞《郝默集》五卷，征西諮議《甄述集》十二卷，武昌太守《徐彦則集》十卷，亡。

何充（292—346）：字次道，廬江灊江（今安徽霍山）人。風韻優雅，文義見稱。少與王導善，早歷顯官。成帝時，遷給事黄門郎。蘇峻平，封都鄉侯，拜散騎常侍。建元初，出爲驃騎將軍，都督徐州揚州之晉陵諸軍事。輔佐幼主，爲宰相。永和二年（346）卒，時年五十五，贈司空，謚曰文穆。《晉書》卷七七有傳。兩《唐志》著録《何充集》五卷，《宋志》無載，亡佚。《全晉文》卷三二有輯文。郝默：生平事迹不詳。兩《唐志》著録《郝默集》五卷，《宋志》無載，亡佚。甄述：生平事迹不詳。兩《唐志》著録《甄述集》五卷，《宋志》無載，亡佚。徐彦則：生平事迹不詳。兩《唐志》無載是集，亡佚。《全晉文》卷一三二有輯文。

晉散騎常侍《王愆期集》七卷。梁十卷，録一卷。又有司徒左長史《王濛集》五卷；丹陽尹《劉惔集》二卷，録一卷；益州刺史《袁喬集》七卷。亡。

王愆（qiān）期：見本志經部“春秋類”。兩《唐志》著録《王愆期集》十卷，《宋志》無載，亡佚。《全晉文》卷一一五有輯文。王濛：見本志經部“論語類”。兩《唐志》著録《王濛集》五卷，《宋志》無載，亡佚。《全晉文》卷二九有輯文。劉惔（生卒年不詳）：惔（dàn），又作劉恢。見《世説新語・賞譽》。字真長，沛國相（今安徽濉溪）人。好《老》、《莊》，任自然趣。尚廬陵公主，累遷丹陽尹。年三十六卒官。《晉書》卷七五有傳。兩《唐志》著録《劉惔集》二卷，《宋志》無載，亡佚。《全晉文》卷一三一有輯文。袁喬：見本志經部“論語類”。《晉書》卷八三載，袁喬博學有文才，注《論語》及《詩》，並諸文筆皆行於世。兩《唐志》著録《袁喬集》五卷，《宋志》無載，亡佚。《全晉文》卷五六有輯文。

晉尚書令《顧和集》五卷。梁有録一卷。又有尚書僕射《劉遐集》五卷；徵士《江惇集》三卷，録一卷；魏興太守《荀述集》一卷；平南將軍《賀翹集》五卷；《李軌集》八卷。亡。

顧和（288—351）：字君孝，吴郡吴（今江蘇蘇州）人。初辟從事，遷太子舍人、車騎參軍、護軍長史，又爲吏部尚書。頻徙領軍將軍、太常卿、國子祭酒、尚書令。永和七年（351），以疾篤辭任，拜左光禄大夫、儀同三司。其年卒，年六十四，追贈侍中、司空，謚曰穆。《晉書》卷八三有傳。兩《唐志》著録《顧和集》五卷，《宋志》無載，亡佚。《全晉文》卷九五有輯文。劉遐（生卒年不詳）：永和初，爲吏部尚書。見《晉書》卷九三。兩《唐志》著録《劉遐集》五卷，《宋志》無載，亡佚。《全晉文》卷一三二有輯文。江惇：或作江淳，見本志經部"春秋類"。《舊唐志》著録《江淳集》五卷，《新唐志》著録《江惇集》五卷，《宋志》無載，亡佚。荀述：生平事迹不詳。兩《唐志》無載是集，亡佚。賀翹：生平事迹不詳。兩《唐志》無載是集，亡佚。李軌：見本志經部"易類"。兩《唐志》無載是集，亡佚。

晉《李充集》二十二卷。梁十五卷，録一卷。

李充：見本志經部"論語類"。《晉書》卷九二載，李充著有詩、賦、表、頌等雜文二百四十首，行於世。兩《唐志》著録《李充集》十四卷，《宋志》無載，亡佚。《全晉文》卷五三有輯文。

晉司徒《蔡謨集》十七卷。梁四十三卷。

蔡謨：見本志經部"禮類"。《晉書》卷七七載，蔡謨文筆論議，有集行於世。兩《唐志》著録《蔡謨集》十卷，《宋志》無載，亡佚。《全晉文》卷一一四有輯文。

晉揚州刺史《殷浩集》四卷。梁五卷，録一卷。又有吴興孝廉《鈕滔集》五卷，録一卷；宣城内史《劉系之集》五卷，録一卷。亡。

殷浩（？—356）：字深源，陳郡長平（今河南西華東北）人。殷浩識度清遠，弱冠有美名，尤善玄言，好《老》、《易》。初爲記室參軍，累遷司徒左長史。建元初，徵爲建武將軍、揚州刺史，遂參綜朝權。出爲中軍將軍、假節、都督揚豫徐兖青五州軍事。因敗於反臣姚襄，被廢爲庶人。永和十二年（356）卒。《晉書》卷七七有傳。兩《唐志》著録《殷浩集》五卷，《宋志》無載，亡佚。《全晉文》卷一二九有輯文。鈕滔：生平事迹不詳。兩《唐志》著録《鈕滔集》五卷，《宋志》無載，亡佚。劉系之：生平事迹不詳。兩《唐志》著録《劉系之集》五卷，《宋志》無載，亡佚。

《庾赤玉集》四卷。

晉尋陽太守《庾統集》八卷。梁有驃騎司馬《王修集》二卷，録一卷；衛將軍《謝尚集》十卷，《録》一卷；青州刺史《王浹集》二卷。亡。

赤玉：即庾統（生卒年不詳），赤玉乃其小字。字長仁，潁川（今河南許昌周邊）人。少有令名，司空、太尉辟，皆不就。出爲建威將軍、寧夷護軍、尋陽太守。年二十九卒，時人稱其才器，痛惜之。見《晉書》卷七三、《世説新語·賞譽》注引《中興書》。兩《唐志》著録《庾統集》二卷，此當《庾赤玉集》之别本。《宋志》無載，亡佚。《全晉文》卷一二二有輯文。王修（334—357）：字敬仁，小字苟子，太原晉陽（今山西太原）人。明秀有美稱，善隸書，號曰“流奕清舉”。起家著作郎，轉中軍司馬，未拜而卒，年二十四。《晉書》卷九三有傳。兩《唐志》著録《王修集》二卷，《宋志》無載，亡佚。《全晉文》卷二九有輯文。謝尚（308—357）：字仁祖，陳國陽夏（今河南太康）人。辨悟絶倫，脱略細行，不爲流俗事。辟爲掾，襲父爵咸亨侯。永和中，拜尚書僕射，累遷鎮西將軍，鎮壽陽。昇平初，又進都督豫冀幽并四州。病篤，徵拜衛將軍，加散騎常侍，未至，卒於歷陽，時年五十，謚曰簡。《晉書》卷七九有傳。兩《唐志》著録《謝尚集》五卷，《宋志》無載，亡佚。《全晉文》卷八三有輯文。王浹：生平事迹不詳。兩《唐志》著録《王浹集》二卷，《宋志》無載，亡佚。

晉西中郎將《王胡之集》十卷。梁五卷，録一卷。

王胡之（？—348）：字修齡，琅邪臨沂（今山東臨沂）人。弱冠有美譽。歷郡守、侍中、丹楊尹。好談諧，善屬文辭，爲當世所重。見《晉書》卷七三、《世説新語·品藻》注引《王胡之别傳》。兩《唐志》著録《王胡之集》五卷，《宋志》無載，亡佚。《全晉文》卷二〇有輯文。

晉中書令《王洽集》五卷。録一卷。梁有宜春令《范保集》七卷；徵士《范宣集》十卷，録一卷；建安太守《丁纂集》四卷，録一卷。亡。

王洽（323—358）：字敬和，琅邪臨沂（今山東臨沂）人。有美稱，弱冠，歷散騎中書郎、中軍長史，徵拜領軍，尋加中書令，苦讓，遂不受。昇平二年（358），卒於官，年三十六。《晉書》卷六五有傳。兩《唐志》著録《王洽集》三卷，《宋志》無載，亡佚。《全晉文》卷一九有輯文。范保：生平事迹不詳。兩《唐志》無載，亡佚。范宣：見本志經部“易類”。《晉書》卷九一載，范宣博綜衆書，尤善“三禮”，著《禮論難》、《易論難》，皆行於世。兩《唐志》著録《范宣集》五卷，《宋志》無載，亡佚。《全晉文》卷一三〇有輯文。丁纂：生平事迹不詳。兩《唐志》著録《丁纂集》二卷,《宋志》無載，亡佚。

晉金紫光禄大夫《王羲之集》九卷。梁十卷，録一卷。

王羲之（303—361）：字逸少，琅邪臨沂（今山東臨沂）人。尤善隸書，論者稱其筆勢，以爲飄若浮雲，矯若驚龍。起家祕書郎，累遷長史。頻召爲侍中、吏部尚書，皆不就。後以爲右軍將軍、會稽内史。永和九年（353）作《蘭亭序》以申其志。十一年（355）去官，盡山水之游。年五十九卒，贈金紫光禄大夫，諸子遵父旨，不受。《晉書》卷八〇有傳。兩《唐志》著録《王羲之集》五卷,《宋志》無載，亡佚。現有《漢魏六朝百三名家集》本《王右軍集》二卷,《全晉文》卷二二至卷二六有輯文。

晉散騎常侍《謝萬集》十六卷。梁十卷。

謝萬：見本志經部“易類”。《晉書》卷七九載，謝萬才器雋秀，工言論，善屬文。兩《唐志》著録《謝萬集》十卷,《宋志》無載，亡佚,《全晉文》卷八三有輯文。

晉司徒長史《張憑集》五卷。梁有録一卷。梁有高凉太守《楊方集》二卷，亡。

張憑：見本志經部“論語類”。兩《唐志》著録《張憑集》五卷,《宋志》無載，亡佚。《全晉文》卷一三二有輯文。楊方：見本志經部“論語類”。《晉書》卷六八載，楊方少好學，有異才。著《五經鉤沉》，撰《吴越春秋》並雜文筆，皆行於世。兩《唐志》著録《楊方集》二卷,《宋志》無載，亡佚。《全晉文》卷一二八有輯文。

晉徵士《許詢集》三卷。梁八卷，録一卷。

許詢（生卒年不詳）：字玄度，高陽（今河北高陽）人。幼時秀慧，衆稱神童，長而風清簡素。其五言詩，可謂妙絶時人。司徒掾辟，不就，早卒。見《世説新語·言語》注引《續晉陽秋》、《世説新語·文學》。兩《唐志》著録《許詢集》三卷，《宋志》無載，亡佚。《全晉文》卷一三五有輯文。

晉征西將軍《張望集》十卷。梁十二卷，録一卷。

張望：生平事迹不詳。兩《唐志》著録《張望集》三卷，《宋志》無載，亡佚。《全晉文》卷一三五有輯文。

晉餘姚令《孫統集》二卷。梁九卷，録一卷。又有晉陵令《戴元集》三卷，録一卷，亡。

孫統（生卒年不詳）：字承公，太原中都（今山西平遥）人。誕任不羈，善屬文。性好山水，乃求爲鄞令，轉在吴寧。後爲餘姚令，卒。《晉書》卷五六有傳。兩《唐志》著録《孫統集》五卷，《宋志》無載，亡佚。《全晉文》卷六〇有輯文。戴元：生平事迹不詳。兩《唐志》無載是集，亡佚。

晉衛尉卿《孫綽集》十五卷。梁二十五卷。

孫綽：見本志經部“論語類”。《晉書》卷五六載，孫綽博學善屬文。《文心雕龍·誄碑》曰：“及孫綽爲文，志在碑誄。”兩《唐志》著録《孫綽集》十五卷，《宋志》無載，亡佚。《全晉文》卷六一、卷六二有輯文。

晉太常《江逌集》九卷。梁有《謝沈集》十卷，亡。

江逌（生卒年不詳）：逌（yōu），字道載，陳留圉（今河南杞縣南）人。初爲蔡謨參軍，求試守，爲太末令，遷吴令。昇平中，遷吏部郎，長兼侍中，後遷太常。著《阮籍序贊》、《逸士箴》及詩賦、奏議數十篇，行於世。病卒，年五十八。《晉書》卷八三有傳。兩《唐志》著録《江逌集》五卷,《宋志》無載，亡佚。《全晉文》卷一〇七有輯文。謝沈：見本志經部“書類”。《晉書》卷八二載，謝沈博學多識，明練經史，所著述及詩賦文論皆行於世。兩《唐志》著録《謝沈集》五卷,《宋志》無載，亡佚。《全晉文》卷一三一有輯文。

晉《李顒集》十卷。録一卷。

李顒（yóng）：見本志經部“易類”。《晉書》卷九二載，李顒有文義，多所述作。兩《唐志》著録《李顒集》十卷,《宋志》無載，亡佚。《全晉文》卷五三有輯文。

晉光禄勳《曹毗集》十卷。梁十五卷，録一卷。又有郡主簿《王篋集》五卷，亡。

曹毗（pí）：見本志經部“論語類”。《晉書》卷九二載，曹毗少好文籍，善屬詞賦，凡所著文筆十五卷，傳於世。兩《唐志》著録《曹毗集》十五卷,《宋志》無載，亡佚。《全晉文》卷一〇七有輯文。王篋：生平事迹不詳。兩《唐志》著録《王篋集》五卷,《宋志》無載，亡佚。

晉沙門《支遁集》八卷。梁十三卷。又有《劉彧集》十六卷，亡。

支遁（314—366）：字道林，本姓關氏，陳留（今河南開封）人。幼有神理，聰明秀徹。隱居餘杭山，二十五歲出家。其所著文翰集有十卷盛行於世。見《高僧傳》卷四。兩《唐志》著録沙門《支遁集》十卷,《宋志》無載，亡佚。《全晉文》卷一五七有輯文。劉彧：見本志史部“雜傳類”。兩《唐志》無載是集，亡佚。

張重華酒泉太守《謝艾集》七卷。梁八卷。又有撫軍長史

《蔡系集》二卷；護軍將軍《江虨集》五卷，録一卷。亡。

謝艾（？—353）：敦煌（今甘肅敦煌）人。仕張重華，爲持節、軍師將軍，太府左長史，封福禄縣伯。見《晉書》卷八六。兩《唐志》著録《謝艾集》八卷，《宋志》無載，亡佚。《全晉文》卷一五四有輯文。蔡系：見本志經部“論語類”。兩《唐志》著録《蔡系集》二卷，《宋志》無載，亡佚。江虨（？—？368）：虨（bìn），字思玄，陳留圉（今河南杞縣南）人。本州辟舉秀才。永和中，出補會稽内史，加右軍將軍。代王彪之爲尚書僕射，後轉護軍將軍，領國子祭酒，卒官。《晉書》卷五六有傳。《舊唐志》著録《江虨集》五卷，《新唐志》著録《江霦集》五卷，《宋志》無載，亡佚。《全晉文》卷一〇六有輯文。

晉《范汪集》一卷。梁十卷。

范汪：見本志經部“禮類”。兩《唐志》著録《范汪集》八卷，《宋志》無載，亡佚。《全晉文》卷一二四有輯文。

晉尚書僕射《王述集》八卷。梁又有《王度集》五卷，録一卷；中領軍《庾龢集》二卷，録一卷；將作大匠《喻希集》一卷；吴興太守《孔嚴集》十一卷，録一卷。亡。

王述（303—368）：字懷祖，太原晉陽（今山西太原）人。襲父爵藍田縣侯，出補臨海太守，遷建威將軍、會稽内史。後遷散騎常侍、尚書令。太和三年（368）病卒，時年六十六，追贈侍中、驃騎將軍、開府，謚曰簡。《晉書》卷七五有傳。兩《唐志》著録《王述集》五卷，《宋志》無載，亡佚。《全晉文》卷二九有輯文。王度：見本志史部“霸史類”。兩《唐志》著録《王度集》五卷，《宋志》無載，亡佚。《全晉文》卷一四八有輯文。庾龢：字道季，潁川鄢陵（今河南境内）人。好學，有文章。昇平初，爲丹楊尹。太和初，爲中領軍，卒官。《晉書》卷七三有傳。

兩《唐志》著録《庾龢集》二卷，《宋志》無載，亡佚。《全晉文》卷三七有輯文。喻希：字益期，豫章（今江西南昌）人。昇平末，爲治書侍御史，累遷至將作大匠。見《全晉文》卷一三三。兩《唐志》無載，亡佚。《全晉文》卷一三三有輯文。孔嚴（？—370）：字彭祖，會稽山陰（今浙江紹興）人。少仕州郡，歷司徒掾，尚書殿中郎。太和中，拜吴興太守，善政，甚得民和。以疾去職，卒於家。《晉書》卷七八有傳。兩《唐志》著録《孔嚴集》五卷，《宋志》無載，亡佚。《全晉文》卷一二六有輯文。

晉大司馬《桓温集》十一卷。梁有四十三卷。又有《桓温要集》二十卷，録一卷；豫章太守《車灌集》五卷，録一卷。亡。

桓温（312—373）：字元子，譙國龍亢（今安徽懷遠西北）人。尚南康長公主，拜駙馬都尉。明帝時，爲安西將軍伐蜀，凱旋進位征西大將軍、開府，封臨賀郡公。隆和中，加侍中、大司馬，都督中外軍事、假黄鉞。桓温負其才力，久懷異志，欲先立功河朔，還受九錫。然征燕敗北，名實頓損。於是廢帝而立簡文帝。寧康元年（373），病卒，時年六十二，追贈丞相。《晉書》卷九八有傳。兩《唐志》著録《桓温集》二十卷，《宋志》無載，亡佚。《全晉文》卷一一八有輯文。兩《唐志》無載《桓温要集》，亡佚。車灌：見本志史部“舊事類”。兩《唐志》著録《車灌集》五卷，《宋志》無載，亡佚。

晉尚書僕射《王坦之集》七卷。梁五卷，録一卷，亡。

王坦之（330—375）：字文度，太原晉陽（今山西太原）人。弱冠即有重名，累遷參軍、從事中郎。又爲司馬，加散騎常侍，後拜侍中，襲父爵。桓温卒，與謝安輔幼主，遷中書令，領丹楊尹。不久，授都督徐兖青三州諸軍事、北中郎將，徐兖二州刺史，鎮廣陵。年四十六卒，追贈安北將軍，謚曰獻。《晉書》卷七五有傳。兩《唐志》著録《王坦之集》五卷,《宋志》無載，亡佚。《全晉文》卷二九有輯文。

晉左光禄《王彪之集》二十卷。梁有録一卷。

王彪之（305—377）：字叔武，琅邪臨沂（今山東内）人。初除佐著作郎，東海王文學，累遷尚書左丞、司徒左長史、侍中、廷尉，又轉吏部尚書，徙太常，領崇德衛尉，轉尚書僕射。簡文帝崩，遷尚書令，與謝安共掌朝政，加光禄大夫、儀同三司，未拜。太元二年（377）卒，年七十三，贈光禄，謚曰簡。《晉書》卷七六有傳。兩《唐志》著録《王彪之集》二十卷,《宋志》無載，亡佚。《全晉文》卷二一有輯文。

晉中書郎《郗超集》九卷。梁十卷。又有南中郎《桓嗣集》五卷；平固令《邵毅集》五卷，録一卷；太學博士《滕輔集》五卷，録一卷。亡。

郗（或作郤，皆讀 xì 音）超（336—378）：字景興，一字嘉賓，高平金鄉（今山東金鄉）人。少卓犖不羈，善談論，義理精微。桓温辟爲征西大將軍掾，又轉爲參軍。桓温欲立霸王之基，郗超爲之謀，遷中書郎，以爲臨海太守，加宣威將軍，不拜。年四十二卒。《晉書》卷六七有傳。兩《唐志》著録《郗超集》十五卷,《宋志》無載，亡佚。《全晉文》卷一一〇有輯文。桓嗣（生卒年不詳）：字恭祖，譙國龍亢（今安徽懷遠西北）人。少有清譽。詔以桓嗣督荆州之三郡豫州之四郡軍事、建威將軍、江州刺史，轉西陽、襄城二郡太守，鎮夏口。後領江夏相，卒官，追贈南中郎將，謚曰靖。《晉書》卷七四有傳。兩《唐志》著録《桓嗣集》五卷,《宋志》無載，亡佚。邵毅：生平事迹不詳。兩《唐志》著録《邵毅集》五卷,《宋志》無載，亡佚。滕輔：生平事迹不詳。兩《唐志》著録《滕輔集》五卷,《宋志》無載，亡佚。

晋苻堅丞相《王猛集》九卷。録一卷。梁有《顧夷集》五卷，散騎常侍《鄭襲集》四卷，撫軍掾《劉暢集》一卷，亡。

王猛（325—375）：字景略，北海劇（今山東壽光東南）人。博學好兵書，氣度雄遠。苻堅聞其名，遣人招之。苻堅僭位，以王猛爲中書侍郎，遷尚書左丞、京兆尹，不久除吏部尚書、太子詹事，又遷尚書令、太子太傅，加散騎常侍，以功進封清河郡侯。俄入爲丞相、中書監，都督中外諸軍事。王猛執政，兵强國富，垂及昇平。年五十一卒，贈侍中，丞相餘如故，謚曰武侯。《晉書》卷一一四有傳。兩《唐志》無載是集，亡佚。《全晉文》卷一五二有輯文。顧夷：見本志經部“易類”。兩《唐志》著録《顧夷集》五卷，《宋志》無載，亡佚。鄭襲：初爲江乘令，後官大司農。見《宋書》卷六四。兩《唐志》無載，亡佚。《全晉文》卷一三五有輯文。劉暢：南陽（今河南境内）人，王羲之的女婿。見《世説新語·品藻》注引劉瑾《集叙》。兩《唐志》無載，亡佚。

晋太常卿《韓康伯集》十六卷。梁有黄門郎《范啓集》四卷；豫章太守《王恪集》十卷；零陵太守《陶混集》七卷；海鹽令《祖撫集》三卷；吴興太守《殷康集》五卷，録一卷。亡。

韓康伯：見本志經部“易類”。兩《唐志》著録《韓康伯集》五卷，《宋志》無載，亡佚。《全晉文》卷一三二有韓伯輯文。范啓（生卒年不詳）：字榮期，南陽順陽（今河南淅川東）人。以才義顯於當世，累居顯職，終於黄門侍郎。有文筆傳於世。見《晉書》卷七五。兩《唐志》著録《范起集》五卷，《宋志》無載，亡佚。王恪：生平事迹不詳。兩《唐志》無載，亡佚。陶混：生平事迹不詳。兩《唐志》無載，亡佚。祖撫：生平事迹不詳。兩《唐志》無載，亡佚。殷康（生卒年不詳）：陳郡長平（今河南西華）人，官拜吴興太守。見《晉書》卷八三。兩《唐志》著録《殷康集》五卷，《宋志》無載，亡佚。《全晉文》卷一二九有輯文。

晉太傅《謝安集》十卷。梁十卷，録一卷。又有中軍參軍《孫嗣集》三卷，録一卷；司徒左長史《劉袞集》三卷。亡。

謝安（320—385）：字安石，陳國陽夏（今河南太康）人。少有重名，寓居會稽，無處世意。因謝萬被廢，方有仕意。先後爲尚書僕射，領吏部，加後將軍。苻堅强盛，多次犯邊，率謝石、謝玄等應機征討，所到克捷。拜衛將軍、開府儀同三司，封建昌縣公。又因總統功，進拜太保。六十六卒，贈太傅，謚曰文靖。又因平苻堅勳，更封廬陵郡公。《晉書》卷七九有傳。兩《唐志》著録《謝安集》五卷，《宋志》無載，亡佚。《全晉文》卷八三有輯文。孫嗣（生卒年不詳）：太原中都（今山西平遥）人。有父孫綽之風，文章相亞，官至中軍參軍，早卒。見《晉書》卷五六。兩《唐志》著録《孫嗣集》三卷，《宋志》無載，亡佚。劉袞：生平事迹不詳。兩《唐志》無載，亡佚。

晉御史中丞《孔欣時集》八卷。梁七卷。

孔欣時：生平事迹不詳。兩《唐志》無載，亡佚。

晉《伏滔集》十一卷。并目録。梁五卷，録一卷。

伏滔（317？—396）：字玄度，平昌安丘（今山東安丘）人。有才學，少知名。爲參軍從桓温伐袁真。壽陽平，以功封聞喜縣侯，除永世令。太元中，拜著作郎，專掌國史。後遷游擊將軍，著作如故，卒官。《晉書》卷九二有傳。兩《唐志》著録《伏滔集》五卷，《宋志》無載，亡佚。《全晉文》卷一三三有輯文。

晉滎陽太守《習鑿齒集》五卷。

習鑿齒：見本志史部“古史類”。《晉書》卷八二載，習鑿齒博學洽聞，以文筆著稱。兩《唐志》著録《習鑿齒集》五卷，《宋志》無載，亡佚。《全晉文》卷一三四有輯文。

晉祕書監《孫盛集》五卷。殘缺。梁十卷，録一卷。

孫盛：見本志史部“古史類”。《晉書》卷八二載，孫盛博學，善言名理。自少至老，手不釋卷。著《魏氏春秋》、《晉陽秋》，又造詩、賦、論、難數十篇。兩《唐志》著録《孫盛集》十卷，《宋志》無載，亡佚。《全晉文》卷六三、卷六四有輯文。

晉東陽太守《袁宏集》十五卷。梁二十卷，録一卷。又有晉黄門郎《顧淳集》一卷；尋陽太守《熊鳴鵠集》十卷；車騎司馬《謝韶集》三卷；金紫光禄大夫《王獻之集》十卷，録一卷；琅邪内史《袁質集》二卷，録一卷；太宰從事中郎《袁邵集》五卷，録一卷；車騎長史《謝朗集》六卷，録一卷；車騎將軍《謝顔集》十卷，録一卷。亡。

袁宏：字彦伯，見本志經部“孝經類”。《晉書》卷九二載，袁宏有逸才，文章絶美，曾爲詠史詩，是其風情所寄。撰《後漢紀》三十卷，及《竹林名士傳》、詩、賦、誄、表、雜文凡三百首，傳於世。兩《唐志》著録《袁宏集》二十卷，《宋志》無載，亡佚。《全晉文》卷五七有輯文。顧淳（生卒年不詳）：吴郡吴（今江蘇蘇州）人。歷尚書吏部郎、給事黄門侍郎、左衛將軍。見《晉書》卷八三。兩《唐志》無載是集，亡佚。熊鳴鵠（生卒年不詳）：豫章南昌（今江西境内）人，官至武昌太守。見《晉書》卷七一。兩《唐志》無載是集，亡佚。謝韶（344—379）：字穆度，陳國陽夏（今河南太康）人。少有名，官至車騎司馬。兩《唐志》無載，亡佚。王獻之（344—386）：字子敬，琅邪臨沂（今山東臨沂）人。王羲之子，少有盛名，風流爲一時之冠，工草隸，善丹青。起家州主簿、祕書郎，轉丞。又任建威將軍、吴興太守，徵拜中書令，卒官。安僖皇后立，追贈侍中、特進、光禄大夫、太宰，謚曰簡。《晉書》卷八〇有傳。兩《唐志》無載是集，亡佚。現有《漢魏六朝百三名家集》本《晉王大令集》一卷，《全晉文》

卷二七有輯文。袁質：字道和，陳國陽夏（今河南太康）人。以孝行稱，官歷琅邪内史、東陽太守。見《晉書》卷八三。兩《唐志》著録《袁質集》二卷，《宋志》無載，亡佚。袁邵：生平事迹不詳。兩《唐志》著録《袁邵集》三卷，《宋志》無載，亡佚。謝朗（338—361）：字長度，陳國陽夏（今河南太康）人。善言玄理，文義艷發。官至東陽太守。見《晉書》卷七九。兩《唐志》著録《謝朗集》五卷，《宋志》無載，亡佚。謝頠（wěi）：生平事迹不詳。姚振宗據《晉書》無載謝頠，兩《唐志》無載《謝頠集》，以及《謝朗集》後列《謝玄集》，以爲"謝頠"乃"謝玄"之誤。謝玄（343—388），字幼度，陳郡陽夏（今河南太康）人。少穎悟，與從兄謝朗爲叔父謝安所器重。及長，有經國才略，卻屢辟不起。苻堅强盛，數犯邊境，謝玄方應舉，以功封東興縣侯。與謝琰、桓伊等在淝水以八千精鋭打敗苻堅百萬兵衆。以勳封康樂縣公，轉授散騎常侍、左將軍、會稽内史。十三年，卒官，時年四十六。追贈車騎將軍、開府儀同三司，謚曰獻武。《晉書》卷七九有傳。兩《唐志》著録《謝玄集》十卷，《宋志》無載，亡佚。《全晉文》卷八三有輯文。

晉新安太守《郗愔集》四卷。殘缺。梁五卷。又有吴郡功曹《陸法之集》十九卷，亡。

郗愔（313—384）：字方回，高平金鄉（今山東金鄉）人。襲爵，徵拜中書侍郎，遷黄門侍郎，轉臨海太守。又爲冠軍將軍、會稽内史。簡文帝即位，加鎮軍，都督浙江東五郡軍事。太元九年（384）卒，時年七十二。追贈侍中、司空，謚曰文穆。《晉書》卷六七有傳。兩《唐志》著録《郭（疑"郗"之誤）愔集》五卷，《宋志》無載，亡佚。《全晉文》卷一〇九有輯文。陸法之：生平事迹不詳。兩《唐志》無載是集，亡佚。

晉太常卿《王珉集》十卷。梁録一卷。

王珉（351—388）：字季琰，琅邪臨沂（今山東臨沂）人。少有才藝，善行書。歷任著作、散騎郎、國子博士、黄門侍郎、侍中，代王獻之爲長兼中書令。太元十三年（388）卒，時年三十八，追贈太常。《晉書》卷六五有傳。兩《唐志》無載是集，亡佚。《全晉文》卷二〇有輯文。

晉中散大夫《羅含集》三卷。梁有太宰長史《庾蒨集》二卷，大司馬參軍《庾悠之集》三卷，司徒右長史《庾凱集》二卷，亡。

羅含（292—372）：字君章，桂陽耒陽（今湖南耒陽）人。桓温愛其才，表轉征西户曹參軍，累遷散騎常侍、侍中，又轉廷尉、長沙相。致仕，加中散大夫。年八十一卒，所著文章傳於世。《晉書》卷九二有傳。兩《唐志》著録《羅含集》三卷，《宋志》無載，亡佚。《全晉文》卷一三一有輯文。庾蒨（疑“蒨”爲“倩”之誤）（？—372）：字少彦，潁川鄢陵（今河南鄢陵）人。庾冰之子，最有才器，桓温深忌之，官拜太宰長史。及海西公廢，桓温陷其以武陵王黨而殺之。見《晉書》卷七三、《世説新語・賞譽》注引徐廣《晉紀》。兩《唐志》著録《庾蒨集》二卷，《宋志》無載，亡佚。庾悠之：《晉書》卷七三載，庾希知其弟庾倩、庾柔被桓温所殺，遂與弟庾邈及子攸之逃入海陵陂澤中，後被擒斬於建康市。疑“悠之”爲“攸之”之誤。兩《唐志》無載是集，亡佚。庾凱：《晉書》無載“庾凱”，疑爲“庾敳”之誤。庾敳（262—311），敳（ái），字子嵩，潁川鄢陵（今河南鄢陵）人。雅有遠韻，見王室多難，乃著《意賦》，猶賈誼之《服鳥》。官歷吏部郎、軍諮祭酒。石勒亂，被害，年五十。見《晉書》卷五〇。《文心雕龍・雜文》曰：“庾敳《客咨》，意榮而文悴。”兩《唐志》無載，亡佚。《全晉文》卷三六有庾敳輯文。

晉國子博士《孫放集》一卷。殘缺。梁十卷。

孫放（生卒年不詳）：字齊莊，太原中都（今山西平遥）人。幼稱令慧，官至長沙相。見《晉書》卷八二。兩《唐志》著録《孫放集》十五卷，《宋志》無載，亡佚。《全晉文》卷六四有輯文。

晉聘士《殷叔獻集》四卷。并《目録》。梁三卷，録一卷。

殷叔獻（生卒年不詳）：陳郡（今河南境内）人。見《晉書》卷八三。兩《唐志》著録《殷叔獻集》三卷，《宋志》無載，亡佚。

晉湘東太守《庾肅之集》十卷。録一卷。梁有晉北中郎參軍《蘇彦集》十卷；太子左率《王肅之集》三卷，《録》一卷；黄門郎《王徽之集》八卷；徵士《謝敷集》五卷，《録》一卷；太常卿《孔汪集》十卷；《陳統集》七卷；太常《王愷集》十五卷；右將軍《王忱集》五卷，《録》一卷；太常《殷允集》十卷。亡。

庾肅之（生卒年不詳）：潁川鄢陵（今河南鄢陵）人。以有文藻著稱，歷給事中、相府記室、湘東太守。太元中卒。見《晉書》卷九二。兩《唐志》著録《庾肅之集》十卷，《宋志》無載，亡佚。《全晉文》卷三八有輯文。蘇彦：見本志子部“道家類”。兩《唐志》著録《蘇彦集》十卷，《宋志》無載，亡佚。《全晉文》卷一三八有輯文。王肅之（生卒年不詳）：字幼恭，琅邪臨沂（今山東臨沂）人。歷中書郎、驃騎諮議。見《世説新語·排調》注引《王氏譜》。兩《唐志》無載是集，亡佚。王徽之（338—386）：字子猷，琅邪臨沂（今山東臨沂）人。性卓犖不羈，爲桓温參軍，不綜府事。後爲黄門侍郎，棄官東歸。背疾潰裂，月餘卒。見《晉書》卷八〇。兩《唐志》無載是集，亡佚。《全晉文》卷二七有輯文。謝敷（313—362）：字慶緒，會稽（今浙江紹興）人。性澄靖寡欲，入太平山十餘年，終生不仕。《晉書》卷九四有傳。兩《唐志》無載，亡佚。《全晉文》卷一三八有輯文。孔汪：

見本志子部“醫家類”所列《孔中郎雜藥方》。兩《唐志》無載是集，亡佚。《全晉文》卷一二六有輯文。陳統：見本志經部“詩類”。兩《唐志》無載，亡佚。王愷（生卒年不詳）：字茂仁，太原晉陽（今山西太原）人。襲父爵。太元末，爲侍中，領右衛將軍，徵爲丹楊尹，領兵守石頭。病卒，追贈太常。見《晉書》卷七五。兩《唐志》無載，亡佚。王忱：字元達，太原晉陽（今山西太原）人。少知名。太元中，出爲荆州刺史，都督荆益寧三州軍事，又爲建武將軍、假節。桓温常以才雄駕物，王忱每裁抑之。卒官，追贈右將軍，謚曰穆。《晉書》卷七五有傳。兩《唐志》無載是集，亡佚。《全晉文》卷二九有輯文。殷允（生卒年不詳）：字子思，陳郡長平（今河南境内）人。恭素謙退，有儒者風。歷吏部尚書。見《世説新語·賞譽》注引《中興書》。兩《唐志》著録《殷允集》十卷，《宋志》無載，亡佚。《全晉文》卷一二九有輯文。

晉徵士《戴逵集》九卷。殘缺。梁十卷，録一卷。又有晉光禄大夫《孫廞集》十卷，尚書左丞《徐禪集》六卷，亡。

戴逵：見本志經部“論語類”。《晉書》卷九四載，戴逵少博學，好談論，善屬文。兩《唐志》著録《戴逵集》十卷，《宋志》無載，亡佚。《全晉文》卷一三七有輯文。孫廞（生卒年不詳）：廞（xīn），姚振宗據《晉書》無載孫廞，而《晉書》卷七八載孔廞，會稽山陰（今浙江紹興）人，官至吴興太守、廷尉。《宋書》卷五六載，孔琳之父孔廞，光禄大夫。疑“孫廞”爲“孔廞”之誤。兩《唐志》無載是集，亡佚。徐禪：咸康中爲博士。永和初轉尚書郎，累遷左丞。見《全晉文》卷一三一。兩《唐志》無載是集，亡佚。《全晉文》卷一三一有輯文。

晉太子前率《徐邈集》九卷。并目録。梁二十卷，録一卷。

徐邈：見本志經部“易類”。《晉書》卷九一載，徐邈勤行勵學，博涉多聞。所注《穀梁傳》，見重於時。兩《唐志》著録《徐邈集》八卷，《宋志》無載，亡佚。《全晉文》卷一三六有輯文。

晉給事中《徐乾集》二十一卷。并目録。梁二十卷，録一卷。又有晉冠軍將軍《張玄之集》五卷，録一卷；員外常侍《荀世之集》八卷；《袁山松集》十卷；黄門郎《魏逷之集》五卷；驃騎參軍《卞湛集》五卷；金紫光禄大夫《褚爽集》十六卷，録一卷。亡。

徐乾：見本志經部“春秋類”。兩《唐志》無載，亡佚。《全晉文》卷一三八有輯文。張玄之：又作張玄，字祖希。少以學顯，歷吏部尚書，出爲冠軍將軍、吴興太守。名亞謝玄，時稱南北二玄。見《晉書》卷七九、《世説新語・言語》注引《續晉陽春秋》。兩《唐志》無載是集，亡佚。荀世之：生平事迹不詳。兩《唐志》無載，亡佚。袁山松：見本志史部“正史類”。《晉書》卷八三載，袁山松少有才名，博學有文章。兩《唐志》無載是集，亡佚。《全晉文》卷五六有輯文。魏逷（dàng）之（生卒年不詳）：會稽上虞（今浙江紹興）人，任黄門郎。見《世説新語・賞譽》注引《魏氏譜》。兩《唐志》無載，亡佚。卞湛：生平事迹不詳。兩《唐志》著録《卞湛集》五卷，《宋志》無載，亡佚。褚爽（生卒年不詳）：字弘茂，河南陽翟（今河南禹州）人。少有令稱，謝安甚重之，以爲義興太守。早卒，後追贈光禄大夫。兩《唐志》無載是集，亡佚。《全晉文》卷六七有輯文。

晉豫章太守《范寧集》十六卷。梁有晉餘杭令《范弘之集》六卷，亡。

范寧：疑即范甯，見本志經部“書類”。《晉書》卷七五載，范寧少篤學，多所通覽。兩《唐志》著録《范寧集》十五卷，《宋志》無載，亡佚。《全晉文》卷一二五有范寧輯文。范弘之：字長文，南陽順陽（今河南淅川東）人。襲爵武興侯。雅正好學，以儒術該明，爲太學博士。出爲餘杭令，卒官，年四十七。《晉書》卷九一有傳。兩《唐志》無載，亡佚。《全晉文》卷一二五有輯文。

晉司徒《王珣集》十一卷。并目録。梁十卷，録一卷，亡。

王珣（349—400）：字元琳，琅邪臨沂（今山東臨沂）人。初爲桓温掾，轉主簿。從討袁真，封東亭侯，轉中軍長史、給事黄門郎。孝武帝時，徵爲尚書右僕射，令吏部，加征虜將軍。隆安初，遷尚書令。後因疾解職，歲餘卒，時年五十二。追贈車騎將軍、開府，謚曰獻穆。桓玄輔政，改贈司徒。《晉書》卷六五有傳。《世説新語·文學》注引《續晉陽秋》云："珣學涉通敏，文高當世。"兩《唐志》著録《王珣集》十卷，《宋志》無載，亡佚。《全晉文》卷二〇有輯文。

晉處士《薄蕭之集》九卷。梁十卷。又有晉安北參軍《薄要集》九卷；《薄邕集》七卷；延陵令《唐邁之集》十一卷，録一卷。亡。

薄蕭之：或作薄肅之，生平事迹不詳。兩《唐志》著録《薄肅之集》十卷，《宋志》無載，亡佚。薄要：生平事迹不詳。兩《唐志》無載，亡佚。薄邕：生平事迹不詳。兩《唐志》無載，亡佚。唐邁之：生平事迹不詳。兩《唐志》無載，亡佚。

晉《孫恩集》五卷。梁有晉殿中將軍《傅綽集》十五卷，驍騎將軍《弘戎集》十六卷，御史中丞《魏叔齊集》十五卷，司徒右長史《劉寧之集》五卷，亡。

孫恩（？—402）：字靈秀，琅邪臨沂（今山東臨沂）人。孫恩逃於海，聚亡命徒復仇，自海上攻上虞，襲會稽。隆安四年（400），孫恩又入餘姚，破上虞。轉年，劉裕總兵緣海與孫恩大戰，使其遠遁海中。及桓玄用事，孫恩攻臨海，戰敗，赴海自沉。孫恩亂，前後殺百姓數十萬人。《晉書》卷一〇〇有傳。兩《唐志》無載是集，亡佚。傅綽：生平事迹不詳。兩《唐志》無載，亡佚。弘戎：生平事迹不詳。兩《唐志》無載，亡佚。魏叔齊：生平事迹不詳。兩《唐志》無載，亡佚。劉寧之：生平事迹不詳。兩《唐志》無載，亡佚。

晉臨海太守《辛德遠集》五卷。梁四卷。又有晉車騎參軍《何瑾之集》十一卷；太保《王恭集》五卷，録一卷；《殷覬集》十卷，録一卷。亡。

辛德遠（生卒年不詳）：名昺，或作昞，又作景（避唐諱）。《晉書》卷一〇〇載，孫恩又寇臨海，臨海太守辛景討破之。兩《唐志》著録《辛昞集》四卷，《宋志》無載，亡佚。《全晉文》卷一三八有輯文。何瑾之：又作何瑾。生平事迹不詳。兩《唐志》無載，亡佚。《全晉文》卷一四〇有輯文。王恭（？—398）：字孝伯，太原晉陽（今山西太原）人。少有美譽，清操過人。自負才地高華，恒有宰輔之望。起家爲佐著作郎，俄爲祕書丞。太元中，遷中書令，領太子詹事。孝武帝崩，會稽王道子重用王愉、司馬尚之，王恭乃舉兵上表以討王愉、司馬尚之爲辭。朝廷遣人距之，王恭戰敗，被殺。及桓玄執政，詔贈侍中、太保，謚曰忠簡。《晉書》卷八四有傳。兩《唐志》無載是集，亡佚。《全晉文》卷二九有輯文。殷覬（？—397）：覬（jì），又作殷顗（yǐ），字伯通，陳郡（今河南境内）人。性通率，有才氣，與殷仲堪俱知名。太元中，以中書郎升爲南蠻校尉，莅職清明，政績肅舉。以憂殷仲堪欲反而卒，後詔贈冠軍將軍。《晉書》卷八三有傳。兩《唐志》無載，亡佚。

晉荆州刺史《殷仲堪集》十二卷。并目録。梁十卷，録一卷，亡。

殷仲堪：見本志經部“詩類”。《晉書》卷八四載，殷仲堪能清言，善屬文。兩《唐志》著録《殷仲堪集》十卷，《宋志》無載，亡佚。《全晉文》卷一二九有輯文。

晉驃騎長史《謝景重集》一卷。

謝景重（生卒年不詳）：名重，陳郡陽夏（今河南太康）人。明秀有才名，爲會稽王道子驃騎長史。見《晉書》卷七九，兩《唐志》無載，亡佚。

晉《桓玄集》二十卷。梁有晉丹陽尹《卞範之集》五卷，録一卷；光禄勳《卞承之集》十卷，録一卷。亡。

桓玄：見本志經部“易類”。《晉書》卷九九載，桓玄博綜藝術，善屬文。《世説新語·文學》注引《晉安帝紀》曰：“玄文翰之美，高於一世。”兩《唐志》著録《桓玄集》二十卷，《宋志》無載，亡佚。《全晉文》卷一一九有輯文。卞範之（？—404）：字敬祖，濟陰冤句（今山東菏澤西南）人。識悟聰敏，見美於當時世。桓玄將篡亂，以卞範之爲丹陽尹，後進爲征虜將軍、散騎常侍。桓玄僭位，爲侍中，封臨汝縣公。桓玄爲劉毅所敗，卞範之斬於江陵。《晉書》卷九九有傳。兩《唐志》無載，亡佚。《全晉文》卷一四〇有輯文。卞承之（？—407）：字敬宗，桓玄僭位，卞承之爲祕書監。義熙三年（407），欲交結謀反，被劉裕斬之。見《晉書》卷九九、《全晉文》卷一四〇。兩《唐志》無載，亡佚。《全晉文》卷一四〇有輯文。

晉東陽太守《殷仲文集》七卷。梁五卷。

殷仲文：見本志經部“孝經類”。《晉書》卷九九載，殷仲文少有才藻，善屬文，爲世所重。兩《唐志》著録《殷仲文集》七卷，《宋志》無載，亡佚。《全晉文》卷一二九有輯文。

晉司徒《王謐集》十卷。録一卷。梁有晉光禄大夫《伏系之集》十卷，録一卷，亡。

王謐（360—407）：字稚遠，琅邪臨沂（今山東臨沂）人。少有美譽，拜祕書郎，襲父爵。歷中軍長史、黄門郎、侍中。又爲吏部尚書，遷中書監，加散騎常侍，領司徒。桓玄篡位，封武昌縣開國公。劉裕破桓玄，王謐加侍中，領揚州刺史、録尚書事。義熙三年（407）卒，時年四十八。追贈侍中、司徒，謚曰文恭。《晉書》卷六五有傳。兩《唐志》著録《王謐集》十卷，《宋志》無載，亡佚。《全晉文》卷二〇有輯文。伏系之（生卒年不詳）：字敬魯，平昌安丘（今山東安丘）人。有文才，歷黄門郎、侍中、尚書、光禄大夫。見《晉書》卷九二、《世説新語・寵禮》注引丘淵之《文章録》。兩《唐志》無載，亡佚。《全晉文》卷一三三有輯文。

晉右軍參軍《孔璠集》二卷。

孔璠：又作孔璠之，生平事迹不詳。兩《唐志》著録《孔璠之集》二卷，《宋志》無載，亡佚。《全宋文》卷二八有輯文。

晉衛軍諮議《湛方生集》十卷。録一卷。

湛方生：生平事迹不詳。兩《唐志》著録《湛方生集》十卷，《宋志》無載，亡佚。《全晉文》卷一四〇有輯文。

晉光禄大夫《祖台之集》十六卷。梁二十卷。

祖台之：見本志史部“雜傳類”。兩《唐志》無載，亡佚。《全晉文》卷一三八有輯文。

晉通直常侍《顧愷之集》七卷。梁二十卷。

顧愷之：見本志經部“小學類”。《晉書》卷九二載，顧愷之博學有才氣，有文集及《啓矇記》行於世。兩《唐志》無載是集，《全晉文》卷一三五有輯文。

晉太常卿《劉瑾集》九卷。梁五卷。

劉瑾（生卒年不詳）：字仲璋，南陽（今河南境内）人。有才力，歷尚書、太常卿。見《世説新語・品藻》注引劉瑾《集叙》。兩《唐志》著録《劉瑾集》八卷，《宋志》無載，亡佚。《全晉文》卷一四〇有輯文。

晉左僕射《謝混集》三卷。梁五卷。

謝混（？—412）：字叔源，小字益壽，陳郡陽夏（今河南太康）人。少有美譽，善屬文。尚公主，襲父爵。歷中書令、中領軍、尚書左僕射。以黨劉毅被誅，國除。《晉書》卷七九有傳。兩《唐志》無載，亡佚。《全晉文》卷八三有輯文。

晉祕書監《滕演集》十卷。録一卷。

滕演（？—412）：字彦將，南陽西鄂（今河南南陽）人。官歷記室參軍、黄門郎、祕書監。義熙八年（412）卒。《宋書》卷四三有傳。《舊唐志》著録《滕演集》一卷，《新唐志》著録《滕演集》二卷，《宋志》無載，亡佚。

晉司徒長史《王誕集》二卷。梁有晉太尉咨議《劉簡之集》十卷，亡。

王誕（375—413）：字茂世，琅邪臨沂（今山東臨沂）人。少有才藻，襲爵雉鄉侯，拜祕書郎。及桓玄得志，王誕將被誅，前往廣州，爲平南府長史。宋高祖請爲太尉長史，又爲吴國内史。義熙九年（413）卒，時年三十九，追封作唐縣五等侯。《宋書》卷五二、《南史》卷二三有傳。兩《唐志》無載，亡佚。《全晉文》卷一九有輯文。劉簡之（生卒年不詳）：彭城吕（今江蘇徐州）人。有志榦，爲宋高祖所知。官歷通直常侍、少府、太尉諮議參軍。見《宋書》卷五〇、《南史》卷一七。兩《唐志》無載，亡佚。

晉丹陽太守《袁豹集》八卷。梁十卷，録一卷。又有晉廬江太守《殷遵集》五卷，録一卷；興平令《荀軌集》五卷。亡。

袁豹（373—413）：字士蔚，陳郡陽夏（今河南太康）人。博學善文辭，有經國才，爲謝安所知。初爲著作佐郎，後爲太尉長史、丹陽尹。義熙九年（413）卒，時年四十一。次年，追封南昌縣五等子。《晉書》卷八三、《宋書》卷五二、《南史》卷二六有傳。兩《唐志》著録《袁豹集》十卷，《宋志》無載，亡佚。《全晉文》卷五六有輯文。殷遵：生平事迹不詳。兩《唐志》無載，亡佚。荀軌：生平事迹不詳。兩《唐志》無載，亡佚。

晉西中郎長史《羊徽集》九卷。梁十卷，録一卷。

羊徽（生卒年不詳）：字敬猷，泰山南城（今山東泰安）人。宋高祖鎮京口，爲記室參軍掌事。義熙八年（412），遷中書郎，直西省。後爲太祖西中郎長史、河東太守。《宋書》卷六二、《南史》卷三六有傳。兩《唐志》著録《羊徽集》一卷，《宋志》無載，亡佚。《全晉文》卷一四一有輯文。

晉國子博士《周祇集》十一卷。梁二十卷，録一卷。又有晉相國主簿《殷闡集》十卷，録一卷；太常《傅迪集》十卷。亡。

周祇（？—237）：祇（zhī），字穎文，陳郡陳（今河南淮陽）人。義熙初爲國子博士。見《宋書》卷四七、《南史》卷一七、《全晉文》卷一四二。兩《唐志》著録《周祇集》十卷，《宋志》無載，亡佚。《全晉文》卷一四二有輯文。殷闡：何無忌府中文人。見《晉書》卷九九。兩《唐志》無載，亡佚。《全晉文》卷一四二有輯文。傅迪（？—421）：字長猷，北地靈州（今寧夏靈武）人。亦儒學，官至五兵尚書。永初二年（421）卒，追贈太常。見《宋書》卷四三、《南史》卷一五。兩《唐志》無載，亡佚。

晉始安太守《卞裕集》十三卷。梁十五卷。又有晉《韋公藝集》六卷，亡。

卞裕：生平事迹不詳。兩《唐志》著録《卞裕集》十四卷，《宋志》無載，亡佚。韋公藝：生平事迹不詳。兩《唐志》無載，亡佚。

晉《毛伯成集》一卷。

毛伯成（生卒年不詳）：名玄，潁川（今河南禹州周邊）人。官至征西行軍參軍。見《世説新語·言語》注引《征西寮屬名》。兩《唐志》無載，亡佚。

晉沙門《支曇諦集》六卷。

支曇諦（生卒年不詳）：姓康，祖先爲康居（今中亞錫爾河以北吉爾吉斯草原一帶）人。十歲出家，學不從師，悟自天發。游覽經籍，過目不忘。講《禮》、《易》、《春秋》、《法華》、《大品》、《維摩》。又善文翰，有集六卷，行於世。宋元嘉末卒，年六十餘。《高僧傳》卷七有傳。《舊唐志》著録沙門《曇諦集》六卷，《新唐志》著録僧《曇諦集》六卷，《宋志》無載，亡佚。《全晉文》卷一六五有輯文。

晉沙門《釋惠遠集》十二卷。

釋惠遠（334—416）：又作慧遠。本姓賈，雁門婁煩（今山西原平）人。年十三隨舅游學許、洛，博綜六經，尤善《老》、《莊》。師從道安，後至廬山，三十年影不出山，迹不入俗。惠遠善屬文章，辭氣清雅，所著論序銘贊詩書集爲十卷五十餘篇，見重於世。《高僧傳》卷六有傳。《舊唐志》著録沙門《惠遠集》十五卷，《新唐志》著録僧《惠遠集》十五卷，《宋志》無載，亡佚。《全晉文》卷六一、卷六二有輯文。

晉姚萇沙門《釋僧肇集》一卷。

僧肇（384—414）：京兆（今陝西西安）人。家貧以傭書爲業，遂因繕寫，乃歷觀經史，備盡墳籍，愛好玄微，每以《莊》、《老》爲要。見《舊維摩經》，喜歡頂受，因此出家，隨鳩摩羅什入長安。姚興命僧肇等進逍遥園，助詳定經論。義熙十年（414）卒，年三十一。《高僧傳》卷六有傳。兩《唐志》無載，亡佚。《全晉文》卷一六四、卷一六五有輯文。

晉《王茂略集》四卷。

王茂略：即王濤，前著録之《王鑒集》下注有“晉著作佐郎《王濤集》五卷”，疑此爲其五卷本之殘本。

晉《曹毗集》四卷。

此集前已著録，疑此爲其别本。

晉《宗欽集》二卷。梁有晉中軍功曹《殷曠之集》五卷；太學博士《魏説集》十三卷；征西主簿《丘道護集》五卷，《録》一卷；柴桑令《劉遺民集》五卷，録一卷；《郭澄之集》十卷；徵士《周續之集》一卷；《孔瞻集》九卷。亡。

宗欽（？—405）：非晉人，北魏人。字景若，金城（今甘肅蘭州）人。少而好學，有儒者風。博綜群言，聲著河右。仕沮渠蒙遜，爲中書郎、世子洗馬。世祖平凉，入國，賜爵卧樹男，加鷹揚將軍，拜著作郎。崔浩被誅，宗欽亦賜死。《魏書》卷五二、《北史》卷三四有傳。兩《唐志》著録《宗欽集》二卷，《宋志》無載，亡佚。《全後魏文》卷二九有輯文。殷曠之（生卒年不詳）：陳郡（今河南境内）人。殷仲堪之子，有父風，仕至剡令。見《晉書》卷八四。兩《唐志》無載，亡佚。魏説：生平事迹不詳。兩《唐志》無載，亡佚。丘道護：生平事迹不詳。兩《唐志》無載，亡佚。劉遺民：見本志子部“道家類”。兩《唐志》無載，亡佚。郭澄之：見本志子部“小説家類”。《晉書》卷九二載，少有才思，所著文集行於世。兩《唐志》無載，亡佚。周續之（377—423）：字道祖，雁門廣武（今山西山陰）人。從師范寧，通五經及緯、候，讀《老》、《易》。入廬山，事沙門釋惠遠。屢辟，不就。景平元年（423）卒，時年四十七。其《毛詩》六義及《禮論》、《公羊傳》，皆傳於世。《宋書》卷九三、《南史》卷七五有傳。兩《唐志》無載是集，亡佚。《全晉文》卷一四二有輯文。孔瞻：生平事迹不詳。兩《唐志》無載，亡佚。

晉江州刺史王凝之妻《謝道韞集》二卷。梁有婦人晉司徒王渾妻《鍾夫人集》五卷，晉武帝《左九嬪集》四卷，晉太宰賈充妻《李扶集》一卷，晉武平都衛陶融妻《陳窈集》一卷，晉都水使者妻《陳玢集》五卷，晉海西令劉臻妻《陳珍集》七卷，晉劉柔妻《王卲之集》十卷，晉散騎常侍傅伉妻《辛蕭集》一卷，晉松陽令鈕滔母《孫瓊集》二卷，晉成公道賢妻《龐馥集》一卷，晉宣城太守何殷妻《徐氏集》一卷，亡。

謝道韞（生卒年不詳）：陳國陽夏（今河南太康）人。聰識有才辯。及孫恩亂，夫與諸子遇害。寡居會稽，家中莫不嚴肅。所著詩、賦、誄、頌並行於世。《晉書》卷九六有傳。兩《唐志》無載，亡佚。《全晉文》卷一四四有輯文。鍾夫人（生卒年不詳）：

字琰，潁川（今河南禹州周邊）人。數歲即能屬文，及長，聰慧弘雅，博覽記籍，其所著詩賦頌誄行於世。《晉書》卷九六有傳，又見《世説新語·賢媛》注引《婦人集》。兩《唐志》著録《鍾夫人集》三卷，《宋志》無載，亡佚。《全晉文》卷一四四有輯文。左九嬪（生卒年不詳）：名芬，齊國臨淄（今山東境内）人。少好學，善綴文，武帝聞而納之。泰始八年（272），拜修儀。言及文義，辭對清華，左右侍聽，莫不稱美。其答兄左思詩、書及雜賦頌數十篇，並行於世。《晉書》卷三一有傳。兩《唐志》著録《左九嬪集》一卷，《宋志》無載，亡佚。《全晉文》卷一三有輯文。李扶（生卒年不詳）：賈充前妻，淑美有才行。因父李豐被誅，坐流徙，後遇赦得還。此時賈充已娶郭配女爲妻，於是爲李氏築室於永年里，而不往來。李氏作《女訓》行於世。見《晉書》卷四〇。兩《唐志》無載，亡佚。陳窈：生平事迹不詳。兩《唐志》無載，亡佚。《全晉文》卷一四四有輯文。陳玢：生平事迹不詳。兩《唐志》無載，亡佚。陳珍：聰辯能屬文，作《椒花頌》，行於世。見《晉書》卷九六。兩《唐志》著録劉臻妻《陳氏集》五卷，《宋志》無載，亡佚。《全晉文》卷一四四有輯文。王邵之：生平事迹不詳。兩《唐志》無載，亡佚。《全晉文》卷一四四有王劭之輯文。辛蕭：生平事迹不詳。兩《唐志》無載，亡佚。《全晉文》卷一四四有輯文。孫瓊：生平事迹不詳。兩《唐志》無載，亡佚。《全晉文》卷一四四有輯文。龐馥：生平事迹不詳。兩《唐志》無載，亡佚。徐氏：生平事迹不詳。兩《唐志》無載，亡佚。

《宋武帝集》十二卷。梁二十卷，録一卷。

宋武帝：見本志“大序”。《日本國見在書目録》著録《劉豫（應爲“裕”）帝集》十五卷，兩《唐志》著録《宋武帝集》二十卷，《宋志》無載，亡佚。《全宋文》卷一有輯文。

《宋文帝集》七卷。梁十卷，亡。

宋文帝（407—453）：諱義隆，彭城縣（今江蘇徐州）人，武帝第三子。義熙十一年（415）封彭城縣公。永初元年（420），封宜都王。博涉經史，善隸書。景平二年（424）八月即皇帝位，改元元嘉。三十年（453）崩，時年四十七，謚曰景皇帝，廟號中宗。《宋書》卷五、《南史》卷一有傳。兩《唐志》著録《宋文帝集》十卷，《宋志》無載，亡佚。《全宋文》卷二至卷四有輯文。

《宋孝武帝集》二十五卷。梁三十一卷，録一卷。又有《宋廢帝景和集》十卷，録一卷；《明帝集》三十三卷。亡。

宋孝武帝（430—464）：諱駿，字休龍，文帝子。少機穎，讀書七行俱下，才藻甚美。元嘉十二年（435），立爲武陵王。三十年（453），即皇帝位。大明八年（464）崩，時年三十五。《宋書》卷七、《南史》卷二有傳。兩《唐志》無載，《直齋書録解題》卷一九著録《宋武帝集》一卷，稱“孝武駿也”。《全宋文》卷五、卷六有輯文。宋廢帝（449—465）：諱子業，孝武帝長子。大明八年（464）即皇帝位，永光元年（465），爲其左右弑殺，時年十六。《宋書》卷七、《南史》卷二有傳。兩《唐志》無載，亡佚。《全宋文》卷七有輯文。宋明帝：見本志經部“易類”。《宋書》卷八載，明帝好讀書，愛文義，撰《江左以來文章志》，又續衛瓘所注《論語》二卷，行於世。兩《唐志》無載是集，亡佚。《全宋文》卷七至卷九有輯文。

宋《長沙王道憐集》十卷。録一卷。梁有《宋臨川王道規集》四卷，録一卷。

長沙王道憐（368—422）：高祖弟。初爲從事史，後以軍功封新渝縣男。從武帝征廣固，改封竟陵公。武帝受命，遷太尉，封長沙王。永初三年（422）卒，時年五十五。追贈太傅。道憐素無才能，舉止施爲，多諸鄙拙。《宋書》卷五一、《南史》卷一三有傳。《舊唐志》著録《宋長沙王集》十卷，《新唐志》著録《宋長沙王義欣集》十卷，《宋志》無載，亡佚。《全宋文》卷一一有長沙王劉義欣輯文。疑《長沙王道憐集》爲《長沙王義欣集》之誤。臨川王道規（370—412）：字道則，高祖弟。少倜儻有大志，高祖與其謀誅桓玄。以起義勳封華容縣公。累遷荆州刺史，加都督，進號征西大將軍、開府儀同三司，加散騎常侍。義熙八年（412），卒於京師，時年四十三，謚曰烈武公，追封臨川王。《宋書》卷五一、《南史》卷一三有傳。兩《唐志》無載是集，亡佚。

宋《臨川王義慶集》八卷。

臨川王義慶：見本志史部“雜傳”。《宋書》卷五一載，劉義慶爲性簡素，愛好文義，才詞雖不多，然足爲宗室之表。《舊唐志》著録宋《臨川王集》八卷，《新唐志》著録《臨川王義慶集》八卷，《宋志》無載，亡佚。《全宋文》卷一一有輯文。

宋《江夏王義恭集》十一卷。梁十五卷，録一卷。又有《江夏王集别本》十五卷；宋《衡陽王義季集》十卷，録一卷。亡。

江夏王義恭（413—465）：武帝子，元嘉元年（424）封江夏王。涉獵文義，而驕奢不節。孝武帝時進位太傅，領大司馬，進太宰，領司徒。撰《要記》五卷。前廢帝狂悖無道，義恭等謀廢立。永光元年（465）八月，前廢帝率羽林於第害之，時年五十三。《宋書》卷六一、《南史》卷一三有傳。《舊唐志》著録宋《江夏王集》十三卷，《新唐志》著録《江夏王義恭集》十五卷，《宋志》無載，亡佚。《全宋文》卷一一、卷一二有輯文。衡陽王義季（415—447）：武帝子，元嘉元年（424）封衡陽王。二十年（443），加散騎常侍，進號征西大將軍，領南蠻校尉。二十一年（444），爲都督南兖徐青冀幽六州諸軍事、征北大將軍、開府儀同三司，南兖州刺史。二十四年（445），卒於彭城，時年三十三。追贈侍中、司空。《宋書》卷六一、《南史》卷一三有傳。《舊唐志》著録宋《衡陽王集》十卷，《新唐志》著録《衡陽王義季集》十卷，《宋志》無載，亡佚。《全宋文》卷一二有輯文。

宋《南平王鑠集》五卷。梁有宋《竟陵王誕集》二十卷，《建平王休度集》十卷，《新渝惠侯義宗集》十二卷，散騎常侍《祖柔之集》二十卷，亡。

南平王鑠（431—453）：字休玄，文帝子，元嘉十六年（439）封南平王。少好學，有文才，作《擬古詩》三十餘首。二十二年（445），爲南豫州刺史，加都督。元凶弑立，以鑠爲侍中，録尚書事。及義軍入宫，歸順世祖。後以藥内食中毒殺之，時年二十三，追贈侍中、司徒。《宋書》卷七二、《南史》卷一四有傳。《舊唐志》著録宋《南平王集》五卷，《新唐志》著録《南平王鑠集》五卷，《宋志》無載，亡佚。《全宋文》卷一三有輯文。竟陵王誕（433—459）：字休文，文帝子，元嘉二十年（443）封廣陵王，後改封隨郡王。孝武帝即位，改封竟陵王。誕初討元凶，有奔牛之捷，至是有至勳，故遭孝武猜忌。大明三年（459），遣車騎大將軍討斬之，貶姓留氏。《宋書》卷七九、《南史》卷一四有傳。兩《唐志》無載是集，亡佚。《全宋文》卷一三有輯文。建平王休度（434—458）：諱宏，文帝子，元嘉二十一年（444）封建平王。少而閑素，篤好文籍。歷位中護軍、中書令，轉尚書令。大明二年（458）卒，時年二十五，追贈司徒、侍中。《宋書》卷七二、《南史》卷一四有傳。《舊唐志》著録宋《建平王集》十卷、宋《建平王小集》十五卷，《新唐志》著録《建平王宏集》十卷，又《小集》六卷，《宋志》無載，亡佚。《全宋文》卷一三有輯文。新渝惠侯義宗（？—444）：字伯奴，長沙王劉道憐子，封新渝縣侯。位太子左衛率、侍中、太子詹事。元嘉二十一年（444），卒於南兖州刺史，追贈散騎常侍、平北將軍，謚曰惠侯。《宋書》卷五一、《南史》卷一三有傳。《舊唐志》著録宋《劉義宗集》十五卷，《新唐志》著録《新渝侯義宗集》十二卷，《宋志》無載，亡佚。祖柔之：生平事迹不詳。兩《唐志》無載，亡佚。

宋豫章太守《謝瞻集》三卷。梁有宋征虜將軍《沈林子集》七卷，亡。

謝瞻（387—421）：字宣遠，一名簷，字通遠，陳郡陽夏（今河南太康）人。歷任高祖鎮軍、安成相、中書侍郎、相國從事中郎。後爲豫章太守。永初二年（421）卒，時年三十五。謝瞻善於文章，辭采之美，可與謝混、謝靈運相抗。《宋書》卷五六、《南史》卷一九有傳。兩《唐志》著録《謝瞻集》二卷，《宋志》無載，亡佚。《全宋文》卷三三有輯文。沈林子（377—422）：字敬士，吴興武康（今浙江德清）人。年十三遇家禍，逃伏草澤。後歸高祖，從其克京城，進平都邑。高祖踐祚，以佐命功封漢壽縣伯，進位輔國將軍。永初三年（422）卒，時年四十六。元嘉二十五年（448），謚曰懷伯。沈林子博覽衆書，留心文義，所著詩、賦、贊、三言、箴、祭文、樂府、表、牋、書記、白事、啓事、論等一百二十一首，傳於世。《宋書》卷一〇〇有傳。兩《唐志》著録《沈林子集》七卷，《宋志》無載，亡佚。

宋太常卿《孔琳之集》九卷。并目録。梁十卷，録一卷。

孔琳之（369—423）：字彦琳，會稽山陰（今浙江紹興）人。好文義，妙善草隸。桓玄以其爲西閣祭酒，後遷吏部郎。宋國初建，爲侍中，出爲吴興太守。永初二年（421），爲御史中丞，又遷祠部尚書。景平元年（423）卒，時年五十五，追贈太常。《晉書》卷七八、《宋書》卷五六、《南史》卷二七有傳。兩《唐志》著録《孔琳之集》十卷，《宋志》無載，亡佚。《全宋文》卷二七有輯文。

宋《王叔之集》七卷。梁十卷，録一卷。

王叔之：見本志子部“道家類”。兩《唐志》著録《王叔之集》十卷,《宋志》無載，亡佚。《全宋文》卷五七有輯文。

宋太中大夫《徐廣集》十五卷。録一卷。

徐廣：見本志經部“詩類”。《宋書》卷五五載，徐廣家世好學，至廣尤精，百家數術，無不研覽。兩《唐志》著録《徐廣集》十五卷,《宋志》無載，亡佚。《全晉文》卷一三六有輯文。

宋祕書監《盧繁集》一卷。殘缺。梁十卷，録一卷。

盧繁：或作虞繁，生平事迹不詳。兩《唐志》無載，亡佚。《全宋文》卷四〇有虞繁輯文。

宋侍中《孔甯子集》十一卷。并目録。梁十五卷，録一卷。

孔甯子（？—425）：會稽（今浙江杭州）人。爲太祖鎮西諮議參軍，以文義見賞，至是爲黄門侍郎、領步兵校尉。元嘉二年（425）卒。見《宋書》卷六三、《南史》卷二三。兩《唐志》著録《孔甯子集》十五卷,《宋志》無載，亡佚。《全宋文》卷二八有輯文。

宋建安太守《卞瑾集》十卷。梁十卷。

卞瑾：生平事迹不詳。兩《唐志》著録《卞瑾集》十卷,《宋志》無載，亡佚。

宋太常卿《蔡廓集》九卷。并目録。梁十卷，録一卷。又有宋《王韶之集》二十四卷，亡。

蔡廓（379—425）：字子度，濟陽考城（今河南蘭考）人。博涉群書，言行以禮。起家著作佐郎，爲太祖太尉參軍。宋國初建，爲侍中。以剛正補爲御史中丞，遷祠部尚書。元嘉二年（425）卒，時年四十七。《宋書》卷五七、《南史》卷二九有傳。兩《唐志》著録《蔡廓集》十卷，《宋志》無載，亡佚。《全宋文》卷二七有輯文。王韶之：見本志史部“古史類”。《宋書》卷六〇載，韶之制也。七廟歌辭，有文集行於世。《舊唐志》著録《王韶之集》二十四卷，《新唐志》著録《王韶之集》二十卷，《宋志》無載，亡佚。《全宋文》卷一八有輯文。

宋尚書令《傅亮集》三十一卷。梁二十卷，録一卷。又有宋征南長史《孫康集》十卷，左軍長史《范述集》三卷，亡。

傅亮：見本志史部“雜傳類”。《宋書》卷四三載，傅亮博涉經史，尤善文辭。高祖之表策文誥，多出其手。兩《唐志》著録《傅亮集》十卷，《宋志》無載，亡佚。現有《漢魏六朝百三名家集》本《宋傅光禄集》一卷。《全宋文》卷二六有輯文。孫康：太原（今山西境内）人。起部郎，清介，郊游不雜。見《南史》卷五七。兩《唐志》著録《孫康集》十卷，《宋志》無載，亡佚。范述：生平事迹不詳。兩《唐志》無載，亡佚。

宋太常卿《鄭鮮之集》十三卷。梁二十卷，録一卷。

鄭鮮之（364—427）：字道子，滎陽開封（今河南開封）人。鄭鮮之下帷讀書，絶郊游之務。初爲桓偉輔國主簿，後爲太尉諮議參軍，俄補侍中。宋國初建，轉奉常。高祖踐祚，遷太常，都官尚書。以從征功封龍陽縣五等子。元嘉三年（426），拜尚書右僕射。四年（427）卒，時年六十四，追贈散騎常侍、金紫光禄大夫。文集傳於世。《宋書》卷六四、《南史》卷三三有傳。兩《唐志》著録《鄭鮮之集》二十卷，《宋志》無載，亡佚。《全宋文》卷二五有輯文。

宋徵士《陶潛集》九卷。梁五卷，録一卷。又有《張野集》十卷；宋零陵令《陶階集》八卷；東莞太守《張元瑾集》八卷；光禄大夫《王曇首集》二卷，録一卷。亡。

陶潛：見本志史部“雜傳類”。《舊唐志》著録《陶淵明集》五卷；《新唐志》著録《陶潛集》二十卷，又《集》五卷。《崇文總目》著録《陶潛集》十卷，《宋志》著録《陶淵明集》十卷。《郡齋讀書志》卷一七著録《陶潛集》十卷，稱今集有數本，七卷者，梁蕭統編；十卷者，北齊陽休之編。休之本出自宋庠家，此江左名家舊書，其次第最有倫貫，獨《四八目》後《八儒》、《三墨》二條，似後人妄加。《四庫全書總目》卷一四八著録《陶淵明集》八卷，提要稱，北齊流行的陶集有八卷本、六卷本和蕭統編的八卷本，楊休之參合三本，定爲十卷，即宋庠所稱江左本，也是今世所行之本。其中《五孝傳》及《四八目》所引《尚書》自相矛盾，當必依託之文。遵乾隆指示，將此二篇一并删除。惟編潛詩文，仍從昭明太子爲八卷。今傳《陶淵明集》有多種，其間有保留《五孝傳》及《四八目》者。現有《陶淵明集》十卷，宋刻遞修本；《陶淵明集》八卷，明嘉靖二十九年（1550）懷易堂刻本；《陶靖節集》六卷，明崇禎十三年（1640）春書堂刻本；《陶靖節全集》五卷，明萬曆二十九年（1601）刻本；《陶淵明全集》四卷，明白鹿齋刻陶李合刻本等。又有《漢魏六朝百三名家集》本《陶彭澤集》一卷，《六朝四家全集》本《陶彭澤集》六卷。另，今有多種整理本。張野：生平事迹不詳。兩《唐志》無載，亡佚。《全宋文》卷四〇有輯文。陶階：生平事迹不詳。兩《唐志》無載，亡佚。張元瑾：生平事迹不詳。兩《唐志》無載，亡佚。王曇首（394—430）：琅邪臨沂（今山東臨沂）人。有識局智度，喜怒不見於色。武帝稱其有宰相才。文帝時，曇首爲侍中，尋領右衛將軍、驍騎將軍，遷太子詹事。元嘉七年（430）卒，時年三十七，贈光禄大夫。九年，追封豫寧縣侯，謚曰文侯。《宋書》

卷六三、《南史》卷二二有傳。兩《唐志》著録《王曇首集》二卷，《宋志》無載，亡佚。《全宋文》卷一八有輯文。

宋太常卿《范泰集》十九卷。梁二十卷，録一卷。

范泰：見本志子部“雜家類”。《宋書》卷六〇載，范泰博覽篇籍，好爲文章，愛獎後生，孜孜無倦。撰《古今善言》二十四篇及文集傳於世。兩《唐志》著録《范泰集》二十卷，《宋志》無載，亡佚。《全宋文》卷一五有輯文。

宋中書郎《荀昶集》十四卷。梁十五卷，録一卷。又有《卞伯玉集》五卷，録一卷；中散大夫《羊欣集》七卷。亡。

荀昶：見本志經部“孝經類”。兩《唐志》著録《荀昶集》十四卷，《宋志》無載，亡佚。卞伯玉：見本志經部“易類”。兩《唐志》著録《卞伯玉集》五卷，《宋志》無載，亡佚。《全宋文》卷四〇有輯文。羊欣：見本志子部“醫家類”。《南齊書》卷三三載，王僧虔將羊欣所撰《能書人名》一卷，獻給齊太祖。兩《唐志》無載，亡佚。《全宋文》卷二二有輯文。

宋司徒《王弘集》一卷。梁二十卷，録一卷。又有宋金紫光禄大夫《沈演之集》十卷，廣平太守《范凱集》八卷，亡。

王弘：見本志史部“儀注類”。兩《唐志》著録《王弘集》二十卷，《宋志》無載，亡佚。《全宋文》卷一八有輯文。沈演之（397—449）：原脱“之”，據其本傳補。字臺真，吴興武康（今浙江德清）人。其家世爲將，而演之折節好學，讀《老子》日百遍，以義理業尚知名。襲父别爵吉陽縣五等侯。舉秀才，爲嘉興令。歷任右衛參軍、侍中、吏部尚書，領太子右衛率。元嘉二十六年（449）卒，時年五十三。追贈散騎常侍、金紫光禄大夫，謚曰貞侯。《宋書》卷六三、《南史》卷三六有傳。兩《唐志》無載，亡佚。《全宋文》卷四一有輯文。范凱：字季倫，南陽順陽（今河南淅川）人，范甯幼子。見《春秋穀梁傳序疏》、《晉書》卷九〇。兩《唐志》無載，亡佚。

宋沙門《釋惠琳集》五卷。梁九卷，録一卷。又有宋《范晏集》十四卷，亡。

釋惠琳：又作慧琳，見本志經部"孝經類"。《宋書》卷九七載，慧琳有才章，兼外内之學。注《孝經》及《莊子·逍遥篇》、文論，傳於世。兩《唐志》著録《惠琳集》五卷，《宋志》無載，亡佚。《全齊文》卷二六有輯文。范晏：見本志史部"雜傳類"。兩《唐志》無載，亡佚。

宋司徒府參軍《謝惠連集》六卷。梁五卷，録一卷。又有宋太常《謝弘微集》二卷，亡。

謝惠連（407—433）：陳郡陽夏（今河南太康）人。幼而聰敏，十歲能屬文。所作《雪賦》，以高麗見奇。有文章傳世。元嘉七年（430），爲司徒彭城王義康法曹參軍。十年（433）卒，時年二十七。《宋書》卷五三、《南史》卷一九有傳。兩《唐志》、《宋志》著録《謝惠連集》五卷。《直齋書録解題》卷一九著録《謝惠連集》一卷，稱本集五卷，今惟存詩二十四首。現有《漢魏諸名家集》本《謝惠連集》一卷，《漢魏六朝百三名家集》本《謝法曹集》一卷，《漢魏六朝名家集》初刻本《謝法曹集》二卷，《全宋文》卷三四有輯文。謝弘微（392—433）：本名密，犯所繼内諱，以字行。陳郡陽夏（今河南太康）人。義熙初，襲謝峻爵建昌縣侯。與謝混、謝靈運等以文義賞會，靈運等並有誠厲之言，唯弘微獨盡褒美。拜員外散騎、琅邪王大司馬參軍。文帝即位，爲黄門侍郎，與王華、殷景仁、王曇首、劉湛號曰"五臣"。歷任右衛將軍、侍中。元嘉十年（433）卒，時年四十二，追贈太常。《宋書》卷五八、《南史》卷二〇有傳。兩《唐志》著録《謝弘微集》二卷，《宋志》無載，亡佚。

宋臨川内史《謝靈運集》十九卷。梁二十卷，録一卷。

謝靈運：見本志史部“正史類”。《宋書》卷六七載，謝靈運少好學，博覽群書，文章之美，江左莫逮，所著文章傳於世。兩《唐志》著録《謝靈運集》十五卷，《宋志》著録《謝靈運集》九卷，後亡。現有《漢魏名家集》本《謝康樂集》四卷，《漢魏六朝百三名家集》本《謝康樂集》二卷，《漢魏六朝名家集》初刻本《謝康樂集》五卷等，《全宋文》卷三〇至卷三三有輯文。

宋給事中《丘深之集》七卷。梁十五卷。又有義成太守《祖佡之集》五卷；荆州西曹《孫詔集》十卷；《殷淳集》二卷；揚州刺史《殷景仁集》九卷；國子博士《姚濤之集》二十卷，《録》一卷；《周袛集》十一卷。亡。

丘深之：即丘淵之，見本志史部“簿録類”。《舊唐志》著録《丘泉之集》六卷，《新唐志》著録《丘淵之集》六卷，《宋志》無載，亡佚。祖佡（xiān，同仙）之：生平事迹不詳。兩《唐志》無載，亡佚。孫詔：生平事迹不詳。兩《唐志》無載，亡佚。殷淳（403—434）：字粹遠，陳郡長平（今河南西華東北）人。少好學，有美名。景平初，爲祕書郎，後爲祕書丞、中書黄門侍郎。愛好文義，撰《四部書目》凡四十卷，行於世。元嘉十一年（434）卒，時年三十二。《宋書》卷五九、《南史》卷二七有傳。兩《唐志》著録《殷淳集》三卷，《宋志》無載，亡佚。殷景仁（390—440）：陳郡長平（今河南西華東北）人。學不爲文，敏有思致，口不談義，深達理體，至於國典朝儀，舊章記注莫不撰録。高祖甚知之，任其爲太子中庶子。太祖即位，與王華、王曇首、劉湛並爲侍中。遷尚書僕射、中書令，領吏部，爲揚州刺史。五十一歲卒，追贈侍中、司空，謚曰文成公。《宋書》卷六三、《南史》卷二七有傳。兩《唐志》無載，亡佚。《全宋文》卷二九有輯文。姚濤之：生平事迹不詳。兩《唐志》著録《姚濤之集》二十卷，《宋志》無載，亡佚。周祋（duì）：生平事迹不詳。兩《唐志》無載，亡佚。

《殷闡之集》一卷。

殷闡之：即殷闡。前著録"晉国子博士《周祇集》"下注有"晉相国主簿《殷闡集》十卷，《録》一卷"。疑此一卷或为其残卷。

宋徵士《宗景集》十六卷。梁十五卷。

宗景（375—443）：即宗炳，字少文，南陽涅陽（今河南鎮平南）人。妙善琴書，精於言理。自宋受禪至元嘉中，屢辟不就。二十年（443）卒，時年六十九。《宋書》卷九三、《南史》卷七五有傳。兩《唐志》著録《宗炳集》十五卷，《宋志》無載，亡佚。《全宋文》卷二〇、卷二一有輯文。

宋徵士《雷次宗集》十六卷。梁二十九卷，録一卷。

雷次宗：見本志經部"詩類"。《宋書》卷九三載，雷次宗篤志好學，隱退不交世務。兩《唐志》著録《雷次宗集》三十卷，《宋志》無載，亡佚。《全宋文》卷二九有輯文。

宋奉朝請《伍緝之集》十二卷。梁有宋南蠻主簿《衛令元集》八卷；《范曄集》十五卷，録一卷；撫軍諮議《范廣集》一卷；右光禄大夫《王敬弘集》五卷，録一卷；《任豫集》六卷。

伍緝之：生平事迹不詳。兩《唐志》著録《伍緝之集》十一卷，《宋志》無載，亡佚。《全宋文》卷四〇有輯文。衛令元：生平事迹不詳。兩《唐志》著録《衛令元集》八卷，《宋志》無載，亡佚。范曄：見本志史部“正史類”。《宋書》卷六九載，范曄精微有思致，觸類多善。兩《唐志》無載是集，亡佚。《全宋文》卷一五有輯文。范廣（生卒年不詳）：當作范廣淵，避唐諱，去“淵”。順陽（今河南淅川）人。范泰少子，善屬文。世祖撫軍諮議參軍，領記室，坐范曄事從誅。見《宋書》卷六〇。兩《唐志》無載是集，亡佚。王敬弘（360—447）：本名裕之，避高祖諱，以字行。少有清尚，性恬静，樂山水。仕晉入宋，歷任尚書僕射、侍中、左光禄大夫、開府儀同三司。元嘉二十四年（447），卒於餘杭之舍亭山，時年八十八。順帝時，謚曰文貞公。《宋書》卷六六、《南史》卷二四有傳。兩《唐志》無載是集，亡佚。《全宋文》卷一七有輯文。任豫：生平事迹不詳。兩《唐志》無載，亡佚。《全宋文》卷四〇有輯文。

宋御史中丞《何承天集》二十卷。梁三十二卷，亡。

何承天：見本志經部“禮類”。《宋書》卷六四載，何承天幼漸訓義，儒史百家，莫不該覽，其《禮論》並《前傳》、《雜傳》、《纂文》及文集皆傳於世。《舊唐志》著録《何承天集》三十卷，《新唐志》著録《何承天集》二十卷，《宋志》無載，亡佚。現有《漢魏六朝百三名家集》本《宋何衡陽集》一卷，《增定漢魏六朝别解》本《何衡陽集》，《全宋文》卷二二至卷二四有輯文。

宋太中大夫《裴松之集》十三卷。梁二十一卷。又有《王韶之集》十九卷；宋光禄大夫《江湛集》四卷，録一卷。亡。

裴松之：見本志經部“禮類”。《宋書》卷六四載，裴松之博覽墳籍，立身簡素。所著文論及《晉紀》，並行於世。兩《唐志》著録《裴松之集》三十卷，《宋志》無載，亡佚。《全宋文》卷一七有輯文。王韶之集：見前“宋太常卿《蔡廓集》”條下注，此十九卷本當爲其别本。江湛（408—453）：字徽淵，濟陽考城（今河南蘭考）人。愛好文義，兼明算術。歷任左衛將軍、吏部尚書。元凶劉劭入弑，江湛遇害，時年四十六。孝武帝即位，追贈左光禄大夫、開府儀同三司，加散騎常侍，謚曰忠簡公。《宋書》卷七一、《南史》卷三六有傳。兩《唐志》無載是集，亡佚。

宋太尉《袁淑集》十一卷。并目録。梁十卷，録一卷。

袁淑（408—453）：字陽源，陳郡陽夏（今河南太康）人。不爲章句之學，而博涉多通，好屬文，辭采遒艷，縱横有辯才。元嘉二十六年（449），累遷尚書吏部郎，後爲太子左衛率。元凶劉劭爲逆，袁淑不從行，被殺。孝武帝即位，贈侍中、太尉，謚曰忠憲公。文集傳於世。《宋書》卷七〇、《南史》卷二六有傳。兩《唐志》著録《袁淑集》十卷，《宋志》無載，亡佚。現有《漢魏六朝百三名家集》本《宋袁陽源集》一卷，《乾坤正氣集》本《袁忠憲集》一卷，《全宋文》卷四四有輯文。

宋祕書監《王微集》十卷。梁有録一卷。又有宋太子舍人《王僧謙集》二卷，金紫光禄大夫《王僧綽集》一卷，征北行參軍《顧邁集》二十卷，魚復令《陳超之集》十卷，平南將軍《何長瑜集》八卷，亡。

王微（415—453）：字景玄，琅邪臨沂（今山東臨沂）人。少好學，無不通覽，善屬文，能書畫，兼解音律、醫方、陰陽術數。起家司徒祭酒，轉主簿，始興王友。王微素無宦情，尋書玩古十餘年。元嘉三十年（453）卒，時年三十九。所著文集傳於世。《宋書》卷六二、《南史》二一有傳。兩《唐志》著録《王微集》十卷，《宋志》無載，亡佚。《全宋文》卷一九有輯文。王僧謙：王微之弟，亦有才譽，爲太子舍人。見《宋書》卷六二。兩《唐志》無載是集，亡佚。王僧綽（423—453）：琅邪臨沂（今山東臨沂）人。幼有大成之度，弱年衆以國器許之。好學有理思，練悉朝典。

襲封豫寧縣侯，尚文帝長女東陽獻公主。歷任祕書丞、太子中庶子、侍中。元凶劉劭弑立，轉爲吏部尚書，後又收害焉，時年三十一。孝武帝即位，追贈散騎常侍、金紫光禄大夫，謚曰愍侯。《宋書》卷七一、《南史》卷二二有傳。兩《唐志》無載，亡佚。顧邁：吴郡（今江蘇境内）人。始興王濬征北府參軍，輕薄有才能。在廣州，正值蕭簡爲亂，爲之盡力，死之。見《宋書》卷四二。兩《唐志》無載，亡佚。陳超之：生平事迹不詳。兩《唐志》無載，亡佚。何長瑜（？—443？）：東海（今山東、江蘇部分地區）人。文才之美，亞於謝惠連，荀雍、羊璿之不及也。臨川王義慶招集文士，長瑜自國侍郎至平西記室參軍。廬陵王紹以其爲南中郎行參軍，掌書記之任。行至板橋，遇暴風溺亡。見《宋書》卷六七、《南史》卷一九。兩《唐志》無載是集，亡佚。

宋員外郎《荀雍集》二卷。梁四卷。又有宋國子博士《范演集》八卷，錢唐令《顧昱集》六卷，臨成令《韓濬之集》八卷，南陽太守《沈亮之集》七卷，國子博士《孔欣集》九卷，臨海太守《江玄叔集》四卷，尚書郎《劉馥集》十一卷，太子中舍人《張演集》八卷，南昌令《蔡眇之集》三卷，太學博士《顧雅集》十三卷，巴東太守《孫仲之集》十一卷，太尉諮議參軍《謝元集》一卷，南海太守《陸展集》九卷，棘陽令《山謙之集》十二卷，廣州刺史《羊希集》九卷，員外常侍《周始之集》十一卷，主客郎《羊崇集》六卷，太子舍人《孔景亮集》三卷，亡。

荀雍：字道雍，潁川（今河南禹州）人。官至員外散騎郎。見《宋書》卷六七、《南史》卷一九。兩《唐志》著録《荀雍集》一卷，《宋志》無載，亡佚。范演：生平事迹不詳。兩《唐志》無載，亡佚。顧昱：生平事迹不詳。兩《唐志》無載，亡佚。韓濬之：生平事迹不詳。兩《唐志》無載，亡佚。沈亮之（404—450）：即沈亮，字道明，吴郡武康（今浙江德清）人。清操好學，善屬文。元嘉二十二年（445），爲南陽太守，加揚威將軍，後又領義成太守。二十七年（450）卒官，時年四十七。所著詩賦、頌贊、三言、誄、哀辭、祭告請雨文、樂府、挽歌、連珠、教記、白事、牋、表、籤、議一百八十九首。《宋書》卷一〇〇有傳。兩《唐志》無載是集，亡佚。《全宋文》卷四一有輯文。孔欣：生平事迹不詳。《舊唐志》著録《孔欣集》八卷，《新唐志》著録《孔欣集》十卷，《宋志》無載，亡佚。《全宋文》卷四〇有輯文。江玄叔（381—440）：名秉之，濟陽考城（今河南蘭考）人。初爲劉穆之丹陽前軍府參軍。宋受禪，爲都官尚書郎，出爲永世、烏程令，以善政著名。遷補新安太守，轉在臨海。元嘉十七年（440）卒，時年六十。《宋書》卷九二、《南史》卷三六有傳。兩《唐志》無載，亡佚。劉馥：生平事迹不詳。兩《唐志》無載，亡佚。張演（生卒年不詳）：吴郡吴（今江蘇蘇州）人。太子中舍人，有盛名，早卒。見《宋書》卷五三。兩《唐志》無載，亡佚。蔡眇之：生平事迹不詳。兩《唐志》無載，亡佚。顧雅：生平事迹不詳。兩《唐志》無載，亡佚。孫仲之：生平事迹不詳。兩《唐志》無載，亡佚。謝元：見本志史部“儀注類”。兩《唐志》無載，亡佚。《全宋文》卷三三有輯文。陸展（生卒年不詳）：吴郡吴（今江蘇蘇州）人。有辭章之美。爲臧質車騎長史、尋陽太守。質敗，從誅。見《宋書》卷五一、卷九二。兩《唐志》無載，亡佚。山謙之：見本志史部“地理類”。兩《唐志》無載，亡佚。羊希（？—468）：字泰聞，泰山南城（今山東泰安）人。少有才氣。大明初，爲尚書左丞。泰始三年（467），爲寧朔將軍、廣州刺史。四年（468），行晉康太守劉思道不受命，率所領攻廣州，羊希軍敗，被殺。贈輔國將軍。《宋書》卷五四、《南史》卷三六有傳。兩《唐志》無載，亡佚。《全宋文》卷二二有輯文。周始之：生平事迹不詳。兩《唐志》無載，亡佚。羊崇（？—468）：字伯遠，羊希子，官至尚書主客郎。廣州亂，父被害，葬畢，不勝哀，卒。見《宋書》卷五四。兩《唐志》無載，亡佚。孔景亮：生平事迹不詳。兩《唐志》無載，亡佚。

宋中書郎《袁伯文集》十一卷。并目録。梁有宋丞相諮議《蔡超集》七卷，亡。

袁伯文：生平事迹不詳。兩《唐志》著録《袁伯文集》十卷，《宋志》無載，亡佚。《全宋文》卷四〇有輯文。蔡超：見本志經部“禮類”。兩《唐志》無載，亡佚。

宋東中郎長史《孫緬集》八卷。并目録。梁十一卷。又有宋《賀道養集》十卷；太子洗馬《謝登集》六卷；新安太守《張鏡集》十卷；兼中書舍人《褚詮之集》八卷，録一卷。亡。

孫緬（生卒年不詳）：太康（今河南太康）人，有學義，宋明帝甚知之。官位尚書左丞、東中郎司馬。見《南史》卷七五。兩《唐志》著録《孫緬集》十卷，《宋志》無載，亡佚。《全宋文》卷五四有輯文。賀道養：見本志經部“春秋類”。兩《唐志》著録《賀道養集》十卷，《宋志》無載，亡佚。《全宋文》卷四三有輯文。謝登：生平事迹不詳。兩《唐志》無載，亡佚。張鏡：見本志史部“儀注類”。兩《唐志》無載，亡佚。《全宋文》卷四九有輯文。褚詮之：生平事迹不詳。兩《唐志》著録《褚詮之集》八卷，《宋志》無載，亡佚。

宋特進《顔延之集》二十五卷。梁三十卷。又有《顔延之逸集》一卷，亡。

顔延之：見本志經部“禮類”。《宋書》卷七三載，顔延之與謝靈運俱以辭彩齊名，自潘岳、陸機之後，文士莫及也，江左稱顔、謝焉。所著並傳於世。兩《唐志》著録《顔延之集》三十卷，《宋志》著録《顔延之集》五卷。現有《漢魏諸名家集》本《顔延之集》一卷,《漢魏六朝百三名家集》本《顔光禄集》一卷,《漢魏六朝名家集》初刻本《顔延年集》四卷,《增定漢魏六朝别解》本《顔光禄集》,《全宋文》卷三六至卷三八有輯文。

宋東揚州刺史《顔竣集》十四卷。并目録。

顔竣(？—459):字士遜,琅邪臨沂(今山東臨沂)人,顔延之子。早有文義,爲孝武帝撫軍主簿,甚被恩遇。孝武即位,歷任侍中、左衛將軍,封建城縣侯。大明元年(457),爲東揚州刺史。王僧達被誅,稱顔竣所讒構,而其言猶頗相據。及竟陵王爲逆,因此陷之,於獄中賜死。文集行於世。《宋書》卷七五、《南史》卷三四有傳。兩《唐志》著録《顔竣集》十三卷,《宋志》無載,亡佚。《全宋文》卷三八有輯文。

宋大司馬録事《顔測集》十一卷。并目録。

顔測(生卒年不詳):顔竣弟,亦以文章見知。官至江夏王義恭大司徒録事參軍,早卒。見《宋書》卷七三、《南史》卷三四。兩《唐志》著録《顔測集》十一卷,《宋志》無載,亡佚。《全宋文》卷三八有輯文。

宋護軍將軍《王僧達集》十卷。梁有録一卷。又有國子博士《羊戎集》十卷,江寧令《蘇寶生集》四卷,兗州别駕《范義集》十二卷,吴興太守《劉瑀集》七卷,本郡孝廉《劉氏集》九卷,亡。

王僧達(423—458):琅邪臨沂(今山東臨沂)人。少好學,善屬文。爲太子舍人、宣城太守。孝武帝即位,爲尚書右僕射、南蠻校尉。自負才地,三年間便望宰相。爲護軍將軍,不得志。大明中,以歸順功,封寧陵縣五等侯,累遷中書令。因其屢經狂逆,又無悔改之心,收付廷尉,獄中賜死,時年三十六。《宋書》

卷七五、《南史》卷二一有傳。兩《唐志》、《宋志》著録《王僧達集》十卷，後亡。《全宋文》卷一九有輯文。羊戎（？—458）：字不詳，泰山南城（今山東泰安）人。少有才氣，而輕薄少行檢。位通直郎，坐與王僧達謗時政，賜死。見《宋書》卷五四、《南史》卷三六。兩《唐志》無載，亡佚。蘇寶生：或曰蘇寶，本寒門，有文義之美，爲《毛詩》助教，官至南臺侍御史、江寧令。坐知高闍反不即啓聞，伏誅。見《宋書》卷七五、《南史》卷二一。兩《唐志》無載，亡佚。范義：字明休，濟陽考城（今河南蘭考）人。早有世譽。竟陵王誕據廣陵反，范義爲左司馬、左將軍。事平，被誅。見《宋書》卷七九。兩《唐志》無載，亡佚。劉瑀（？—458）：字茂琳，東莞莒（今山東莒縣）人。少有才氣，爲太祖所知。性陵物護前，不欲人居己上。歷任從事中郎、淮南太守。世祖即位，召爲御史中丞，甚得志，朝士莫不畏其筆端。大明元年（457），起爲東陽太守。明年，遷吴興太守。疽發背，卒。謚曰剛子。《宋書》卷四二、《南史》卷一五有傳。兩《唐志》著録《劉瑀集》七卷，《宋志》無載，亡佚。《全宋文》卷三九有輯文。劉氏：不詳何人。兩《唐志》無載，亡佚。

宋會稽太守《張暢集》十二卷。殘缺。梁十四卷，録一卷。又有宋司空《何尚之集》十卷，亡。

張暢（408—457）：字少微，吴郡吴（今江蘇蘇州）人。與從兄敷、演、鏡並爲後進之秀。累遷太子中庶子。孝武鎮彭城，爲安北長史、沛郡太守。元嘉三十年（453），劉劭弑立，事平，徵爲吏部尚書，封夷道縣侯。義宣爲逆，張暢隨其東下，後於兵亂自歸。被送京師，下廷尉。不久又起爲都官尚書，轉侍中。孝建二年（455），出爲會稽太守。大明元年（457），卒官，時年五十，謚曰宣子。《宋書》卷四六、卷五九，《南史》卷三二有傳。兩《唐志》著録《張暢集》十四卷，《宋志》無載，亡佚。《全宋文》

卷四九有輯文。何尚之（382—460）：字彦德，廬江灊（今安徽霍山）人。爲武帝征西主簿，從征長安，賜爵都鄉侯。雅好文義，從容賞會，爲文帝所知。元嘉十二年（435），遷侍中。二十二年（445），遷尚書右僕射，加散騎常侍。二十八年（451），轉尚書令，領太子詹事。二十九年（452）致仕，後又復職。愛尚文義，老而不休，與太常顔延之論議往反，傳於世。大明四年（460）卒，時年七十九，贈司空，侍中、中書令如故，謚曰簡穆公。《宋書》卷六六、《南史》卷三〇有傳。兩《唐志》無載，亡佚。《全宋文》卷二八有輯文。

宋吏部尚書《何偃集》十九卷。梁十六卷。又有廬江太守《周朗集》八卷，亡。

何偃：見本志經部"詩類"。《宋書》卷五九載，何偃素好談玄，注《莊子·逍遥篇》傳於世。兩《唐志》著録《何偃集》八卷，《宋志》無載，亡佚。《全宋文》卷二八有輯文。周朗（425—460）：字義利，汝南安成（今河南汝南東南）人。少而愛奇，雅有風氣，爲江夏王義恭太尉參軍。孝武帝即位，除建平王宏中録事參軍，書奏忤旨，自解去職。後又除太子中舍人、廬陵内史。大明四年（460），上使有司奏其居喪無禮，請加收治，於是傳送寧州，途中殺之，時年三十六。《宋書》卷八二、《南史》卷三四有傳。兩《唐志》無載，亡佚。《全宋文》卷四八有輯文。

宋侍中《沈懷文集》十二卷。殘缺。梁十六卷。

沈懷文：見本志史部"地理類"。《宋書》卷八二載，沈懷文少好玄理，善爲文章。文義之士畢集，爲連句詩，懷文所作尤美，辭高一座。兩《唐志》著録《沈懷文集》十三卷，《宋志》無載，亡佚。《全宋文》卷四五有輯文。

宋北中郎長史《江智深集》九卷。并《目》一卷。

江智深（418—463）：即江智淵，濟陽考城（今河南蘭考）人。歷任著作郎、太子太傅主簿、隨王誕後軍參軍。誕將爲逆，智淵悟其機，請假先反。誕事發，即除中書侍郎。智淵愛好文雅，詞采清贍。孝武帝深相知待，後因恩寵大衰，出爲新安王鸞北中郎長史。又爲南東海太守，行南徐州事。大明七年（463），以憂卒，時年四十六。《宋書》卷五九、《南史》卷三六有傳。《舊唐志》著録《江智泉集》十卷、《新唐志》著録《江智淵集》十卷，《宋志》無載，亡佚。

宋太子中庶子《殷琰集》七卷。梁又有宋武陵太守《袁顗集》八卷，《荀欽明集》六卷，安北參軍《王詢之集》五卷，越騎校尉《戴法興集》四卷，亡。

殷琰（415—473）：字敬珉，陳郡長平（今河南西華東北）人。少爲文帝所知。泰始元年（465），晉安王子勛反，以殷琰爲豫州刺史，受制於杜叔寶。二年（466），帝遣輔國將軍討之，十二月，殷琰降。泰豫元年（472），除少府，加給事中。元徽元年（473），卒，時年五十九。《宋書》卷八七、《南史》卷三九有傳。兩《唐志》著録《殷琰集》八卷，《宋志》無載，亡佚。《全宋文》卷四九有輯文。袁顗（yǐ）：應爲袁覬（jì），乃袁顗之弟，陳郡陽夏（今河南太康）人。好學善屬文，有清譽於世。官至司徒從事中郎、武陵内史，早卒。見《宋書》卷五二。兩《唐志》無載，亡佚。荀欽明：生平事迹不詳。兩《唐志》著録《荀欽明集》六卷，《宋志》無載，亡佚。王詢之：生平事迹不詳。兩《唐志》無載，亡佚。戴法興（414—465）：會稽山陰（今浙江紹興）人。家貧好學，入爲尚書倉部令史，後爲孝武征虜、撫軍記室掾。孝武帝即位，爲南臺侍御史，同兼中書通事舍人，封吴昌縣男，爲孝武心腹耳目。前廢帝即位，欲有所爲，每受戴法興禁制，意不能平。藉故免其官，不久於家賜死，時年五十二。法興能爲文章，頗行於世。《宋書》卷九四、《南史》卷七七有傳。兩《唐志》無載，亡佚。《全宋文》卷四五有輯文。

宋黄門郎《虞通之集》十五卷。梁二十卷。

虞通之：見本志史部“雜傳類”。兩《唐志》著録《虞通之集》五卷，《宋志》無載，亡佚。《全宋文》卷五五有輯文。

宋司徒左長史《沈勃集》十五卷。梁二十卷。

沈勃（生卒年不詳）：吴興武康（今浙江德清）人，好爲文章，琴棋俱精，而輕薄逐利，任尚書殿中郎。泰始中，因受賄，徙付梁州。元徽中，又爲司徒左長史，後被誅。順帝即位，追贈本官。《宋書》卷六三、《南史》卷三六有傳。兩《唐志》著録《沈勃集》十五卷，《宋志》無載，亡佚。《全宋文》卷四一有輯文。

宋金紫光禄大夫《謝莊集》十九卷。梁十五卷。又有宋金紫光禄大夫《謝協集》三卷，三巴校尉《張悦集》十一卷，揚州從事《賀顔集》十一卷，領軍長史《孔邁之集》八卷，撫軍參軍《賀弼集》十六卷，本州秀才《劉遂集》二卷，亡。

謝莊（421—466）：字希逸，陳郡陽夏（今河南太康）人。七歲能屬文，通《論語》。初爲始興王后軍法曹行參軍。元嘉二十九年（452），除太子中庶子。文冠當時的袁淑見謝莊所作賦，稱“江東無我，卿當獨秀。我若無卿，亦一時之傑也”。劉劭弑立，轉爲司徒左長史。孝武帝即位，除侍中。前廢帝即位，爲尋陽王師，加中書令、金紫光禄大夫。泰始二年（466）卒，時年四十六，謚曰憲子。所著文章四百餘首，行於世。《宋書》卷八五、《南史》卷二〇有傳。《日本國見在書目録》著録《謝莊集》二十卷，兩《唐志》著録《謝莊集》十五卷，《宋志》著録《謝莊集》一卷，現有《漢魏六朝百三名家集》本《謝光禄集》一卷，《漢魏六朝名家集》初刻本《謝希逸集》三卷，《全宋文》卷三四、卷三五有輯文。謝協：生平事迹不詳。兩《唐志》無載，亡佚。張悦（？—470）：吴郡吴（今江蘇蘇州）人，有美稱。歷任侍中、南郡太守。晉安王子勛建僞號，拜張悦吏部尚書。及事敗，張悦降，爲太子中庶子。泰始六年（470），欲以張悦補三巴校尉，領巴郡太守。未拜，卒。《宋書》卷四六、卷五九，《南史》卷三二有傳。兩《唐志》無載是集，亡佚。《全宋文》卷四九有輯文。賀頠（wěi）：生平事迹不詳。兩《唐志》無載，亡佚。孔邁之：生平事迹不詳。兩《唐志》無載，亡佚。賀弼：字仲輔，會稽山陰（今浙江紹興）人，有文才。拒絶投降自殺，後贈車騎將軍、山陽海陵二郡太守，長史如故。見《宋書》卷七九。兩《唐志》無載，亡佚。劉遂：生平事迹不詳。兩《唐志》無載，亡佚。

宋《建平王景素集》十卷。

建平王景素（452—476）：文帝第七子建平宣簡王宏之子，少好文義，有父風。素喜文章書籍，招集才義之士，傾身禮接，以收名譽，由是朝野翕然，莫不屬意焉。後廢帝狂暴無道，内外皆謂景素宜當神器。景素舉兵，兵敗被殺，時年二十五。《宋書》卷七二、《南史》卷一四有傳。兩《唐志》無載是集，亡佚。

宋征虜記室參軍《鮑照集》十卷。梁六卷。又有宋武康令《沈懷遠集》十九卷，《裴駰集》六卷，删定郎《劉鯤集》五卷，宜都太守《費修集》十卷，亡。

鮑照（416？—466）：字明遠，本上黨（今山西晉城、長治一帶）人。文辭贍逸，嘗爲古樂府，文甚遒麗。孝武帝以其爲中書舍人，大明五年（461），除前軍行參軍。明帝初，江陵人宋景因亂掠城，鮑照爲其所殺，時年五十餘。見《宋書》卷五一、《南史》卷一三、《全齊文》卷二五虞炎《鮑照集序》。《日本國見在書目録》著録《鮑集》十卷，兩《唐志》、《宋志》著録《鮑照集》十卷。《四庫全書總目》卷一四八著録《鮑參軍集》十卷，提要稱，鮑照没於亂兵，遺文零落，齊散騎常侍郎虞炎始編次成集。《隋志》著録十卷，而注曰梁六卷，然則後人又續增矣。現存最早《鮑氏集》十卷爲明正德五年（1510）朱應登刻本，《鮑氏集》十卷之通行本爲《四庫》本、《四部叢刊》本、《四部備要》本等。《全宋文》卷四六、卷四七有輯文。沈懷遠：吴興武康（今浙江德清）人，沈懷文弟。爲始興王濬征北長流參軍，坐納王鸚鵡爲妾，孝武帝徙之廣州。前廢帝時，流徙者並聽歸本，沈懷遠官至武康令。撰《南越志》及《懷文文集》，並傳於世。《宋書》卷八二、《南史》卷三四有傳。兩《唐志》無載是集，亡佚。《全宋文》卷四五有輯文。裴駰：見本志史部“正史類”。兩《唐志》無載，亡佚。《全宋文》卷一七有輯文。劉鯤（kūn）：兩《唐志》著録《劉緄集》五卷，疑劉鯤即劉緄（gǔn），宋泰始初太學博士。見《宋書》卷一七。《宋志》無載是集，亡佚。《全宋文》卷五六有輯文。費修：生平事迹不詳。兩《唐志》無載，亡佚。

宋太中大夫《徐爰集》六卷。梁十卷。又有宋護軍司馬《孫勃集》六卷，右光禄大夫《張永集》十卷，陽羡令《趙繹集》十六卷，亡。

徐爰：見本志經部“易類”。兩《唐志》著録《徐爰集》十卷，《宋志》無載，亡佚。《全宋文》卷四〇有輯文。孫勃：生平事迹不詳。兩《唐志》無載，亡佚。張永（410—475）：字景雲，吴郡吴（今江蘇蘇州）人。涉獵書史，能爲文章，善隸書，曉音律，騎射雜藝，觸類兼善，又有巧思。既有才能，所在每盡心力，文帝謂堪爲將。歷任廷尉、侍中、南兖州刺史，封孝昌縣侯。元徽二年（474），休範作亂，張永率部潰散，免冠削爵。三年（475），卒，時年六十六。順帝昇明二年（478），追贈侍中、右光禄大夫。《宋書》卷五三、《南史》卷三一有傳。兩《唐志》無載是集，亡佚。《全宋文》卷四九有輯文。趙繹：生平事迹不詳。兩《唐志》無載，亡佚。

宋《庾蔚之集》十六卷。梁二十卷。又有太子中舍人徵不就《王素集》十六卷，亡。

庾蔚之：見本志經部“禮類”。兩《唐志》著録《庾蔚之集》十一卷，《宋志》無載，亡佚。《全宋文》卷五二、卷五三有輯文。王素（418—471）：字休業，琅邪臨沂（今山東臨沂）人。少有志行，愛好文義，不以人俗累懷。初爲廬陵國侍郎，母憂去職。大明中，江夏王開府辟召，辟其爲倉曹屬；泰始六年（470），召爲太子中舍人，並不就。七年（471）卒，時年五十四。《宋書》卷九三、《南史》卷二四有傳。兩《唐志》無載，亡佚。

宋豫章太守《劉愔集》八卷。梁十卷。又有宋起部《費鏡運集》二十卷；光禄大夫《孫敻集》十一卷；太尉從事中郎《蔡頤集》三卷；司空《劉勔集》二十卷，録一卷；青州刺史《明僧暠集》十卷；吴興太守《蕭惠開集》七卷；《沈宗之集》十卷；大司農《張辯集》十六卷；金紫光禄大夫《王瓚集》十五卷，録一卷；《郭坦之集》五卷；會稽主簿《辛湛之集》八卷；太子舍人《朱百年集》二卷；東海王常侍《鮑德遠集》六卷；會稽郡丞《張緩集》六卷。亡。

劉愔（？—472）：愔（yīn），或作劉愔之。泰始六年（470）爲豫章太守。泰豫元年（472），明帝夜夢豫章太守劉愔反，遣就郡殺之。見《宋書》卷二九、《南史》卷三。兩《唐志》著録《劉愔集》十卷，《宋志》無載，亡佚。費鏡運：生平事迹不詳。兩《唐志》無載，亡佚。孫敻（生卒年不詳），敻（xiòng），宋明帝時爲御史中丞，奏王僧虔，坐免官。見《南史》卷二二。兩《唐志》無載是集，亡佚。《全宋文》卷五六有輯文。蔡頤：生平事迹不詳。兩《唐志》無載，亡佚。劉勔（418—474）：勔（miǎn），字伯猷，彭城（今江蘇徐州）人。少有志節，兼好文義。初爲廣州增城令。大明初，從征竟陵王誕，封金城縣五等侯。明帝時，從討晉安王子勛及豫章刺史，拜太子左衛率，封鄱陽縣侯。明帝臨崩，受顧命以爲守尚書右僕射。元徽初，桂陽王休範爲亂，劉勔率所領於朱雀航戰敗，臨陣死之，時年五十七。追贈司空、散騎常侍，謚曰忠昭公。《宋書》卷八六、《南史》卷三九有傳。兩《唐志》無載，亡佚。《全宋文》卷四五有輯文。明僧暠（生卒年不詳）：暠（hào），平原鬲（今山東平原西北）人，好學。泰始初，爲青州刺史。見《南齊書》卷五四、《南史》卷五〇。兩《唐志》無載，亡佚。蕭惠開（423—471）：南蘭陵（今江蘇常州）人。少有風氣，涉獵文史，雖爲貴戚，居服簡素。孝建元年（454），自太子中庶子轉黄門侍郎。大明二年（458），出爲寧朔將軍、襄陽太守，行雍州州府事。蕭惠開善於爲政，威行禁止，襲封封陽縣侯。數遷爲御史中丞，改督益寧二州刺史。惠開素有大志，至蜀，欲廣樹經略，善於述事，聞其言者，以爲大功可立。然並不得志。泰始六年（470），除少府，加給事中。七年（471）卒，時年四十九。《宋書》卷八七、《南史》卷一八有傳。兩《唐志》無載，亡佚。《全宋文》卷三九有輯文。沈宗之：生平事迹不詳。兩《唐志》無載，亡佚。張辯（生卒年不詳）：吴郡吴（今江蘇蘇州）人。得明帝知遇，歷任尚書吏部郎、廣州刺史、大司農。見《宋書》卷五三。兩《唐志》無載是集，亡佚。《全宋文》卷四九有輯文。王瓚：疑爲王瓚之（生卒年不詳），琅邪臨沂（今山東臨沂）人。孝武帝大明中，任吏部尚書、金紫光禄大夫，謚曰貞子。見《宋書》卷六六、《南史》卷二四。兩《唐志》無載，亡佚。郭坦之：生平事迹不詳。兩《唐志》無載，亡佚。辛湛之：生平事迹不詳。兩《唐志》無載，亡佚。朱百年（368—454）：會稽山陰（今浙江紹興）人。少有高情，攜妻入會稽南山，以伐樵采箬爲業。頗能言理，時爲詩詠，往往有高勝之言。舉秀才，除太子舍人，辟文學從事，皆不就。孝建元年（454），卒山中，時年八十七。《宋書》卷九三、《南史》卷七五有傳。兩《唐志》無載，亡佚。鮑德遠：生平事迹不詳。兩《唐志》無載，亡佚。張緩：生平事迹不詳。兩《唐志》無載，亡佚。

宋寧國令《劉薈集》七卷。

劉薈：生平事迹不詳。兩《唐志》無載，亡佚。

宋江州從事《吴邁遠集》一卷。殘缺。梁八卷，亡。

吴邁遠（？—474）：好爲文章，明帝聞而召之。好自誇而鄙夷他人。每作詩，得稱意語，即擲地呼曰："曹子建何足數哉！"見《南史》卷七二。兩《唐志》無載，亡佚。

宋宛朐令《湯惠休集》三卷。梁四卷。又有南海太守《孫奉伯集》十卷，右將軍《成元範集》十卷，奉朝請《虞喜集》十一卷，延陵令《唐思賢集》十五卷，《戴凱之集》六卷，亡。

湯惠休（生卒年不詳）：原爲沙門釋惠休，善屬文，辭采綺艷，與徐湛之交之甚厚。孝武帝命其還俗。本姓湯，位至揚州從事史。見《宋書》卷七一。兩《唐志》著録《湯惠休集》三卷，《宋志》無載，亡佚。孫奉伯（生卒年不詳）：東莞莒（今山東莒縣）人。歷任淮南太守、交州刺史、始興太守。見《宋書》卷八、卷四一，《南史》卷七〇。兩《唐志》無載，亡佚。成元範：生平事迹不詳。兩《唐志》無載，亡佚。虞喜：此若爲劉宋時人，生平事迹不詳。兩《唐志》無載。唐思賢：生平事迹不詳。兩《唐志》無載，亡佚。戴凱之：見本志史部"譜系類"。兩《唐志》無載，亡佚。

宋司徒《袁粲集》十一卷。并目録。梁九卷。又有婦人《牽氏集》一卷，宋後宫司儀《韓蘭英集》四卷，亡。

袁粲（420—477）：字景倩，陳郡陽夏（今河南太康）人。本名愍孫，明帝初請改爲粲。袁粲負才尚氣，愛好虚遠。雖位任隆重，不以事務經懷，獨步園林，詩酒自適。明帝臨崩，袁粲爲尚書令，與褚淵、劉勔並受顧命。元徽二年（474），加衛將軍、中書監、開府儀同三司，領司徒。順帝即位，出鎮石頭。齊高帝將篡位，粲以身受顧命，不欲事二主，密有異圖，事泄被殺，時年五十八。《宋書》卷八九、《南史》卷二六有傳。兩《唐志》著録《袁粲集》十卷，《宋志》無載，亡佚。《全宋文》卷四四有輯文。牽氏：不知何人。兩《唐志》無載，亡佚。韓蘭英（生卒年不詳）：吴郡（今江蘇境内）人，有文辭。孝武帝時，以獻《中興賦》，被賞入宫。明帝時爲宫中職僚。齊武帝時爲博士，教六宫書學，以其年老多識，呼爲韓公。《南齊書》卷二〇、《南史》卷一一有傳。兩《唐志》無載，亡佚。

《齊文帝集》一卷。殘缺。梁十一卷。又有齊《晉安王子懋集》四卷，録一卷；《隨王子隆集》七卷。亡。

齊文帝（458—493）：諱長懋，字雲喬，小字白澤，武帝長子。仕宋，遷黄門侍郎。太祖受禪，封南郡王。武帝即位，立爲皇太子。與竟陵王子良俱好佛，立六疾館以養窮人。然性懶奢麗，玩弄羽儀，多所僭擬。永明十一年（493），薨於東宫，時年三十六，謚曰文惠。鬱林立，追尊爲文帝，廟號世宗。《南齊書》卷二一、《南史》卷四四有傳。《日本國見在書目録》著録《文太子集》十卷，兩《唐志》無載，亡佚。《全齊文》卷六有輯文。晉安王子懋（472—494）：字雲昌，武帝第七子。初封江陵公。永明八年（490），進號鎮南將軍，撰《春秋例苑》三十卷奏之。延興元年（471），聞鄱陽、隨郡二王見殺，欲起兵赴難，被于琳之所害，時年二十三。《南齊書》卷四〇、《南史》卷四四有傳。兩《唐志》無載，亡佚。隨王子隆（474—494）：字雲興，武帝第八子。有文才，初封枝江公。隆昌元年（494），爲侍中、撫軍將軍。延興元年（494），轉中軍大將軍。其最以才貌見憚，故先見殺。有文集行於世。《南齊書》卷四〇、《南史》卷四四有傳。兩《唐志》無載，亡佚。《全齊文》卷七有輯文。

齊《竟陵王子良集》四十卷。梁又有齊聞喜公《蕭遥欣集》十一卷，領軍諮議《劉祥集》十卷，亡。

竟陵王子良：見本志子部“雜家類”。《南齊書》卷四〇載，蕭子良集學士抄五經、百家，依《皇覽》例爲《四部要略》千卷。所著内外文筆數十卷，雖無文采，多是勸誡。兩《唐志》著録《竟陵王集》三十卷，《宋志》無載，亡佚。現有《漢魏六朝百三名家集》本《南齊竟陵王集》二卷，《全齊文》卷七有輯文。蕭遥欣（469—499）：字重暉，太祖兄之孫，十五六歲即博覽經史。延興元年（494），爲持節，督兖州緣淮軍事，寧朔將軍、兖州刺史。建武元年（494），封聞喜公，遷荆州刺史，加都督，改封曲江公。永元元年（499）卒，時年三十一，贈侍中、司空，謚曰康公。《南齊書》卷四五、《南史》卷四一有傳。兩《唐志》無載，亡佚。劉祥：字顯徵，東莞莒（今山東莒縣）人。少好文學，性韻剛疎，輕言肆行，不避高下。永明初，遷長沙王鎮軍，板諮議參軍，撰《宋書》，譏斥禪代。後免官，徙廣州，終日縱酒，不久病亡，時年三十九。《南齊書》卷三六、《南史》卷一五有傳。兩《唐志》無載，亡佚。《全齊文》卷一八有輯文。

齊太宰《褚彦回集》十五卷。梁又有齊黄門侍郎《崔祖思集》二十卷；中軍佐《鍾蹈集》十二卷；餘杭令《丘巨源集》十卷，録一卷。亡。

褚彦回（435—482）：名淵，河南陽翟（今河南禹州）人。少有世譽，尚宋文帝女，拜駙馬都尉，除著作佐郎，累遷祕書丞，襲爵都鄉侯。明帝即位，改封雩都伯。歷任中書令、護軍將軍，與袁粲受顧命輔幼主。齊臺建，求爲齊官，高帝謙而不許。建元元年（479），進位司徒、侍中，中書監如故，改封南康郡公。四年（482）薨，時年四十八。詔贈太宰、侍中，録尚書事、公如故。謚文簡。《南齊書》卷二三、《南史》卷二八有傳。《舊唐志》著録《褚彦回集》十五卷，《新唐志》著録《褚淵集》十五卷，《宋志》無載，亡佚。《全齊文》卷一四有輯文。崔祖思（生卒年不詳）：字敬元，清河東武城（今山東武城）人。少有志氣，好讀書史。初州辟主簿，轉爲相國從事中郎，遷齊國内史。齊建元元年，轉長兼給事黄門郎。武帝即位，啓陳政事，爲青、冀二州刺史，未幾卒。《南齊書》卷二八、《南史》卷四七有傳。兩《唐志》無載，亡佚。《全齊文》卷二一有輯文。鍾蹈（生卒年不詳）：潁川長社（今河南長葛）人，齊中軍參軍。見《南史》卷七二。兩《唐志》無載，亡佚。丘巨源（？—484）：蘭陵（今江蘇常州）人。宋大明五年（461），敕助徐爰撰國史。齊建元元年（479），爲尚書主客郎、領軍司馬、越騎校尉。除武昌太守，以年老辭，爲餘杭令。高宗爲吴興，巨源作《秋胡詩》，有譏刺語，被殺。《南齊書》卷五二、《南史》卷七二有傳。兩《唐志》無載，亡佚。《全齊文》卷一七有輯文。

齊太尉《王儉集》五十一卷。梁六十卷。又有齊東海太守《謝顥集》十六卷，《謝瀹集》十卷，豫州刺史《劉善明集》十卷，侍中《褚賁集》十二卷，徵士《劉虯集》二十四卷，司徒主簿徵不就《庾易集》十卷，《顧歡集》三十卷，《劉瓛集》三十卷，射声校尉《劉璡集》三卷，亡。

王儉：見本志經部“禮類”。《南齊書》卷二三載，王儉幼有神采，專心篤學，手不釋卷，依《七略》例撰《七志》四十卷，又撰定《元徽四部書目》。所撰《古今喪服集記》與文集並行於世。兩《唐志》著録《王儉集》六十卷，《宋志》無載，亡佚。現有《漢魏六朝百三名家集》本《王文憲集》一卷，《全齊文》卷九至卷一一有輯文。謝顥（446—502）：字仁悠，陳郡陽夏（今河南太康）人。宋末爲豫章太守，至石頭，遂白服登峰火樓，坐免官。齊建元初，爲吏部郎，至太尉從事中郎。永明初，爲竟陵王友。卒於北中郎長史。《南史》卷二〇有傳，又見《南齊書》卷四三。兩《唐志》無載，亡佚。謝瀹（454—498）：瀹（yuè），字義潔，謝顥弟。解褐車騎將軍，遷祕書郎，司徒祭酒，撫軍功曹。齊臺建，遷太子中舍人，後爲吏部尚書，領右將軍。永泰元年（498），轉散騎常侍，太子詹事。其年卒，時年四十五，贈金紫光禄大夫，謚簡子。《南齊書》卷四三、《南史》卷二〇有傳。兩《唐志》無載，亡佚。劉善明（432—480）：平原（今山東平原）人。少而静處讀書。年四十辟爲治中從事，後轉寧朔將軍、巴西梓潼二郡太守。結事齊太祖，委身歸誠。齊臺建，爲淮南、宣城太守，封新淦伯。撰《賢聖雜語》奏之，託以諷諫。建元二年（480）卒，時年四十九。贈左將軍、豫州刺史，謚曰烈伯。《南齊書》卷二八、《南史》卷四九有傳。兩《唐志》無載，亡佚。《全齊文》卷一八有輯文。褚賁（？—489）：字蔚先，褚淵長子。解褐祕書郎。昇明中，爲太祖太尉從事中郎、齊世子中庶子、領翊軍校尉。建元初，爲侍中。永明六年（488），上表稱疾，讓封於弟。對父褚淵背袁粲等投靠齊太祖，終身愧恨之。七年（489）卒。《南齊書》卷二三、《南史》卷二八有傳。兩《唐志》無載，亡佚。劉虯（438—495）：虯（qiú），又作劉虬（qiú），字靈預，南陽涅陽（今河南鎮平南）人。少而抗節好學，須得禄便隱。宋泰始中，仕至晉平王驃騎記室、當陽令。齊臺建，多次召辟，皆不就。精信釋氏，注《法華經》，自講佛義。建武二年（495）卒，時年五十八。《南齊書》卷五四、《南史》卷五〇有傳。兩《唐志》無載，亡佚。《全齊文》卷二〇有輯文。庾易（？—495）：字幼簡，新野（今河南新野）人。志行恬隱，不交外物。齊臺建，多次召辟，並不就，以文義自樂。建武二年（495）卒。《南齊書》卷五四、《南史》卷五〇有傳。兩《唐志》無載，亡佚。顧歡：見本志經部"尚書類"。《南齊書》卷五四載，顧歡篤志好學，善於著筆。世祖詔歡諸子撰顧歡《文議》三十卷。兩《唐志》無載，亡佚。《全齊文》卷二二有輯文。劉瓛（huán）：見本志經部"易類"。《南齊書》卷三九載，劉瓛所著文集，皆是禮義，行於世。兩《唐志》無載，亡佚。《全齊文》卷一八有輯文。劉璡（生卒年不詳）：璡（jìn），字子璥，沛國相（今安徽濉溪）人。方軌正直，有文采。宋泰豫中，爲明帝挽郎。齊文惠太子召其入侍東宮，爲兼記室參軍大司馬，射声校尉，卒官。《南齊書》卷三九、《南史》卷五〇有傳。兩《唐志》無載，亡佚。《全齊文》卷一八有輯文。

齊中書郎《周顒集》八卷。梁十六卷。又有齊左侍郎《鮑鴻集》二十卷，録一卷；雍州秀才《韋瞻集》十卷；正員郎《劉懷慰集》十卷，録一卷；永嘉太守《江山圖集》十卷；驃騎記室參軍《荀憲集》十一卷。亡。

周顒：見本志經部"易類"。《南齊書》卷四一、《南史》卷三四載，周顒音辭辯麗，出言無窮，宫商朱紫，發口成句。始著《四聲切韻》，行於時。兩《唐志》著録《周顒集》二十卷，《宋志》無載，亡佚。《全齊文》卷二〇有輯文。鮑鴻：生平事迹不詳。兩《唐志》無載，亡佚。韋瞻：生平事迹不詳。兩《唐志》無載，亡佚。劉懷慰（447—491）：原名聞慰，字彦泰，平原（今山東平原）人。仕宋至尚書駕部郎，爲齊太祖心腹。齊臺建，爲輔國將軍、齊郡太守。世祖即位，出監東陽郡，還兼安陵王北中郎司馬。永明九年（491）卒，時年四十五。著文翰，獻《皇德論》。《南齊書》卷五三、《南史》卷四九有傳。兩《唐志》無載，亡佚。江山圖：齊武帝時，爲鹽官令。見《南齊書》卷五四、《南史》卷七五。兩《唐志》無載，亡佚。荀憲：生平事迹不詳。兩《唐志》無載，亡佚。

齊前軍參軍《虞羲集》九卷。殘缺。梁十一卷。又有平陽令《韋沈集》十卷，車騎參軍《任文集》十一卷，《卞鑠集》十六卷，《婁幼瑜集》六十六卷，長水校尉《祖冲之集》五十一卷，亡。

虞羲（？—510？）：字士光，又字子陽，會稽餘姚（今浙江餘姚）人。七歲能屬文，盛有才藻。始安王引爲侍郎，尋兼建安征虜府主簿功曹，又兼記室參軍事。天監中卒。見《南史》卷五九、《文選》卷二一李善注引《虞羲集序》。兩《唐志》著録《虞羲集》十一卷，《宋志》無載，亡佚。《全齊文》卷二五有輯文。韋沈：生平事迹不詳。兩《唐志》無載，亡佚。任文：生平事迹不詳。兩《唐志》無載，亡佚。卞鑠：袁粲爲丹陽尹，取其爲主簿。好詩賦，多譏刺世人，坐徙巴州。見《南史》卷七二。兩《唐志》無載，亡佚。婁幼瑜：或作樓幼瑜，見本志經部“禮類”。兩《唐志》無載，亡佚。祖冲之：見本志子部“曆數類”。《南齊書》卷五二載，祖冲之著《易》、《老》、《莊》義，釋《論語》、《孝經》，注《九章》，造《綴述》數十篇。兩《唐志》無載，亡佚。《全齊文》卷一六有輯文。

齊中書郎《王融集》十卷。

王融（467—493）：字元長，琅邪臨沂（今山東臨沂）人。少而神明警惠，博涉有文才。爲竟陵王司徒板法曹行參軍，遷太子舍人、中書郎。竟陵王板王融寧朔將軍、軍主。武帝病篤，王融欲矯詔立竟陵王，未成。鬱林王立，即位十餘日，收王融下廷尉獄，後於獄賜死，時年二十七。有文集行於世。《南齊書》卷四七、《南史》卷二一有傳。《日本國見在書目録》著録《王融集》十卷，兩《唐志》著録《王融集》十卷，《崇文總目》、《宋志》著録《王融集》七卷，後無載。現有《漢魏六朝百三名家集》本《王寧朔集》一卷，《增定漢魏六朝別解》本《王寧朔集》，《全齊文》卷一二、卷一三有輯文。

齊吏部郎《謝朓集》十二卷。

《謝朓逸集》一卷。梁又有《王巾集》十一卷，亡。

謝朓（464—499）：字玄暉，陳郡陽夏（今河南太康）人。少好學，有美名，文章清麗。爲隨王子隆鎮西功曹，轉文學。以文才得子隆賞愛，流連晤對，不捨日夕。明帝輔政，以謝朓爲驃騎諮議，領記室，掌霸府文筆，出爲宣城太守。啓王敬則謀反，遷尚書吏部郎。東昏侯失德，謝朓不回應立始安王之事，始安王大怒，將謝朓收付廷尉，下獄死，時年三十六。《南齊書》卷四七、《南史》卷一九有傳。《日本國見在書目録》著録《謝朓集》十卷，兩《唐志》、《宋志》著録《謝朓集》十卷，《崇文總目》著録《謝玄暉文集》十卷。《直齋書録解題》卷一六著録《謝宣城集》五卷，稱“集本十卷，樓炤知宣州，止以上五卷賦與詩刊之，下五卷皆當時應用之文，衰世之事”。《四庫全書總目》卷一四八著録《謝宣城集》五卷，提要稱，此本五卷，即紹興二十八年（1158）樓炤所刻，前有炤序，猶南宋佳本也。現存最早本子爲明正德六年（1511）劉紹刻《謝朓集》五卷，通行本有《四庫》本《謝宣城集》五卷，《四部叢刊》本、《四部備要》本、《叢書集成》本《謝宣城詩集》五卷。《全齊文》卷二三有輯文。《謝朓逸集》無載，亡佚。王巾：見本志史部“雜傳類”。兩《唐志》無載，亡佚。《文選》卷五九載其一篇碑文。

齊司徒左長史《張融集》二十七卷。梁十卷。又有張融《玉海集》十卷、《大澤集》十卷、《金波集》六十卷；又有齊羽林監《庾韶集》十卷；黄門郎《王僧祐集》十卷；太常卿《劉悛集》二十卷，録一卷；祕書《王寂集》五卷。亡。

張融：見本志子部“道家類”。《南齊書》卷四一載，張融自名集爲《玉海》，文集數十卷行於世。兩《唐志》著録張融《玉海集》六十卷，《宋志》無載，亡佚。現有《漢魏六朝百三名家集》本《齊張長史集》一卷，《全齊文》卷一五有輯文。《大澤集》、《金波集》未見著録。庾韶：生平事迹不詳。兩《唐志》無載，亡佚。王僧祐（生卒年不詳）：字胤宗，琅邪臨沂（今山東臨沂）人。舉秀才，爲驃騎法曹。雅好博古，善《老》、《莊》，不尚繁華，工草隸，善鼓琴，亭然獨立，不交當世。卒於黄門郎。《南齊書》卷四六、《南史》卷二一有傳。兩《唐志》無載，亡佚。劉悛（438—498）：悛（quān），字士操，彭城（今江蘇徐州）人。仕宋，隨父征竟陵王誕於廣陵，以功拜駙馬都尉，與齊武帝同直殿内，並爲宋明帝親待。高帝受禪，進號冠軍將軍。歷仕武帝、鬱林王、明帝，至東昏侯即位，爲散騎常侍，領驍騎將軍，五兵尚書。卒，年六十一。贈太常，常侍、都尉如故，謚曰敬。《宋書》卷八六、《南齊書》卷三七、《南史》卷三九有傳。兩《唐志》無載，亡佚。《全齊文》卷一七有輯文。王寂（生卒年不詳）：字子玄，琅邪臨沂（今山東臨沂）人。性迅動，好文章，初爲祕書郎。卒，年二十一。見《南齊書》卷三三、《南史》卷二二。兩《唐志》無載，亡佚。

齊金紫光禄大夫《孔稚珪集》十卷。

孔稚珪：見本志史部“雜傳類”。《南齊書》卷四八載，孔稚珪少涉學，有美譽，風韻清竦，好文詠。《日本國見在書目録》著録《孔稚珪集》十卷，兩《唐志》、《崇文總目》、《宋志》著録《孔稚珪集》十卷。《郡齋讀書附志》卷下著録《孔稚珪集》十卷，稱集有序：“所爲文章，雖行於世，竟未撰集。今摭其遺逸，分爲十卷。”然莫知其爲誰序也。現有《漢魏六朝百三名家集》本《南齊孔詹事集》一卷，《增定漢魏六朝别解》本《孔詹事集》一卷，《全齊文》卷一九有輯文。

齊後軍法曹參軍《陸厥集》八卷。梁十卷。

陸厥（472—499）：字韓卿，吴郡吴（今江蘇蘇州）人。少有風概，好屬文，五言詩體甚新變。州舉秀才，爲王晏少傅主簿，遷後軍行參軍。永元元年（499），始安王遥光反，父陸閑被誅。陸厥坐繫尚方，不久有赦令，恨父不及，感慟而卒，時年二十八。有文集行於世。《南齊書》卷五二、《南史》卷四八有傳。兩《唐志》著録《陸厥集》十卷，《宋志》無載，亡佚。《全齊文》卷二四有輯文。

齊太尉《徐孝嗣集》十卷。梁七卷。又有侍中《劉暄集》一十一卷，通直常侍《裴昭明集》九卷，《虞炎集》七卷，吏部郎《劉瑱集》十卷，梁國從事中郎《劉繪集》十卷，亡。

徐孝嗣（？—499）：字始昌，東海郯（今浙江嵊州）人。八歲襲爵枝江縣公，宋武帝甚愛之，尚康樂公主，拜駙馬都尉，除著作郎。齊臺建，爲世子庶子，出爲吴興太守。歷任吏部尚書、右軍將軍，領太子左衛率，臺閣事多以委之。武帝崩，遺詔以爲尚書右僕射，又封枝江縣侯。明帝即位，進爵爲公。永元初輔政，進位司空。其冬，入華林省，東昏侯遣人賜藥，卒。和帝中興元年（501），贈太尉，謚曰文忠。《南齊書》卷四四、《南史》卷一五有傳。兩《唐志》著録《徐孝嗣集》十二卷，《宋志》無載，亡佚。《全齊文》卷二〇有輯文。劉暄（？—499）：暄（xuān），字士穆，彭城（今江蘇徐州）人，明帝皇后之弟。歷任衛尉、散騎常侍、右衛將軍。始安王遥光事平，遷領軍將軍，封平都縣侯，其年被殺。和帝中興元年（501），贈散騎常侍、撫軍將軍、並開府儀同三司。見《南齊書》卷四二、《南史》卷四七。兩《唐志》無載，亡佚。裴昭明（？—502）：河東聞喜（今山西聞喜）人，裴駰之子。少傳儒史之業。宋泰始中，爲太學博士。元徽中，出爲長沙郡丞，又爲祠部通直郎。齊永明三年（485），遷射聲校尉。建武初，爲廣陵太守。中興二年（502）卒。《南齊書》卷五三、《南史》卷三三有傳。兩《唐志》無載，亡佚。《全齊文》卷一八有輯文。虞炎：會稽（今浙江紹興）人。永明中，以文學與沈約俱爲文惠太子所遇，闕愛有加。官至驍騎將軍。見《南齊書》卷五二、《南史》卷四八。兩《唐志》無載，亡佚。《全齊文》卷二五有輯文。劉瑱（460—501）：瑱（tiàn），字士温，彭城（今江蘇徐州）人。好文章，飲酒奢逸，不吝財物，善畫婦人。官至吏部郎。見《南齊書》卷四八、《南史》三九。兩《唐志》無載，亡佚。劉繪（458—502）：字士章，彭城（今江蘇徐州）人。解褐著作郎，爲太祖太尉行參軍。歷任太子洗馬、中書郎，掌詔誥。後爲寧朔將軍、晉安王征北長史，南東海太守，行南徐州事。及梁軍義師起，東昏侯被殺，城内遣劉繪等送首詣梁王於石頭，轉大司馬從事中郎。中興二年（502）卒，年四十五。撰《能書人名》，自言善飛白，言論之際頗好矜知。《南齊書》卷四八、《南史》卷三九有傳。兩《唐志》無載，亡佚。《全齊文》卷一七有輯文。

齊侍中《袁彖集》五卷。并録。

袁彖（447—494）：彖（tuàn），字偉才，陳郡陽夏（今河南太康）人。少有風氣，好屬文玄言。舉秀才，歷諸王府參軍，不就。仕宋，爲齊太祖太傅相國主簿，祕書丞。入齊，爲中書郎，兼御史中丞，後遷侍中。隆昌元年（494）卒，年四十八，謚靖子。《南齊書》卷四八、《南史》卷二六有傳。兩《唐志》無載，亡佚。《全齊文》卷一七有輯文。

齊中書郎《江奂集》九卷。并録。

江奂：生平事迹不詳。兩《唐志》無載，亡佚。

齊平西諮議《宗躬集》十三卷。

宗躬：或作宋躬，見本志史部“雜傳類”。兩《唐志》著録《宗躬集》十二卷，《宋志》無載，亡佚。

齊太子舍人《沈驎士集》六卷。

沈驎士：或作沈麟士，見本志經部“禮類”。《南齊書》卷五四載，沈驎士少好學，織簾誦書，口手不息。篤學不倦，遭火，燒書數千卷，年過八十，耳聰目明，用廢紙手抄，火下細書，又成二三千卷。著述頗豐。兩《唐志》無載，亡佚。《全梁文》卷四〇有輯文。

《梁武帝集》二十六卷。梁三十二卷。

《梁武帝詩賦集》二十卷。

《梁武帝雜文集》九卷。

《梁武帝别集目録》二卷。

梁武帝：見本志經部“易類”。《梁書》卷三載，梁武帝天情睿敏，下筆成章，千賦百詩，直疏便就，皆文質彬彬，超邁古今。詔銘贊誄，箴頌牋奏，爰自在田，及登寶位，凡諸文集，百二十卷。《周書》卷四二載，祕閣藏《梁武帝集》四十卷。兩《唐志》著録《梁武帝集》十卷，《宋志》無載，亡佚。現有《漢魏六朝百三名家集》本《梁武帝御製集》一卷，《增定漢魏六朝別解》本《梁武帝集》，《漢魏六朝名家集》初刻本《梁武帝集》八卷，《全梁文》卷一至卷七有輯文。

《梁武帝淨業賦》三卷。

此賦及序見唐麟德年間釋道宣撰《廣弘明集》卷二九，今存。兩《唐志》無載。

《梁簡文帝集》八十五卷。陸罩撰，并録。

梁簡文帝：見本志經部"詩類"。《南史》卷八稱其有文集一百卷行於世。陸罩：字洞元，吴郡吴（今江蘇蘇州）人。少篤學，有文才。簡文帝居藩，陸罩爲記室參軍，撰帝集序。後官至太子中庶子、光禄卿。《梁書》卷二六、《南史》卷四八有傳。《周書》卷四二載，祕閣藏《簡文帝集》九十卷。《日本國見在書目録》著録《梁簡文帝集》八卷（疑"八"下脱"十"），兩《唐志》著録《梁簡文帝集》八十卷，《宋志》著録《梁簡文帝集》一卷。《直齋書録解題》卷一九著録《梁簡文帝集》五卷，稱《隋志》八十五卷，唐已缺五卷。《中興書目》止存一卷，詩百篇又缺其三首。今五卷皆詩，總二百四十四篇。現有《漢魏六朝百三名家集》本《梁簡文帝御製集》二卷，《漢魏六朝名家集》初刻本《梁簡文帝集》八卷，《增定漢魏六朝別解》本《梁簡文帝集》，《全梁文》卷八至卷一四有輯文。

《梁元帝集》五十二卷。

《梁元帝小集》十卷。

梁元帝：見本志“大序”。《梁書》卷五載，元帝聰悟俊朗，天才英發。與當時才秀爲布衣之交，著述辭章，多行於世。有文集五十卷。《舊唐志》著録《梁元帝集》五十卷、《梁元帝集》十卷，《新唐志》著録《梁元帝集》五十卷、又《小集》十卷，《宋志》無載，亡佚。現有《漢魏六朝百三名家集》本《梁元帝集》一卷，《文選遺集》本《梁元帝集》八卷，《漢魏六朝名家集》初刻本《梁元帝集》五卷，《增定漢魏六朝别解》本《梁元帝集》，《全梁文》卷一五至卷一八有輯文。

梁《昭明太子集》二十卷。梁有梁《安成王集》三十卷，亡。

昭明太子：見本志經部“孝經類”。《梁書》卷八載，昭明太子所著文集二十卷；又撰古今典誥文言，爲《正序》十卷；五言詩之善者，爲《文章英華》二十卷；《文選》三十卷。兩《唐志》著録《昭明太子集》二十卷，《宋志》著録《昭明太子集》五卷。《四庫全書總目》卷一四八著録《昭明太子集》六卷，《提要》稱《宋志》僅載五卷，已非其舊，《文獻通考》不著録，宋末已佚矣。此本爲明嘉興葉紹泰所刊，凡詩賦一卷，雜文五卷。賦每篇不過數句，蓋自類書采掇而成。此集除《四庫》本之外，又有《漢魏六朝百三名家集》本《梁昭明太子集》一卷，《漢魏六朝名家集》初刻本《梁昭明太子集》四卷，《四部叢刊》本、《四部備要》本《梁昭明太子文集》五卷，《增定漢魏六朝别解》、《昭明太子集》，《全梁文》卷一九至卷二一有輯文。安成王（475—518）：名蕭秀，字彦達，南蘭陵（今江蘇常州）人，梁太祖第七子。仕齊，爲著作佐郎，太子舍人。天監元年（502），封安成郡王。歷任侍中，領宗正卿、石頭戍事、雍州刺史。十七年（518）薨，年四十四，贈侍中、司空，謚曰康。《梁書》卷二二、《南史》卷五二有傳。兩《唐志》無載，亡佚。《全梁文》卷二二有輯文。

梁《岳陽王詧集》十卷。

岳陽王詧（519—562）：詧（chá），蕭詧，字理孫，蘭陵（今江蘇常州）人，昭明太子之子。普通六年（525），封曲江縣公。大通三年（529），進封岳陽郡王。元帝即位，詧稱藩於西魏，周太祖策命蕭詧爲梁王，與魏柱國于謹平江陵，遂稱皇帝，年號爲大定，在位八年，保定二年（562）薨，年四十四。其群臣謚曰宣皇帝，廟號中宗。蕭詧幼而好學，善屬文，所著文集十五卷，内典《華嚴》、《般若》、《法華》、《金光明義疏》四十六卷，並行於世。《周書》卷四八、《北史》卷九三有傳。兩《唐志》無載，亡佚。《全梁文》卷六八有輯文。

《梁王蕭巋集》十卷。

蕭巋（542—585）：字仁遠，蘭陵（今江蘇常州）人，蕭詧之子。詧以憂憤發背而薨，周高祖命太子巋嗣位，年號天保，在位二十三年，隋開皇五年（585）薨，年四十四。其群臣謚曰孝明皇帝，廟號世宗。蕭巋機辯有文學，所著文集及《孝經》、《周易義記》，《大小乘幽微》，並行於世。《周書》卷四八、《北史》卷九三、《隋書》卷七九有傳。兩《唐志》無載，亡佚。《全梁文》卷六八有輯文。

梁《邵陵王綸集》六卷。

邵陵王綸（？—551）：蕭綸，字世調，蘭陵（今江蘇常州）人，武帝第六子。少聰穎博學，善屬文。天監十三年（514）封邵陵郡王。普通五年（524），以西中郎將權攝南兗州，坐事免官奪爵。大通三年（529）又封爵。中大通四年（532），爲侍中、揚州刺史，坐免庶人，不久又封爵。太清三年（549），進位司空。大寶二年（551），爲西魏兵所害。世祖追謚曰攜。《梁書》卷二九、《南史》卷五三有傳。《舊唐志》著録梁《邵陵王集》四卷，《新唐志》著録《邵陵王綸集》四卷，《宋志》無載，亡佚。《全梁文》卷二二有輯文。

梁《武陵王紀集》八卷。

武陵王紀（506—551）：蕭紀，字世詢，蘭陵（今江蘇常州）人，武帝第八子。少勤學，有文才，屬文不好輕華，甚有骨氣。天監十三年（514）封武陵郡王。歷授持節、都督益梁等十三州諸軍事、益州刺史。太清中，侯景亂，蕭紀不赴援。武帝崩，蕭紀乃僭於蜀，改元爲天正。太清五年（551），元帝命陸法和等破之，殺蕭紀於硤口，年四十六，賜姓饕餮氏。《梁書》卷五五、《南史》卷五三有傳。《舊唐志》著録梁《武陵王集》八卷，《新唐志》著録《武陵王紀集》八卷，《宋志》無載，亡佚。

梁《蕭琮集》七卷。梁又有《安成煬王集》五卷，亡。

蕭琮（558—607）：琮（cóng），字温文，蘭陵（今江蘇常州）人，梁王蕭巋子。博學有文義，初封東陽王。蕭巋薨，隋文帝命蕭琮嗣位，年號廣運。二年後，蕭琮叔父及弟等虜居民奔於陳。隋文帝於是廢梁國，拜蕭琮爲柱國，封莒國公。《周書》卷四八、《隋書》卷七九、《北史》卷九三有傳。《日本國見在書目録》著録《蕭琮集》二卷，兩《唐志》無載，亡佚。《全梁文》卷六八有輯文。安成煬王（499—528）：蕭機，字智通，蘭陵（今江蘇常州）人，蕭秀子。天監二年（503），除安成國世子，歷任會稽太守、給事中、中書侍郎、丹陽尹、湘州刺史。普通二年（521），襲封安成郡王。大通二年（528）薨，年三十。蕭機善吐納，博學强記，遠士子，近小人。謚曰煬。所著詩賦數千言，世祖集而序之。

《梁書》卷二二、《南史》卷五一有傳。兩《唐志》無載，亡佚。

梁司徒諮議《宗夬集》九卷。并録。

宗夬（456—504）：夬（guài），字明歇，南陽涅陽（今河南鎮平南）人。少勤學，有局幹。弱冠，舉秀才。仕齊，爲臨川王常侍、驃騎行參軍。爲武帝嫡孫管書記，及其即帝位，多失德，夬頗自疏。隆昌末，少帝見誅，則以清正免。梁武帝受禪，歷任太子右衛率、五兵尚書。天監三年（504）卒，時年四十九。《梁書》卷一九、《南史》卷三七有傳。《舊唐志》著録《宗史（"夬"之誤）集》十卷，《新唐志》著録《宗夬集》十卷，《宋志》無載，亡佚。

梁國子博士《丘遲集》十卷。并《録》。梁十一卷。又有《謝朏集》十五卷，亡。

丘遲（464—508）：字希範，吴興烏程（今浙江湖州）人。舉秀才，除太學博士，歷任殿中郎、車騎録事參軍。梁武帝踐祚，拜散騎侍郎，遷中書侍郎、侍詔文德殿。武帝著《連珠》，詔群臣繼作者數十人，丘遲文最美。天監中，拜中書郎，遷司徒從事中郎。七年（508），卒官，時年四十五。所著詩賦行於世。《梁書》卷四九、《南史》卷七二有傳。兩《唐志》著録《丘遲集》十卷，《宋志》無載，亡佚。現有《漢魏六朝百三名家集》本《梁丘司空集》一卷，《全梁文》卷五六有輯文。謝朏：見本志"大序"。《梁書》卷一五載，謝朏所著書及文章並行於世。兩《唐志》無載，亡佚。

梁金紫光禄大夫《江淹集》九卷。梁二十卷。

《江淹後集》十卷。

江淹：見本志史部“正史類”。《梁書》卷一四載，江淹少以文章顯，晚節才思微退，時人皆謂之才盡。凡所著述百餘篇，自撰前後集，及《齊史》十志，並行於世。《日本國見在書目録》著録《江文通集》一十卷，兩《唐志》著録《江淹前集》十卷、《江淹後集》十卷，《宋志》著録《江淹集》十卷。《郡齋讀書志》卷一七著録《江淹集》十卷，稱“今集二百四十九篇”。《四庫全書總目》卷一四八著録《江文通集》四卷，提要稱齊永明以後所作不在其内，今舊本散佚，行於世者惟歙縣汪士賢、太倉張溥二本。此本乃乾隆戊寅淹鄉人梁賓以汪本、張本參核異同，又益以睢州湯斌家鈔本，參互成編。現有《四庫》本、《四部備要》本《江文通集》四卷，《漢魏諸名家集》本《江文通文集》十卷，《四部叢刊》本《梁江文通文集》十卷附校補一卷，《漢魏六朝百三名家集》本《江醴陵集》二卷，《漢魏六朝名家集》初刻本《江文通集》八卷，《增定漢魏六朝别解》本《江文通集》，《全梁文》卷三三至卷三九有輯文。另，明胡人驥撰有《江文通集彙注》。

梁尚書僕射《范雲集》十一卷。并録。

范雲（451—503）：字彦龍，南鄉舞陰（今河南泌陽西北）人。少機警，有識具，善屬文，便尺牘，下筆輒成，未嘗定稿。仕宋入齊，竟陵王子良爲司徒，范雲補記室參軍事，不久授通直散騎侍郎。梁武帝受禪，遷散騎常侍、吏部尚書，封霄城縣侯。又遷尚書僕射。天監二年（503）卒，時年五十三，贈侍中、衛將軍，僕射、侯如故，謚曰文。有集三十卷。《梁書》卷一三、《南史》卷五七有傳。兩《唐志》著録《范雲集》十二卷，《宋志》無載，亡佚。《全梁文》卷四五有輯文。

梁太常卿《任昉集》三十四卷。梁有晉安太守《謝纂集》

十卷，撫軍將軍《柳惔集》二十卷，中護軍《柳惲集》十二卷，豫州刺史《柳憕集》六卷，尚書令《柳忱集》十三卷，義興郡丞《何僩集》三卷，撫軍中兵參軍《韋温集》十卷，鎮西録事參軍《到洽集》十一卷，太子洗馬《劉苞集》十卷，南徐州秀才《諸葛璩集》十卷，亡。

任昉：見本志“大序”。《南史》卷五九載，任昉八歲能屬文，早知名。尤長載筆，才思無窮，當世王公表奏無不請焉。晚節轉好著詩，博學，於書無所不見。所著文章數十萬言，盛行於時。撰《雜傳》二百四十七卷，《地記》二百五十二卷，文章三十三卷。《日本國見在書目録》著録《任昉集》二十八卷，兩《唐志》著録《任昉集》三十四卷，《宋志》著録《任昉集》六卷。現有《漢魏諸名家集》本《任彦升集》六卷，《漢魏六朝百三名家集》本《任中丞集》一卷，《漢魏六朝名家集》初刻本《任彦升集》五卷，《增定漢魏六朝别解》本《任中丞集》，《全梁文》卷四一至卷四四有輯文。謝纂：陳郡陽夏（今河南太康）人。頗有文才，仕至晉安太守，卒官。見《梁書》卷一五。兩《唐志》無載，亡佚。柳惔（462—507）：惔（tán），字文通，河東解（今山西運城）人。仕齊，爲西戎校尉。梁武帝起兵，惔舉漢中兵應之。武帝踐祚，以功封曲江縣侯，遷尚書右僕射，出爲使持節、安南將軍、湘州刺史。天監六年（507），卒於州，時年四十六。贈侍中、撫軍將軍，謚曰穆。著《仁政傳》及諸詩賦，粗有辭義。《梁書》卷一二、《南史》卷三八有傳。兩《唐志》無載，亡佚。柳惲：見本志子部“兵家類”。《梁書》卷二一載，柳惲少有志行，好學，善尺牘，工於篇什。兩《唐志》無載，亡佚。《全梁文》卷五八有輯文。柳憕（chéng）（？—513）：字文深，河東解（今山西運城）人。少有大意，好玄言，通《老》、《易》。歷任給事黄門郎、鎮西長史。天監十二年（513）卒，贈寧遠將軍、豫州刺史。《梁書》卷一二、《南史》卷三八有傳。兩《唐志》無載，亡佚。《全梁文》卷五九有輯文。柳忱（471—511）：字文若，河東解（今山西運城）人。起家爲司徒行參軍。齊和帝即位，爲尚書吏部郎，進號輔國將軍、南平太守，尋還侍中。梁高祖踐祚，以功封州陵伯，累遷湘州刺史、祕書監。天監十年（511）卒，時年四十一，追贈中書令，謚曰穆。《梁書》卷一二、《南史》卷三八有傳。兩《唐志》無載，亡佚。何僩（生卒年不詳）：僩（xiàn），字彦夷，東海郯（今浙江嵊州）人。以才著聞，然官運不達，位至臺郎。見《南史》卷三三。兩《唐志》無載，亡佚。到洽（477—527）：字彦沿，彭城武原（今江蘇邳州）人。少知名，清警有才學士行。天監二年（503），遷司徒主簿，直待詔省，敕使抄甲部書。九年（510），遷國子博士，奉敕撰《太學碑》。普通五年（524），遷給事黄門侍郎，領尚書左丞。七年（526），出爲貞威將軍、尋陽太守。大通元年（527）卒，時年五十一，謚曰理子。有文集行於世。《梁書》卷二七、《南史》卷二五有傳。兩《唐志》無載，亡佚。《全梁文》卷六二有輯文。劉苞（482—511）：字孝嘗，彭城（今江蘇徐州）人。少好學，能屬文。天監初，自征虜主簿遷王中軍功曹，累遷尚書庫部侍郎、丹陽尹丞，侍講壽光殿。武帝踐祚，自引後進文學之士，劉苞等以文藻見知。天監十年（511）卒，時年三十。《梁書》卷四九、《南史》卷三九有傳。兩《唐志》無載，亡佚。諸葛璩（？—508）：璩（qú），字幼玟，琅邪陽都（今山東沂南）人。博涉經史，臧榮緒著《晉書》，稱其有發舉之功。性勤於誨誘，後生就學者日至，旦夕孜孜，講誦不輟。齊世，屢辭徵辟。天監中，舉秀才，不就。天監七年（508），卒於家。所著文章二十卷，門人集而録之。《梁書》卷五一、《南史》卷七六有傳。兩《唐志》無載，亡佚。

梁特進《沈約集》一百一卷。并録。梁又有《謝綽集》

十一卷，亡。

沈約：見本志經部“論語類”。《梁書》卷一三載，沈約篤志好學，晝夜不倦，博通群書，能屬文。著有《晉書》百一十卷、《宋書》百卷、《齊紀》二十卷、《高祖紀》十四卷、《邇言》十卷、《謚例》十卷、《宋文章志》三十卷、文集一百卷、《四聲譜》並行於世。《日本國見在書目録》著録《沈約集》百卷，兩《唐志》著録《沈約集》一百卷、《沈約集略》三十卷，《崇文總目》、《宋志》著録《沈約集》九卷。《直齋書録解題》卷一六著録《沈約集》十五卷，《别集》一卷，又九卷。稱約有文集百卷，今所存唯此而已。十五卷者，前二卷爲賦，餘皆詩也；《别集》雜録、詩文，不分卷；九卷者，皆詔草也。現有《漢魏六朝百三名家集》本《沈隱侯集》二卷，《劉沈合集》本《沈隱侯集》十六卷、附録一卷，《漢魏六朝名家集》初刻本《沈休文集》九卷，《增定漢魏六朝别解》本《沈隱侯集》，《六朝詩集》本《沈約集》一卷，《全梁文》卷二五至卷三二有輯文。謝綽：見本志史部“雜史類”。兩《唐志》無載，亡佚。《全梁文》卷五九有輯文。

梁中軍府諮議《王僧孺集》三十卷。

王僧孺：見本志史部“譜系類”。《梁書》卷三三載，王僧孺六歲能屬文，既長好學。所著《百家譜集》十五卷、《兩臺彈事》五卷及《東宫新記》、文集三十卷，並行於世。《日本國見在書目録》著録《王僧孺集》十六卷，兩《唐志》著録《王僧孺集》三十卷，《宋志》無載，亡佚。現有《漢魏六朝百三名家集》本《王左丞集》一卷，《增定漢魏六朝别解》本《王左丞集》，《全梁文》卷五一、卷五二有輯文。

梁尚書左丞《范縝集》十一卷。

范縝（450？—515）：字子真，南鄉舞陰（今河南漯河）人。

在沛國劉瓛門下多年，博通經術，尤精三《禮》。性質直，好危言高論，不爲士友所安。仕齊，任領軍長史、宜都太守。入梁，爲晉安太守、尚書左丞。盛稱無佛，著《神滅論》。坐王亮事，徙廣州。還京師，以爲中書郎、國子博士，卒官。有文集十卷。《梁書》卷四八、《南史》卷五七有傳。兩《唐志》無載，亡佚。《全梁文》卷四五有輯文。

梁護軍將軍《周捨集》二十卷。梁有祕書張爔《金河集》六十卷，《劉敲集》八卷，玄貞處士《劉訏集》一卷，亡。

周捨：見本志經部"禮類"。《南史》卷三四載，周捨博學，尤精義理，有集二十卷。兩《唐志》著録《周捨集》二十卷，《宋志》無載，亡佚。《全梁文》卷五八有輯文。張爔：生平事迹不詳。兩《唐志》無載是集，亡佚。劉歊（xiāo）：見本志經部"小學類"。《南史》卷四九載，劉歊博學有文才，著《革終論》。兩《唐志》無載，亡佚。《全梁文》卷五七有輯文。劉訏（488—518）：訏（xū），字彦度，平原（今山東境内）人。善玄言，尤精佛典，不婚不仕，天監十七年（518）卒，時年三十一，宗人至友謚曰玄貞處士。《梁書》卷五一、《南史》卷四九有傳。兩《唐志》無載，亡佚。

梁《蕭洽集》二卷。

蕭洽（471—525）：字宏稱，蘭陵（今江蘇常州）人。少有才思，好學博涉，亦好屬文。齊世，爲西中郎外兵參軍。入梁，歷任北中郎諮議參軍、太府卿、通直散騎常侍、司徒左長史。普通六年（525），卒官，時年五十五。所製同泰、大愛敬二寺刹下銘，其文甚美。有集二十卷，行於世。《梁書》卷四一、《南史》卷一八有傳。兩《唐志》著録《蕭洽集》二卷，《宋志》無載，亡佚。

梁隱居先生《陶弘景集》三十卷。

《陶弘景内集》十五卷。

陶弘景：見本志經部“詩類”。《梁書》卷五一載，陶弘景性好著述，尚奇異，顧惜光景，老而彌篤。兩《唐志》著録《陶弘景集》三十卷，《宋志》無載，亡佚。現有傅霄輯《華陽陶隱居集》二卷，嚴可均輯《華陽陶隱居集》二卷，《漢魏諸名家集》本《陶貞白集》二卷，《漢魏六朝百三名家集》本《陶隱居集》一卷，《增定漢魏六朝别解》本《陶通明集》等，《全梁文》卷四六、四七有輯文。

梁徵士《魏道微集》三卷。

魏道微：生平事迹不詳。兩《唐志》著録《魏道微集》三卷，《宋志》無載，亡佚。

梁黄門郎《張率集》三十八卷。

張率（475—527）：字士簡，吴郡吴（今江蘇蘇州）人。齊建武二年（495），除太子舍人。梁天監初，直文德待詔省，敕使鈔乙部書。七年（507），有敕直壽光省，治丙丁部書鈔。累遷招遠將軍、司徒右長史、黄門郎，出爲新安太守。大通元年（527）卒，時年五十三。少好屬文，而《七略》及《藝文志》所載詩賦，今亡其文者，並補作之。所著《文衡》十五卷，文集三十卷，並行於世。《梁書》卷三三、《南史》卷三一有傳。兩《唐志》著録《張率集》三十卷，《宋志》無載，亡佚。《全梁文》卷五四有輯文。

梁南徐州治中《王冏集》三卷。

王冏：生平事迹不詳。兩《唐志》著録《王冏集》三卷，《宋志》無載，亡佚。

梁都官尚書《江革集》六卷。

江革（？—535）：字休映，濟陽考城（今河南蘭考）人。齊世，江祏權傾朝右，以江革才堪經國，令掌機務，詔誥文檄，皆委以具。入梁，累遷少府卿、長史、校尉。除都官尚書，再遷度支尚書。性强直，每至朝宴，恒有褒貶，以此爲權勢所疾。謝病還家，除光禄大夫、領步兵校尉、南北兗二州大中正。大同元年（535）卒，謚曰强子。有集二十卷，行於世。《梁書》卷三六、《南史》卷六〇有傳。兩《唐志》著録《江革集》十卷，《宋志》無載，亡佚。《全梁文》卷五〇有輯文。

梁奉朝請《吴均集》二十卷。

吴均：見本志史部“古史類”。《梁書》卷四九載，吴均文體清拔有古氣，好事者或仿之。沈約對吴均文頗相稱賞。有文集二十卷，行於世。兩《唐志》著録《吴均集》二十卷，《崇文總目》著録《吴均集》十卷，《宋志》著録《吴均詩集》三卷，《郡齋讀書志》卷一七著録《吴均集》三卷。現有《漢魏六朝百三名家集》本《吴朝請集》一卷，《全梁文》卷六〇有輯文。

梁光禄大夫《庾曇隆集》十卷。并録。

庾曇隆：生平事迹不詳。《舊唐志》著録《庾景興集》十卷，《新唐志》著録《庾曇隆集》十卷，《宋志》無載，亡佚。《全梁文》卷五四有輯文。

梁儀同三司《徐勉前集》三十五卷。

《徐勉後集》十六卷。并《序録》。

徐勉：見本志史部“職官類”。《梁書》卷二五載，徐勉善屬文，勤著述，雖當機務，下筆不休。凡所著前後二集四十五卷，行於世。《南史》卷六〇載，徐勉所著前後二集五十卷。兩《唐志》著録《徐勉前集》三十五卷、《徐勉後集》十六卷，《宋志》無載，亡佚。《全梁文》卷五〇有輯文。

梁吏部郎《王錫集》七卷。并録。

王錫（499—534）：字公嘏，琅邪臨沂（今山東臨沂）人。十四歲，舉清茂，除祕書郎，爲太子舍人。以戚屬封永安侯，遷給事黄門侍郎，尚書吏部郎中。中大通六年（534）卒，時年三十六。贈侍中，謚曰貞子。《梁書》卷二一、《南史》卷二三有傳。兩《唐志》著録《王錫集》七卷，《宋志》無載，亡佚。《全梁文》卷五九有輯文。

梁尚書左僕射《王暕集》二十一卷。

王暕（477—523）：暕（jiǎn），字思晦，琅邪臨沂（今山東臨沂）人。尚淮南長公主，拜駙馬都尉。歷任侍中、五兵尚書、尚書左僕射、領國子祭酒。普通四年（523），暴疾卒，時年四十七，贈侍中、中軍領軍，謚曰靖。《梁書》卷二一、《南史》卷二二有傳。《舊唐志》著録《王暕（"暕"之誤）集》二十卷，《新唐志》著録《王暕集》二十卷，《宋志》無載，亡佚。《全梁文》卷四八有輯文。

梁平西刑獄參軍《劉孝標集》六卷。

劉孝標：名峻，見本志史部"正史類"。兩《唐志》無載，亡佚。《全梁文》卷五七有輯文。

梁鴻臚卿《裴子野集》十四卷。

裴子野：見本志經部"禮類"。《梁書》卷三〇載，少好學，善屬文，撰述多種，文集二十卷，行於世。兩《唐志》著録《裴子野集》十四卷，《宋志》無載，亡佚。《全梁文》卷五三有輯文。

梁仁威府長史《司馬褧集》九卷。

司馬褧（？—518）：褧（jiǒng），字元素，河内温（今河南温縣）人。少傳家業，强力專精，手不釋卷，其禮文所涉書，略皆徧覽。起家奉朝請。天監初，有司舉其治嘉禮，是時創定禮樂，其議多所施行。累遷尚書右丞、仁威長史、長沙内史。十七年（518），遷明威將軍、晉安王長史，未幾卒。王命庾肩吾集其文爲十卷。《梁書》卷四〇、《南史》卷六二有傳。兩《唐志》著録《司馬褧集》九卷，《宋志》無載，亡佚。《全梁文》卷五八有輯文。

梁《蕭子暉集》九卷。

蕭子暉（生卒年不詳）：字景光，蘭陵（今江蘇常州）人。少涉書史，有文才。起家員外散騎侍郎。嘗預重雲殿聽制講《三慧經》，退爲《講賦》奏之，甚見稱賞。遷安西武陵王諮議，卒於驃騎長史。《梁書》卷三五、《南史》卷四二有傳。兩《唐志》著録《蕭子暉集》十一卷，《宋志》無載，亡佚。《全梁文》卷二四有輯文。

梁始興内史《蕭子範集》十三卷。

蕭子範（486—550）：字景則，蘭陵（今江蘇常州）人。齊永明中，封祁陽縣侯。天監初，降爵爲子，除後軍記室參軍。累遷中散大夫、廷尉卿。出爲始興内史，還爲太中大夫，遷祕書監。年六十四卒。元帝追贈金紫光禄大夫，謚曰文。前後文集三十卷。《梁書》卷三五、《南史》卷四二有傳。兩《唐志》著録《蕭子範集》三卷，《宋志》無載，亡佚。《全梁文》卷二三有輯文。

梁建陽令《江洪集》二卷。

江洪（生卒年不詳）：濟陽（今河南蘭考）人。工屬文，爲建陽令，坐事死。見《梁書》卷四九、《南史》卷五九。兩《唐志》無載，亡佚。

梁鎮西府記室《鮑畿集》八卷。

鮑畿（生卒年不詳，《梁書》作鮑機，《南史》作鮑幾）：字景玄，東海（今山東境内）人。王亮舉其爲春陵令，明山賓薦其爲太常丞，終於湘東王諮議參軍。《南史》卷六二有傳，又見《梁書》卷三〇。兩《唐志》著録《鮑畿集》八卷，《宋志》無載，亡佚。

梁尚書祠部郎《虞皭集》十卷。

虞皭（jiào）：生平事迹不詳。兩《唐志》著録《虞皭集》六卷，《宋志》無載，亡佚。《全梁文》卷六三有輯文。

梁新田令《費昶集》三卷。

費昶（生卒年不詳）：江夏（今湖北境内）人。善爲樂府，又作鼓吹曲。見《南史》卷七二。兩《唐志》無載，亡佚。

梁《蕭幾集》二卷。

蕭幾（491—？）：字德玄，蘭陵（今江蘇常州）人。好學，能屬文，善草隸書。解褐著作佐郎，累遷中書侍郎、尚書左丞。出爲新安太守，卒於官。《梁書》卷四一、《南史》卷四一有傳。兩《唐志》無載，亡佚。

梁東陽郡丞《謝瑱集》八卷。

謝瑱（tiàn）：生平事迹不詳。兩《唐志》著録《謝瑱集》十卷，《宋志》無載，亡佚。

梁通直郎《謝琛集》五卷。

謝琛：生平事迹不詳。兩《唐志》著録《謝琛集》五卷，《宋志》無載，亡佚。

梁仁威記室《何遜集》七卷。梁有安西記室《劉緩集》四卷，沙門《釋智藏集》五卷，亡。

何遜（生卒年不詳）：字仲言，東海郯（今浙江嵊州）人。八歲能賦詩，弱冠州舉秀才。沈約愛何遜文，對其言“吾每讀卿詩，一日三復，猶不能已”。天監中，起家奉朝請，遷中衛建安王水曹行參軍，兼記室。後除廬陵王記室，未幾卒。王僧孺集其文爲八卷。《梁書》卷四九、《南史》卷三三有傳。《日本國見在書目録》著録《何孫集》八卷，兩《唐志》著録《何遜集》八卷，《宋志》著録《何遜詩集》五卷，《郡齋讀書志》卷一七著録《何遜集》二卷。《四庫全書總目》卷一四八著録《何水部集》一卷，提要稱舊本久亡，所謂八卷者不可復覩。即《永樂大典》所引遜詩，亦皆今世所習見，則元明間已不存矣。此本爲正德丁丑張紘所刻，字句亦多竄亂，非其舊也。現存何遜之集，除《四庫全书》本之外，還有《漢魏六朝百三名家集》本《何記室集》一卷，《六朝詩集》本《何水部集》二卷，《全梁文》卷五九有輯文。劉緩（生卒年不詳）：字含度，平原高唐（今山東禹州）人。少知名，官安西湘東王記室。時西府盛集文學，劉緩居首。除通直郎，遷鎮南湘東王中録事，又隨府江州，卒。《梁書》卷四九、《南史》卷七二有傳。兩《唐志》無載，亡佚。《全梁文》卷六三有輯文。釋智藏：吴（今江蘇境内）人。天監末，居鍾山開善寺。見《全梁文》卷七四。兩《唐志》無載，亡佚。《全梁文》卷七四有輯文。

梁太常卿《陸倕集》十四卷。

陸倕（470—526）：倕（chuí），字佐公，吴郡吴縣（今江蘇蘇州）人。少勤學，善屬文。天監初，爲右軍安成王外兵參軍，轉主簿。武帝愛其才，乃敕撰《新漏刻銘》，其文甚美，遷太子中舍人。又撰《石闕銘記》，累遷中庶子、太常卿。普通七年（526）卒，年五十七。文集二十卷，行於世。《梁書》卷二七、《南史》卷四八有傳。《日本國見在書目録》著録《陸倕集》八卷，兩《唐志》著録《陸倕集》二十卷，《宋志》無載，亡佚。《全梁文》卷五三有輯文。

梁廷尉卿《劉孝綽集》十四卷。

劉孝綽（481—539）：本名冉，字孝綽，彭城（今江蘇徐州）人。七歲能屬文。天監初，起家著作佐郎，遷太子舍人，又以本官兼尚書水部郎。昭明太子好士愛文，文章頗富，獨使劉孝綽集其文而序之。遷員外散騎常侍，兼廷尉卿。後又爲黄門侍郎、尚書吏部郎、祕書監。大同五年（539），卒官，時年五十九。其辭藻爲後進所宗，其文流聞絶域。文集數十萬言，行於世。《梁書》卷三三、《南史》三九有傳。兩《唐志》著録《劉孝綽集》十二卷，《宋志》著録《劉孝綽集》一卷，現有《漢魏六朝百三名家集》本《劉祕書集》一卷，《六朝詩集》本《劉孝綽集》一卷，《全梁文》卷六〇有輯文。

梁都官尚書《劉孝儀集》二十卷。

劉孝儀（484—550）：名潛，彭城（今江蘇徐州）人，劉孝綽之弟。工屬文。天監五年（506），舉秀才，累遷尚書殿中郎，敕令撰《雍州平等寺金像碑》，文甚宏麗。中大同元年（546），入守都官尚書。太清元年（547），出爲明威將軍、豫州内史。二年（548），侯景寇京師，劉孝儀遣子赴援。三年（549），宫城不守，劉孝儀失郡。大寶元年（550），病卒，時年六十七。文集二十卷，行於世。《梁書》卷四一、《南史》卷三九有傳。兩《唐志》著録

《劉孝儀集》二十卷,《宋志》無載，亡佚。現有《漢魏六朝百三名家集》本《劉豫章集》一卷,《全梁文》卷六一有輯文。

梁太子庶子《劉孝威集》十卷。

劉孝威（496？—548？）：彭城（今江蘇徐州）人，劉孝綽之弟。累遷中舍人、庶子、率更令，並掌管記。大同九年（543），白雀集東宮，孝威上頌，其辭甚美。太清中，遷中庶子，兼通事舍人。侯景亂，得出圍城，途中病亡。《梁書》卷四一、《南史》卷三九有傳。《日本國見在書目録》著録《劉孝威集》十卷，兩《唐志》著録《劉孝威前集》十卷、《劉孝威後集》十卷,《宋志》著録《劉孝威集》一卷。現有《漢魏六朝百三名家集》本《劉庶子集》一卷,《六朝詩集》本《劉孝威集》一卷,《全梁文》卷六一有輯文。

梁東陽太守《王揖集》五卷。

王揖（生卒年不詳）：又作王楫，琅邪臨沂（今山東臨沂）人，官至太中大夫，見《梁書》卷三三、《南史》卷二二。兩《唐志》無載，亡佚。《全梁文》卷四八有輯文。

梁黄門郎《陸雲公集》十卷。

陸雲公（511—547）：字子龍，吴郡（今江蘇境内）人。好學有才思，州舉秀才。累遷宣惠武陵王、平西湘東王行參軍。先撰《太伯廟碑》，深得贊賞。除著作郎，累遷中書黄門郎，並掌著作。太清元年（547）卒，時年三十七。有文集行於世。《梁書》卷五〇、《南史》卷四八有傳。兩《唐志》著録《陸雲公集》四卷,《宋志》無載，亡佚。《全梁文》卷五三有輯文。

梁國子祭酒《蕭子雲集》十九卷。

蕭子雲：見本志經部“小學類”。《梁書》卷三五載，蕭子雲著《晉書》一百一十一卷，《東宫新記》二十卷。兩《唐志》著録《蕭子雲集》二十卷，《宋志》無載，亡佚。《全梁文》卷二三有輯文。

梁征西府長史《楊眺集》十一卷。并録。

楊眺（生卒年不詳）：天水西縣（今甘肅天水西南）人。楊公則庶長子，武帝特詔聽其嗣其父爵，固讓，歷年乃受。見《梁書》卷一〇。兩《唐志》著録《楊眺集》十卷，《宋志》無載，亡佚。

梁太子洗馬《王筠集》十一卷。并録。

王筠《中書集》十一卷。并録。

王筠《臨海集》十一卷。并録。

王筠《左佐集》十一卷。并録。

王筠《尚書集》九卷，并録。

王筠（481—549）：字元禮，又一字德柔，琅邪臨沂（今山東臨沂）人。七歲屬文，十六歲爲《芍藥賦》，其文甚美。既長，清静好學。起家中軍臨川王行參軍。累遷太子洗馬、中舍人。後爲中書郎，奉敕撰《開善寺寶志大師碑文》，辭甚麗逸。普通六年（525），除尚書吏部郎，遷太子中庶子。中大通三年（531），出爲臨海太守。大同五年（539），除太府卿。太清三年（549），夜忽有盗攻入，驚懼墜井亡，時年六十九。自撰其文章，以一官爲一集，自洗馬、中書、中庶子、吏部、左佐、臨海太守各十卷，《尚書》三十卷，行於世。《梁書》卷三三、《南史》卷二二有傳。兩

《唐志》著録王筠《洗馬集》十卷、《中庶子集》十卷、《左右（疑“右”爲“佐”之誤）集》、《臨海集》十卷、《尚書集》十一卷，《宋志》無載，亡佚。現有《漢魏六朝百三名家集》本《王詹事集》一卷，《全梁文》卷六五有輯文。

梁西昌侯《蕭深藻集》四卷。并録。

蕭深藻（483—549）：又作蕭淵藻、蕭藻，字靖藝，南蘭陵（今江蘇常州）人。仕齊爲著作佐郎。天監元年（502），封西昌縣侯，爲益州刺史，再遷侍中。蕭藻性謙退，善屬文，尤好古體。歷任雍、兗二州刺史、尚書左僕射、開府儀同三司、中書令。侯景寇亂據京口，因感氣疾，不食而亡，時年六十七。《梁書》卷二三、《南史》卷五一有傳。兩《唐志》無載是集，亡佚。

梁中書郎《任孝恭集》十卷。

任孝恭（？—549）：字孝恭，臨淮臨淮（今安徽宿州）人。武帝聞其有才，召入西省撰史。後爲司文侍郎、中書通事舍人，敕遣撰《建陵寺刹下銘》，其文富麗，自是專掌公家筆翰。太清二年（548），侯景亂，城陷被害。文集行於世。《梁書》卷五〇、《南史》卷七二有傳。《日本國見在書目録》著録《任孝恭集》十一卷，兩《唐志》著録《任孝恭集》十卷，《宋志》無載，亡佚。《全梁文》卷六七有輯文。

梁平北府長史《鮑泉集》一卷。

鮑泉：見本志經部“論語類”。《梁書》卷三〇載，鮑泉博涉史傳，兼有文筆，尤明《儀禮》，撰《新儀》四十卷，行於世。兩《唐志》著録《鮑泉集》一卷，《宋志》無載，亡佚。

梁雍州刺史《張纘集》十一卷。并録。

張纘：見本志子部“曆數類”。著《鴻寶》一百卷，文集二十卷。兩《唐志》著録《張纘集》十卷,《宋志》無載，亡佚。《全梁文》卷六四有輯文。

梁尚書僕射《張綰集》十一卷。并録。

張綰（？ 500—？ 562）：字孝卿，范陽方城（今河北固安）人，張纘之弟，與其齊名。累遷中書郎、國子博士。大同中，爲豫章内史，在郡述《制旨禮記正言》義。太清三年（549），遷吏部尚書。承聖二年（553），拜尚書左僕射，尋加侍中。後卒於江陵，時年六十三。《梁書》卷三四、《南史》卷五六有傳。兩《唐志》著録《張綰集》十卷,《宋志》無載，亡佚。《全梁文》卷六四有輯文。

梁度支尚書《庾肩吾集》十卷。

庾肩吾：見本志子部“雜家”。《南史》卷五〇稱庾肩吾操筆便成，辭采甚美。《梁書》卷四九載，庾肩吾有文集行於世。《日本國見在書目録》著録《庾肩吾集》十卷，兩《唐志》著録《庾肩吾集》十卷,《宋志》著録《庾肩吾集》二卷。現有《漢魏六朝百三名家集》本《庾度支集》一卷,《增定漢魏六朝别解》本《庾度支集》,《全梁文》卷六六有輯文。

梁太常卿《劉之遴前集》十一卷。

《劉之遴後集》二十一卷。

劉之遴：見本志史部“雜傳類”。《梁書》卷四〇載，劉之遴前後文集五十卷，行於世。《舊唐志》著録《劉之遴前集》十卷、《劉之遴後集》三十卷,《新唐志》著録《劉之遴前集》十一卷、

《劉之遴後集》三十卷,《宋志》無載，亡佚。《全梁文》卷五六有輯文。

梁豫章世子侍讀《謝郁集》五卷。

謝郁：生平事迹不詳。兩《唐志》著録《謝郁集》五卷,《宋志》無載，亡佚。《全梁文》卷六七有輯文。

梁安成蕃王《蕭欣集》十卷。

蕭欣（？—585）：梁武帝安成康王秀之孫。幼聰警，博綜墳籍，善屬文。歷侍中、中書令、尚書僕射、尚書令。隋開皇五年（585）卒，贈司空。有集三十卷，又著《梁史》百卷。《周書》卷四八有傳。兩《唐志》著録《蕭欣集》十卷,《宋志》無載，亡佚。《全梁文》卷二二有輯文。

梁中書舍人《朱超集》一卷。

朱超：生平事迹不詳。兩《唐志》無載，亡佚。

梁護軍將軍《甄玄成集》十卷。并録。

甄玄成（？—562）：字敬平，中山（今河北定州周邊）人。博達經史，善屬文。歷任中書侍郎、御史中丞、祠部尚書、吏部尚書。蕭詧（chá）爲梁王六年（562）卒，贈侍中、護軍將軍。有文集二十卷。《周書》卷四八、《北史》卷九三有傳。兩《唐志》著録《甄玄成集》十卷,《宋志》無載，亡佚。《全梁文》卷六八有輯文。

梁散騎常侍《沈君游集》十三卷。

沈君游（？—574）：吴興（今浙江湖州）人。博學有詞采，位至散騎常侍，蕭巋爲梁王十二年（585）卒。有文集十卷。《周書》卷四八有傳。兩《唐志》著録《沈君游集》十二卷,《宋志》無載,亡佚。

梁《臨安恭公主集》三卷。武帝女。

臨安恭公主:《南史》卷五一載,武帝女臨安、安吉、長城並有文才,安吉最得令稱。兩《唐志》著録《臨安公主集》三卷,《宋志》無載,亡佚。

梁征西記室范靖妻《沈滿願集》三卷。

沈滿願:生平事迹不詳。《舊唐志》著録范靖妻《沈滿願集》五卷,《新唐志》著録《沈滿願集》三卷,《宋志》無載,亡佚。

梁太子洗馬徐悱妻《劉令嫺集》三卷。

劉令嫺(生卒年不詳):彭城(今江蘇徐州)人,劉孝綽妹,適東海徐悱。有才學,文尤清拔,所謂劉三娘者也。徐悱卒,妻爲祭文,辭甚悽愴。父徐勉本欲爲哀文,既睹此文,於是擱筆。見《梁書》卷三三、《南史》卷三九。兩《唐志》著録徐悱妻《劉氏集》六卷,《宋志》無載,亡佚。《全梁文》卷六八有輯文。

後魏《孝文帝集》三十九卷。

孝文帝:見本志"大序"。《魏書》卷七下載,孝文帝雅好讀書,手不釋卷,才藻富贍,好爲文章,詩賦銘頌,任興而作。有大文筆,馬上口授,及其成也,不改一字。自餘文章,百有餘篇。兩《唐志》著録後魏《文帝集》四十卷,《宋志》無載,亡佚。《後魏文》卷三至卷七有輯文。

後魏司空《高允集》二十一卷。

高允(390—487):字伯恭,渤海蓨縣(今河北景縣)人。

性好文學，博通經史、天文術數，尤好《春秋公羊》。因參樂平王西討，有參謀之功，賜爵汶陽子，加建威將軍，受詔與崔浩述成《國記》，以本官領著作郎。後進爵咸陽公，加鎮東將軍。太和二年（478），以年老乞還鄉，不許。拜鎮軍大將軍，領中書監。十一年（487）卒，年九十八。贈侍中、司徒公、冀州刺史，謚曰文。所製詩賦誄頌箴論表贊，《左氏》、《公羊》釋，《毛詩拾遺》等凡百餘篇，别有文集行於世。《魏書》卷四八、《北史》卷三一有傳。兩《唐志》著録《高允集》二十卷，《宋志》無載，亡佚。現有《漢魏六朝百三名家集》本《高令公集》一卷，《後魏文》卷二八有輯文。

後魏司農卿《李諧集》十卷。

李諧：見本志史部“地理類”。《魏書》卷六五載，李諧博學有文辯，所著文集，别有集録行於世。兩《唐志》著録《李諧集》十卷，《宋志》無載，亡佚。《後魏文》卷二五有輯文。

後魏太常卿《盧元明集》十七卷。

盧元明（生卒年不詳）：字幼章，范陽涿（今河北涿州）人。涉獵群書，兼有文義，風彩閑潤，進退可觀。出帝登基，封城陽縣子，遷中書侍郎。天平中，兼吏部郎中，拜尚書右丞，轉散騎常侍，兼起居。好玄理，作史子新論數十篇，文集别有集録。《魏書》卷四七、《北史》卷三〇有傳。兩《唐志》著録《盧元明集》六卷，《宋志》無載，亡佚。《後魏文》卷三七有輯文。

後魏司空祭酒《袁躍集》十三卷。

袁躍（生卒年不詳）：字景騰，陳郡項（今河南項城）人。博學儁才，歷任尚書都兵郎中，加員外散騎常侍。後遷清河王懌文學，爲其愛賞。卒，贈冠軍將軍、吏部郎中。所作文集行於世。

《魏書》卷八五、《北史》卷四七有傳。兩《唐志》著録《袁躍集》九卷，《宋志》無載，亡佚。

後魏著作佐郎《韓顯宗集》十卷。

韓顯宗（？—499）：字茂親，昌黎棘城（今河北昌黎）人。有才學。太和初，舉秀才，除著作佐郎，兼中書侍郎。二十一年（497），車駕南伐，爲右軍府長史、征虜將軍、統軍。二十三年（499）卒。撰有馮氏《燕志》、《孝友傳》各十卷，所作文章，頗傳於世。景明初，追赭陽勳，賜爵章武男。《魏書》卷六〇、《北史》卷四〇有傳。兩《唐志》著録《韓宗集》五卷，《宋志》無載，亡佚。《後魏文》卷三一有輯文。

後魏散騎常侍《温子昇集》三十九卷。

温子昇：見本志史部“地理類”。《魏書》卷八五載，温子昇勤學，以夜繼日，晝夜不倦。博覽百家，文章清婉。其卒，宋游道集其文筆爲三十五卷，又有《永安記》三卷。《日本國見在書目録》著録《温子昇集》二十八卷，兩《唐志》著録《温子昇集》三十五卷，《宋志》無載，亡佚。現有《漢魏六朝百三名家集》本《温侍讀集》一卷，《後魏文》卷五一有輯文。

後魏太常卿《陽固集》三卷。

陽固（467—523）：字敬安，北平無終（今天津）人。博覽篇籍，有文才。太和中，除給事中，領侍御史。正光二年（521），爲從事中郎，加鎮遠將軍。四年卒，時年五十七，贈輔國將軍、太常少卿，謚曰文。《魏書》卷七二、《北史》卷四九有傳。兩《唐志》著録《陽固集》三卷，《宋志》無載，亡佚。《後魏文》卷四四有輯文。

北齊特進《邢子才集》三十一卷。

邢子才（496—569）：名卲，河間鄚（今河北任丘）人。十歲便能屬文，雅有才思，聰明強記，日誦萬餘言。文章典麗，既贍且速。釋褐爲魏宣帝挽郎，除奉朝請，遷著作佐郎。太昌中，累遷太常卿、中書監，攝國子祭酒。爲文學之首，當世榮之。齊文宣帝崩，敕撰哀策。後授特進，卒。有集三十卷。《北齊書》卷三六、《北史》卷四三有傳。《舊唐志》著録《邢子才集》三十卷，《新唐志》著録《邢卲集》三十卷，《宋志》無載，亡佚。現有《漢魏六朝百三名家集》本《邢特進集》一卷，《北齊文》卷三有輯文。

北齊尚書僕射《魏收集》六十八卷。

魏收：見本志史部"正史類"。《北齊書》卷三七載，魏收以文華顯。有文集七十卷。兩《唐志》著録《魏收集》七十卷，《宋志》無載，亡佚。現有《漢魏六朝百三名家集》本《魏特進集》一卷，《北齊文》卷四有輯文。

北齊儀同《劉逖集》二十六卷。

劉逖（525—573）：逖（tì），字子長，彭城（今江蘇徐州）人。專心讀書，卷不離手。留心文藻，頗工詩詠。遷給事黄門郎，修國史，加散騎常侍，後拜儀同三司。世祖崩，出爲江州刺史。徵還，不久被殺，時年四十九。所製詩賦及雜文文筆三十卷，行於世。《北齊書》卷四五、《北史》卷四二有傳。兩《唐志》著録《劉逖集》四十卷，《宋志》無載，亡佚。《北齊文》卷八有輯文。

後周《明帝集》九卷。

明帝（534—560）：宇文氏，諱毓，代郡武川（今内蒙古武川）人。周太祖長子。孝閔帝踐祚，進位柱國，轉岐州諸軍事、岐州刺史。及孝閔帝廢，即天王位，後改稱皇帝，改元武成。明年四月崩，謚曰明皇帝，廟號世宗。明帝自幼好學，博覽群書，善屬文，詞采温麗，所著文章十卷。《周書》卷四、《北史》卷九有傳。《舊唐志》著録後周《明帝集》十卷，《新唐志》著録後周《明帝集》五十卷，《宋志》無載，亡佚。《後周文》卷一有輯文。

後周《趙王集》八卷。

趙王（？—580）：宇文招，字豆盧突，文帝子。幼聰穎，博涉群書，好屬文。魏恭帝三年（556），封正平郡公。武成初，進封趙國公。建德三年（574），進爲王。大象二年（580），宣帝崩，隋文帝輔政，將遷周鼎，等欲圖之，事覺，陷以謀反，被誅。所著文集十卷，行於世。《周書》卷一三、《北史》卷五八有傳。《日本國見在書目録》著録後周《趙王集》十卷，《舊唐志》著録後周《趙王集》十卷，《新唐志》著録《趙平王集》十卷，《宋志》無載，亡佚。

後周《滕簡王集》八卷。

滕簡王（？—580）：宇文逌（yōu），字爾固突，文帝子。少好經史，善屬文。武成初，封滕國公。建德初，進位柱國。三年（574），進爵爲王。大象元年（579），出就國。二年（580），爲隋文帝所害。逌所作文章頗行於世。《周書》卷一三、《北史》卷五八有傳。《舊唐志》著録後周《滕王集》十二卷，《新唐志》著録《滕簡王集》十二卷，《宋志》無載，亡佚。《後周文》卷四有輯文。

後周儀同《宗懔集》十二卷。并録。

宗懔（502—565）：字元懔，南陽涅陽（今河南鎮平南）人。少聰敏，好讀書，晝夜不倦。歷任臨汝、建成、廣晉三縣令。梁元帝即位，以爲尚書郎，封信安縣侯，累遷五兵尚書、吏部尚書。江陵没，入於周。孝閔帝踐祚，拜車騎大將軍、儀同三司。保定中卒，時年六十四。有文集行於世。《梁書》卷四一、《周書》卷四二、《北史》卷七〇有傳。《舊唐志》著録《宗懍集》三十卷，《新唐志》著録《宗懍集》十卷，《宋志》無載，亡佚。

後周沙門《釋亡名集》十卷。

釋亡名（生卒年不詳）：俗姓宋，南郡（今湖北荆州）人。事梁元帝，官爵不明。梁亡，出家，爲夏州三藏。見《後周文》卷二二。《法苑珠林·傳記》載，沙門釋亡名著有《至道論》、《遣執論》、《不殺論》等，凡十二卷。《日本國見在書目録》著録《無名師集》十卷，《舊唐志》著録沙門《亡名集》十卷，《新唐志》著録《亡名集》十卷，《宋志》無載，亡佚。《後周文》卷二二有輯文。

後周小司空《王褒集》二十一卷。并録。

王褒：見本志史部“雜傳類”。《周書》卷四一載，王褒博覽史傳，尤工屬文。作《燕歌行》，妙盡關塞寒苦之狀。高祖作《象經》，令王褒注之。引據該洽，甚見稱賞。《舊唐志》著録《王褒集》三十卷，《新唐志》著録《王褒集》二十卷，《宋志》無載，亡佚。現有《六朝詩集》本《王子淵集》一卷，《漢魏六朝百三名家集》本《王司空集》一卷，《增定漢魏六朝别解》本《王司空集》，《後周文》卷七有輯文。

後周少傅《蕭撝集》十卷。

蕭撝（515—573）：撝（huī），字智遐，蘭陵（今江蘇常州）人。博覽經史，雅好屬文。在梁，封永豐縣侯。初爲給事中，出爲巴西、梓潼二郡守。侯景亂，武陵王紀稱尊號，封蕭撝秦郡王。蕭撝爲益州刺史守成都，不敵尉遲迥，以城降之。魏恭帝時，授侍中、開府儀同三司，封歸善縣公。周時，進爵黄臺郡公。參與麟趾殿校定經史，撰《世譜》。歷授少保、少傅，改封蔡陽郡公。

建德二年（573）卒，時年五十九，贈大將軍、少傅、益州刺史，謚曰襄。所著詩賦雜文數萬言，頗行於世。《周書》卷四二、《北史》卷二九有傳。兩《唐志》著録《蕭撝集》十卷,《宋志》無載，亡佚。《後周文》卷一九有輯文。

後周開府儀同《庾信集》二十一卷。并録。

庾信（？—581）：字子山，南陽新野（今河南新野）人。庾信幼而俊邁，聰敏絶倫，博覽群書，尤善《春秋左氏傳》。文章辭令，盛爲鄴下所稱。累遷通直散騎常侍。侯景亂，奔江陵。梁元帝即位，爲右衛將軍，封武康縣侯。周孝閔帝踐祚，封臨清縣子，除司水下大夫，又遷驃騎大將軍、開府儀同三司、司憲中大夫，進爵義城縣侯。大象初以疾去職，隋開皇元年（581）卒。有文集二十卷。《周書》卷四一、《北史》卷八二有傳。《日本國見在書目録》著録《庾信集》二十卷，兩《唐志》著録《庾信集》二十卷,《宋志》著録《庾信集》二十卷、《哀江南賦》一卷。《直齋書録解題》卷一六著録《庾開府集》二十卷，稱庾信在揚都有集四十卷，及江陵又有三卷，皆兵火不存。今集止自入魏以來所作，而《哀江南賦》實爲首冠。《四庫全書總目》卷一四八著録清吴兆宜《庾開府集箋注》十卷，提要稱《北史》本傳稱有集二十卷，與後周滕王之序合,《隋志》作二十一卷，皆已久佚。元末明初尚有重編之本，今亦未見此本，雖冠以滕王逌序，實由諸書鈔撮而成，非其原帙也。現有《四部叢刊》本《庾子山集》十六卷,《漢魏諸名家集》本《庾開府集》十二卷,《四庫》本、《四部備要》本《庾子山集注》十六卷等。《後周文》卷八至卷一八有輯文。

《陳後主集》三十九卷。

陳後主（553—604）：諱叔寶，字元秀，吴興（今浙江湖州）

人，宣帝嫡長子。天嘉三年（562），立爲安成王世子。太建元年（569），立爲皇太子，十四年（573），即皇帝位。禎明二年（588），隋遣晉王楊廣來伐。三年（589）春，後主聞兵至，欲投井，爲隋軍所獲，入於長安。隋仁壽四年（604），崩於洛陽，時年五十二。追贈大將軍，封長城縣公，謚曰煬。《陳書》卷六、《南史》卷一〇有傳。《舊唐志》著録《陳後主集》五十卷，《新唐志》著録《陳後主集》五十五卷，《宋志》著録《陳後主集》一卷。現有《漢魏六朝百三名家集》本《陳後主集》一卷，《漢魏六朝名家集》初刻本《陳後主集》二卷，《全陳文》卷四有輯文。

《陳後主沈后集》十卷。

沈后（生卒年不詳）：諱婺華，吴興（今浙江湖州）人。太建三年（571），納爲皇太子妃，後主即位，爲皇后。性端静寡欲，聰敏强記，涉獵經史，工書翰。以尋閲圖史、誦佛經爲事。陳亡，隨後主入長安。及後主崩，自爲哀辭，文甚酸切。隋煬帝被殺，沈后自廣陵渡江，於毗陵天静寺爲尼，名觀音，貞觀初卒。《陳書》卷七、《南史》卷一二有傳。兩《唐志》無載是集，亡佚。《全陳文》卷四有輯文。

陳大匠卿《杜之偉集》十二卷。

杜之偉（508—559）：字子大，吴郡錢塘（今浙江杭州）人。幼聰敏，有逸才。十五歲，遍觀文史及《儀禮》故事，其文有筆力。梁中大同初，起補東宫學士。侯景亂，逃至山澤。及高祖爲丞相，遷中書侍郎，領大著作。高祖受禪，轉大匠卿，遷中大夫。敕撰梁史。永定三年（559）卒，時年五十二。之偉爲文，不尚浮華，而温雅博贍。所著多失，存者十七卷。《陳書》卷三四、《南史》卷七二有傳。兩《唐志》無載，亡佚。《全陳文》卷一三有輯文。

陳金紫光禄大夫《周弘讓集》九卷。

陳《周弘讓後集》十二卷。

周弘讓：見本志史部“傳記類”。兩《唐志》著録《周弘讓集》十八卷,《宋志》無載，亡佚。《全陳文》卷五有輯文。

陳侍中《沈炯前集》七卷。

陳《沈炯後集》十三卷。

沈炯（503—561）：字禮明，吴興武康（今浙江德清）人。少有儁才，爲當時所重。梁時，爲尚書左民侍郎，出爲吴令。侯景亂，被逼爲亂者撰寫羽檄軍書、上表，其文甚工，當時莫有及者。侯景平，特封原鄉縣侯。梁元帝徵爲給事黄門侍郎，領尚書左丞。荆州陷，爲西魏所虜，得授儀同三司。後獲東歸，除司農卿，遷御史中丞。陳文帝即位，得重用，多預軍國大政。後以疾卒於吴中，時年五十九，贈侍中，謚曰恭子。有集二十卷行於世。《陳書》卷一九、《南史》卷六九有傳。《日本國見在書目録》著録《沈炯集》十卷、《沈炯後集》十卷，兩《唐志》著録《沈炯前集》六卷、《後集》十三卷,《宋志》著録《沈炯集》七卷。現有《漢魏六朝百三名家集》本《沈侍中集》一卷,《全陳文》卷一四有輯文。

陳沙門《釋標集》二卷。

釋標（生卒年不詳）：姚振宗以爲當作“釋慧標”，其涉獵有才思。陳寶應起兵反，慧標有響應之意，後被誅。見《陳書》卷一九。兩《唐志》無載，亡佚。

陳沙門《釋洪偃集》八卷。

釋洪偃（？—564）：俗姓謝氏，會稽山陰（今浙江紹興）人。

風神秀穎，弱齡悟道。梁簡文帝欲令還俗，引爲學士，洪偃執意不從。梁亂，避難縉雲。天嘉五年（564）卒。洪偃文采灑落，罕有嗣者。見《古詩紀》。兩《唐志》無載，亡佚。

陳沙門《釋瑗集》六卷。

釋瑗：即釋曇瑗，見本志史部“儀注類”。《舊唐志》著録沙門《曇瑗集》六卷，《新唐志》著録《曇瑗集》六卷，《宋志》無載，亡佚。《全陳文》卷一八有輯文。

陳沙門《釋靈裕集》四卷。

釋靈裕（？—605）：俗姓趙，定州曲陽（今河北曲陽）人。有道行，爲齊文宣帝、隋文帝所尊禮。清貞潔己，屢謝時榮。住演空寺，大業元年（605）終。見《續高僧傳》。《法苑珠林·傳記》載，靈裕撰《安民論》、《陶神論》、《因果論》等。兩《唐志》無載，亡佚。

陳尚書僕射《周弘正集》二十卷。

周弘正：見本志經部“易類”。《南史》卷三四載，周弘正有集二十卷行於世。兩《唐志》著録《周弘正集》二十卷，《宋志》無載，亡佚。《全陳文》卷五有輯文。

陳鎮南府司馬《陰鏗集》一卷。

陰鏗（511？—563？）：字子堅，武威姑臧（今甘肅武威）人。幼聰慧，及長，博涉史傳，尤善五言詩，爲當世所重。釋褐梁湘東王法曹參軍。得陳文帝賞識，累遷招遠將軍、晉陵太守、員外散騎常侍。有集三卷行於世。《陳書》卷三四、《南史》卷六四有傳。兩《唐志》、《宋志》無載。《郡齋讀書志》卷一七著録《陰鏗集》一卷，稱有集三卷，《隋志》已亡其二，今存者十數詩而已。現有《六朝詩集》本《陰常侍集》一卷,《叢書集成初編》本《陰常侍詩集》一卷。

陳右衛將軍《顧野王集》十九卷。

顧野王:見本志經部"小學類"。"右衛將軍"原作"左衛將軍",據《陳書》卷三〇、《南史》卷六九本傳改。《陳書》卷三〇載,顧野王著述頗多,《玉篇》、《輿地志》、《符瑞圖》、《顧氏譜傳》等,有文集二十卷。兩《唐志》無載是集,亡佚。《全陳文》卷一三有輯文。

陳沙門《策上人集》五卷。

策上人:生平事迹不詳。兩《唐志》無載,亡佚。

陳尚書左僕射《徐陵集》三十卷。

徐陵:見本志子部"雜家類"。《陳書》卷二六載,徐陵文頗變舊體,緝裁巧密,多有新意。每一文出手,好事者已傳寫成誦。遂被之華夷,家藏其本。後逢喪亂,多散失,存者三十卷。《日本國見在書目録》著録《徐陵筆集》十卷、《徐陵集》三十卷,兩《唐志》著録《徐陵集》三十卷,《崇文總目》著録《徐陵文集》二卷,《宋志》著録《徐陵詩》一卷。《直齋書録解題》卷一九著録《徐孝穆集》一卷,稱"今惟詩五十餘篇"。《四庫全書總目》卷一四八著録清吴兆宜《徐孝穆集箋注》六卷,提要稱《徐陵集》久佚不傳,此本乃後人從《藝文類聚》、《文苑英華》諸書内采掇而成。現有《漢魏六朝百三名家集》本《徐僕射集》一卷,《增定漢魏六朝别解》本《徐僕射集》,《四部叢刊》本《徐孝穆集》十卷,《四部備要》本、《四庫》本《徐孝穆集》六卷《備考》一卷,《全陳文》卷六至卷一一有輯文。

陳右衛將軍《張式集》十四卷。

張式：見本志子部“雜家類”。兩《唐志》著録《張式集》十三卷，《宋志》無載，亡佚。

陳尚書度支郎《張正見集》十四卷。

張正見（生卒年不詳）：字見賾，清河東武城（今山東武城）人。幼好學，有清才。十三歲獻頌得梁簡文帝贊賞。梁元帝立，拜通直散騎常侍，遷彭澤令。陳高祖受禪，累遷尚書度支郎、通直散騎侍郎。太建中卒，時年四十九。有集十四卷，其五言尤善，大行於世。《陳書》卷三四、《南史》卷七二有傳。《日本國見在書目録》著録《張正見集》三卷，兩《唐志》著録《張正見集》四卷，《宋志》著録《張正見集》一卷。現有《漢魏六朝百三名家集》本《陳張散騎集》一卷，《全陳文》卷一六有輯文。

陳司農卿《陸琰集》二卷。

陸琰（540—573）：字温玉，吴郡吴（今江蘇蘇州）人。好學，有志操，州舉秀才。累遷法曹外兵參軍，直嘉德殿學士。世祖曾使其撰《刀銘》，陸琰援筆即成，無所點竄。太建初，爲武陵王明威府功曹史，兼東宫管記。五年（573）卒，時年三十四。至德二年（584），追贈司農卿。《陳書》卷三四、《南史》卷四八有傳。兩《唐志》無載，亡佚。

陳少府卿《陸玠集》十卷。

陸玠（540—576）：玠（jiè），字潤玉，吴郡吴（今江蘇蘇州）人。弘雅有識度，好學，能屬文。舉秀才，對策高第，超授衡陽王文學，直天保殿學士。太建初，遷長沙王友，領記室。因失明還鄉，八年（576）卒，時年三十七。至德二年（584），追贈少府卿。有文集十卷。《陳書》卷三四、《南史》卷四八有傳。兩

《唐志》著録《陸珍（疑爲“玠”之誤）集》五卷，《宋志》無載，亡佚。

陳光禄卿《陸瑜集》十一卷。并録。

陸瑜（541？—574？）：字幹玉，吴郡吴（今江蘇蘇州）人。少篤學，美詞藻。州舉秀才，轉軍師晉安王外兵參軍、東宫學士。累遷永陽王文學、太子洗馬、中舍人。陸瑜讀書，晝夜不廢，聰敏强記，一覽不再遺失。時皇太子好學，命其鈔子集，未就而卒，時年四十四。至德二年，追贈光禄卿。有集十卷。《陳書》卷三四、《南史》四八有傳。兩《唐志》著録《陸瑜集》十卷，《宋志》無載，亡佚。《全陳文》卷一七有輯文。

陳護軍將軍《蔡景歷集》五卷。

蔡景歷（514—573）：字茂世，濟陽考城（今河南蘭考）人。家貧好學，善尺牘，工草隸。解褐諸王府佐，出爲海陽令。陳高祖受禪，遷祕書監、中書通事舍人、掌詔誥。世祖即位，以策功，封新豐縣子，又進爵爲侯。累遷通直散騎常侍，兼御史中丞，守度支尚書。太建五年（573），以疾卒官，時年六十，贈太常卿，謚曰敬。禎明二年（588），重贈侍中、中撫將軍，謚曰忠敬。景歷屬文，不尚雕靡，而長於叙事，應機敏速，爲當世所稱。有文集三十卷。《陳書》卷一六、《南史》卷六八有傳。兩《唐志》無載，亡佚。《全陳文》卷一五有輯文。

陳沙門《釋暠集》六卷。

釋暠（gǎo）：生平事迹不詳。兩《唐志》無載，亡佚。

陳御史中丞《褚玠集》十卷。

褚玠（529—580）：字温理，河南陽翟（今河南禹州）人。早有令譽，先達多以才器許之。及長，博學能屬文，詞義典實，不好艷靡。天嘉中，兼通直散騎常侍，聘齊，還爲桂陽王友。遷太子庶子、中書侍郎。太建十年（578），除電威將軍、仁威淮南王長史。十二年（580），遷御史中丞，卒于官，時年五十二。至德二年（584），追贈祕書監。所撰章奏雜文二百餘篇，皆切事理，由是見重於時。《陳書》卷三四、《南史》卷二八有傳。兩《唐志》著録《褚介（疑爲“玠”之誤）集》十卷，《宋志》無載，亡佚。《全陳文》卷一六有輯文。

陳安右府諮議《司馬君卿集》二卷。

司馬君卿：生平事迹不詳。兩《唐志》無載，亡佚。

陳著作佐郎《張仲簡集》一卷。

張仲簡：生平事迹不詳。兩《唐志》無載，亡佚。

《煬帝集》五十五卷。

煬帝（569—618）：諱楊廣，一名英，弘農郡華陰（今陝西華陰）人，隋文帝第二子。在周，以文帝勳，封雁門郡公。開皇元年（581），立爲晉王，拜柱國。楊廣好學，善屬文，深沉嚴重，朝野屬望。太子勇廢，立爲皇太子。仁壽四年（604），文帝崩，即皇帝位。明年改元大業，十三年（617）十一月，唐公李淵起兵入京師，立代王侑爲帝，改元義寧。二年（618），宇文化及入犯宮闈，煬帝崩於温室，時年五十。《隋書》卷三、卷四，《北史》卷一二有傳。《日本國見在書目録》著録《隋煬帝集》二十八卷，兩《唐志》著録《隋煬帝集》三十卷，《宋志》無載，亡佚。現有《漢魏六朝百三名家集》本《隋煬帝集》一卷，《漢魏六朝名家集》初刻本《隋煬帝集》五卷，《全隋文》卷四至卷七有輯文。

《王祐集》一卷。

王祐：生平事迹不詳。兩《唐志》無載，亡佚。

武陽太守《盧思道集》三十卷。

盧思道：見本志史部“雜傳類”。《隋書》卷五七載，盧思道有集三十卷。兩《唐志》著録《盧思道集》二十卷，《宋志》無載，亡佚。現有《漢魏六朝百三名家集》本《盧武陽集》一卷，《增定漢魏六朝别解》本《盧武陽集》，《全隋文》卷一六有輯文。

金州刺史《李元操集》十卷。

李元操（生卒年不詳）：名孝貞，趙郡栢人（今河北隆堯北）人。少好學，能屬文。在齊，解褐司徒府參軍事。周武帝平齊，授儀同三司，少典祀下大夫。隋開皇初，拜馮翊太守，因犯廟諱，以字行。後拜内史侍郎，與李德林參典翰。出爲金州刺史，卒官。所著文集二十卷，行於世。《隋書》卷五七、《北史》卷三三有傳。兩《唐志》著録《李元操集》二十二卷，《宋志》無載，亡佚。《全隋文》卷二〇有輯文。

蜀王府記室《辛德源集》三十卷。

辛德源（生卒年不詳）：字孝基，隴西狄道（今甘肅臨洮）人。沉静好學，及長，博覽書記，少有重名。起家奉朝請，累遷比部郎中，又兼通直散騎常侍。隋文帝受禪，不得志，著《幽居賦》以自寄。因牛弘舉薦，得與王劭同修國史。後轉諮議參軍，卒官。有集二十卷，又撰《政訓》、《内訓》各二十卷。《隋書》卷五八、《北史》卷五〇有傳。兩《唐志》著録《辛德源集》三十卷，《宋志》無載，亡佚。《全隋文》卷二〇有輯文。

太尉《楊素集》十卷。

楊素（？—606）：字處道，弘農華陰（今陝西華陰）人。好學，研精不倦，多所通涉，善屬文，工草隸。周武帝拜其爲車騎大將軍、儀同三司，命其爲詔書，下筆立成，詞義兼美。及平齊之役，以功封清河縣子。齊平，加上開府，改封成安縣公，又進封清河郡公。隋文帝受禪，進平陳計，進爵郢國公，改封越國公。累遷上柱國、行軍元帥、尚書僕射、尚書令、太子太師。煬帝大業二年（606），拜司徒，改封楚公，其年卒官。謚曰景武，贈光禄大夫、太尉公、十郡太守。有集十卷。《周書》卷三四、《隋書》卷四八、《北史》卷四一有傳。兩《唐志》無載，亡佚。《全隋文》卷二五有輯文。

懷州刺史《李德林集》十卷。

李德林（532—592）：字公輔，博陵安平（今河北安平）人。該博墳典，陰陽緯候無不通涉。善屬文，詞覈而理暢。河清中，授員外散騎侍郎，別直機密省。大象初，賜爵成安縣男。開皇元年，參與修律令。五年，敕令撰録作相時文翰，勒成五卷，謂之《霸朝雜集》。後轉爲懷州刺史，歲餘，卒官，年六十一。贈大將軍、廉州刺史，謚曰文。所撰文集，勒成八十卷，有五十卷行於世。《隋書》卷四二、《北史》卷七二有傳。兩《唐志》著録《李德林集》十卷，《宋志》無載，亡佚。現有《漢魏六朝百三名家集》本《李懷州集》一卷，《全隋文》卷一七、卷一八有輯文。

吏部尚書《牛弘集》十二卷。

牛弘：見本志“大序”。《隋書》卷四九載，牛弘有文集十三卷行於世。兩《唐志》著録《牛弘集》十二卷，《宋志》無載，亡佚。現有《漢魏六朝百三名家集》本《牛奇章集》一卷，《全隋文》卷二四有輯文。

司隸大夫《薛道衡集》三十卷。

薛道衡（535—604）：字玄卿，河東汾陰（今山西萬榮）人。專精好學，十三歲作《國僑贊》，頗有詞致，見者奇之。在齊爲主客郎，拜中書侍郎。入周，授儀同，攝邛州刺史。隋開皇八年（588）伐陳，授淮南道行臺尚書吏部郎，兼管文翰。煬帝嗣位，上《高祖文皇帝頌》，令煬帝不悦。後令其自盡，縊而殺之，年七十。有集七十卷，行於世。《隋書》卷五七、《北史》卷三六有傳。兩《唐志》著録《薛道衡集》三十卷，《宋志》無載。《直齋書録解題》卷一九著録《薛道衡集》一卷，稱“詩凡十九篇。本集三十卷，所存止此。大抵隋以前文集存全者亡幾，多好事者於類書中鈔出，以備家數也”。現有《漢魏六朝百三名家集》本《薛司隸集》一卷，《全隋文》卷一九有輯文。

國子祭酒《何妥集》十卷。

何妥：見本志經部“易類”。《隋書》卷七五載，何妥撰《周易講疏》、《莊子義疏》等，文集十卷，並行於世。兩《唐志》著録《何妥集》十卷，《宋志》無載，亡佚。《全隋文》卷一二有輯文。

祕書監《柳䛒集》五卷。

柳䛒（生卒年不詳）：䛒（biàn），字顧言，本河東（今山西永濟）人，永嘉之亂，徙家襄陽。少聰敏，能屬文，好讀書，所覽近萬卷。仕梁，釋褐著作佐郎。梁國廢，轉晉王諮議參軍。仁壽初，引爲東宫學士，加通直散騎常侍，檢校洗馬。煬帝即位，拜祕書監，封漢南縣公。從幸揚州，遇疾卒，年六十九。贈大將軍，謚曰康。撰《晉王北伐記》十五卷，有集十卷，行於世。《隋書》卷五八、《北史》卷八三有傳。《日本國見在書目録》著録《柳顧言集》十卷，兩《唐志》著録《柳顧言集》十卷，《宋志》無載，亡佚。《全隋文》卷一二有輯文。

開府《江總集》三十卷。

《江總後集》二卷。

江總（519—594）：字總持，濟陽考城（今河南蘭考）人。篤學有辭采，晝夜勤讀，手不釋卷。釋褐宣惠武陵王府法曹參軍。仕梁，官至太子中舍人。侯景亂，避難累年。天嘉四年（563），以中書侍郎徵還朝，直侍中省。陳後主即位，累遷太常卿、吏部尚書、尚書令。京城陷，入隋，爲上開府。開皇十四年（594），卒於江都，年七十六。有文集三十卷。《陳書》卷二七、《南史》卷三六有傳。《日本國見在書目録》著録《江令集》三十卷、《江令君集》二十卷，兩《唐志》著録《江總集》二十卷，《宋志》著録《江總集》七卷。《直齋書録解題》卷一九著録《江總集》一卷，稱"《唐志》集二十卷，《中興書目》七卷，今惟存詩近百首云"。現有《漢魏六朝百三名家集》本《江令君集》一卷，《增定漢魏六朝別解》本《江令君集》，《全隋文》卷一〇、卷一一有輯文。

記室參軍《蕭慤集》九卷。

蕭慤（生卒年不詳）：慤（què），字仁祖，蘭陵（今江蘇常州）人。工於篇什。天保中入齊，武平中爲太子洗馬。文林館立，入館撰書。入隋，爲記室參軍。見《北齊書》卷四五、《北史》卷八三。兩《唐志》著録《蕭慤集》九卷，《宋志》無載，亡佚。《全隋文》卷一三有輯文。

著作郎《魏彦深集》三卷。

魏彦深：名澹，見本志史部"正史類"。《隋書》卷五八載，魏澹專精好學，博涉經史，善屬文，詞采贍逸。撰《笑苑》、《詞林集》，世稱其博物。有文集三十卷，行於世。兩《唐志》著録《魏澹集》四卷，《宋志》無載，亡佚。《全隋文》卷二〇有輯文。

著作郎《諸葛潁集》十四卷。

諸葛潁：見本志史部“地理類”。《隋書》卷七六載，諸葛潁清辯有俊才，能屬文。撰《鑾駕北巡記》、《幸江都道里記》、《洛陽古今記》、《馬名録》，有文集二十卷，並行於世。兩《唐志》著録《諸葛潁集》十四卷，《宋志》無載，亡佚。

劉子政母《祖氏集》九卷。

祖氏：生平事迹不詳。兩《唐志》無載，亡佚。

著作郎《王胄集》十卷。

王胄（558—613）：字承基，琅邪臨沂（今山東臨沂）人。有逸才。仕陳，歷太子舍人、東陽王文學。陳亡，晉王楊廣引其爲學士。大業初，爲著作佐郎，以文詞爲煬帝所重，從征遼東，進授朝散大夫。涉楊玄感事，潛還江左，被吏所捕，坐誅，年五十六。所著辭賦，多行於世。《隋書》卷七六、《北史》卷八三有傳。兩《唐志》著録《王胄集》十卷，《宋志》無載，亡佚。《全隋文》卷一四有輯文。

右四百三十七部，四千三百八十一卷。通計亡書，合八百八十六部，八千一百二十六卷。

四百三十七部：實際爲四百五十三部。八百八十六部：經統計亡書爲四百七十三部，故合計爲九百二十六部。

别集之名，蓋漢東京之所創也[1]。自靈均已降，屬文之士衆矣，然其志尚不同，風流殊别。後之君子，欲觀其體勢，而見其心靈，故别聚焉，名之爲集。辭人景慕，並自記載[2]，以成書部。年代遷徙，亦頗遺散。其高唱絶俗者，略皆具存，今依其先後，次之於此。

[1] 漢東京之所創也：由於典籍載體的原因，最早以單篇流傳，直到東漢劉向校書，才把單篇文章編輯成書。而將一個作者所作詩、賦、頌、誄、贊等編輯成册，即爲别集。

[2] 並自記載：别集始於東漢，則爲後人追題。其自製名者，則始於南齊張融《玉海集》。自此别集，多爲作者自撰自集。

總　集

《文章流别集》四十一卷。梁六十卷，志二卷，論二卷，摯虞撰。

《文章流别志》、《論》二卷。摯虞撰。

《晉書》卷五一載，摯虞撰古文章，類聚區分爲三十卷，名曰《流别集》，各爲之論，辭理愜當，爲世所重。《四庫全書總目·總集序》言，總集是文章之衡鑒，著作之淵藪，而體例所成，以摯虞《流别》爲始。兩《唐志》著録《文章流别集》三十卷，《宋志》無載，亡佚。

《文章流别本》十二卷。謝混撰。

兩《唐志》無載，亡佚。

《續文章流别》三卷。孔甯撰。

孔甯：生平事迹不詳。兩《唐志》無載，亡佚。

《集苑》四十五卷。梁六十卷。

不署撰者。《舊唐志》著録《集苑》六十卷，謝琨（疑爲“混”之誤）撰；《新唐志》著録謝混《集苑》六十卷；《宋志》無載，亡佚。

《集林》一百八十一卷。宋臨川王劉義慶撰。梁二百卷。

《南史》卷一三載，劉義慶所著《世説》十卷，撰《集林》二百卷，並行於世。兩《唐志》著録劉義慶《集林》二百卷，《宋志》無載，亡佚。

《集林鈔》十一卷。

不署撰者。兩《唐志》無載，亡佚。

《集鈔》十卷。沈約撰。梁有《集鈔》四十卷，丘遲撰，亡。

沈約撰《集鈔》，兩《唐志》無載，亡佚。《舊唐志》著録《集鈔》四十卷，不署撰者；《新唐志》著録丘遲《集鈔》四十卷。《宋志》無載，亡佚。

《集略》二十卷。

不署撰者。兩《唐志》無載，亡佚。

《撰遺》六卷。梁又有《零集》三十六卷，亡。

不署撰者。兩《唐志》無載，亡佚。《零集》：不署撰者，兩《唐志》無載，亡佚。

《翰林論》三卷。李充撰。梁五十四卷。

《文心雕龍·序志》言李充《翰林論》“淺而寡要”。《舊唐志》著録李充《翰林論》二卷，《新唐志》、《崇文總目》著録李充《翰林論》三卷，《宋志》著録李允（疑爲“充”之誤）《翰林論》三卷，後無載，亡佚。

《文苑》一百卷。孔逭撰。

孔逭（生卒年不詳）：逭（huàn），會稽（今浙江紹興）人。

抗直有才藻，撰《東都賦》，於時才士稱之。著《三吴决録》，不傳。終於衛軍武陵王東曹掾，見《南史》卷七二。兩《唐志》著録孔逭《文苑》一百卷，《宋志》著録孔逭《文苑》十九卷，後無載，亡佚。

《文苑鈔》三十卷。

不署撰者。兩《唐志》無載，亡佚。

《文選》三十卷。梁昭明太子撰。

《梁書》卷八載，昭明太子撰有《文選》三十卷。兩《唐志》著録昭明太子《文選》三十卷，《新唐志》又著録李善注《文選》六十卷。《宋志》著録蕭統《文選》六十卷，李善注。《直齋書録解題》卷一五著録李善注《文選》六十卷、《六臣文選》六十卷。《四庫全書總目》卷一八六著録《文選注》六十卷、《六臣注文選》六十卷，提要稱《文選》舊本三十卷，唐高宗時，江都李善爲之注，始每卷各分爲二。玄宗開元六年（718），吕延祚以李善注重引證，忽略疏通文義，召集吕延濟、劉良、張銑、吕向、李周翰作新注，即《五臣注文選》。而自南宋以來，李善注皆與五臣注合刊，名曰《六臣注文選》，而李善注單行之本世遂罕傳。據明胡克家《重刻宋淳熙本文選序》言，宋淳熙中，尤袤取李善注讎校刊行，厥後單行之本，皆由此出。現有宋刻本李善注《文選》六十卷，宋杭州開牋紙馬鋪鍾家刻本《五臣注文選》三十卷（存一卷），宋刻本《六臣注文選》六十卷，又有明萬曆吴近仁刻《文選》十二卷、《音注》十二卷等。李善注《文選》六十卷，通行本有《四庫》本、《四部備要》本；《六臣注文選》六十卷，通行本有《四庫》本、《四部叢刊》本。中華書局1977年影印胡克家本李善注《文選》，1987年影印《四部叢刊》本《六臣注文選》。

《詞林》五十八卷。

不署撰者。《隋書》卷五八載，魏澹撰《詞林集》。兩《唐志》著録《小辭林》五十三卷，《宋志》無載，亡佚。

《文海》五十卷。

不署撰者。《周書》卷四二載，蕭圓肅撰時人詩筆，爲《文海》四十卷，兩《唐志》著録蕭圓（疑“圓”後脱“肅”）《文海集》三十六卷，《宋志》無載，亡佚。

《吴朝士文集》十卷。梁十三卷。又有《漢書文府》三卷，亡。

不署撰者。兩《唐志》無載，亡佚。《漢書文府》：不署撰者。兩《唐志》無載，亡佚。

《巾箱集》七卷。梁有《文章志録雜文》八卷，謝沈撰，又《名士雜文》八卷。亡。

不署撰者。《南史》卷四一載，蕭鈞手自細書寫五經，部爲一卷，置於巾箱中，以備遺忘。諸王聞而争相效仿，巾箱五經自此始也。《巾箱集》大抵也屬這類。兩《唐志》無載，亡佚。《文章志録雜文》：兩《唐志》著録謝沈《名文集》四十卷，而無載是書，《宋志》無載，亡佚。《名士雜文》：不署撰者。兩《唐志》無載，亡佚。

《婦人集》二十卷。梁有《婦人集》三十卷，殷淳撰；又有《婦人集》十一卷。亡。

不署撰者。兩《唐志》無載，亡佚。《婦人集》：《新唐志》著録殷淳《婦人集》三十卷，《宋志》無載，亡佚。《婦人集》：不署撰者。兩《唐志》無載，亡佚。

《婦人集鈔》二卷。

不署撰者。兩《唐志》無載，亡佚。

《雜文》十六卷。爲婦人作。

不署撰者。兩《唐志》無載，亡佚。

《文選音》三卷。蕭該撰。

蕭該：見本志史部“正史類”。《隋書》卷七五載，蕭該撰《漢書》及《文選》音義，皆爲當時所貴。兩《唐志》著録蕭該《文選音》十卷，《宋志》無載，亡佚。

《文心雕龍》十卷。梁兼東宫通事舍人劉勰撰。

劉勰（465？—520？）：勰（xié），字彦和，東莞莒（今山東莒縣）人。篤志好學，依沙門僧祐，積十餘年，遂博通經論，因區别部類，録而序之。天監初，起家奉朝請，中軍臨川王蕭宏引兼記室。出爲太末令，除仁威南康王記室，兼東宫通事舍人。撰《文心雕龍》五十篇，論古今文體，引而次之。有敕與沙門慧震於定林寺撰經證，功畢，啓求出家，改名慧地。不及一年而卒。有文集行於世。《梁書》卷五〇、《南史》卷七二有傳。《日本國見在書目録》子部“雜家”及集部“總集”著録劉勰《文心雕龍》十卷，兩《唐志》、《宋志》著録劉勰《文心雕龍》十卷。《四庫全書總目》卷一九五著録《文心雕龍》十卷，提要稱其書《原道》以下二十五篇，論文章體制；《神思》以下二十四篇，論文章工拙；合《序志》一篇，爲五十篇。現存最早刻本爲明弘治十七年（1504）馮允中刻本，通行本有《四部叢刊》本、《四庫》本、《叢書集成》本。注本有清黄叔琳《文心雕龍輯注》、近人楊明照《增訂文心雕龍校注》等。

《文章始》一卷。姚察撰。梁有《文章始》一卷，任昉撰；《四代文章記》一卷，吴郡功曹張防撰。亡。

姚察：見本志史部“正史類”。兩《唐志》“雜家”著録姚察《續文章始》一卷，《宋志》無載，亡佚。《文章始》：兩《唐志》著録任昉《文章始》一卷，張績補，《宋志》著録任昉《文章緣起》一卷。《直齋書録解題》卷二二著録任昉《文章緣起》一卷，稱“但取秦漢以來，不及六經”。《四庫全書總目》卷一九五著録《文章緣起》一卷，提要稱唐已由張績補，唐已無此書。檢其所列引據頗疏，疑爲依託。北宋王得臣《麈史·論文》有曰：“梁任昉集秦漢以來文章名之始，目曰《文章緣起》，自《詩賦》、《離騷》，至於《藝》，約八十五題，可謂博矣。”此本與王得臣所論相合，疑爲張績所補，後人誤以爲任昉本書。現存最早刻本爲清康熙三十三年（1694）方氏侑静齋刻本，通行本有《四庫》本、《叢書集成》本。張防：生平事迹不詳。兩《唐志》無載，亡佚。

《賦集》九十二卷。謝靈運撰。梁又有《賦集》五十卷，宋新渝惠侯撰；《賦集》四十卷，宋明帝撰；《樂器賦》十卷；《伎藝賦》六卷。亡。

兩《唐志》無載，亡佚。新渝惠侯：即劉義宗。兩《唐志》無載，亡佚。《新唐志》著録宋明帝《賦集》四十卷，《宋志》無載，亡佚。《樂器賦》：不署撰者。兩《唐志》無載，亡佚。《伎藝賦》：不署撰者。兩《唐志》無載，亡佚。

《賦集鈔》一卷。

不署撰者。兩《唐志》無載，亡佚。

《賦集》八十六卷。後魏祕書丞崔浩撰。

崔浩：見本志經部“易類”。兩《唐志》無載，亡佚。

《續賦集》十九卷。殘缺。

不署撰者。兩《唐志》無載，亡佚。

《歷代賦》十卷。梁武帝撰。

《梁書》卷四九載，左衛率周捨奉敕注梁武帝所製《歷代賦》，啓周興嗣助焉。兩《唐志》無載，亡佚。

《皇德瑞應賦頌》一卷。梁十六卷。

不署撰者。兩《唐志》著録《皇帝瑞應頌集》十卷，不署撰者。疑或即此書。《宋志》無載，亡佚。

《五都賦》六卷。并録。張衡及左思撰。

《文選》卷二至卷六，有張衡《西京賦》、《東京賦》、《南都賦》，左思《三都賦序》、《蜀都賦》、《吴都賦》、《魏都賦》。兩《唐志》著録《五都賦》五卷，不署撰者。《宋志》無載，亡佚。

《雜都賦》十一卷。梁《雜賦》十六卷。又有《東都賦》一卷，孔逭作；《二京賦音》二卷，李軌、綦毋邃撰；《齊都賦》二卷并《音》，左思撰；《相風賦》七卷，傅玄等撰；《迦維國賦》二卷，晉右軍行參軍虞干紀撰；《遂志賦》十卷，《乘輿赭白馬》二卷。亡。

不署撰者。兩《唐志》無載，亡佚。《雜賦》：不署撰者。兩《唐志》無載，亡佚。《東都賦》：《南史》卷七二載，孔逭作《東都賦》，於時才士稱之。兩《唐志》無載，亡佚。綦毋邃：見本志史部“雜傳類”。兩《唐志》著録綦毋邃《三（疑爲“二”之誤）京賦音》，未署李軌名。疑此二卷爲李軌《音》一卷與綦毋邃《音》一卷合爲一帙，而唐僅存綦毋邃《音》一卷。《宋志》無載，亡佚。《齊都賦》：《晉書》卷九二載，左思造《齊都賦》，一年乃成。兩《唐志》著録左思《齊都賦》一卷、李軌《齊都賦音》一卷，《宋志》無載，亡佚。《全晉文》卷七四有其佚文五條。《相風賦》:《藝文類聚》卷六八載有張華、孫楚、傅玄、潘岳、陶侃《相風賦》。《全晉文》卷五一有傅咸、卷六七有杜萬年、卷八四有牽秀《相風賦》之佚文。兩《唐志》無載，亡佚。虞干紀：生平事迹不詳。兩《唐志》無載，亡佚。《遂志賦》：不署撰者。《藝文類聚》卷二六有陸機、劉楨之《遂志賦》，此書大抵裒合諸家之作而成。兩《唐志》無載，亡佚。《乘輿赭白馬（疑"馬"下脱"賦"字）》:《文選》卷一四有顔延之《赭白馬賦》一篇。兩《唐志》無載是書，亡佚。

《述征賦》一卷。

不署撰者。《藝文類聚》卷五九引魏文帝《述征賦》。兩《唐志》無載，亡佚。

《神雀賦》一卷。後漢傅毅撰。

《論衡·佚文》有曰，永平中，神雀群集，孝明詔上爵頌。百官頌上，文皆比瓦石，唯班固、賈逵、傅毅、楊終、侯諷五頌金玉，孝明覽焉。兩《唐志》無載，亡佚。

《雜賦注本》三卷。梁有郭璞注《子虛》、《上林》一卷，薛綜注張衡《二京賦》二卷，晁矯注《二京賦》一卷，傅巽注《二京賦》二卷，張載及晉侍中劉逵、晉懷令衛權注左思《三都賦》三卷，綦毋邃注《三都賦》三卷，項氏注《幽通賦》，蕭廣濟注木玄虛《海賦》一卷，徐爰注《射雉賦》一卷，亡。

不署撰者。兩《唐志》無載。郭璞注《子虛》、《上林》:《晉書》卷七二載，郭璞注《子虛》、《上林》，傳於世。兩《唐志》著録司馬相如《上林》賦一卷，未署郭璞注。今傳《文選》卷七司馬長卿《子虛》賦一首、卷八司馬長卿《上林》賦一首，篇首皆題郭璞注。李善注體例之一，爲“舊注是者，因而留之，並於篇首題其姓名。其有乖謬，臣乃具釋，並稱臣善以別之”。可知郭璞注依李善注得以基本保存。薛綜注《二京賦》：《三國志》卷五三載，薛綜定《二京解》。兩《唐志》著録薛綜《二京賦音》二卷，《宋志》無載。《文選》卷二張平子《西京賦》一首，卷三張平子《東京賦》一首，篇首皆題薛綜注，薛綜注《二京賦》基本保存至今。晁矯：生平事迹不詳。兩《唐志》無載，亡佚。傅巽注《二京賦》：兩《唐志》無載，亡佚。張載（生卒年不詳）：字孟陽，安平（今河北安平）人。性嫻雅，博學有文章。起家佐著作郎，歷任太子中舍人、弘農太守、中書侍郎。見世方亂，即稱疾篤告歸，卒於家。《晉書》卷五五有傳。劉逵：見本志經部“禮類”。衛權（生卒年不詳）：字伯輿，陳留襄邑（今河南睢縣西）人，爲尚書郎。作左思《吴都賦》叙及注。叙粗有文辭，至於爲注，了無所發明。見《三國志》卷二二裴注。《世説新語·文學》注引《左思別傳》“劉淵林、衛伯輿並蚤終，皆不爲思《賦》序注也”。兩《唐志》著録《三都賦》三卷，不署撰者。《宋志》無載，亡佚。綦毋邃注《三都賦》：兩《唐志》無載，亡佚。《幽通賦》：《漢書》卷一〇〇載，班固弱冠而孤，作《幽通賦》，以致命遂志。項氏：疑爲項岱。《文選》卷一四李善注《幽通賦》引項岱注。《舊唐志》著録《幽通賦》一卷，班固撰，曹大家注；又一卷項岱注。《新唐志》著録曹大家注班固《幽通賦》一卷，項岱注《幽通賦》一卷。《宋志》無載，曹注、項注皆僅存於《文選》注中。木玄虛（生卒年不詳）：名華，廣川（河北棗强東北）人，爲楊駿府主簿，作《海賦》，文甚儁麗，足繼前良。見《文選》卷一二李善注。蕭廣濟：見本志史部“雜傳類”。兩《唐志》無載，亡佚。今《文選》李善注中亦未見蕭注。徐爰注《射雉賦》：兩《唐志》無載。《文選》卷九潘安仁《射雉賦》一首，篇首題徐爰注，徐爰注基本保存於《文選》李善注中。

《獻賦》十八卷。

不署撰者。兩《唐志》著録卞鑠《獻賦集》十卷，《宋志》無載，亡佚。

《圍碁賦》一卷。梁武帝撰。

兩《唐志》無載，亡佚。《藝文類聚》卷七四引此賦語。

《觀象賦》一卷。

不署撰者。兩《唐志》無載。《魏書》卷九一載，張淵嘗著《觀象賦》，並載其賦文。

《洛神賦》一卷。孫壑注。

孫壑：生平事迹不詳。《文選》卷一九曹子建《洛神賦》一首，李善引《記》言，曹植作《感甄賦》，後明帝見之改爲《洛神賦》。李善注《洛神賦》，未引孫壑注，其注亡佚。

《枕賦》一卷。張君祖撰。

張君祖：生平事迹不詳。兩《唐志》無載，亡佚。

《二都賦音》一卷。李軌撰。

前已著録李軌、綦毋邃爲張衡撰《二京賦音》二卷，兩《唐志》無載是書。此書是重出，還是爲班固《兩都賦》所撰，不得而知。

《百賦音》十卷。宋御史褚詮之撰。梁有《賦音》二卷，郭徵之撰；《雜賦圖》十七卷。亡。

前著録兼中書舍人《褚詮之集》，其生平事迹不詳。《顔氏家訓·勉學》有曰："習賦誦者，信褚詮而忽吕忱。"兩《唐志》著録褚令（疑"詮"之誤）之《百賦音》一卷，《宋志》無載，亡佚。郭徵之：或作郭微之，生平事迹不詳。兩《唐志》著録郭微之《賦音》二卷，《宋志》無載，亡佚。《雜賦圖》：不署撰者。兩《唐志》無載，亡佚。

《大隋封禪書》一卷。

不署撰者。《隋書》卷七五載，何妥撰《封禪書》一卷，《廿二史考異》卷三四稱《大隋封禪書》蓋何妥所撰。兩《唐志》無載，亡佚。

《上封禪書》二卷。梁有《雜封禪文》八卷；《秦帝刻石文》一卷，宋會稽太守褚淡撰。亡。

不署撰者。《隋書》卷五六載，薛冑以天下太平，登封告禪，撰《封禪圖》及儀上之。兩《唐志》無載，亡佚。《雜封禪文》：不署撰者。兩《唐志》無載，亡佚。褚淡（381—425）：或作褚淡之，字仲源，河南陽翟（今河南禹州）人。歷顯官，爲侍中，後任會稽太守。元嘉二年（425）卒，時年四十五，謚曰質子。《宋書》卷五二、《南史》卷二八有傳。兩《唐志》無載，亡佚。

《集雅篇》五卷。

不署撰者。兩《唐志》無載，亡佚。

《靖恭堂頌》一卷。晉凉王李暠撰。梁有《頌集》二十卷，王僧綽撰；《木連理頌》二卷，太元十九年群臣上。亡。

李暠（351—417）：暠（hào），字玄盛，隴西成紀（今甘肅秦安縣北）人，漢李廣十六世孫。少好學，通涉經史，尤善文義。

及長，頗習武藝，頌孫吴兵法。隆安中，爲大都督、涼公、領秦涼二州牧、護羌校尉。於敦煌南門外，臨水建靖恭之堂，李暠親爲序頌，以明鑒之義，文武群僚亦皆圖焉。義熙十三年（417）卒，時年六十七。國人謚曰武昭王，廟號太祖。自餘詩賦數十篇。《晉書》卷八七、《魏書》卷九九、《北史》卷一〇〇有傳。《魏書》卷五二載，劉昞撰有《靖恭堂銘》一卷。兩《唐志》著録李暠《靖恭堂頌》一卷，《宋志》無載，亡佚。《頌集》：兩《唐志》無載，亡佚。《木連理頌》：不署撰者。《宋書》卷二九載，木連理，王者德澤純洽，八方合爲一，則生。晉武帝太元十一年（386）、十八年（393）、十九年（394）皆現木連理。兩《唐志》著録《木連理頌》二卷，《宋志》無載，亡佚。

《詩集》五十卷。謝靈運撰。梁五十一卷。又有宋侍中張敷、袁淑補《謝靈運詩集》一百卷；又《詩集》百卷，并《例》、《録》二卷，顔峻撰；《詩集》四十卷，宋明帝撰；《雜詩》七十九卷，江邃撰；《雜詩》二十卷，宋太子洗馬劉和注；《二晉雜詩》二十卷；《古今五言詩美文》五卷，荀綽撰；《詩鈔》十卷。亡。

兩《唐志》著録謝靈運《詩集》五十卷，《宋志》無載，亡佚。張敷（生卒年不詳）：字景胤，吴郡吴（今江蘇蘇州）人。好玄言，善屬文，少有盛名。遷黄門郎、司徒左長史，未拜。父亡，悲傷過度，不及一年而卒，時年四十一。孝武帝即位，追贈侍中。《宋書》卷四六及六二、《南史》卷三二有傳。兩《唐志》無載是書，亡佚。《詩集》并《例》、《録》：《舊唐志》著録《詩集》百卷，顔峻撰；《詩例録》二卷，顔峻撰。《新唐志》著録顔峻《詩集》百卷，於“文史類”著録顔峻《詩例録》二卷。《宋志》均無載，亡佚。《詩集》四十卷：《舊唐志》著録《詩集新撰》三十卷，宋明帝撰；《詩集》二十卷，宋明帝撰。《新唐志》著録宋明帝《新撰詩集》三十卷、《詩集》二十卷。《宋志》無載，亡佚。江邃

（生卒年不詳）：邃（suì），或作邃之，字玄運，濟陽考城（今河南蘭考）人。頗有文義，撰《文釋》傳於世。官爲司徒記室參軍。見《宋書》卷六三、《南史》卷三六。兩《唐志》無載，亡佚。劉和：生平事迹不詳。兩《唐志》著録劉和《詩集》二十卷，《宋志》無載，亡佚。《二晉雜詩》：不署撰者。兩《唐志》無載，亡佚。《古今五言詩美文》：兩《唐志》無載，亡佚。《詩鈔》：不署撰者，兩《唐志》無載，亡佚。

《詩集鈔》十卷。謝靈運撰。梁有《雜詩鈔》十卷，《録》一卷，謝靈運撰，亡。

兩《唐志》著録謝靈運《詩集鈔》十卷，《宋志》無載，亡佚。《雜詩鈔》：疑即前《詩集鈔》，兩《唐志》無載。

《古詩集》九卷。

不署撰者。兩《唐志》無載，亡佚。

《六代詩集鈔》四卷。梁有《雜言詩鈔》五卷，謝朏撰，亡。

不署撰者。兩《唐志》著録徐陵《六代詩集鈔》四卷，《新唐志》又有許淩《六代詩集抄》四卷，《宋志》均無載，亡佚。《雜言詩鈔》：兩《唐志》無載，亡佚。

《詩英》九卷。謝靈運集。梁十卷。又有《文章英華》三十卷，梁昭明太子撰，亡。

兩《唐志》著録謝靈運《詩英》十卷，《宋志》無載，亡佚。《文章英華》：《梁書》卷八載，昭明太子以“五言詩之善者，爲《文章英華》二十卷”。兩《唐志》無載，亡佚。

《今詩英》八卷。

不署撰者。兩《唐志》無載，亡佚。

《古今詩苑英華》十九卷。梁昭明太子撰。

兩《唐志》著録昭明太子《古今詩苑英華》二十卷，《宋志》無載，亡佚。

《詩纘》十三卷。

不署撰者。兩《唐志》著録《詩纘》十二卷，《宋志》無載，亡佚。

《衆詩英華》一卷。

不署撰者。兩《唐志》無載，亡佚。

《詩類》六卷。

不署撰者。兩《唐志》無載，亡佚。

《玉臺新詠》十卷。徐陵撰。

《日本國見在書目録》著録《玉臺新詠》十卷，徐瑗（疑"陵"之誤）撰；兩《唐志》、《宋志》著録徐陵《玉臺新詠》十卷。《四庫全書總目》卷一八六著録《玉臺新詠》十卷，提要稱《大唐新語》曰，梁簡文帝爲太子，好作艷詩，境内化之。晚年欲改作，追之不及，乃令徐陵爲《玉臺新詠》，以大其體。可知此書作於梁。此書有補闕，以資考證之價值。在流傳中有後人附益。現存最早的刻本爲明嘉靖十九年（1540）鄭玄撫刻本，通行本有《四庫》本、《四部叢刊》本、《四部備要》本等。

《百志詩》十卷。干寶撰。梁五卷。又有《古游仙詩》一卷；

應貞注應璩《百一詩》八卷;《百一詩》二卷，晉蜀郡太守李彪撰。亡。

兩《唐志》著録干寶《百志詩集》五卷,《宋志》無載，亡佚。《古游仙詩》：不署撰者。兩《唐志》無載，亡佚。《百一詩》：《文選》卷二一收應璩《百一詩》一首，李善注列“百一”之解。李善注中未見應貞注。兩《唐志》著録應璩《百一詩》八卷，未署應貞注。《宋志》無載，亡佚。李彪：生平事迹不詳。兩《唐志》著録李夔《百一詩集》二卷,《宋志》無載，亡佚。

《齊釋奠會詩》一十卷。

一十：疑爲“二十”之誤。不署撰者。《南齊書》卷三載，永明三年冬十月壬戌，詔曰：“皇太子長懋講畢，當釋奠，王公以下可悉往觀禮。”兩《唐志》著録《齊釋奠會詩集》二十卷,《宋志》無載，亡佚。

《齊讌會詩》十七卷。

不署撰者。《南齊書》卷二載，建元元年（479）九月戊申，車駕幸宣武堂宴會，詔諸王公以下賦詩。二年（480）三月己亥，車駕幸樂游苑宴會，王公以下賦詩。兩《唐志》無載，亡佚。

《青溪詩》三十卷。齊讌會作。梁有魏、晉、宋《雜祖餞讌會詩集》二十一部，一百四十三卷，亡，今略其數。

不署撰者。《南齊書》卷三載，永明元年（483）春正月甲子，爲築青溪舊宫，詔槩仗瞻履。二年（484）八月丙午，車駕幸舊宫小會，設金石樂，在位者賦詩。《舊唐志》著録《清溪集》三十卷，齊武帝命撰;《新唐志》著録《清溪集》三十卷，齊武帝敕撰。《宋志》無載，亡佚。《雜祖餞讌會詩集》：不署撰者。《舊唐志》著録《晉元氏宴會游集》四卷，伏滔、袁豹、謝靈運等撰;

《新唐志》著録《晉元正宴會詩集》四卷，伏滔、袁豹、謝靈運集。又著録顔延之《元嘉西池宴會詩集》三卷、《元嘉宴會游山詩集》五卷，蓋即二十一部之存於唐代者。《宋志》均無載，亡佚。

《西府新文》十一卷。并《録》。梁蕭淑撰。

蕭淑（生卒年不詳）：蘭陵（今江蘇常州）人。與從兄蕭介等文酒賞會，時人以比謝氏烏衣之游。見《梁書》卷四一。《顔氏家訓·文章》曰："梁孝元在藩邸時，撰《西府新文》。"疑此書爲孝元使蕭淑輯録諸臣僚之文而成。兩《唐志》著録蕭淑《西府新文》十卷，《宋志》無載，亡佚。

《百國詩》四十三卷。

不署撰者。兩《唐志》著録崔光《百國詩集》二十九卷，《宋志》無載，亡佚。《魏書》卷六七載，太和中，崔光爲百三郡國詩答李彪，國別爲卷，爲百三卷焉。

《文林館詩府》八卷。後齊文林館作。

《北齊書》卷八載，後主武平四年（573）二月丙午，置文林館。更召引文學士，謂文林館待詔。兩《唐志》著録北齊後主《文林詩府》六卷，《宋志》無載，亡佚。

《詩評》三卷。鍾嶸撰，或曰《詩品》。

鍾嶸（468？—518？）：字仲偉，潁川長社（今河南長葛）人。好學，有思理，明《周易》。仕齊入梁，官至西中郎晉安王記室。卒官。曾品古今五言詩，論其優劣，名爲《詩評》。《梁書》卷四九、《南史》卷七二有傳。《新唐志》著録鍾嶸《詩評》三卷，《宋志》著録鍾嶸《詩評》一卷，《崇文總目》著録鍾嶸《詩品》三卷。《四庫全書總目》卷一九五著録《詩品》三卷，提要稱此書所品古今五言詩，自漢魏以來一百有三人，論其優劣，分爲上中下三品，每品之首冠以序，皆妙達文理，可與《文心雕龍》並稱。然其間亦不免有違失、附會之處。現存最早的本子爲明正德退翁書院抄本，通行本有《四庫》本、《學津討源》本、《四部備要》本等。

《古樂府》八卷。

不署撰者。《漢志》有曰，自孝武立樂府，而采歌謡，於是代趙之謳，秦楚之風，皆感於哀樂，緣事而發，亦可以觀風俗，知厚薄云。兩《唐志》無載，亡佚。

《文會詩》三卷。陳仁威記室徐伯陽撰。

徐伯陽（516—581）：字隱忍，東海（今山東郯城）人。敏而好學，學《春秋左氏》，讀史書三千餘卷。十五歲，以文筆稱。梁大同中，爲侯官令。陳天嘉中，除司空侯安府記室參軍事。太建初，李爽等一時之士游宴賦詩，勒成卷軸，徐伯陽爲其集序，盛傳於世。十一年（579），作《辟雍頌》，甚見佳賞，除鎮右新安王府諮議參軍事。十三年（581）卒，年六十六。《陳書》卷三四、《南史》卷七二有傳。兩《唐志》著録徐伯陽《文會詩集》四卷，《宋志》無載，亡佚。

《五岳七星迴文詩》一卷。梁有《雜詩圖》一卷，亡。

不署撰者。兩《唐志》無載，亡佚。《雜詩圖》：不署撰者。兩《唐志》無載，亡佚。

《毛伯成詩》一卷。伯成，東晉征西參軍。

毛伯成：其他事迹不詳。兩《唐志》無載，亡佚。

《春秋寶藏詩》四卷。張朏撰。

張朏：生平事迹不詳。兩《唐志》無載，亡佚。

《江淹擬古》一卷。羅潛注。

羅潛：生平事迹不詳。兩《唐志》無載，亡佚。

《樂府歌辭鈔》一卷。

不署撰者。兩《唐志》無載，亡佚。

《歌録》十卷。

不署撰者。兩《唐志》著録《歌録集》八卷，《宋志》無載，亡佚。

《古歌録鈔》二卷。

不署撰者。兩《唐志》無載，亡佚。

《晉歌章》八卷。梁十卷。

不署撰者。兩《唐志》無載，亡佚。

《吴聲歌辭曲》一卷。梁二卷。又有《樂府歌詩》二十卷，秦伯文撰；《樂府歌詩》十二卷；《樂府三校歌詩》十卷；《樂府歌辭》九卷；《太樂歌詩》八卷；《歌辭》四卷，張永記；《魏讌樂歌辭》七卷；《晉歌章》十卷；又《晉歌詩》十八卷，《晉讌樂歌辭》十卷，荀勖撰；《宋太始祭高禖歌辭》十一卷；《齊三調雅辭》五卷；《古今九代歌詩》七卷，張湛撰；《三調相和歌辭》五卷；《三調詩吟録》六卷；《奏鞞鐸舞曲》二卷；《管絃録》一卷；《伎録》一卷；《太樂備問鍾鐸律奏舞歌》四卷，郝生撰；《迴文集》十卷，謝靈運撰；又《迴文詩》八卷；《織錦迴文詩》一卷，苻堅秦州刺史賨氏妻蘇氏作；《頌集》二十卷，王僧綽撰；《木連理頌》二卷，晉太元十九年群臣上；又有鼓吹、清商、樂府、讌樂、高禖、鞞、鐸等《歌辭舞録》，凡十部。

不署撰者。《宋書》卷一九載："吴歌雜曲，並出江東，晉宋以來，稍有增廣。"兩《唐志》無載，亡佚。秦伯文：生平事迹不詳。兩《唐志》無載，亡佚。《樂府歌詩》：不署撰者。兩《唐志》無載，亡佚。《樂府三校歌詩》：不署撰者。兩《唐志》無載，亡佚。《樂府歌辭》：不署撰者。兩《唐志》無載，亡佚。《太樂歌詩》：不署撰者。兩《唐志》無載，亡佚。張永：《宋書》卷五三載，張永曉音律。其他事迹不詳。兩《唐志》無載，亡佚。《魏讌樂歌辭》：不署撰者。兩《唐志》無載，亡佚。《晉歌章》：前已著録，疑此爲重出。《晉讌樂歌辭》：《晉書》卷三九載，荀勖既掌樂事，又修律吕，並行於世。《宋書》卷一九載，泰始五年（269），荀勖造歌，皆爲四言。九年（273），荀勖造《正德》、《大豫》之舞歌詩。《舊唐志》著録《太樂雜歌詞》三卷，荀勖撰，及《太樂歌詞》二卷、《樂府歌詞》十卷、《樂府歌詩》十卷。《新唐志》"樂類"著録荀勖《太樂雜歌辭》三卷，又《太樂歌辭》二卷、《樂府歌詩》十卷。《宋志》無載，亡佚。《宋太始祭高禖歌辭》，不署撰者。兩《唐志》無載，亡佚。《齊三調雅辭》：《宋書》卷一九載，凡此諸曲，始皆徒歌，既而被之絃管。又有因絃管金石，造歌以被之，魏世三調歌詞之類是也。兩《唐志》無載，亡佚。張湛：見本志子部"道家類"。兩《唐志》無載，亡佚。《三調相和歌辭》：《宋書》卷二一載，《相和》，漢舊歌也。絲竹更相和，執節者歌。《舊唐志》著録《三調相和歌辭》三卷，不署撰者；《新唐志》著録翟子《樂府歌詩》十卷，又《三調相和歌辭》五卷。《宋志》無載，亡佚。《三調詩吟録》：不署撰者。兩《唐志》無載，亡佚。《奏鞞鐸舞曲》：《宋書》卷一九載，《鞞舞》，未詳所起，然漢代已施於燕享矣。晉《鞞舞歌》五篇，又《鐸舞歌》一篇。兩

《唐志》無載，亡佚。《管絃録》：不署撰者。兩《唐志》無載，亡佚。《伎録》：不署撰者。兩《唐志》無載，亡佚。郝生：《宋書》卷一九載，魏晉之世，有郝索善彈箏。不知是否爲此郝生。兩《唐志》無載，亡佚。《迴文集》：兩《唐志》著録謝靈運《迴文詩集》一卷，《宋志》無載，亡佚。《迴文詩》：不署撰者。兩《唐志》無載，亡佚。蘇氏（生卒年不詳）：名蕙，字若蘭，始平（今陝西興平）人。善屬文。其夫竇滔被徙流沙，蘇氏思之，織錦爲迴文旋圖詩以贈滔。詞甚淒婉，凡八百四十字，文多不録。《晉書》卷九六有傳。兩《唐志》無載，亡佚。《頌集》：前已附注於《靖恭堂頌》條下，此爲重出。《木連理頌》：前已附注於《靖恭堂頌》條下，此爲重出。《歌辭舞録》十部：皆不署撰者。兩《唐志》無載，亡佚。

《陳郊廟歌辭》三卷。并《録》。徐陵撰。

兩《唐志》無載，亡佚。

《樂府新歌》十卷。秦王司马崔子發撰。

崔子發：見本志史部“古史類”。兩《唐志》無載，亡佚。

《樂府新歌》二卷。秦王司马殷僧首撰。

殷僧首：陳郡長平（今河南西華東北）人，陳孝子殷不害長子。見《陳書》卷三二。兩《唐志》無載，亡佚。

《古今箴銘集》十四卷。張湛撰。録一卷。梁有《箴集》十六卷，《雜誡箴》二十四卷，《女箴》一卷，《女史箴圖》一卷，又有《銘集》十一卷，又陸少玄撰《佛像雜銘》十三卷，釋僧祐撰《箴器雜銘》五卷，亡。

兩《唐志》著録《古今箴銘集》十三卷，《宋志》無載，亡佚。《箴集》：不署撰者。兩《唐志》無載，亡佚。《雜誡箴》：不署撰者。兩《唐志》著録《雜誡箴》二十四卷，《宋志》無載，亡佚。《女箴》：不署撰者。兩《唐志》無載，亡佚。《女史箴圖》：不署撰者。兩《唐志》無載，亡佚。《銘集》：不署撰者。兩《唐志》無載，亡佚。陸少玄（生卒年不詳）：吴郡吴（今江蘇蘇州）人，陸澄子，繼承其父藏書萬餘卷。見《南史》卷三一。兩《唐志》無載，亡佚。釋僧祐：見本志史部“雜傳類”。兩《唐志》無載，亡佚。

《衆賢誡集》十卷。殘缺。梁有《誡林》三卷，綦毋邃撰；《四帝誡》三卷，王誕撰；《雜家誡》七卷；《諸家雜誡》九卷；《集誡》二十二卷。亡。

不署撰者。本志子部“儒家類”著録《衆賢誡》十三卷，此爲重出，且殘缺。《宋志》無載，亡佚。《誡林》：兩《唐志》著録綦毋氏《誡林》三卷，當即此書。《宋志》無載，亡佚。《四帝誡》：兩《唐志》無載，亡佚。《雜家誡》：不署撰者。兩《唐志》無載，亡佚。《諸家雜誡》：不署撰者。兩《唐志》無載，亡佚。《集誡》：不署撰者。兩《唐志》無載，亡佚。

《諸葛武侯誡》一卷、《女誡》一卷。

本志子部“儒家類”著録《諸葛武侯集誡》二卷，或即此《諸葛武侯誡》一卷與《女誡》一卷。此處當爲重出。

《女誡》一卷。曹大家撰。

曹大家：見本志史部“雜傳類”。本志子部“儒家類”著録《曹大家女誡》一卷，此處爲重出。

《女鑒》一卷。梁有《女訓》十六卷。

不署撰者。本志子部“儒家類”著録《女鑒》一卷，此處爲重出。《女訓》：不署撰者。《晉書》卷四〇載，賈充前妻李氏淑美有才行，作《女訓》行於世。《舊唐志》著録《女訓集》六卷，《新唐志》“雜傳記類”著録《女訓集》六卷，《宋志》無載，亡佚。

《婦人訓誡集》十一卷。并録。梁十卷。宋司空徐湛之撰。

徐湛之（410—453）：字孝源，東海郯（今浙江嵊州）人。爲宋武帝所愛，常與江夏王義恭寢食不離帝側。歷任中書令、太子詹事、尚書僕射、領護軍將軍。劉劭反，被害，時年四十四。孝武帝即位，追贈司空，謚曰忠烈公。《宋書》卷七一、《南史》卷一五有傳。本志子部“儒家類”著録《婦人訓誡集》十一卷，不署撰者，當即此書，此處爲重出。

《娣姒訓》一卷。馮少胄撰。

馮少胄：名紞（dǎn），安平（今河北安平）人。少博涉經史，識悟機辯。得幸於武帝，遷左衛將軍，又遷御史中丞，轉侍中。太康七年（287），詔以其爲散騎常侍，不久卒。《晉書》卷三九有傳。本志子部“儒家類”著録《娣姒訓》一卷，不署撰者，當即此書，此處爲重出。

《貞順志》一卷。

不署撰者。本志子部“儒家類”著録《貞順志》一卷，此處爲重出。

《贊集》五卷。謝莊撰。

兩《唐志》著録謝莊《贊集》五卷，《宋志》無載，亡佚。

《畫贊》五卷。漢明帝殿閣畫，魏陳思王贊。梁五十卷。又有《誄集》十五卷，謝莊撰，亡。

漢明帝（28—75）：諱莊，光武帝之子，南陽蔡陽（今湖北棗陽西南）人。能通《春秋》、《尚書》。建武中元二年（57）即位，在位十八年，廟號顯宗。《後漢書》卷三有傳。陳思王：即曹植。兩《唐志》"雜傳類"著録漢明帝《畫贊》五十卷，《宋志》無載，亡佚。《全三國文》卷一七有曹植《畫贊》輯文。《誄集》：兩《唐志》無載，亡佚。

《七集》十卷。謝靈運撰。

《新唐志》著録謝靈運《七集》十卷，《宋志》無載，亡佚。

《七林》十卷。梁十二卷，録二卷。卞景撰。梁又有《七林》三十卷，音一卷，亡。

卞景：生平事迹不詳。兩《唐志》著録卞氏《七林集》十二卷，《宋志》無載，亡佚。《七林》：不署撰者。兩《唐志》無載，亡佚。《音》：應爲《七林音》，不署撰者。兩《唐志》無載，亡佚。

《七悟》一卷。顔之推撰。梁有《弔文集》六卷，《録》一卷；《弔文》二卷。亡。

顔之推：見本志經部"小學類"。兩《唐志》著録顔之推《七悟集》一卷，《宋志》無載，亡佚。《弔文集》：不署撰者。兩《唐志》無載，亡佚。《弔文》：不署撰者。兩《唐志》無載，亡佚。

《碑集》二十九卷。

《雜碑集》二十九卷。

二書皆不署撰者。兩《唐志》均無載，亡佚。

《雜碑集》二十二卷。梁有《碑集》十卷，謝莊撰；《釋氏碑文》三十卷，梁元帝撰；《雜碑》二十二卷；《碑文》十五卷，晉將作大匠陳勰撰；《碑文》十卷，車灌撰；又有《羊祜墮淚碑》一卷；《桓宣武碑》十卷；《長沙景王碑文》三卷；《荆州雜碑》三卷；《雍州雜碑》四卷；《廣州刺史碑》十二卷；《義興周處碑》一卷；《太原王氏家碑誄頌贊銘集》二十六卷；《諸寺碑文》四十六卷，釋僧祐撰；《雜祭文》六卷；《衆僧行狀》四十卷，釋僧祐撰。亡。

不署撰者。兩《唐志》著録《雜碑文》二十卷，《宋志》無載，亡佚。《碑集》：兩《唐志》無載，亡佚。《釋氏碑文》：《金樓子》卷五著録《碑集》十秩百卷。此三十卷，或爲其佚存。《雜碑》：不署撰者。兩《唐志》無載，亡佚。陳勰：生平事迹不詳。兩《唐志》無載，亡佚。《碑文》：兩《唐志》無載，亡佚。《羊祜墮淚碑》：《晉書》卷三四載，襄陽百姓於峴山羊祜平生游憩之所建碑立廟，歲時饗祭焉，望其碑者莫不流涕，杜預因名爲《墮淚碑》。兩《唐志》無載，亡佚。《桓宣武碑》：桓宣武，即桓温。不署撰者。兩《唐志》無載，亡佚。《長沙景王碑文》：長沙景王，即劉道憐。不署撰者。兩《唐志》無載，亡佚。《荆州雜碑》：不署撰者。兩《唐志》無載，亡佚。《雍州雜碑》：不署撰者。兩《唐志》無載，亡佚。《廣州刺史碑》：不署撰者。兩《唐志》無載，亡佚。《義興周處碑》：不署撰者。兩《唐志》無載，亡佚。《全晉文》卷一四六有《晉平西將軍周處碑》，並稱碑在宜興孝侯廟，題陸機撰，王羲之書。唐元和六年（811）義興縣令陳從諫重樹。《太原王氏家碑誄頌贊銘集》：不署撰者。兩《唐志》無載，亡佚。《諸寺碑文》：兩《唐志》無載，亡佚。《雜祭文》：不署撰者。兩《唐志》無載，亡佚。《衆僧行狀》：兩《唐志》無載，亡佚。

《設論集》二卷。劉楷撰。梁有《設論集》三卷，東晉人撰；

《客難集》二十卷。亡。

劉楷：生平事迹不詳。兩《唐志》著録劉楷《設論集》三卷，《宋志》無載，亡佚。東晉人：疑爲謝靈運，兩《唐志》著録謝靈運《設論集》五卷，《宋志》無載，亡佚。《客難集》：不署撰者。兩《唐志》無載，亡佚。

《論集》七十三卷。

不署撰者。兩《唐志》無載，亡佚。

《雜論》十卷。

不署撰者。兩《唐志》無載，亡佚。

《明真論》一卷。晉兖州刺史宗岱撰。

宗岱：或作宋岱。兩《唐志》無載，亡佚。

《東西晉興亡論》一卷。

不署撰者。兩《唐志》無載，亡佚。

《陶神論》五卷。

不署撰者。《舊唐志》著録《陶神論》五卷，釋靈祐撰。《法苑珠林·著作》載，靈祐撰《陶神論》十卷。《宋志》無載，亡佚。

《正流論》一卷。

不署撰者。本志史部“簿録類”著録《正流論》一卷，此處爲重出。

《黄芳引連珠》一卷。

黄芳：生平事迹不詳。兩《唐志》無載，亡佚。

《梁武連珠》一卷。沈約注。

《金樓子》卷一《興王》載，梁武帝作《連珠》五十首。兩《唐志》無載是書，亡佚。《全梁文》卷六有梁武帝《連珠》輯文。

《梁武帝制旨連珠》十卷。梁邵陵王綸注。

兩《唐志》著録《制旨連珠》四卷，梁武帝撰。《宋志》無載，亡佚。

《梁武帝制旨連珠》十卷。陸緬注。梁有《設論連珠》十卷；謝靈運撰《連珠集》五卷；陳證撰《連珠》十五卷；又《連珠》一卷，陸機撰，何承天注；又班固《典引》一卷，蔡邕注。亡。

陸緬（生卒年不詳）：吴郡吴（今江蘇蘇州）人。酷似其父陸倕。見《南史》卷四八。《舊唐志》著録《制旨連珠》十一卷，陸緬撰；《新唐志》著録陸緬注《制旨連珠》十一卷。《宋志》無載，亡佚。《設論連珠》：不署撰者。兩《唐志》無載，亡佚。兩《唐志》著録謝靈運《連珠集》五卷，《宋志》無載，亡佚。陳證：生平事迹不詳。兩《唐志》無載，亡佚。《南史》卷七六載，沈麟士重陸機《連珠》，每爲諸生講之。兩《唐志》無載何承天注陸機《連珠》，今《文選》卷五五收陸機《演連珠》五十首。兩《唐志》無載班固撰、蔡邕注《典引》，此書今存《文選》卷四八。

《梁代雜文》三卷。

不署撰者。兩《唐志》無載，亡佚。

《詔集區分》四十一卷。後周獸門學士宗幹撰。

宗幹：或作宋幹，生平事迹不詳。《舊唐志》著録《詔集區别》二十七卷，宗幹撰；《新唐志》史部“起居注類”著録宋幹《詔集區别》二十七卷，《宋志》無載，亡佚。

《魏朝雜詔》二卷。梁有《漢高祖手詔》一卷，亡。

不署撰者。兩《唐志》無載，亡佚。《漢高祖手詔》：不署撰者，兩《唐志》無載，亡佚。

《録魏吴二志詔》二卷。梁有《三國詔誥》十卷，亡。

不署撰者。兩《唐志》無載，亡佚。《三國詔誥》：不署撰者。兩《唐志》無載，亡佚。

《晉咸康詔》四卷。

不署撰者。兩《唐志》無載，亡佚。

《晉朝雜詔》九卷。梁有《晉雜詔》百卷，《録》一卷；又有《晉雜詔》二十八卷，《録》一卷；又《晉詔》六十卷；《晉文王、武帝雜詔》十二卷。亡。

不署撰者。兩《唐志》無載，亡佚。《晉雜詔》：不署撰者。《舊唐志》史部"起居注類"著録《晉書（疑"書"爲衍字）雜詔書》一百卷，《新唐志》史部"起居注類"著録《晉雜詔書》一百卷，《宋志》無載，亡佚。《晉雜詔》：不署撰者。兩《唐志》史部"起居注類"著録《晉雜詔書》二十八卷，《宋志》無載，亡佚。《晉詔》：不署撰者。兩《唐志》無載，亡佚。《晉文王、武帝雜詔》：文王，乃司馬昭；武帝，司马炎，公元265—290年在位。不署撰者。兩《唐志》無載，亡佚。

《録晉詔》十四卷。梁有《晉武帝詔》十二卷，《成帝詔草》十七卷，《康帝詔草》十卷，《建元直詔》三卷，《永和副詔》九卷，《昇平、隆和、興寧副詔》十卷，《泰元、咸寧、寧康副詔》二十二卷，《隆安直詔》五卷，《元興、大亨副詔》三卷，亡。

不署撰者。兩《唐志》無載，亡佚。《晉武帝詔》：不署撰者。

兩《唐志》無載，亡佚。《成帝詔草》：不署撰者。晉成帝，司馬衍，公元326—342年在位。兩《唐志》無載，亡佚。《康帝詔草》：不署撰者。晉康帝，司馬岳，公元343—344年在位。兩《唐志》無載，亡佚。《建元直詔》：建元，晉康帝年號。不署撰者。兩《唐志》無載，亡佚。《永和副詔》：永和，晉穆帝年號。不署撰者。兩《唐志》無載，亡佚。《昇平、隆和、興寧副詔》：昇平，晉穆帝年號，公元357—361年；隆和、興寧，晉哀帝年號，公元362—363年、公元363—365年。不署撰者。兩《唐志》無載，亡佚。《泰元、咸寧、寧康副詔》：泰元（應爲"太元"）、寧康，晉孝武帝年號，公元376—396年、公元373—375年；咸寧，晉武帝年號，公元275—280年。不署撰者。兩《唐志》史部"起居注類"著録《晉太元副詔》二十一卷，《宋志》無載，亡佚。《隆安直詔》：隆安，晉安帝年號，公元397—401年。不署撰者。兩《唐志》無載，亡佚。《元興大亨副詔》：元興、大亨，晉安帝年號，公元402—404年，公元402年。不署撰者。兩《唐志》史部"起居注類"著録《崇安、元興、大亨副詔》八卷，《宋志》無載，亡佚。

《晉義熙詔》十卷。梁有《義熙副詔》十卷；《義熙以來至于大明詔》三十卷；《晉宋雜詔》四卷；又《晉宋雜詔》八卷，王韶之撰；又《雜詔》十四卷；《班五條詔》十卷。亡。

義熙，晉安帝年號，公元405—418年。不署撰者。兩《唐志》史部"起居注類"著録《晉義熙詔》二十二卷，《宋志》無載，亡佚。《義熙副詔》：不署撰者。兩《唐志》無載，亡佚。《義熙以來至于大明詔》：大明，宋明帝年號。不署撰者。兩《唐志》無載，亡佚。《晉宋雜詔》：不署撰者。兩《唐志》無載，亡佚。《晉宋雜詔》：兩《唐志》無載，亡佚。《雜詔》：不署撰者。兩《唐志》無載，亡佚。《班五條詔》：不署撰者。《晉書》卷三載，泰始四年（268）十二月，班五條詔書於郡國，一曰正身，二曰勤百姓，三曰撫孤寡，四曰敦本息末，五曰去人事。兩《唐志》無載，亡佚。

《宋永初雜詔》十三卷。梁有《詔集》百卷，起漢訖宋；《武帝詔》四卷；《宋元熙詔令》五卷；《永初二年、五年詔》三卷；《永初已來中書雜詔》二十卷。亡。

永初：宋武帝年號，公元420—422年。不署撰者。兩《唐志》史部“起居注類”著録《宋永初詔》六卷，《宋志》無載，亡佚。《詔集》：不署撰者。兩《唐志》無載，亡佚。《武帝詔》：不署撰者。兩《唐志》無載，亡佚。《宋元熙詔令》：晉恭帝元熙二年（420）六月，宋改元永初。兩《唐志》無載，亡佚。《永初二年、五年詔》：永初三年（422），疑“五年”爲“三年”之誤。兩《唐志》無載，亡佚。《永初已來中書雜詔》：不署撰者。兩《唐志》無載，亡佚。

《宋孝建詔》一卷。梁有《宋景平詔》三卷，亡。

孝建：宋孝武帝年號，公元454—456年。不署撰者。兩《唐志》無載，亡佚。《宋景平詔》：景平，宋少帝年號。不署撰者。兩《唐志》無載，亡佚。

《宋元嘉副詔》十五卷。梁有《宋元嘉詔》六十二卷，又《宋孝武詔》五卷，《宋大明詔》七十卷，《宋永光、景和詔》五卷，《宋泰始、泰豫詔》二十二卷，《宋義嘉僞詔》一卷，《宋元徽詔》十三卷，《宋昇明詔》四卷。亡。

元嘉：宋文帝年號，公元424—453年。不署撰者。兩《唐志》無載，亡佚。《宋元嘉詔》：不署撰者。兩《唐志》史部“起居注類”著録《宋元嘉詔》二十一卷，《宋志》無載，亡佚。《宋孝武詔》、《宋大明詔》：孝建、大明，皆爲宋孝武帝的年號，公元454—456年、公元457—464年，疑《宋孝武詔》應爲《宋孝建詔》。皆不署撰者，兩《唐志》皆無載，亡佚。《宋永光、景和詔》：永光、景和，皆爲宋前廢帝的年號，均爲公元465年。不署撰者。兩《唐志》無載，亡佚。《宋泰始、泰豫詔》：泰始、泰豫，皆爲宋明帝的年號。不署撰者。兩《唐志》無載，亡佚。《宋義嘉僞詔》：泰始二年（466）正月，晉安王劉子勛即僞位於尋陽城，年號義嘉。見《宋書》卷八〇。不署撰者。兩《唐志》無載，亡佚。《宋元徽詔》：元徽，宋後廢帝年號，公元473—476年。不署撰者。兩《唐志》無載，亡佚。《宋昇明詔》：昇明，宋順帝年號，公元477—479年。不署撰者。兩《唐志》無載，亡佚。

《齊雜詔》十卷。

不署撰者。兩《唐志》無載，亡佚。

《齊中興二年詔》三卷。梁有《齊建元詔》五卷，《永明詔》三卷，《武帝中詔》十卷，《齊隆昌、延興、建武詔》九卷，《齊建武二年副詔》九卷，《梁天監元年至七年詔》十二卷，《天監九年、十年詔》二卷，亡。

中興：齊和帝年號，公元501—502年，其二年乃梁武帝受禪之時。不署撰者。兩《唐志》無載，亡佚。《齊建元詔》：建元，齊高帝年號，公元479—482年。不署撰者。兩《唐志》無載，亡佚。《永明詔》：永明，齊武帝年號，公元483—493年。不署撰者。兩《唐志》無載，亡佚。《武帝中詔》：不署撰者。兩《唐志》無載，亡佚。《齊隆昌、延興、建武詔》：隆昌，欝林王年號，公元494年；延興，海陵王年號，公元494年；建武，齊明帝年號，公元494—498年。不署撰者。兩《唐志》無載，亡佚。《齊建武二年副詔》：不署撰者。兩《唐志》無載，亡佚。《梁天監元年至七年詔》：天監，梁武帝年號，公元502—519年。不署撰者。兩

《唐志》無載，亡佚。《天監九年、十年詔》：不署撰者。兩《唐志》無載，亡佚。

《後魏詔集》十六卷。

不署撰者。《魏書》卷八二載，延昌初，常景受敕撰門下詔書，凡四十卷。此書或是其部分。兩《唐志》無載，亡佚。

《後周雜詔》八卷。

不署撰者。兩《唐志》無載，亡佚。

《雜詔》八卷。

不署撰者。兩《唐志》無載，亡佚。

《雜赦書》六卷。

不署撰者。兩《唐志》無載，亡佚。

《陳天嘉詔草》三卷。

天嘉：陳文帝年號，公元560—566年。不署撰者。兩《唐志》無載，亡佚。

《霸朝集》三卷。李德林撰。

《隋書》卷四二載，開皇五年（585），敕令李德林撰録作相時文翰，勒成五卷，謂之《霸朝雜集》。《日本國見在書目録》著録《霸朝集》三卷，李德林撰；兩《唐志》著録李德林《霸朝雜集》五卷。《宋志》無載，亡佚。

《皇朝詔集》九卷。

不署撰者。兩《唐志》無載，亡佚。

《皇朝陳事詔》十三卷。梁有《雜九錫文》四卷，亡。

不署撰者。兩《唐志》無載，亡佚。《雜九錫文》：不署撰者。《文選》卷三五所收潘勖《册魏公九錫文》，即屬此類。兩《唐志》無載，亡佚。《全宋文》卷二六有傅亮撰《策加宋公九錫文》，《全齊文》卷九有王儉撰《策齊公九錫文》，《全梁文》卷四一有任昉撰《策梁公九錫文》。

《上法書表》一卷。虞和撰。

虞和（生卒年不詳）：或作虞龢，會稽餘姚（今浙江餘姚）人。少好學，位至中書郎、廷尉。《南史》卷七二有傳。本志史部"簿録類"著録《法書目録》六卷，不署撰者。而兩《唐志》著録虞和《法書目録》六卷。此表當爲上《法書目録》表。兩《唐志》無載，或亡佚，或在《法書目録》之中。

《梁中表》十一卷。梁邵陵王撰。梁有《漢名臣奏》三十卷；《魏名臣奏》三十卷，陳長壽撰；《魏雜事》七卷；《晉諸公奏》十一卷；《雜表奏駁》三十五卷；《漢丞相匡衡、大司馬王鳳奏》五卷；《劉隗奏》五卷；《孔群奏》二十二卷；《晉金紫光禄大夫周閔奏事》四卷；《晉中丞劉邵奏事》六卷；《中丞司馬無忌奏事》十三卷；《中丞虞谷奏事》六卷；《中丞高崧奏事》五卷；又《諸彈事》等十四部。亡。

邵陵王：即蕭綸（507？—551）。《梁書》卷三三載，王筠奉敕撰《中書表奏》三十卷。兩《唐志》著録《梁中書表集》二百五十卷，《宋志》無載，亡佚。《漢名臣奏》：本志史部"刑法類"著録《漢名臣奏事》三十卷，應即此書，此爲重出。《舊唐志》"刑法類"著録《漢名臣奏》三十卷，陳壽撰，又二十九卷。《新唐志》"刑法類"著録陳壽《漢名臣奏事》三十卷。陳長壽：即陳壽。本志史部"刑法類"著録《魏名臣奏事》四十卷，《目》

一卷，陳壽撰。即此《魏名臣奏》，此處爲重出。《魏雜事》：不署撰者。兩《唐志》無載，亡佚。《晉諸公奏》：不署撰者。兩《唐志》無載，亡佚。《雜表奏駁》：不署撰者。兩《唐志》無載，亡佚。匡衡（生卒年不詳）：字稚圭，東海郡承縣（今山東棗莊）人。好讀書，從博士受《詩》。元帝時爲郎中，遷博士、給事中。匡衡數上疏陳便宜，及朝廷有政議，附經以對，言多法義。建昭三年（前36），爲丞相，封樂安侯。《史記》卷九六、《漢書》卷八一有傳。王鳳（？—前22）：字孝卿，東平陵（今山東濟南）人。嗣侯，爲衛尉侍中。成帝即位，因其舅父，爲大司馬大將軍領尚書事，輔政十一年。死後謚曰敬成侯。見《漢書》卷九八。兩《唐志》無載，亡佚。《劉隗奏》：《晉書》卷六九載，劉隗彈奏不畏强禦，不容於王敦而流亡於石勒。兩《唐志》無載，亡佚。孔群：字敬林，山陰（今浙江紹興）人。有智局，志尚不羈。仕歷中丞，卒於官。《晉書》卷七八有傳。兩《唐志》無載，亡佚。周閔（生卒年不詳）：字子騫，汝南安成（今河南汝南東南）人。歷任衡陽、建安、臨川太守，吏部尚書、尚書僕射，領祕書監。卒，追贈金紫光禄大夫，謚曰烈。《晉書》卷六九有傳。兩《唐志》無載，亡佚。劉邵（生卒年不詳）：彭城（今江蘇徐州）人。有才幹，辟琅邪王丞相掾。成帝朝，歷任御史中丞、侍中、尚書、豫章太守。《晉書》卷六九有傳。兩《唐志》無載，亡佚。司馬無忌：即譙烈王。《晉書》卷三七載，建元初，司馬無忌爲御史中丞。兩《唐志》無載，亡佚。虞谷（生卒年不詳）：會稽餘姚（今浙江餘姚）人。位至吴國内史。見《晉書》卷七六。兩《唐志》無載，亡佚。高崧（生卒年不詳）：字茂琰，廣陵（今江蘇揚州）人。少好學，善史書，舉州秀才，除太學博士，拜中書郎、黄門侍郎。累遷侍中，以公事免，卒於家。《晉書》卷七一有傳。兩《唐志》無載，亡佚。《諸彈事》等：皆不署撰者。兩《唐志》無載，亡佚。

《雜露布》十二卷。梁有《雜檄文》十七卷,《魏武帝露布文》九卷，亡。

不署撰者。兩《唐志》無載，亡佚。《雜檄文》：不署撰者。兩《唐志》無載，亡佚。《魏武帝露布文》：不署撰者。兩《唐志》無載，亡佚。

《山公啓事》三卷。

《晉書》卷四三載，山濤居選職十餘年，每一官缺，輒啓擬數人，詔旨有所向，然後顯奏，隨帝意所欲爲先。濤所奏甄拔人物，各爲題目，時稱《山公啓事》。《舊唐志》著録《山濤啓事》三卷,《新唐志》著録《山濤啓事》十卷,《宋志》無載，亡佚。《全晉文》卷三四有輯文。

《范寧啓事》三卷。梁十卷。梁有《雜薦文》十二卷,《薦文集》七卷，亡。

《晉書》卷七五載，范寧將赴豫章任太守，臨行上疏，有曰："臣久欲粗啓所懷，日復一日，今當永離左右，不欲令心有餘恨。請出臣啓事，付外詳擇。"《舊唐志》著録《范寧啓事》十卷,《宋志》無載，亡佚。《雜薦文》：不署撰者。兩《唐志》無載，亡佚。《薦文集》：不署撰者。兩《唐志》著録《薦文集》七卷,《宋志》無載，亡佚。

《善文》五十卷。杜預撰。

兩《唐志》著録杜預《善文》四十九卷,《宋志》無載，亡佚。

《雜集》一卷。殷仲堪撰。

兩《唐志》無載，亡佚。

《梁、魏、周、齊、陳皇朝聘使雜啓》九卷。

不署撰者。兩《唐志》無載，亡佚。

《政道集》十卷。

不署撰者。兩《唐志》子部“法家類”著録李文博《治道集》十卷，《宋志》子部“法家類”、“雜家類”著録李文博《治道集》十卷。《北史》卷八三載，李文博本爲經學，後讀史書，於諸子及論，尤所該洽，性長議論，亦善屬文。著《政道集》十卷，大行於世。此書後無著録，亡佚。

《書集》八十八卷。晉散騎常侍王履撰。梁八十卷，亡。

王履：生平事迹不詳。兩《唐志》著録王履《書集》八十卷，《宋志》無載，亡佚。

《書林》十卷。

不署撰者。兩《唐志》無載，亡佚。

《雜逸書》六卷。梁二十二卷。徐爰撰。《應璩書林》八卷，夏赤松撰；《抱朴君書》一卷，葛洪撰；《蔡司徒書》三卷，蔡謨撰；《前漢雜筆》十卷；《吴晉雜筆》九卷；《吴朝文》二十四卷；《李氏家書》八卷；《晉左將軍王鎮惡與劉丹陽書》一卷。亡。

兩《唐志》無載，亡佚。《三國志》卷二五注，提及《應璩書林》。夏赤松：會稽（浙江紹興）人。善棋，爲第二品。其下棋思速，善於大行。見《南史》卷一八。兩《唐志》著録夏赤松《書林》六卷，《宋志》無載，亡佚。《抱朴君書》：兩《唐志》無載，亡佚。《蔡司徒書》：兩《唐志》無載，亡佚。《前漢雜筆》：不署撰者。兩《唐志》無載，亡佚。《吴晉雜筆》：不署撰者。兩《唐志》無載，亡佚。《吴朝文》：不署撰者。前已著録《吴朝士文集》

十卷，或與此書有交集。兩《唐志》無載，亡佚。《李氏家書》：不署撰者。《後漢書》卷一一、卷一八之注皆引《李氏家書》，其内容乃司空李郃之上書諫。疑此書爲李郃所作。李郃，《後漢書》卷八二上有傳。兩《唐志》無載，亡佚。王鎮惡（373—418）：北海劇（今山東壽光東南）人。義熙八年（412），佐宋武帝討劉毅。後被沈田子殺，追贈左將軍、青州刺史。《宋書》卷四五、《南史》卷一六有傳。劉丹陽：當爲劉穆之（360—417），義熙八年（412）加丹陽尹，亦參與討劉毅之戰。《宋書》卷四二、《南史》卷一五有傳。兩《唐志》無載，亡佚。

《後周與齊軍國書》二卷。

不署撰者。兩《唐志》無載，亡佚。

《高澄與侯景書》一卷。

高澄（521—549）：字子惠，北齊神武帝長子，文襄帝。神武帝崩，高澄即位，侯景舉河南内附。高澄擔心侯景與西南合縱，方爲己患，乃以書曉喻侯景。《梁書》卷五六及《北齊書》卷三皆收録高澄遺侯景書，及侯景之答書。

《策集》一卷。殷仲堪撰。

兩《唐志》無載，亡佚。

《策集》六卷。梁有《孝秀對策》十二卷，亡。

不署撰者。《舊唐志》著録謝靈運《策集》六卷，《新唐志》著録宋伯宜《策集》六卷，《宋志》無載，亡佚。《孝秀對策》：不署撰者。兩《唐志》無載，亡佚。

《宋元嘉策孝秀文》十卷。

不署撰者。兩《唐志》無載，亡佚。

《誹諧文》三卷。

不署撰者。兩《唐志》無載，亡佚。

《誹諧文》十卷。袁淑撰。梁有《續誹諧文集》十卷；又有《誹諧文》一卷，沈宗之撰；《任子春秋》一卷，杜嵩撰；《博陽秋》一卷，宋零陵令辛邕之撰。亡。

兩《唐志》著録袁淑《誹諧文》十五卷，《宋志》無載，亡佚。《全宋文》卷四四有輯文。《續誹諧文》：不署撰者。兩《唐志》無載，亡佚。兩《唐志》無載沈宗之《誹諧文》，亡佚。杜嵩（生卒年不詳）：或作杜崧，字子高，廬江灊（今安徽霍山）人。有志節。惠帝時，俗多浮僞，著《任子春秋》以刺之。見《晉書》卷四、卷九一。兩《唐志》無載，亡佚。辛邕之：生平事迹不詳。兩《唐志》無載，亡佚。

《法集》百七卷。梁沙門釋寶唱撰。

釋寶唱：見本志史部“雜傳類”。兩《唐志》無載，亡佚。

右一百七部，二千二百一十三卷。通計亡書，合二百四十九部，五千二百二十四卷。

一百七部：實際爲一百四十七部。二百四十九部：經統計亡書一百九十九部，故合計爲三百四十六部。

總集者，以建安[1]之後，辭賦轉繁，衆家之集，日以滋廣，晉代摯虞，苦覽者之勞倦，於是采擿[2]孔翠，芟剪[3]繁蕪，自詩賦下，各爲條貫，合而編之，謂爲《流別》。是後文集總鈔，作者繼軌，屬辭[4]之士，以爲覃奥[5]，而取則焉。今次其前後，并解釋評論，總於此篇。

[1] 建安：後漢獻帝年號，公元196—220年。

[2] 采擿（zhāi）：擿，同“摘”，采取、選擇。孔翠，原指孔雀和翠鳥，此喻精華。

[3] 芟（shān）剪：除草。

[4] 屬辭：連綴文辭，泛指撰寫文章。

[5] 覃（qín）奥：廣蓄深藏。

凡集五百五十四部，六千六百二十二卷。通計亡書，合一千一百四十六部，一萬三千三百九十卷。

五百五十四部：實際爲六百一十部。一千一百四十六部：經統計亡書六百七十三部，故合一千二百八十三部。

文者，所以明言也。古者登高能賦，山川能祭，師旅能誓，喪紀能誄，作器能銘，則可以爲大夫。言其因物騁辭，情靈[1]無擁者也。唐歌虞詠[2]，商頌、周雅，叙事緣情，紛綸相襲，自斯已降，其道彌繁。世有澆淳[3]，時移治亂，文體遷變，邪正或殊。宋玉、屈原，激情風於南楚，嚴、鄒、枚、馬[4]，陳盛藻於西京，平子[5]艷發於東都，王粲獨步於漳、滏[6]。爰逮晉氏，見稱潘、陸[7]，並黼藻相輝，宫商[8]間起，清辭潤乎金石，精義薄乎雲天。永嘉[9]已後，玄風既扇[10]，辭多平淡，文寡風力。降及江東，不勝其弊。宋、齊之世，下逮梁初，靈運高致之奇，延年[11]錯綜之美，謝玄暉[12]之藻麗，沈休文[13]之富溢，煇焕斌蔚[14]，辭義可觀。梁簡文之在東宫，亦好篇什，清辭巧製，止乎衽席之間，彫琢蔓藻，思極閨闈之内。後生好事，遞相放習[15]，朝野紛紛，號爲宫體[16]。流宕不已，訖於喪亡。陳氏因之，未能全變。其中原則兵亂積年，文章道盡。後魏文帝頗效屬辭，未能變俗，例皆淳古。齊宅漳濱[17]，辭人間起，高言累句，紛紜絡繹，清辭雅致，是所未聞。後周草創，干戈不戢[18]，君臣戮力，專事經營，風流文雅，我則未暇。其後南平漢、沔[19]，東定河朔[20]，訖于有隋，四海一統，采荆南之杞梓[21]，收會稽之箭竹[22]，辭人才士，總萃京師。屬以高祖少文，煬帝多忌，當路執權，逮相擯壓[23]。於是握靈蛇之珠[24]，韞荆山之玉[25]，轉死溝壑之内者，不可勝數，草澤怨刺[26]，於是興焉。古者陳詩觀風，斯亦所以關乎盛衰者也。班固有《詩賦略》，凡五種，今引而伸之，合爲三種，謂之集部。

[1] 情靈：心性，思想感情。

[2] 唐歌虞詠：指唐堯虞舜時代的文學作品，如流傳下來的《帝舜歌》、《皋陶賡歌》等。

[3] 澆淳：浮薄之風破壞了質樸、敦厚之風。

[4] 嚴、鄒、枚、馬：《漢書》卷五七上載，梁孝王來朝，從游説之士齊人鄒陽、淮陰枚乘、吴嚴忌夫子之徒，相如見而説之。嚴忌（前188—前105）：字夫子，本姓莊，因避漢明帝諱，改姓嚴，吴（今江蘇境内）人。善辭賦，《漢志》著録《莊夫子賦》二十四篇。今存《哀時命》一篇，見《楚辭》。鄒陽（前206？—前129）：齊臨淄（今山東淄博）人。漢興，與嚴忌、枚乘仕吴，皆以文辯著名。後知吴王不可説，赴梁，從孝王游。因有人進讒，下獄，上書梁王，獲免，並爲上客。《漢書》卷五一有傳。枚：當指枚乘。馬：當指司馬相如。

[5] 平子：即張衡。

[6] 王粲獨步於漳、滏：滏水在鄴，向東流入漳。曹操以鄴爲都。此句言王粲勸劉表子歸於曹操，後王粲在魏拜爲侍中。

[7] 潘、陸：指潘岳、陸機。

[8] 宫商：本指五音中的宫音、商音，又泛指音律。此應借指詩律中的平仄和聲韻中的四聲。

[9] 永嘉：晉懷帝年號，公元 307—313 年。

[10] 玄風：玄談風尚。扇，通“搧”。

[11] 延年：即顔延之。

[12] 謝玄暉：即謝朓。

[13] 沈休文：即沈約。

[14] 煇焕斌蔚：光輝鮮明，文采繁茂。

[15] 遞相放習：放，通“仿”。

[16] 宫體：始於梁簡文帝。此類詩内容多寫宫廷生活和男女私情，形式上追求詞藻靡麗，華而不實。後世稱艷情詩爲宫體詩。

[17] 齊宅漳濱：指北齊建都於鄴。

[18] 戢（jí）：止息。

[19] 漢、沔：沔水出自陝西略陽，乃漢水之上游。此指漢水、沔水流經區域。

[20] 河朔：泛指黄河以北地域。

[21] 杞梓：楚地所産兩種優質木材，此指楚地優秀人才。

[22] 箭竹：竹之一種，會稽所産最佳。此喻江南才俊。

[23] 擯壓：排斥彈壓。

[24] 靈蛇之珠：傳説隋侯見大蛇傷斷，以藥敷之。後蛇於江中銜大珠以報之，因曰隋侯之珠。見《淮南子·覽冥》注。

[25] 荆山之玉：楚人卞和得美玉璞於荆山，幾經周折，成王允其剖石，得美玉以爲璧。即和氏璧。見《淮南子·覽冥》注。

[26] 草澤：此喻在野未仕之人。怨刺，怨恨、諷刺。

凡四部經傳三千一百二十七部，三萬六千七百八卷。通計亡書，合四千一百九十一部，四萬九千四百六十七卷。

三千一百二十七部：實際爲三千二百三十三部。四千一百九十一部：經統計亡書一千六百四十三部，故合四千八百七十六部。

經戒三百一部，九百八卷。餌服四十六部，一百六十七卷。房中十三部，三十八卷。符録[1]十七部，一百三卷。

[1] 符録：道家祕密文書。

右三百七十七部，一千二百一十六卷。

道經者，云有元始天尊[1]，生於太元之先[2]，稟自然之氣，冲虛凝遠[3]，莫知其極。所以説天地淪壞，劫數終盡[4]，略與佛經同。以爲天尊之體，常存不滅。每至天地初開，或在玉京之上[5]，或在窮桑之野[6]，授以祕道，謂之開劫度人。然其開劫，非一度矣，故有延康、赤明、龍漢、開皇，是其年號。其間相去經四十一億萬載。所度皆諸天仙上品，有太上老君[7]、太上丈人[8]、天真皇人[9]、五方天帝及諸仙官[10]，轉共承受，世人莫之豫也[11]。所説之經，亦稟元一之氣[12]，自然而有，非所造爲，亦與天尊常在不滅。天地不壞，則蘊而莫傳，劫運若開，其文自見。凡八字，盡道體之奥，謂之天書[13]。字方一丈，八角垂芒，光輝照耀，驚心眩目，雖諸天仙，不能省視。天尊之開劫也，乃命天真皇人，改囀天音而辯析之[14]。自天真以下，至于諸仙，展轉節級[15]，以次相授。諸仙得之，始授世人。然以天尊經歷年載，始一開劫，受法之人，得而寳祕，亦有年限，方始傳授。上品則年久，下品則年近。故今授道者，經四十九年，始得授人。推其大旨，蓋亦歸於仁愛清静，積而修習，漸致長生，自然神化，或白日登仙，與道合體。其受道之法，初受《五千文籙》，次受《三洞籙》，次受《洞玄籙》，次受《上清籙》。籙皆素書[16]，紀諸天曹官屬佐吏之名有多少，又有諸符，錯在其間[17]，文章詭怪，世所不識。受者必先潔齋[18]，然後齎金環一[19]，并諸贄幣[20]，以見於師。師受其贄，以籙授之，仍剖金環[21]，各持其半，云以爲約。弟子得籙，緘而佩之[22]。

[1] 元始天尊：玉清元始天尊之簡稱。道教最高之神生於劫先，故以元始稱之，亦稱元始天王。

[2] 太元：即太玄。指混沌未開時之大道。

[3] 冲虚：冲淡虚静，無所拘繫。

[4] 劫數：或作劫運，即厄運。

[5] 玉京：道家言，天上有黄金闕、白玉京，爲天帝所居。

[6] 窮桑：《拾遺記·少昊》"窮桑者，西海之濱，有孤桑之樹，直上千尋，葉紅椹紫，萬歲一實，食之後天而老"。

[7] 太上老君：道教以老子爲道祖，尊稱爲太上老君。

[8] 太上丈人：不詳，或太上老君化身。

[9] 天真皇人：先天真聖，是前劫修真極道人，爲元始天王所化身。

[10] 五方天帝：隨方立名，有青帝、赤帝、黄帝、白帝、黑帝，實則皆一天帝。

[11] 豫：參與。

[12] 元一：萬物唯一之本源。

[13] 天書：道教稱元始天尊所説之書。

[14] 囀（zhuàn）：轉折發聲。

[15] 節級：次第。

[16] 素書：原因書信寫在素絹之上，故稱素書。後泛指書籍。

[17] 錯：放置、安置。

[18] 潔齋：淨潔身心，誠敬齋戒。

[19] 齎（jī）：付與、送與。

[20] 贄幣：見面時所贈財物。

[21] 仍：乃。

[22] 緘：封存。

其潔齋之法，有黄籙、玉籙、金籙、塗炭等齋[1]。爲壇三成[2]，每成皆置緜蕝[3]，以爲限域。傍各開門，皆有法象[4]。齋者亦有人數之限，以次入於緜蕝之中，魚貫面縛[5]，陳説愆咎[6]，告白神祇，晝夜不息，或一二七日而止。其齋數之外有人者，並在緜蕝之外，謂之齋客，但拜謝而已，不面縛焉。而又有諸消災度厄之法，依陰陽五行數術，推人年命書之[7]，如章表之儀，并具贄幣，燒香陳讀。云奏上天曹，請爲除厄，謂之上章[8]。夜中，於星辰之下，陳設酒脯餅餌幣物[9]，歷祀天皇太一[10]，祀五星列宿[11]，爲書如上章之儀以奏之，名之爲醮[12]。又以木爲印，刻星辰日月於其上，吸氣執之，以印疾病，多有愈者。又能登刀入火而焚勑之[13]，使刃不能割，火不能熱。而又有諸服餌、辟穀[14]、金丹[15]、玉漿、雲英[16]，蠲除滓穢之法，不可殫記[17]。云自上古黄帝、帝嚳[18]、夏禹之儔，並遇神人，咸受道籙，年代既遠，經史無聞焉。

[1] 黄籙：道教醮名。設壇普祭天神、地祇、人鬼，用以懺罪祈福。玉籙、金籙、塗炭亦爲道教醮名，以祈福、驅邪、禳災。

[2] 成：重（chóng）、層。

[3] 緜蕝（jué）：引繩爲緜，束茅以表位爲蕝。即劃定範圍。

[4] 法象：帝王、聖賢之像。此指道教所奉神之像。

[5] 面縛：兩手反綁於身後而面向前。

[6] 愆咎：罪過。

[7] 年命：人的壽命。

[8] 上章：道士替人上表給天神，祈求消災免禍的行爲。

[9] 𪎭：通"餅"。

[10] 天皇：天帝。太一，天帝之别名，天神之最尊貴者。

[11] 五星：金、木、水、火、土五大行星。列宿，衆星宿。

[12] 醮（jiào）：道士設壇祭祀。

[13] 勑（chì）：通"敕"，整飭。

[14] 辟穀：道士修養之術，謂屏除穀食。

[15] 金丹：道士修煉之丹，有内外丹之别。内丹乃修煉自身氣神而成，外丹則以金石丹砂等燒煉而成。

[16] 雲英：即雲母。

[17] 殫（dān）：盡。

[18] 帝嚳（kù）：名高辛，姬姓，黄帝之曾孫。三十歲登位，以亳爲都。見《史記·五帝本紀》。

推尋事迹，漢時諸子，道書之流有三十七家，大旨皆去健羡[1]，處冲虚而已，無上天官符籙之事。其《黄帝》四篇，《老子》二篇，最得深旨。故言陶弘景者，隱於句容，好陰陽五行，風角星算[2]，修辟穀導引之法，受道經符籙，武帝素與之游。及禪代之際，弘景取圖讖之文[3]，合成"景梁"字以獻之[4]，由是恩遇甚厚。又撰《登真隱訣》，以證古有神仙之事；又言神丹可成，服之則能長生，與天地永畢。帝令弘景試合神丹，竟不能就，乃言中原隔絶，藥物不精故也。帝以爲然，敬之尤甚。然武帝弱年好事[5]，先受道法，及即位，猶自上章，朝士受道者衆。三吴及邊海之際，信之逾甚。陳武世居吴興[6]，故亦奉焉。後魏之世，嵩山道士寇謙之[7]，自云嘗遇真人成公興[8]，後遇太上老君，授謙之爲天師，而又賜之《雲中音誦科誡》二十卷。又使玉女授其服氣導引之法，遂得辟穀，氣盛體輕，顏色鮮麗。弟子十餘人，皆得其術。其後又遇神人李譜[9]，云是老君玄孫，授其圖籙真經，劾召百神，六十餘卷，及銷鍊金丹雲英八石玉漿之法。太武始光之初[10]，奉其書而獻之。帝使謁者，奉玉帛牲牢，祀嵩岳，迎致其餘弟子，於代都東南起壇宇[11]，給道士百二十餘人，顯揚其法，宣布天下。太武親備法駕[12]，而受符籙焉。自是道業大行，每帝即位，必受符籙，以爲故事，刻天尊及諸仙之象，而供養焉。遷洛已後，置道場於南郊之傍，方二百步。正月、十月之十五日，並有道士哥人百六人[13]，拜而祠焉。後齊武帝遷鄴[14]，遂罷之。文襄之世[15]，更置館宇，選其精至者使居焉。後周承魏，崇奉道法，每帝受籙，如魏之舊，尋與佛法俱滅。開皇初又興，高祖雅信佛法，於道士蔑如也。大業中，道士以術進者甚衆。其所以講經，由以《老子》爲本，次講《莊子》及《靈寶》、《昇玄》之屬。其餘衆經，或言傳之神人，篇卷非一。自云天尊姓樂名静信[16]，例皆淺俗，故世甚疑之。其術業優者，行諸符禁，往往神驗。而金丹玉液長生之事，歷代糜費，不可勝紀，竟無效焉。今考其經目之數，附之於此。

[1] 健羨：貪欲。

[2] 風角星算：風角，指四方四隅之風，以此占吉凶，爲古代占候之術。星算，天文算術。

[3] 圖讖（chèn）：圖，河圖；讖，符命之書。謂漢代盛行的符命占驗之書。

[4] 合成“景梁”字以獻之：《南史》卷七六載，陶弘景聞議禪代，援引圖讖，數處皆成“梁”字，令弟子進之。

[5] 弱年：年少，弱冠。

[6] 陳武（503—559）：陳霸先，字興國，吴興（今浙江湖州）

人。梁敬帝於太平二年（557）禪位於陳，陳霸先即帝位，改元永定，三年（559）崩，時年五十七。謚曰武皇帝，廟號高祖。見《陳書》卷一。

[7] 嵩山：五嶽之中嶽，位於河南登封北。寇謙之（？—448）：字輔真，早年好道，有絶俗之心。入嵩山修道十年，從仙人成公興游，後遇太上老君從天而降，授以天師。後又從李譜文受録圖真經，奏於太武帝，頗受寵信。太平真君九年（448）卒。見《魏書》卷一一四。

[8] 成公興（生卒年不詳）：字廣明，自言膠東人。山居隱迹，希在人間。古之仙人，因其坐失火燒七間屋，被謫爲寇謙之作弟子七年。見《魏書》卷九一、卷一一四。

[9] 李譜：《魏書》卷一一四作李譜文，自稱爲老君之玄孫，昔居代郡桑乾，爲牧土上師。

[10] 太武（408—452）：拓跋燾，泰常八年（423）即皇帝位，正平二年（452）崩。上尊謚曰太武皇帝，廟號世祖。見《魏書》卷四、《北史》卷二。始光，魏太武帝年號，公元424—427年。

[11] 代都：今山西大同。

[12] 法駕：皇帝車駕。

[13] 哥人：哥，通“歌”。哥人，唱歌的人。

[14] 後齊武帝（496—547）：高歡，字賀六渾，渤海蓨（今河北景縣）人。仕魏，專朝政十六年，武定五年（547）卒。及其子高洋廢東魏建北齊，追尊爲神武帝，廟號高祖。見《北齊書》卷一、卷二，《北史》卷六。

[15] 文襄（521—549）：此指高澄，字子惠，高歡之長子。仕魏，位至相國，封齊王。武定七年（549），遇盜而亡。天保初，追尊文襄皇帝，廟號世宗。見《魏書》卷三、《北史》卷六。

[16] 樂静信：生平事迹不詳。

大乘經六百一十七部，二千七十六卷。五百五十八部，一千六百九十七卷，經。五十九部，三百七十九卷，疏。小乘經四百八十七部，八百五十二卷。雜經三百八十部，七百一十六卷。雜經目殘缺甚，見數如此。雜疑經一百七十二部，三百三十六卷。大乘律五十二部，九十一卷。小乘律八十部，四百七十二卷[1]。七十七部，四百九十卷，律。二部，二十三卷，講疏。雜律二十七部，四十六卷。大乘論三十五部，一百四十一卷[2]。三十部，九十四卷，論。十五部，四十七卷，疏。小乘論四十一部，五百六十七卷[3]。二十一部，四百九十一卷，論。十部，七十六卷，講疏。雜論五十一部，四百三十七卷[4]。三十二部，二百九十九卷，論。九部，一百三十八卷，講疏。記二十部，四百六十四卷。

[1] 八十部：下注曰，律七十七部、疏二部，合計爲七十九部。四百七十二卷，下注曰，律四百九十卷，講疏二十三卷，合計爲五百一十三卷。

[2] 三十五部：下注曰，論三十部，疏十五部，合計爲四十五部。

[3] 四十一部：下注曰，論二十一部，講疏十部，合計爲三十一部。

[4] 五十一部：下注曰，論三十二部，講疏九部，合計爲四十一部。

右一千九百五十部，六千一百九十八卷。

一千九百五十部：若按右大字所記數字，應爲一千九百六十二部；若按注所記數字計算，則爲一千九百三十一部。

佛經者，西域天竺之迦維衛國淨飯王太子釋迦牟尼所説[1]。釋迦當周莊王之九年四月八日[2]，自母右脅而生，姿貌奇異，有三十二相[3]，八十二好[4]。捨太子位，出家學道，勤行精進，覺悟一切種智，而謂之佛，亦曰佛陀，亦曰浮屠，皆胡言也。華言譯之爲淨覺。其所説云，人身雖有生死之異，至於精神，則恒不滅。此身之前，則經無量身矣。積而修習，精神清淨，則成佛道。天地之外，四維上下[5]，更有天地，亦無終極，然皆有成有敗。一成一敗，謂之一劫。自此天地已前，則有無量劫矣[6]。每劫必有諸佛得道，出世教化，其數不同。今此劫中，當有千佛。自初至于釋迦，已七佛矣[7]。其次當有彌勒出世[8]，必經三會[9]，演説法藏[10]，開度衆生。由其道者，有四等之果。一曰須陁洹，二曰斯陁含，三曰阿那含，四曰阿羅漢。至羅漢者，則出入生死，去來隱顯，而不爲累。阿羅漢已上，至菩薩者，深見佛性，以至成道。每佛滅度[11]，遺法相傳，有正、象、末三等淳醨之異[12]。年歲遠近，亦各不同。末法已後，衆生愚鈍，無復佛教，而業行轉惡，年壽漸短，經數百千載間，乃至朝生夕死。然後有大水、大火、大風之災，一切除去之，而更立生人，又歸淳朴，謂之小劫。每一小劫，則一佛出世。

[1] 天竺：今印度之古稱。迦維衛國，古國名，位於今尼泊爾南部提羅拉科特附近。釋迦牟尼，姓喬答摩，名悉達多，屬刹帝利種姓。對其生卒年，記載不一。或作公元前565年至485年，或作公元前624年至544年。本志記載其生於公元前688年。因不滿婆羅門教，捨棄王族身份生活，出家修道，奠定原始佛教的基本教義。八十歲時於拘尸那迦城逝世。釋迦牟尼，乃佛教徒對其之尊稱。

[2] 周莊王：姬姓，名佗。公元前696—前682年在位。

[3] 三十二相：佛家用語，謂佛陀生來容貌不同凡俗，其顯著

之點稱三十二相。

[4] 八十二好：或作八十種好，佛教用語。言佛陀天生姿貌超凡，其細微隱祕難見之處，稱爲八十種好。

[5] 四維：東南西北四方之隅。

[6] 無量劫：佛教指計數不盡的時節。

[7] 七佛：釋迦牟尼前有六佛，即毗婆尸佛、尸棄佛、毗舍婆佛、拘樓孫佛、拘那含佛、迦葉佛，加上釋迦牟尼，通稱過去七佛。

[8] 彌勒：從佛受記（預言）將繼承釋迦佛位爲未來的菩薩。

[9] 三會：彌勒佛的三次説法大會。佛教記載兜率天彌勒在華林園龍華樹下開三次法會，初會、再會、三會説法，衆多信徒得阿羅漢。

[10] 法藏：指佛所説的教法，教法含藏無量妙義，故名法藏。

[11] 滅度：謂僧人死亡。梵語涅槃、泥洹之義譯。

[12] 正象末三等：即佛教所謂三時。佛教認爲釋迦牟尼逝後，佛法日益衰微，其可分爲正、象、末三法時期。然其説法亦不一。可參見《大乘法苑義林章》卷六、《雜阿含經》三二、《安樂集》卷下等。淳醨（lí），淳，通醇，厚酒，引申爲厚重；醨，薄酒，引申爲淡薄。

初天竺中多諸外道，並事水火毒龍，而善諸變幻。釋迦之苦行也，是諸邪道，並來嬲惱[1]，以亂其心，而不能得。及佛道成，盡皆摧伏，並爲弟子。弟子，男曰桑門，譯言息心，而總曰僧，譯言行乞。女曰比丘尼。皆剃落鬚髮，釋累辭家[2]，相與和居，治心修淨，行乞以自資，而防心攝行[3]。僧至二百五十戒，尼五百戒。俗人信憑佛法者，男曰優婆塞，女曰優婆夷，皆去殺、盜、淫、妄言、飲酒，是爲五誡。釋迦在世教化四十九年，乃至天龍人鬼並來聽法，弟子得道，以百千萬億數。然後於拘尸那城娑羅雙樹間，以二月十五日，入般涅槃。涅槃亦曰泥洹，譯言滅度，亦言常樂我淨。初釋迦説法，以人之性識根業各差[4]，故有大乘小乘之説[5]。至是謝世，弟子大迦葉與阿難等五百人[6]，追共撰述，綴以文字，集載爲十二部。後數百年，有羅漢菩薩相繼著論，贊明其義。然佛所説，我滅度後，正法五百年，像法一千年，末法三千年，其義如此。

[1] 嬲（niǎo）惱：煩擾、戲弄。

[2] 累：憂患、煩勞。

[3] 攝行：正其行爲。

[4] 性識：思想意識。根業，佛教語。指根性與業力。衆生因根業不同，修行正果亦不同。

[5] 大乘：佛教語。公元一世紀逐漸形成的佛教派别，主張利他，普度衆生。小乘，大乘教流行之後，原部派佛教被貶爲小乘，它保持早期佛教之教理。

[6] 大迦葉：或作迦葉，全稱爲摩訶迦葉，古印度摩揭陀國王舍城人，屬婆羅門種姓。釋迦牟尼十大弟子之一。阿難，全稱阿難陀，釋迦牟尼的堂弟，侍從釋迦二十五年，亦其十大弟子之一。

推尋典籍，自漢已上，中國未傳。或云久已流布，遭秦之世，所以堙滅[1]。其後張騫使西域[2]，蓋聞有浮屠之教。哀帝時[3]，博士弟子秦景使伊存口授浮屠經[4]，中土聞之，未之信也。後漢明帝夜夢金人飛行殿庭[5]，以問於朝，而傅毅以佛對。帝遣郎中蔡愔及秦景使天竺求之[6]，得《佛經四十二章》及釋迦立像[7]。并與沙門攝摩騰、竺法蘭東還[8]。愔之來也，以白馬負經，因立白馬寺於洛城雍門西以處之。其經緘於蘭臺石室，而又畫像於清涼臺及顯節陵上[9]。章帝時[10]，楚王英以崇敬佛法聞[11]，西域沙門，賫佛經而至者甚衆。永平中[12]，法蘭又譯《十住經》。其餘傳譯，多未能通。至桓帝時[13]，有安息國沙門安静[14]，賫經至洛，翻譯最爲通解。靈帝時[15]，有月支沙門支讖、天竺沙門竺佛等[16]，並翻佛經。而支讖所譯《泥洹經》二卷，學者以爲大得本旨。漢末，太守竺融亦崇佛法[17]。三國時，有西域沙門康僧會[18]，賫佛經至吴譯之，吴主孫權甚大敬信[19]。魏黄初中[20]，中國人始依佛戒，剃髮爲僧。先是西域沙門來此，譯《小品經》，首尾乖舛，未能通解。甘露中[21]，有朱仕行者往西域[22]，至于闐國[23]，得經九十章，晉元康中至鄴譯之[24]，題曰《放光般若經》。太始中[25]，有月支沙門竺法護[26]，西游諸國，大得佛經，至洛翻譯，部數甚多。佛教東流，自此而盛。

[1] 堙（yīn）滅：堵塞、埋没。

[2] 張騫（？—前114）：漢中城固（今陝西城固）人。建元中，以郎應募出使月氏。經匈奴，被扣十餘年。亡走大宛，抵康居，傳致大月氏。歸漢，拜大中大夫。以校尉從大將軍擊匈奴，封博望侯。再次出使西域，其所至西北諸國，皆始通於漢。還，拜大行，列爲九卿，歲餘卒。《史記》卷一二三、《漢書》六一有傳。

[3] 哀帝（前25—前1）：劉欣之，定陶王恭之子，十八歲立爲皇太子。綏和二年（前7）即皇帝位，元壽二年（前1）崩，年二十六。《漢書》卷一一有傳。

[4] 秦景：生平事迹不詳。伊存：生平事迹不詳。

[5] 後漢明帝（28—75）：劉莊，光武帝子，建武十九年（43）立爲太子。中元二年（57）即皇帝位，永平十八年（75）崩，年四十八。《後漢書》卷二有傳。

[6] 蔡愔（yīn）：生平事迹不詳。

[7] 四十二章：佛經。《出三藏記集》卷六《四十二章經序》載，漢明帝遣使者張騫、羽林中郎將秦景、博士弟子王遵等十二人，至大月支國，寫取佛經《四十二章》，在第十四石函中，登起立法塔寺。

[8] 攝摩騰：本中天竺人。解《大小乘經》，常游化爲任。遇蔡愔、秦景來尋訪佛法，冒涉流沙，來到洛陽。受明帝禮遇，於城西門外立精舍居住。自此漢地始有沙門。有記曰攝摩騰譯《四十二章》，緘於蘭臺室第十四間中。後卒於洛陽。見《高僧傳》卷一。法蘭，《出三藏記集》卷一五提及，生平事迹不詳。

[9] 顯節陵：後漢明帝陵寢，位於河南洛陽西北。

[10] 章帝（56—88）：劉炟，明帝子，永平三年（60）立爲皇太子。十八年（75）即皇帝位，章和二年（88）崩，年三十三。見《後漢書》卷三。

[11] 楚王英（？—71）：劉英，光武帝子。建武十五年（39）封爲楚公，十七年（41）進爵爲王。晚年學爲浮屠齋戒祭祀。永平十三年（70），有人告其有逆謀，被廢。十四年（71）自殺，後謚曰楚厲侯。見《後漢書》卷四二。

[12] 永平：後漢明帝年號，公元58—75年。

[13] 桓帝（132—167）：劉志，章帝曾孫，本初元年（146）即皇帝位。永康元年（167）崩，年三十六。《後漢書》卷七有傳。

[14] 安息：伊朗高原古國，王治番兜城，去長安萬一千六百里。見《漢書》卷九六上。安静，《出三藏記集》、《高僧傳》皆作安清，字世高，安息國正后之太子。將嗣國位，讓位於叔，出家修道。遍歷諸國，桓帝初始到中夏，通習華語，宣譯衆經。靈帝末年，杖錫江南，卒於廣州。見《出三藏記集》卷一三、《高僧傳》卷一。

[15] 靈帝（156—189）：劉宏，章帝玄孫。建寧元年（168）即皇帝位，中平六年（189）崩，年三十四。《後漢書》卷八有傳。

[16] 月支：或作月氏，古西域國名，治 氏城，距長安萬一千六百里。見《漢書》卷九六上。支讖，月支人。諷誦群經，志存宣法。桓帝末年來洛陽。靈帝年間，傳譯胡文，翻譯佛經三部，後不知所終。見《出三藏記集》卷一三。竺佛朗，天竺人。桓帝時，攜經來洛陽，即轉胡文爲漢文，所譯深得經意。見《出三藏記集》卷一三。

[17] 竺融：生平事迹不詳。《後漢書》及《三國志》均無記載。

[18] 康僧會（？—280）：康居人，移居交阯。出家，明練三藏，博覽六典，天文圖讖，多所貫涉。欲往東方運流大法。赤烏十年（247）到建業，設像行道，令孫權嘆服。於建初寺中譯出經法，皆妙得經體，文義允正。晉太康元年（280）卒。見《出三藏記集》卷一三。

[19] 孫權（182—252）：字仲謀，吴郡富春（今浙江杭州）人。漢獻帝時，據江東六郡，建安十三年（208）聯合劉備於赤壁力破曹操，與曹魏、蜀漢形成三足鼎立的局面。黄龍元年（229）稱帝，國號吴，都建業。神鳳元年（252）崩，年七十一，謚曰大皇帝。《三國志》卷四七有傳。

[20] 黄初：魏文帝的年號，公元 220—226 年。

[21] 甘露：高貴鄉公年號，公元 256—260 年。

[22] 朱仕行（生卒年不詳）：潁川（今河南禹州周邊）人。出家後，即以宣大法爲己任。因覺《小品》譯理不盡，誓志遠求《大品》。到于闐，得正品梵書，胡本九十章，六十餘萬言。譯出《放光經》二十卷。年八十而卒。見《出三藏記集》卷一三。

[23] 于闐：漢代西域國名，位於今新疆和田一帶。《漢書》卷九六上有載。

[24] 元康：晉惠帝年號，公元 291—299 年。

[25] 太始：或作泰始，晉武帝年號，公元 265—274 年。

[26] 竺法護（生卒年不詳）：其先月支人，而世居敦煌郡。八

歲出家，博覽六經，涉獵百家之言。晉武帝之世，隨師至西域，外國異言，無不備曉。尋得胡本，還歸中夏。所獲大小乘經凡一百四十九部，終身譯寫，使經法廣流於中華。年七十八卒於澠池。見《出三藏記集》卷一三。

石勒時[1]，常山沙門衛道安[2]，性聰敏，誦經日至萬餘言。以胡僧所譯《維摩》、《法華》未盡深旨，精思十年，心了神悟，乃正其乖舛，宣揚解釋。時中國紛擾，四方隔絶，道安乃率門徒，南游新野，欲令玄宗所在流布[3]，分遣弟子，各趨諸方。法性詣揚州[4]，法和入蜀[5]，道安與慧遠之襄陽。後至長安，苻堅甚敬之[6]。道安素聞天竺沙門鳩摩羅什[7]，思通法門，勸堅致之。什亦聞安令問，遥拜致敬。姚興弘始二年[8]，羅什至長安，時道安卒後已二十載矣，什深慨恨。什之來也，大譯經論，道安所正，與什所譯，義如一，初無乖舛。

[1] 石勒（274—333）：字世龍，上党武鄉（今山西榆社）人，羯族。早年跟隨匈奴人劉淵，後據襄國，於晉太興二年（319）稱趙王，滅前趙，統一北方大部分地區。晉咸和五年（330）稱帝，改元建平，三年（333）崩，年六十。《晉書》卷一〇四、《魏書》卷九五有傳。

[2] 衛道安（314—385）：即釋道安，又作竺道安，本姓衛，常山扶柳（今河北冀州）人。十二歲出家，窮覽經典，鉤深致遠，所譯諸經，條貫既叙，文理會通，經義克明。又總集佛經名目，表其時人，銓品新舊，撰成《綜理衆經目録》。後苻堅攻破襄陽，俘獲道安，將其帶至長安。東晉太元十年（385）無疾而終。葬於五級寺。見《出三藏記集》卷一五、《高僧傳》卷五。

[3] 玄宗：宗教之玄理。

[4] 法性（320—387）:《出三藏記集》、《高僧傳》皆做法汰，即竺法汰，東莞（今山東莒縣周邊）人。少與道安同學，道安令其赴京，至瓦官寺，深得晉簡文帝器重。太元十二年（387）卒，年六十八。《出三藏記集》卷一二載竺法汰《問釋道安三乘並書》、《問釋道安神》。見《高僧傳》卷五。

[5] 法和（生卒年不詳）：冀州（今河北冀州）人。少與道安同師受學，善能標明論綱，解悟疑滯。常與道安共校其所得群經。後游洛陽，居陽平寺，年八十餘卒。見《出三藏記集》卷一五。

[6] 苻堅（338—385）：字永固，一名文玉，略陽臨渭（今甘肅秦安東南）人，氐族。昇平元年（357），弑從兄苻生，自立爲大秦天王。滅前燕、克前凉，成爲十六國中最强者。晉太元五年（380）攻晉，在淝水大敗，國力漸衰。太元十年（385），被姚萇所殺。《晉書》卷一一三、《魏書》卷九五有傳。

[7] 鳩摩羅什（？—409）：齊言童壽，天竺人。七歲出家。及長，道震西域，聲被東國。苻堅建元十八年（382），遣吕光等西伐，獲鳩摩羅什，在凉多年。姚興弘始二年到長安，講説新經，續出《小品》、《金剛般若》諸論三十三部，三百餘卷。十一年（409）卒於長安。見《出三藏記集》卷一四、《高僧傳》卷三。

[8] 姚興：原作“姚萇”，據其史實及年號改。姚興（366—416），字子略，羌族，南安赤亭（今甘肅隴西）人。大秦開國皇帝姚萇長子。姚萇卒，即皇帝位。晉義熙十二年（416）卒，年五十一，在位二十二年。《晉書》卷一一七、《魏書》卷九五、《北史》卷九三有傳。弘始，姚興年號，公元399—416年。

初，晉元熙中[1]，新豐沙門智猛[2]，策杖西行，到華氏城[3]，得《泥洹經》及《僧祇律》，東至高昌[4]，譯《泥洹》爲二十卷。後有天竺沙門曇摩羅讖復齎胡本[5]，來至河西。沮渠蒙遜遣使至高昌取猛本[6]，欲相參驗，未還蒙遜破滅。

姚興弘始十年，猛本始至長安，譯爲三十卷。曇摩羅讖又譯《金光明》等經。時胡僧至長安者數十輩，惟鳩摩羅什才德最優。其所譯則《維摩》、《法華》、《成實論》等諸經，及曇無讖所譯《金光明》，曇摩羅讖所譯《泥洹》等經，並爲大乘之學。而什又譯《十誦律》，天竺沙門佛陀耶舍譯《長阿含經》及《四分律》[7]，兜佉勒沙門曇摩難提譯《增一阿含經》[8]，曇摩耶舍譯《阿毗曇論》[9]，並爲小乘之學。其餘經論，不可勝記。自是佛法流通，極於四海矣。東晉隆安中[10]，又有罽賓沙門僧伽提婆譯《增一阿含經》及《中阿含經》[11]。義熙中[12]，沙門支法領從于闐國得《華嚴經》三萬六千偈[13]，至金陵宣譯[14]。又有沙門法顯[15]，自長安游天竺，經三十餘國。隨有經律之處，學其書語，譯而寫之。還至金陵，與天竺禪師跋羅參共辯定[16]，謂《僧祇律》，學者傳之。

[1] 元熙：東晉恭帝年號，公元 419—420 年。

[2] 智猛（生卒年不詳）：雍州京兆（今陝西西安附近）人。少年出家，修業專至。西行到華氏城，得梵本佛經，誓願流通而譯經。元嘉十四年（437）入蜀，後卒於成都。見《出三藏記集》卷八、《高僧傳》卷三。

[3] 華氏城：原爲樹名，因該城此樹較多，故以爲城名。此城位於恒河與桑河交匯處，即今印度比哈爾邦邦首府巴持那。

[4] 高昌：漢郡名，故城在今新疆吐魯番東。

[5] 曇摩羅讖（385—433）：即曇摩讖，又作曇無讖，中天竺人，婆羅門種。攜胡本佛經至凉州，河西王勸請令譯，譯出《大集經》、《大雲》、《金光明》等，六十餘萬言。後欲西行，沮渠蒙遜遣刺客殺之。見《出三藏記集》卷一四、《高僧傳》卷二。

[6] 沮渠蒙遜（368—433）：臨松盧水（今甘肅張掖附近）胡

人，初佐凉王段業，東晉安帝隆安五年（401）自稱州牧，義熙八年（412）僭立爲凉王。宋元嘉十年（433）卒，年六十六。《晉書》卷一二九、《宋書》卷九八《魏書》卷九九、《北史》卷九三有傳。

[7] 佛陀耶舍（生卒年不詳）：齊言覺明，罽賓（今喀布爾河下游喀什米爾一帶）人，十三歲出家。姚興弘始年間至長安，先後譯出《四分律》四十四卷，及《長阿含》等。後辭歸外國，不知所終。見《出三藏記集》卷一四、《高僧傳》卷二。四分律，原作"四方律"，據《高僧傳》改。

[8] 兜佉勒：不詳今爲何地。曇摩難提，兜佉勒國人，幼年出家。苻堅建元二十年（384）至長安，綿涉二載，譯《增一阿含》等經，一百餘卷。後辭還西域，不知所終。見《出三藏記集》卷一三、《高僧傳》卷一。

[9] 曇摩耶舍（生卒年不詳）：此言法明，罽賓人。年十四出家，該覽經律，明悟出群。東晉隆安中，初至廣州。義熙年間來長安，譯經二十二卷。又赴江陵。宋元嘉中，辭還西域，不知所終。見《高僧傳》卷一。

[10] 隆安：東晉安帝年號，公元 397—401 年。

[11] 僧伽提婆（生卒年不詳）：罽賓國人，姓瞿曇氏。入道修學，兼通三藏。苻堅建元中，入關宣流法化。至洛陽改定先出衆經。晉隆安元年（397），游京師。其在關、洛、江左所出衆經，凡百餘萬言。

[12] 義熙：晉安帝年號，公元 405—418 年。

[13] 支法領：生平事迹不詳。《出三藏記集》卷二載，支法領在于闐國得胡本《大方廣佛華嚴經》，義熙十四年（418）在道場寺將其譯出，至宋永初二年（421）全部完成。偈（jì），佛經中的頌詞，梵語偈陀的簡稱。每句字數不一，四句合爲一偈。

[14] 金陵：今江蘇南京。

[15] 法顯（334—420）：本姓龔，平陽武陽（今山西臨汾）人。二十歲受大戒，常歎經律舛闕。晉隆安三年（399），與慧景等從長安出發，經歷三十餘國到中天竺，得諸部佛經。在該處停留數年，又得漢土所無諸經。返回中土，在京師道場寺譯出《摩訶僧祇律》等多部佛經，凡百萬餘言。年八十二卒。見《出三藏記集》卷一五、《高僧傳》卷三。

[16] 跋羅（359—429）：又作佛馱跋陀、佛馱跋陀羅，齊言佛賢，北天竺人。十七歲出家，博學群經，多所通達，少以禪律馳名。歷經三年到達青州，又往長安，後到金陵。在道場寺與慧嚴等百餘人譯出《泥洹》等十一部佛經，並究其幽旨，妙盡文意。宋元嘉六年（429）卒，年七十一。見《出三藏記集》卷一四、《高僧傳》卷二。

齊、梁及陳，並有外國沙門。然所宣譯，無大名部可爲法門者[1]。梁武大崇佛法，於華林園中總集釋氏經典，凡五千四百卷。沙門寶唱，撰《經目録》。又後魏時，太武帝西征長安，以沙門多違佛律，群聚穢亂，乃詔有司，盡坑殺之，焚破佛像。長安僧徒，一時殲滅。自餘征鎮[2]，豫聞詔書，亡匿得免者十一二。文成之世[3]，又使修復。熙平中[4]，遣沙門慧生使西域[5]，采諸經律，得一百七十部。永平中[6]，又有天竺沙門菩提留支大譯佛經[7]，與羅什相埒[8]。其《地持》、《十地論》，並爲大乘學者所重。後齊遷鄴，佛法不改。至周武帝時，蜀郡沙門衛元嵩上書[9]，稱僧徒猥濫，武帝出詔，一切廢毀。

[1] 法門：佛教名詞。指通過習修佛法獲得佛果的門户，也指便於宣講佛法而劃分的門類。

[2] 征鎮：魏晉以來，將軍、大將軍的稱號，有征東、征西、

鎮東、鎮西之類，監臨軍事，守衛地方，總稱征鎮。又指征鎮管轄的地方和百姓。

[3] 文成（440—465）：拓跋濬，景穆皇帝長子，正平二年（452）十月即皇帝位。和平六年（465）崩，年二十六。謚曰文成皇帝，廟號高宗。《宋書》卷九五、《魏書》卷五、《北史》卷二有傳。

[4] 熙平：魏孝明帝年號，公元516—518年。

[5] 慧生：又作惠生，生平事迹不詳。《魏書》卷一一四載，熙平元年（516），詔遣沙門惠生使西域之事。

[6] 永平：魏宣武帝年號，公元508—512年。

[7] 菩提留支（生卒年不詳）：又作菩提流支，魏言道希，北天竺人，遍通三藏。永平初，來游東夏。宣武帝下敕引勞供擬殷華處之，以流支爲譯經之元匠。流支自洛陽至鄴，二十餘年所出經三十九部，一百二十七卷。見《續高僧傳》卷一。

[8] 相埒（liè）：相等。

[9] 衛元嵩（生卒年不詳）：蜀郡（今四川境内）人，好言將來之事。天和中，著詩預論周、隋廢興及皇家受命，並有徵驗。性尤其不信佛教，曾上疏極論之。《周書》卷四七、《北史》卷八九有傳。

開皇元年，高祖普詔天下，任聽出家，仍令計口出錢，營造經像。而京師及并州、相州、洛州等諸大都邑之處[1]，並官寫一切經，置於寺内；而又别寫，藏于祕閣。天下之人，從風而靡，競相景慕，民間佛經，多於六經數十百倍。大業時，又令沙門智果[2]，於東都内道場，撰諸經目，分别條貫，以佛所説經爲三部，一曰大乘，二曰小乘，三曰雜經。其餘似後人假託爲之者，别爲一部，謂之疑經。又有菩薩及諸深解奧義、贊明佛理者，名之爲論，及戒律並有大、小及中三部之别。又所學者，録其當時行事，名之爲記。凡十一種。今舉其大數，列於此篇。

[1] 并州：今山西汾水中游地區。相州，今河南安陽周邊。洛州，今河南洛陽周邊。

[2] 智果（生卒年不詳）：會稽剡（今浙江嵊州西南）人。常誦《法華經》，頗愛文筆、經史。其書法近王羲之，楊廣令其寫之，不從，被囚江都，令其守寶臺經藏。後上《太子東巡頌》而獲釋，入慧日寺。六十餘歲卒。見《續高僧傳》卷三一。

右道、佛經二千三百二十九部，七千四百一十四卷。

二千三百二十九部：實際爲二千三百三十九部。

道、佛者，方外之教，聖人之遠致也。俗士爲之，不通其指，多離以迂怪，假託變幻亂於世，斯所以爲弊也。故中庸之教，是所罕言，然亦不可誣也。故録其大綱，附于四部之末。

大凡經傳存亡及道、佛，六千五百二十部，五萬六千八百八十一卷。

六千五百二十部：四部經傳存亡爲四千八百七十六部，道、佛二千三百三十九部，應爲七千二百一十五部。

索　引

人名索引*

（按音序排列）

* 本人名索引说明如下：

（1）本索引覆蓋範圍爲《隋書·經籍志》之正文。集部文獻之别集類書名中多出現人名，人名索引中亦涵蓋。一般以人名爲主詞條，字、號等爲參見項。頁碼統一集中于主詞條。（2）考慮到本書涉及之時代朝代更迭，且子部著録著作繁多，故皇帝、諸子不以姓名爲主詞條，而以帝號或子號。如：漢光武帝（劉秀），宋明帝（劉彧、文宗、明、明帝）；孔子（丘、仲尼），慎子（慎到）。

M

S

書名索引

（按音序排列）

E

F

G

J

M

R

X

Y

Z